高等院校经济管理类系列教材

物流与供应链管理

李永飞　主　编

余　信　副主编

清华大学出版社

北京

内 容 简 介

本书共分为11章，主要内容涉及物流概述、运输管理、仓储和装卸搬运、包装和流通加工、物流信息技术、配送和物流客户服务、供应链管理概述、供应链环境下的采购管理、供应链环境下的生产管理、供应链环境下的库存管理、供应链环境下的物流管理等多个环节。

本书可作为物流与供应链管理、供应链管理、物流工程与管理、物流工程、物流管理、交通运输工程、交通运输规划与管理、交通运输、电子商务、工程管理、工商管理、邮政管理、邮政工程、管理科学与工程、MBA及相关专业研究生和本科生的教材，也可作为从事相关专业工作者的参考书。

本书封面贴有清华大学出版社防伪标签，无标签者不得销售。
版权所有，侵权必究。举报：010-62782989，beiqinquan@tup.tsinghua.edu.cn。

图书在版编目(CIP)数据

物流与供应链管理/李永飞主编. —北京：清华大学出版社，2022.9(2025.5重印)
高等院校经济管理类系列教材
ISBN 978-7-302-60372-6

Ⅰ.①物… Ⅱ.①李… Ⅲ.①物流管理—高等学校—教材 ②供应链管理—高等学校—教材 Ⅳ.①F252.1

中国版本图书馆CIP数据核字(2022)第047586号

责任编辑：桑任松
装帧设计：李 坤
责任校对：徐彩虹
责任印制：刘 菲

出版发行：清华大学出版社
  网　　址：https://www.tup.com.cn，https://www.wqxuetang.com
  地　　址：北京清华大学学研大厦A座　　邮　编：100084
  社 总 机：010-83470000　　邮　购：010-62786544
  投稿与读者服务：010-62776969，c-service@tup.tsinghua.edu.cn
  质量反馈：010-62772015，zhiliang@tup.tsinghua.edu.cn
  课件下载：https://www.tup.com.cn，010-62791865

印 装 者：三河市铭诚印务有限公司
经　　销：全国新华书店
开　　本：185mm×260mm　　印　张：20.25　　字　数：483千字
版　　次：2022年9月第1版　　印　次：2025年5月第3次印刷
定　　价：59.00元

产品编号：092407-02

前　言

随着全球经济的发展和"互联网+"经济模式的迅速发展，社会经济正发生着翻天覆地的变化，除了国际物流、第三方物流等名词外，网络货运、电商物流、新零售物流、区块链、物联网、共享经济等新名词已经悄然充斥着人们的生活，它们的崛起与物流和供应链的发展息息相关。中美贸易摩擦导致的华为事件致命全世界相关供应链被中断，全球数万家企业深受影响，此后新型冠状病毒肺炎疫情的影响成为推动供应链更广泛重组和发展的催化剂。

在党的二十大报告要求推进中国式现代化的进程中，我们面临着建设高效顺畅的流通体系，降低物流成本及提升供应链韧性和安全水平等任务和挑战。

物流与供应链水平是一个国家竞争力的重要标志，国家之间的竞争在某种意义上就是供应链间的竞争。因此，社会对于物流和供应链方面专业人才的需求量激增，要求也越来越高。物流与供应链相关人才不仅应该具备扎实的专业知识，还应该熟练掌握和运用相关知识，成为满足市场经济发展和国际经济交往需求的复合型人才。鉴于此，结合目前供应链物流企业实践，我们组织编写了这本内容相对新颖的教材，供相关专业研究生和本科生使用。

本书由西安邮电大学李永飞副教授任主编，余信任副主编，李永飞负责统稿。具体编写分工如下：第1、第8~11章由李永飞编写；第2章由西安邮电大学物流工程专业硕士研究生魏驭知编写(约3万字)；第3章由西安邮电大学物流工程与管理专业硕士研究生邓广豫编写(约3万字)；第4~5章主要由西安邮电大学交通运输专业硕士研究生张金和贺桂英编写(各编写约3万字)；第6章主要由西安邮电大学管理科学与工程硕士研究生卢嘉润编写(约3万字)；第7章主要由余信编写。物流工程硕士研究生张瑞、樊锦鹏做了文字和图片处理等工作，在此一并表示感谢！

编写的过程中参阅并引用了有关国内外物流与供应链权威和近期出版的期刊杂志、专著、教材、手册、文献，最新教材和报纸资料等，内容丰富，材料翔实，具有很强的时效性、实用性、前瞻性和代表性。本书把引用的主要参考资料列举在参考文献中，在此向相关资料的作者表示感谢。

由于作者水平有限，书中难免有不足之处，恳请读者批评指正。

教学资源服务

编　者

目 录

第1章 物流概述 ... 1
1.1 物流的概念 ... 2
1.2 物流相关理论 ... 2
- 1.2.1 "黑暗大陆"和"物流冰山"理论 ... 3
- 1.2.2 "第三利润源"理论 ... 3
- 1.2.3 "效益背反"和物流的总体效益理论 ... 4
- 1.2.4 商物分离理论 ... 4
- 1.2.5 物流活性理论 ... 5
- 1.2.6 "中心"理论 ... 7
- 1.2.7 "物流社会化、专业化"理论 ... 7
- 1.2.8 "物流一体化、系统化"理论 ... 8

1.3 物流的作用 ... 8
1.4 物流的分类 ... 9
- 1.4.1 正向物流和逆向物流 ... 10
- 1.4.2 宏观物流和微观物流 ... 13
- 1.4.3 企业物流、社会物流和综合物流 ... 14
- 1.4.4 第一方物流到第七方物流 ... 16

1.5 其他物流及概念拓展 ... 21
- 1.5.1 绿色物流 ... 21
- 1.5.2 应急物流 ... 23
- 1.5.3 冷链物流 ... 24
- 1.5.4 地下物流 ... 26
- 1.5.5 智慧物流与智能物流 ... 27
- 1.5.6 大件物流 ... 29

自测题 ... 30
案例分析 ... 30

第2章 运输管理 ... 33
2.1 运输概述 ... 34
- 2.1.1 运输的概念 ... 34
- 2.1.2 运输的功能 ... 35
- 2.1.3 运输的原理 ... 36

2.2 合理化运输 ... 37
- 2.2.1 合理化运输的组成要素 ... 37
- 2.2.2 合理化运输的主要形式 ... 38
- 2.2.3 不合理运输的表现形式 ... 40
- 2.2.4 组织合理化运输的意义 ... 42

2.3 运输方式和运输路线 ... 42
- 2.3.1 铁路运输 ... 42
- 2.3.2 公路运输 ... 44
- 2.3.3 航空运输 ... 45
- 2.3.4 水路运输 ... 47
- 2.3.5 管道运输 ... 48
- 2.3.6 现代运输组织方式 ... 49
- 2.3.7 运输方式的选择 ... 52
- 2.3.8 运输路线的确定 ... 55

2.4 综合运输 ... 59
- 2.4.1 综合运输概述 ... 59
- 2.4.2 综合运输与物流的区别和联系 ... 59

2.5 集装箱运输 ... 60
- 2.5.1 集装箱的概念 ... 60
- 2.5.2 集装箱的种类 ... 61
- 2.5.3 集装箱的标准 ... 63
- 2.5.4 集装箱运输的方式与形态 ... 64
- 2.5.5 集装箱运输的优越性 ... 65
- 2.5.6 集装箱运输的关系方 ... 66

2.6 多式联运 ... 67
- 2.6.1 多式联运的概念 ... 67
- 2.6.2 多式联运的组织管理体制 ... 67
- 2.6.3 多式联运的业务流程 ... 68
- 2.6.4 多式联运的优越性 ... 68
- 2.6.5 国际多式联运 ... 69

2.7 陆桥运输 ... 70
    2.7.1 大陆桥运输 ... 70
    2.7.2 小陆桥运输 ... 72
    2.7.3 微路桥运输 ... 72
2.8 国际运输 ... 72
    2.8.1 国际运输概述 ... 72
    2.8.2 国际运输的贸易术语 ... 73
自测题 ... 75
案例分析 ... 75

第 3 章 仓储和装卸搬运 ... 77

3.1 仓储概述 ... 78
    3.1.1 仓储的概念 ... 78
    3.1.2 仓储的分类 ... 78
    3.1.3 仓储的功能 ... 80
    3.1.4 仓储的策略 ... 82
3.2 仓储管理 ... 84
    3.2.1 仓储管理的概念 ... 84
    3.2.2 仓储管理的内容 ... 84
    3.2.3 仓储管理的任务及基本原则 ... 85
    3.2.4 仓储管理的方法 ... 86
    3.2.5 仓储管理的作用 ... 87
3.3 仓库管理 ... 88
    3.3.1 仓库概述 ... 88
    3.3.2 仓库的功能 ... 90
    3.3.3 仓库的分类 ... 91
    3.3.4 仓库作业管理 ... 94
    3.3.5 自动化立体仓库 ... 96
3.4 装卸搬运 ... 98
    3.4.1 装卸搬运的概念与特点 ... 98
    3.4.2 装卸搬运的作用 ... 99
    3.4.3 装卸搬运的分类 ... 99
    3.4.4 装卸搬运合理化的主要原则 ... 102
    3.4.5 装卸搬运合理化的措施 ... 103
    3.4.6 装卸搬运设备 ... 104
    3.4.7 装卸搬运的注意事项 ... 104

自测题 ... 106
案例分析 ... 106

第 4 章 包装和流通加工 ... 109

4.1 包装 ... 110
    4.1.1 包装的概念、分类与功能 ... 110
    4.1.2 包装的地位、作用与存在的问题 ... 112
    4.1.3 包装技术及标记 ... 114
    4.1.4 现代物流技术对包装技术的新要求 ... 119
    4.1.5 包装合理化需求 ... 119
4.2 流通加工 ... 120
    4.2.1 流通加工的概念与内容 ... 120
    4.2.2 流通加工产生的原因 ... 121
    4.2.3 流通加工的作用和地位 ... 122
    4.2.4 流通加工的特点 ... 123
    4.2.5 流通加工的类型 ... 124
    4.2.6 流通加工的设备 ... 125
    4.2.7 流通加工合理化 ... 128
自测题 ... 129
案例分析 ... 130

第 5 章 物流信息技术 ... 131

5.1 物流信息与物流信息技术概述 ... 132
    5.1.1 物流信息概述 ... 132
    5.1.2 物流信息技术概述 ... 133
5.2 物流信息采集技术 ... 134
    5.2.1 条形码技术 ... 134
    5.2.2 RFID 技术 ... 136
5.3 EDI 技术 ... 139
    5.3.1 EDI 概述 ... 139
    5.3.2 EDI 的特点 ... 140
    5.3.3 EDI 的分类 ... 141
    5.3.4 EDI 技术在物流行业中的应用 ... 143
5.4 GIS 技术 ... 144
    5.4.1 GIS 概述 ... 144

5.4.2　GIS 的概念与特征 144
　　5.4.3　GIS 的类型 145
　　5.4.4　GIS 的功能 146
　　5.4.5　GIS 技术在物流行业中的
　　　　　应用 147
5.5　GPS 技术 148
　　5.5.1　全球卫星导航系统简介 148
　　5.5.2　北斗卫星导航系统的基本
　　　　　组成、工作原理和特点 149
　　5.5.3　北斗卫星导航系统在物流
　　　　　管理中的应用 150
　　5.5.4　GPS 技术在云物流行业中的
　　　　　应用 150
5.6　物联网技术 153
　　5.6.1　物联网技术概述 153
　　5.6.2　物联网技术在物流行业中的
　　　　　应用 153
5.7　区块链技术 154
　　5.7.1　区块链概述 155
　　5.7.2　区块链技术在物流行业中的
　　　　　应用 156
自测题 157
案例分析 158

第 6 章　配送和物流客户服务 161

6.1　配送 162
　　6.1.1　配送的概念与特点 162
　　6.1.2　配送的功能要素 165
　　6.1.3　配送的作用 166
　　6.1.4　配送的分类 167
　　6.1.5　配送服务的特点与
　　　　　主要流程 170
　　6.1.6　配送模式 171
　　6.1.7　运输与配送的区别与联系 172
　　6.1.8　节约里程法 172
　　6.1.9　无人配送概述 175
6.2　物流客户服务 180
　　6.2.1　物流客户概述 180

　　6.2.2　物流客户服务概述 182
　　6.2.3　物流客户需求分析 183
　　6.2.4　物流客户的满意度 184
　　6.2.5　物流客户服务的基本方法 185
自测题 187
案例分析 187

第 7 章　供应链管理概述 189

7.1　供应链与供应链管理概述 190
　　7.1.1　供应链概述 190
　　7.1.2　供应链管理概述 193
　　7.1.3　供应链管理的目标 194
　　7.1.4　供应链管理的特征 195
　　7.1.5　供应链管理的原则 196
　　7.1.6　供应链管理的实施步骤 196
　　7.1.7　供应链管理与物流管理的
　　　　　区别与联系 198
7.2　供应链管理策略 199
　　7.2.1　QR 方法 199
　　7.2.2　ECR 方法 200
　　7.2.3　CM 方法 201
7.3　供应链的设计与构建 202
　　7.3.1　供应链设计的内容、步骤与
　　　　　原则 202
　　7.3.2　供应链设计应考虑的因素 205
　　7.3.3　供应链的构建 207
7.4　供应链中的关系管理 209
　　7.4.1　供应链管理中的合作伙伴
　　　　　关系 209
　　7.4.2　供应链合作伙伴关系的
　　　　　建立 210
7.5　供应链管理新研究方向 214
　　7.5.1　绿色供应链 214
　　7.5.2　数字化供应链 215
　　7.5.3　低碳供应链 217
自测题 218
案例分析 218

第 8 章 供应链环境下的采购管理 ... 221

8.1 采购概述 ... 222
- 8.1.1 采购的重要性 ... 222
- 8.1.2 采购的目标 ... 222
- 8.1.3 采购的过程 ... 224
- 8.1.4 采购的分类 ... 224

8.2 采购管理概述 ... 227
- 8.2.1 采购管理的概念 ... 227
- 8.2.2 采购管理的主要方面 ... 227
- 8.2.3 采购管理的目标 ... 228

8.3 供应链环境下的采购管理与相关策略及措施 ... 229
- 8.3.1 供应链环境下的采购管理概述 ... 229
- 8.3.2 供应链环境下的准时化采购策略 ... 232
- 8.3.3 准时化采购中供应商的采购质量管理 ... 235

自测题 ... 237
案例分析 ... 237

第 9 章 供应链环境下的生产管理 ... 241

9.1 生产与生产管理概述 ... 242
- 9.1.1 生产概述 ... 242
- 9.1.2 生产管理概述 ... 243

9.2 供应链环境下生产管理概述 ... 243
- 9.2.1 供应链环境下生产管理的特点 ... 243
- 9.2.2 供应链管理模式下的生产策略 ... 244
- 9.2.3 基于延迟制造的供应链生产组织 ... 247

9.3 供应链环境下的生产计划和控制 ... 249
- 9.3.1 供应链同步化计划的提出 ... 249
- 9.3.2 供应链环境下生产计划的特点 ... 249
- 9.3.3 供应链环境下生产计划面临的问题 ... 250
- 9.3.4 供应链环境下生产控制的特点 ... 251
- 9.3.5 供应链环境下的生产计划与基本控制方法 ... 252
- 9.3.6 供应链环境下生产计划与控制的总体模型以及特点 ... 255

自测题 ... 258
案例分析 ... 259

第 10 章 供应链环境下的库存管理 ... 261

10.1 库存概述 ... 262
- 10.1.1 库存的概念 ... 262
- 10.1.2 库存的分类 ... 262

10.2 库存管理概述 ... 263
- 10.2.1 库存管理的概念 ... 263
- 10.2.2 库存的作用 ... 264
- 10.2.3 库存管理的意义 ... 264
- 10.2.4 基本库存控制方法 ... 265

10.3 供应链环境下的库存管理概述 ... 267
- 10.3.1 供应链环境下的库存管理的概念及特点 ... 268
- 10.3.2 供应链环境下的库存管理与传统库存管理的区别 ... 268
- 10.3.3 供应链环境下库存管理存在的问题 ... 269
- 10.3.4 解决供应链环境下库存管理问题的途径 ... 270

10.4 供应链环境下库存管理的方法 ... 270
- 10.4.1 供应商管理库存 ... 270
- 10.4.2 协同式库存管理 ... 275
- 10.4.3 联合库存管理 ... 278
- 10.4.4 多级库存优化与控制 ... 280
- 10.4.5 战略库存控制 ... 282

自测题 ... 282
案例分析 ... 282

第 11 章 供应链环境下的物流管理 ... 285

11.1 物流管理概述 ... 286
- 11.1.1 物流管理的概念 ... 286

11.1.2 物流管理的发展 286
11.1.3 物流管理模式的选择 288
11.1.4 物流外包 290
11.2 供应链环境下的物流管理概述 295
　11.2.1 供应链环境下物流管理的
　　　　概念 295
　11.2.2 供应链环境下物流管理的
　　　　原则 296
　11.2.3 供应链环境下物流管理的
　　　　特征 297
　11.2.4 供应链环境下物流管理的
　　　　方法 299

11.2.5 供应链环境下物流管理的
　　　 功能 300
11.2.6 供应链环境下物流管理的
　　　 目标与实现策略 301
11.2.7 供应链环境下的物流组织 ... 303
11.2.8 供应链环境下的物流战略 ... 304
11.2.9 供应链环境下的物流模式 ... 305
自测题 306
案例分析 306

参考文献 309

第1章

物流概述

【学习要点及目标】

- 掌握物流的基本概念、主要特征等;
- 全面认识物流的地位和作用;
- 了解"物流冰山""利润中心说"等各种物流学说。

【核心概念】

物流 物流冰山 第三利润源 商物分离 效益背反 正向物流 逆向物流

【引导案例】

中国远洋物流公司(Cosco Logistics)为了充分利用集团全球资源，发展集团整体优势，打出品牌，集团总公司成立了物流职能机构，下设国内外各区域物流公司。区域物流公司依据经营管理需要设置若干国家公司(或口岸公司)，负责中远全球的物流业务。在总公司的统一管理下，各区域公司重点负责中远全球物流项目开发及区域内、外物流项目的运作管理等。对客户服务由运输扩展到仓储、加工、配送，直至深入到产品生产、流通、分配、消费的大部分环节，通过开展增值服务，使其提高了盈利能力和市场竞争力。

1.1 物流的概念

物流是由"物"和"流"两个基本要素组成的。物流中的"物"是指一切可以进行物理性位置移动的物质资料，即"物"的一个重要特点是必须可以发生物理性位移。物流中的"流"，指的是物理性移动，这种移动也被称为"位移"。世界上对物流的定义有多种表述，虽然表述文字不一，但内涵丰富，有很好的参考价值。

1963年美国物流管理协会(Council of Logistics Management，CLM)对物流的定义是："物流是为了计划、执行和控制原材料、在制品及产成品从供应地到消费地的有效率的流动而进行的两种或多种活动的集成。"1985年美国物流管理协会将物流的定义更新为："物流是对货物、服务及相关信息从供应地到消费地的有效率、有效益的流动和储存进行计划、执行与控制，以满足客户需求的过程。"1998年美国物流管理协会的定义为："物流是供应链流程的一部分，是为了满足客户的需求而对商品、服务及相关信息从原产地到消费地的高效率、高效益的正向和反向流动及储存进行的计划、实施与控制的过程。"这一定义标志着现代物流理论发展到了更高阶段，物流成为供应链的一部分。

加拿大供应链与物流管理协会在1985年的定义是："物流是对原材料、在制品、产成品及相关信息从起运地到消费地的有效率的、有效益的流动和储存进行计划、执行和控制，以满足客户需求的过程。"

欧洲物流协会在1994年发表的《物流术语》中定义物流为："物流是在一个系统内对人员或商品的运输、安排与此相关的支持活动的计划、执行和控制，以达到特定的目的。"

日本后勤系统协会在1992年6月将物流改为"后勤"，该协会的专务理事稻束原树在1997年对"后勤"下了如下定义："后勤是一种对于原材料、半成品和成品的有效率流动进行规划、实施和管理的思路，它同时可以协调供应、生产和销售各部门的利益，最终达到满足客户的需求。"

国家标准《物流术语》(GB/T 18354—2021)中将物流定义为：根据实际需要，将运输、储存、装卸、搬运、包装、流通加工、配送、信息处理等基本功能实施有机结合，使物品从供应地向接收地进行实体流动的过程。

1.2 物流相关理论

由于物流应用性非常强，这影响了物流科学的理论探索。物流科学理论是一个有待深入的领域，已经形成的看法有"黑暗大陆"和"物流冰山"理论、"第三利润源"理论、"商物分离"理论等。

1.2.1 "黑暗大陆"和"物流冰山"理论

著名的管理学权威彼得·德鲁克曾经讲过"流通是经济领域里的黑暗大陆"来泛指流通，但由于流通领域中物流的模糊性尤其突出，是认识更不清的领域，所以，许多人引用"黑暗大陆"的说法，都是针对物流而言的。从某种意义上来看，"黑暗大陆"说是一种未来学的研究结论，是战略分析的结论，带有很强的哲学的抽象性，这一说法对于推动研究这一领域的活动起到了启迪和动员作用。

"物流冰山"说是日本早稻田大学西泽修教授提出来的创造性见解，他研究物流成本时发现，现行的财务会计制度和会计核算方法都不可能掌握物流费用的实际情况，因而人们对物流费用的了解是一片空白，甚至有虚假性，他把这种现象比作"物流冰山"。冰山的特点是大部分沉在水面之下，露出水面的仅是冰山一角。物流便是冰山，沉在水面以下的是我们看不到的黑色区域，而看到的不过是物流的一部分。尤其是我们根据现有的数据认识到的物流成本，远远不足以反映实际的物流成本，这是人们忽视物流的重要原因，如图1-1所示。

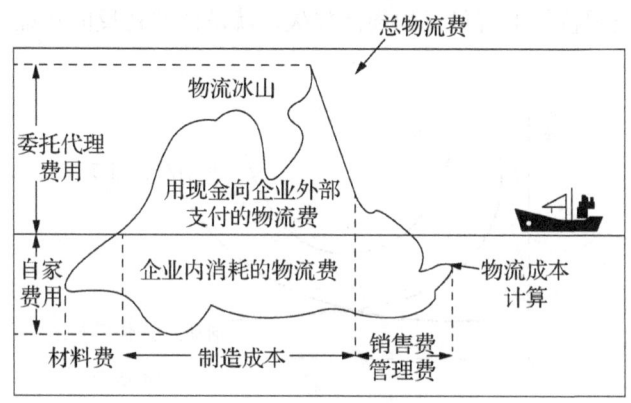

图1-1 物流冰山

西泽修先生用物流成本分析论证了德鲁克的"黑暗大陆"说。事实证明，物流领域的方方面面对我们而言还是不清楚的，黑暗大陆和冰山水下部分正是物流尚待开发的领域，这也正是物流的潜力所在。

1.2.2 "第三利润源"理论

"第三利润源"的说法也出自西泽修教授，是对物流潜力及效益的描述。经过半个多世纪的探索，人们已肯定"黑暗大陆"虽不清晰，但绝不是不毛之地，而是富饶之源。尤其是经历了1973年的石油危机之后，物流已牢牢树立了自己的地位。历史上曾经有过两个大量提供利润的领域，那就是自然资源和人力资源。自然资源领域起初是廉价原材料、燃料，其后则是依靠科技进步获取利润，被称为"第一利润源"；人力资源领域最初是廉价劳动,其后则是提高劳动生产率降低成本,增加利润,这个领域被称作"第二利润源"。在前两个利润源潜力越来越小的情况下,物流领域的潜力被重视,按时间序列排列为"第三利润源"。三个利润源对应生产力的不同要素:第一利润源是劳动对象;第二利润源是劳动者;第三利润源则是挖掘劳动工具、劳动对象和劳动者的潜力。

第三利润源的理论基于下述两个前提条件。

(1) 物流可以完全从流通中分化出来,自成一个独立运行的系统,有本身的目标、本身的管理,因而能对其进行独立的总体的判断。

(2) 物流和其他独立的经营活动一样,它不是总体的成本构成因素,而是单独赢利因素,即物流可以成为"利润中心"型的独立系统。

1.2.3 "效益背反"和物流的总体效益理论

"效益背反"指的是物流的若干功能要素之间存在着损益的关系。即某一个功能要素的优化和利益发生的同时,会导致另外功能要素的利益损失,是一种此涨彼消、此盈彼亏的现象。例如包装,在市场和价格皆不变的前提下,包装每少花一分钱,这一分钱就必然转到收益上来,包装越省,利润则越高。但是进入流通之后,简单的包装降低了防护效果,造成损失,就会使储存、装卸、运输功能劣化和效益大减。我国流通领域在 20 世纪 90 年代每年因包装不善出现价值上百亿元的商品损失,就是效益背反的实证,其示意图如图 1-2 所示。

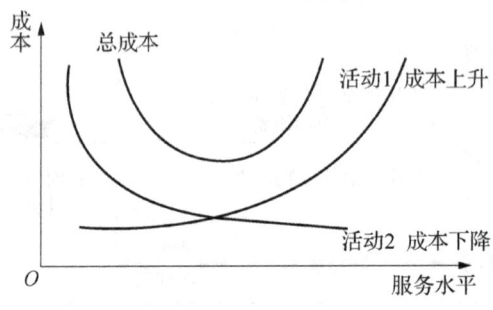

图 1-2 效益背反示意图

认识到物流有与商流不同的特性而独立运动,是物流科学走出的第一步。认识效益背反的规律,物流科学也就迈出了认识物流功能要素这一步。将功能要素的有机联系寻找出来使之成为一个整体,进而解决"效益背反"问题,追求总体的效果,这是物流科学的一大进步。

1.2.4 商物分离理论

商物分离是物流赖以存在的条件。所谓商物分离,是指流通中的两个组成部分,即商业流通和实物流通——从过去的统一概念和统一运动之中分开,按自己的规律和渠道独立运动。"商"是指"商流",是商品价值运动,商品所有权的转让;"物"即"物流",是商品实体的流通。

商品社会的初期，商流、物流是紧密地结合在一起的，进行一次交易，商品便易手一次，商品实体便发生一次运动，物流和商流相伴而生、共同运动，过程相同，只是运动形式不同而已。现代社会之前，流通大多采取这种形式，甚至今日，这种情形仍不少见。第二次世界大战之后，流通过程中上述两种不同形式出现了明显的分离，成了两个有一定独立运动能力的不同运动过程，这就是"商物分离"。商物分离的结果，使我们能把物流作为一个单独的主体进行研究、进行发展，才有了如今规模庞大、涉及广泛的现代物流。商物分离形式如图 1-3 所示，与物流、商流不实现分离比较，物流与商流分离的运动显然要合理得多。

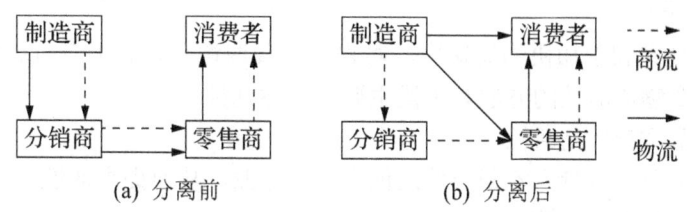

图 1-3 商流和物流分离前后

从经济学角度看，在这统一体中，商流偏重于经济关系、分配关系、权力关系，属于生产关系范畴；物流偏重于工具、装备、设施及技术，因而属于生产力范畴。在经济全球化的趋势下，国际分工越来越深入，商业交易可以在全球范围内跨国、跨洋寻优，甚至可以采用电子商务的形式进行虚拟的运作，商流过程与物流过程的分离，在网络经济时代越发彻底。由于专业物流服务商(第三方物流)的出现，这种分工从一般的过程分工变成责任人的分工。商流运作和物流运作责任人的分离，是现代商物分离的标志。所以，商物分离实际上是流通总体中的分工，这是物流科学重要的理论基础。正是在商物分离基础上才得以对物流进行独立的考察，进而形成科学门类。

需要特别引起重视的是，商物分离并非绝对的，在现代科学技术飞跃发展的今天，优势可以通过分工获得，也可以通过趋同获得，"一体化、系统化"也是现代社会发展方向之一。流通领域发展也是多形式的，绝不是单一的"分离"。有些人提出了商流和物流在新基础上一体化的问题，配送已成为既是商流又是物流的概念。企业最初把设置物流部门看成一种进步，而现在则更多地进行综合的战略管理，而不单独分离其功能，这是值得重视的发展趋势。

现代经济领域最新的进展是商流、物流、资金流和信息流综合一体化的"供应链"。这是现代社会在信息技术高度发展的前提下，统筹能力、综合能力、一体化能力和水平变为现实可能性的结果。"分久必合，合久必分"，这是科学发展的必经之路。即使如此，也不能以此来淡化或者否定"商物分离"，独立于商流的物流依然是供应链的重要基础。

1.2.5 物流活性理论

1. 物流活性的概念

物流活性是从装卸搬运活性延伸至物流全程的科学认识，还没有被普遍认同的解释。有人认为物流活性表现为敏感性、机动性、灵活性；有人认为物流活性是及时满足不断变化的物流服务需求的能力，反映物流的灵活性、提供服务的多样性，以及物流运动的快捷性和各物流环节的衔接性。本书这样解释：物流活性是从一种物流状态转变成另一种物流状态的灵活和难易程度的性质。对于物流活性认识存在一定的误区，有人以为提高物流活性，是有益而没有缺点的好事。这种单向的思维是一种绝对化的表现。活性的高低，应该按照需要确定，并不是高度的活性就一定是好事，活性适度，才是应该追求的目标。在实际工作中，多数情况下需要提高活性；但是，需要特别重视的是，有时候需要降低活性，例如为确保安全而降低活性，这在物流运作和物流工程系统决策的时候，都是可能遇到的。

2. 提高物流活性

提高物流活性有利于加快物流速度，对物流有普遍意义。对于应对突发事件，物流活性尤其重要。提高物流活性的方法和手段主要有下述几种。

1) 针对物品本身提高活性

改变物品的外形、重量、容积，使之便于物流作业，从而提高活性。

2) 恰当地包装提高活性

包装的色彩、标识，包装的种类、外形、重量、容积、强度以及可操作性都会影响物流活性，为此，需要能提高活性的适度包装。

3) 选择物料存放状态提高活性

存放状态会直接影响物品进入下一个物流环节的难易程度，从而影响物流活性，例如，货架放置货物，货物直观、易取，活性自然提高。

4) 选择恰当的装备和工具提高活性

选择不同的装备和工具，可以体现出物流操作的不同活性。

5) 选择系统方式提高活性

系统方式对于物流活性的提高有明显作用，例如散装水泥系统，液、气的管道物流系统，散货的集装物流系统，滚装水陆联运物流系统等。

3. 降低物流活性的原因

1) 成本

活性不是凭空而来的，而是需要诸多方面的保障为提高活性创造条件。例如，把货物放置于车辆上比放置于货架上的活性显然要高，但是，被放置车辆的使用率会降低，货物放置空间要增加，这需要付出代价；活性的提高，可能造成物流成本上升。

2) 损失

物流的高活性，很可能使物流对象一直保持容易运动的状态，这也是容易出现损失的状态，不可轻视，尤其是大规模、长距离物流往往损失很严重。例如，滚装是保持活性的好方式，但运输损失往往比非滚装大。生活中，食物放在手边比放在冰箱里活性高，但容易因此而变质损失。需要通过降低活性防止损失的物流对象种类相当多，如易燃易爆的物品，易腐蚀的物品，易污染的物品，易散失、丢失的物品，易变形、破损的物品，等等。

3) 秩序和规则

过多追求活性状态，会破坏秩序和规则。例如生活中，如果许多东西都处于活性的状态，置于比较容易操作的地方，就可能出现桌、台、地面上都放满东西，混乱不堪，很不美观，这不但不能提高生活情趣，反而会降低效率。

4) 特殊物流对象

特殊的物流对象，需要降低物流活性。特殊的物流对象是指贵重物品、危险物品以及有保密要求的物品。例如，存款单据和珍贵的黄金、宝石，要放到难以取得的地方；容易伤及儿童、老人的电气设备、加热设备等需要放置在安全的地方，等等。

1.2.6 "中心"理论

"中心"理论有各种说法，理论和实践都有比较大的差异，比较成熟的说法主要有以下几种。

1. 成本中心说

成本中心说认为物流主要对企业营销的成本发生影响，是企业成本的重要产生点，因而物流的功能主要不是支持保障其他活动，而主要是降低成本。"降低成本的宝库"是这种认识的形象表述。显然，成本中心说未将物流放在企业发展战略的主角地位。改进物流的目标如果只在于降低成本，势必也会影响物流本身的战略发展。当然，成本和利润是相关的，成本和企业生存也是相关的，成本中心说也不是仅考虑成本，这是人们对物流主体作用的认识，必定会主导人们的实际行动。

2. 利润中心说

利润中心说的含义，是物流可以为企业提供大量直接和间接的利润，是形成企业经营利润的主要活动。非但如此，对国民经济而言，物流也是国民经济中创利的主要活动。物流的这一作用，被表述为"第三利润源"。

3. 服务中心说

服务中心说代表了美国和欧洲学者对物流的认识，他们认为：物流活动的最大作用不在于为企业节约消耗、降低成本、增加利润的微观利益，而在于提高服务水平，进而提高企业的竞争力。因此，描述物流的词汇选择 logistics，特别强调服务保障的职能，这是带有战略色彩的更高层次的提法。通过物流的服务保障功能，企业形成战略发展的能力。我国现在对物流业的定位体现了对服务中心说的认同，明确物流业属于服务业。

4. 战略说

战略说是当前非常盛行的说法。越来越多的人已逐渐认识到物流更具有战略性，是企业发展的战略，而不仅仅是操作性的事务。这种看法把物流放在了很高的位置：物流会影响企业的生存和发展，起战略作用，而不仅仅是某个环节搞得合理，节省成本而已。将物流和企业的生存发展直接联系起来的战略说的提出，对物流发展有重要意义。企业不追求物流一时一事的效益，而是着眼长远。因而物流本身的战略性发展也被提到议事日程上来，战略性规划、战略性投资、战略性技术开发是近些年促进物流现代化发展的重要原因。

1.2.7 "物流社会化、专业化"理论

欧洲物流界很重视发展社会化、专业化的物流，提出第三方物流服务的理念。日本多

年来发展专门物流业，物流业不但存在于日本社会流通领域，也存在于部分生产流通领域。主张社会化、专业化物流的理论认为：这种物流是顺应社会专业化分工深化细化要求的必然结果。只有发展专业化物流才能显示新技术、装备、专业分工的优势，这就可以将物质生产企业从其不大熟悉的领域中解放出来，一心一意地去搞生产，而使物流实现社会化。

第三方物流是非常有优势的物流形态。实践证明，企业虽然具有社会的属性，但不能把企业变成一个社会，因此，企业的许多社会职能被逐渐社会化。即使是福特汽车那样的巨型企业，也从事事都自己去做转向了专注于打造、发展自身的核心竞争力。为了追求核心竞争力，将不具备优势的工作外包给社会的优势企业，已经成了新的发展趋势。这就是第三方物流有了很快、很大发展的原因，并且第三方物流也正在演变成为一个新的产业——物流产业。但业界对物流业务外包的忧虑也不是没有道理。第三方物流如果搞不好，确实会削弱企业对物流业务的控制，使企业与客户产生隔绝现象。社会化的物流如果不能解决这个问题，就不会有生命力。随着服务社会的出现，第三方物流把服务放在了战略的高度，战略观念和专业服务武装了第三方物流，解除了用户的顾虑，这大大推进了物流的社会化。

1.2.8　"物流一体化、系统化"理论

该学说认为供应链是使物流实现一体化和系统化的一种结构体系。物流活动一体化或者系统化的基本含义是物流活动的各个组成部分，即各项功能之间形成了一种有机的、有效的连接或联系。如果物流活动的各个组成部分形成了有机的、有效的连接，在一定条件下成为一体，就像一个工厂内部或者一个车间的生产流水线那样在一个确定的、统一的管理机制或体制环境条件下，没有运行的阻隔、中断或停顿，物流过程成为一体，就应该说是达到了最高的境界，可以看成达到了物流的一体化。

如果物流活动的各个组成部分，即各项功能之间虽然在运行过程中存在一定的阻隔、中断或停顿，但是通过技术的、管理的、运作的各种方法，仍然形成了一种有机的、有效的连接或联系，虽然不为一体，但是仍然是有效的系统，那么仍可以看成达到了物流的系统化。

可以这样看：一体化本质是系统化。一体化是系统化的最理想的形式，是系统化的极端形式。社会物流一体化的可能是比较小的，但是可以去追求全过程的系统化，对于社会化物流而言，使物流系统化从而实现优化应该是实事求是的理智选择。

1.3　物流的作用

物流的产生和发展是社会再生产的需要，是流通的主要因素。物流在国民经济中占有重要地位，主要表现在以下五个方面。

1. 物流是国民经济的动脉系统，它联结社会生产的各个部分，使之成为一个有机的整体

任何一个社会(或国家)的经济，都是由众多的产业、部门、企业组成的，这些企业又分布在不同的地区，属于不同的所有者，它们之间相互供应产品，用于对方的生产性消费和

生活性消费，互相依赖而又互相竞争，可以形成极其错综复杂的关系。物流就是维系这些复杂关系的纽带。"商流"和"物流"一起，可以把各个生产部门变成社会总生产中互相依赖的部门。

2. 物流是社会再生产不断进行，创造社会物质财富的前提条件

社会生产的重要特点是它的连续性，这是人类社会得以发展的重要保障。一个社会不能停止消费，同样也不能停止生产。而连续不断的再生产总是以获得必要的生产原材料并使之与劳动力结合而开始的。一个企业的生产要不间断地进行，必须保证原料、材料、燃料和工具、设备等生产资料不间断地流入生产企业，经过一定的加工后将产成品又不间断地流出生产企业。同时，在生产企业内部，各种物质资料也需要在各个生产场所和工序间不断流动，使它们经过深加工后成为价值更高、使用价值更大的新产品。这些厂内物流和厂外物流如果出现故障，生产过程就必然会受到影响，甚至会使生产停滞。

3. 物流是保证商流顺畅进行，实现商品价值和使用价值的物质基础

在商品流通中，物流是伴随着商流而产生的，它又是商流的物质内容和物质基础保障。商流的目的在于变换商品的所有权(包括支配权和使用权)，而物流才是商品交换过程所要解决的社会物质变换过程的具体体现。如果没有物流过程，就无法实现商品的流通过程，包含在商品中的价值和使用价值也就不能实现。

4. 物流技术的发展是决定商品生产规模和产业结构变化的重要因素

商品生产的发展要求生产社会化、专业化和规范化，但是，物流没有发展到一定阶段，这些要求是难以实现的。物流技术的发展，从根本上改变了产品的生产规模和消费水平，为经济的发展创造了重要的前提条件。而且，随着现代科学技术的发展，物流对生产发展的这种制约作用就越明显。

5. 物流的改进是提高微观经济效益和宏观经济效益的重要源泉

这是因为，物流组织的好坏，直接决定着生产过程能否顺利进行，决定着产品的价值和使用价值能否得以实现，而且物流费用已成为生产成本和流通成本的重要组成部分。美日欧等发达国家及地区，由于劳动生产率的提高和原材料、燃料节约已经取得较大成果，而产品包装、储存、搬运、运输等方面的费用则在生产费用中占越来越大的比重。因此，做好物流被称为获得利润的第三源泉。特别是随着科学技术的急速进步，在工业发达国家，通过降低物料消耗而获得利润(第一利润源)和通过节约活劳动消耗而增加的利润(第二利润源)的潜力已经越来越小，而降低物流费用以取得的利润(第三利润源)的潜力却很大。

1.4 物流的分类

物流系统分类方法很多，根据物流的需求，以及物流在社会再生产过程中的地位和作用不同，可以将物流划分为不同类型。

1.4.1 正向物流和逆向物流

最基本的物流分类是根据物流活动业务的性质，可将物流分为生产物流、供应物流、销售物流、回收物流和废弃物物流。其中前三种物流又统称为正向物流，后两种物流又称为逆向物流。

1. 正向物流

正向物流(Forward Logistics)是指由最初供应源到最终消费者之间的原料、半成品、制成品和相关信息所进行的一系列计划、实施和控制的过程，以达到满足客户需求的目的。根据物流活动业务性质，正向物流系统又可分为供应物流、生产物流、销售物流等三种经典模式。

1) 供应物流

供应物流(Supply Logistics)为生产企业提供原材料零部件或其他物品时，是物品在提供者与需求者之间的实体流动，是物资(主要指生产资料)从其生产者或持有者，经过物资采购、运输、储存、装卸搬运、加工或包装、拣选、配送、供应，到达顾客手中的流动过程。

供应物流的任务。企业的生产过程也是物质资料的消费过程。企业只有不断投入必要的生产要素，才能顺利进行生产并保证其经济活动最终目标的实现。同时，企业供应物流的基本任务是保证适时、适量、适质、适价、齐备成套、经济合理地供应企业生产经营所需的各种物资，并且通过对供应物流活动的科学组织与管理以及运用现代物流技术，促进物资的合理使用，加速资金周转，降低产品成本，使企业获得较好的经济效果。

供应物流的作用。供应物流是保证企业顺利进行生产经营活动的先决条件。企业供应物流的作用，首先就是为企业提供生产所需的各种物资；加强供应物流的科学管理，是保证完成企业各项技术经济指标、取得良好经济效果的重要环节。物资供应费用在产品成本中占有很大比重，因此，加强供应物流的科学管理，合理组织供应物流活动，如采购、存储、运输、搬运等，对降低产品成本有重要意义。

2) 生产物流

生产物流(Production Logistics)也称厂区物流、车间物流，是指在生产过程中，原材料、在制品、半成品、产成品等在企业内部的实体流动；流动过程中还包括分类拣选、包装，以及原材料的采购、运输、装卸搬运、储存及产成品入库等物流环节。

生产物流具有以下几个特点。

(1) 实现价值的特点。企业生产物流一般是在企业的小范围内运作的。因此，空间距离的变化不大，在企业内部的储存，和社会储存目的也不相同，这种储存是对生产的保证，而不是一种追求利润的独立行为，因此，时间价值不高。企业生产物流伴随加工活动而发生，实现加工附加价值。所以，虽然物流空间、时间价值潜力不高，但加工附加值却很高。

(2) 主要功能要素的特点。企业物流的主要功能要素是货物搬运。许多生产企业的生产过程，实际上是物料不停地搬运的过程。在不停搬运的过程中，物料得到了加工，改变了形态。即使是配送企业和批发企业的企业内部物流，实际上也是不断地搬运的过程，通过搬运，产品完成了分货、拣选、配货工作，完成了大改小、小集大的换装工作，从而使产品达到可配送或可批发的状态。

(3) 物流过程的特点。企业生产物流是一种工艺过程性物流，一旦企业生产工艺、生产装备及生产流程确定，企业物流也就成为一种稳定性的物流。由于这种稳定性，企业物流的可控性、计划性便很强，一旦进入这一物流过程，选择性及可变性便很小。对物流的改进只能通过对工艺流程进行优化，这方面和随机性很强的社会物流也有较大的不同。

(4) 物流运行的特点。企业生产物流的运行具有极强的伴生性，往往是生产过程中的一个组成部分或一个伴生部分，这决定了企业物流很难与生产过程分开而形成独立的系统。在总体具有伴生性的同时，企业生产物流中也有与生产工艺过程分割的局部物流活动，这些局部物流活动有本身的界限和运动规律，当前企业物流的研究大多针对这些局部物流活动而言。这些局部物流活动主要包括仓库的储存活动、接货物流活动、车间或分厂之间的运输活动等。

生产物流的组织规划形式包括：①生产物流的空间组织。生产物流的空间组织的目标是缩短物料在工艺流程中的移动距离。②生产物流的时间组织。生产物流的时间组织的目的是通过加快物料流动，减少物料成批等待时间，实现物流的快节奏性、连续性。

3) 销售物流

销售物流(Distribution Logistics)是生产企业、流通企业出售商品时，物品在供方与需方之间的实体流动，同时也是商品经过采购、运输、储存、装卸搬运、加工或包装、拣选、配送、销售到达顾客手中的实体流动过程。

销售物流的主要模式包括以下几种。

(1) 生产企业自己组织销售物流。这是在买方市场环境下的主要销售物流模式之一，也是我国当前绝大部分企业采用的物流形式。生产企业自己组织销售物流，实际上把销售物流作为企业生产的一种延伸。销售物流成了生产者企业经营的一个环节，而且这个经营环节是和客户直接联系、直接面向客户提供服务的一个环节，这个环节逐渐变成了企业的核心竞争环节，已经逐渐不再是生产过程的继续，而是企业经营的中心，生产过程变成了这个环节的支撑力量。

(2) 第三方物流企业组织销售物流。由专门的物流服务企业组织的销售物流，实际上是生产企业将其销售物流外包，将销售物流社会化。由第三方物流企业承担生产企业的销售物流，其最大的优点在于第三方物流企业是社会化的物流企业，它能向很多生产企业提供物流服务，因此可以将企业的销售物流和供应物流一体化，可以将很多企业的物流需求一体化，采取统一的解决方案。这样可以提高物流的专业化和规模化，以便从技术和组织方面强化成本的降低和服务水平的提高。

(3) 客户自己提货。这种形式实际上是将生产企业的销售物流转嫁给客户，变成了客户自己组织供应物流的形式。对于销售方来讲，已经没有了销售物流的职能。

2. 逆向物流

国家标准《物流术语》(GB/T 18354—2021)中将逆向物流定义为：为恢复物品价值、循环利用或合理处置，对原材料、零部件、在制品及产成品从供应链下游节点向上游节点反向流动，或按特定的渠道或方式归集到指定地点所进行的物流活动。形成逆向流动的原因包括产品退货、维修、保养及回收或销毁废品。逆向物流涉及服务(维修、召回等)和环境两个方面。根据逆向物流管理委员会提供的内容，逆向物流和正向物流的比较如表 1-1 所示。

表 1-1　正向物流和逆向物流的对比

正向物流	逆向物流
预测相对简单	预测更加困难
一对多分配点	多对一分配点
产品质量统一	产品质量不统一
产品包装统一	产品包装经常损坏
目的地/路线清楚	目的地/路线不清楚
价格相对统一	价格由多种因素决定
速度的重要性被认可	速度通常不被认为是主要因素
正向配送成本显而易见	逆向配送成本直接可视性欠缺
库存管理一致	库存管理不一致
产品生命周期可管理	产品生命周期更复杂
合作双方的谈判更直接	谈判受多种因素影响，更复杂
营销方法已知	营销受多种因素影响，更复杂
流程可视性强、更透明	流程可视性不强、相对不透明

根据物流活动业务性质，逆向物流系统又可分为回收物流和废弃物物流两种经典模式。

1) 回收物流

回收物流(Returned Logistics)是指不合格物品的返修、退货及伴随货物运输或搬运产生的包装容量、装卸工具及其他可再用的旧杂物等，经过回收、分类、再加工、使用的流动过程。

回收物流的特点包括：①分散性。回收物流产生的时间、地点、质量和数量是难以预见的。废旧物流可能产生于生产领域、流通领域或生活消费领域，涉及任何部门和个人，在社会的每个角落日夜不停地发生。②缓慢性。开始的时候回收物流数量少、种类多，只有在不断汇集的情况下才能形成较大的流动规模。同时，废旧物资的收集和整理也是一个比较复杂的过程。这一切都决定了废旧物资具有缓慢性这一特点。③混杂性。因为不同种类、不同状态的废旧物资常常是混杂在一起的。当回收产品经过检查、分类后，回收物流的混杂性随之逐渐衰退。④多变性。由于回收物流的分散性及消费者对退货、产品召回等回收政策的滥用，有的企业很难控制产品的回收时间与空间，这就导致了多变性。

2) 废弃物物流

废弃物物流(Waste Logistics)是伴随某些厂矿的产品共生的副产物(如钢渣、煤矸石等)、废弃物，以及生活消费品中的废弃物(如垃圾)等的收集、分类、加工、包装、搬运、处理过程的实体物流。

废弃物物流的特点包括：①小型化、专业化的装卸搬运设备。使用各种机动车和非机动车，采用多阶段收集、逐步集中的方式将广泛分布的各类生产和生活废弃物回收处理。②多样化的流通加工。对废弃物根据其类别，采用分拣、分解、分类、压块、捆扎、切断和破碎的加工处理方法。③简易包装和储存。对于废弃物多数不需要包装，只需要露天存放，但对一些特殊废弃物应讲究其包装并妥善储存，以防止对环境造成污染。

1.4.2 宏观物流和微观物流

根据从总体还是从局部的角度研究物流,可把物流划分为宏观物流和微观物流。

1. 宏观物流

宏观物流(Macro Logistics)是指社会再生产总体的物流活动,是从社会再生产总体角度认识和研究的物流活动。这种物流活动的参与者是构成社会总体的大产业、大集团。宏观物流也就是研究社会再生产总体物流,研究产业或集团的物流活动和物流行为。

宏观物流还可以从空间范畴来理解。在很大空间范畴的物流活动,往往带有宏观性,在很小空间范畴的物流活动则往往带有微观性。宏观物流主要的研究内容包括物流总体构成、物流与社会的关系及其在社会中的地位、物流与经济发展的关系、社会物流系统和国际物流系统的建立和运作等。

宏观物流主要包括城市物流、区域物流、国内物流和国际物流等。

1) 城市物流

城市物流(Urban Logistics)是以城市为主体,围绕城市需求所发生的物流活动,相对于国际物流和区域物流,城市物流的空间范围比较小。城市物流要研究的问题有很多,例如,一个城市的发展规划,不但要直接规划物流设施及物流项目(例如建公路、桥梁,建物流基地,建仓库等),而且需要以物流为约束条件来规划整个市区(如工厂、住宅、车站、机场等)。物流已经成为世界上各大城市规划和城市建设要研究的一项重要课题。

城市物流的特点如下:①城市主体的一元性。城市物流的主要特点是城市主体的一元性,所有的城市都有统一的政府行政组织,城市行政组织可以统筹和管理物流。因此,城市物流有非常强的可控性。②城市物流以短程物流为主。受城市范围的制约,城市物流的短程性非常突出。③城市物流是高密集型物流。④城市物流存在着严重的人、物混流现象。⑤配送物流是城市物流的重要特征。⑥精益化是城市物流的运行模式。

2) 区域物流

区域物流(Regional Logistics)是特定区域范围内的经济区、城市群、城市、农村等区域范围的物流活动以及它们相互之间的物流活动。任何生产都是在一定的区域内进行的。由于自然、技术、经济、社会等因素的制约,因此客观上形成了一定的生产和经济协作区域,这些区域又构成了国民经济产业结构的地区和空间布局。

区域物流的特点主要有以下几点:①主体的多元性。区域物流涉及多个地区、多个城市,区域物流的重要特点是多元化主体下的物流。②以中、远程物流为主。区域物流中、远程的属性,可以构筑理想的物流平台,可选择大规模、低成本、高速度的物流方式。运输无论在物流时间的比重上还是在物流成本的比重上,地位都有所上升,变成了主要功能要素。由于是中、远程物流,又有大量物流的特点,货值较高,因此风险较高。③需要完善的信息系统支持力度。区域物流需要一个有效的信息平台,以保证物流信息在区域内的贯通,保证管理和经营所需要的信息支持。同时,需要有多种信息技术手段。

3) 国内物流

国内物流(Domestic Logistics)中所指的国家或相当于国家的实体,是指拥有自己的领土、领海和领空的政治、经济实体。它所制订的各项计划以及法令、政策都是为其自身的整体利益服务的。物流作为国民经济的一个重要方面，也应该纳入国家的总体规划。我国物流也是社会主义现代化事业的重要组成部分，全国物流系统的发展须从全局着眼，对于因为部门分割、地区分割所造成的物流障碍应予以清除。

物流系统建设投资方面要从全局考虑，使一些大型物流项目和措施能够尽早落实，如物流基础设施、交通政策制定、物流活动设施装置等标准、物流新技术开发、人才培养等，为国家经济建设服务。

  4) 国际物流

国际物流(International Logistics)是指组织原材料、在制品、半成品和制成品等货物在国与国之间的合理流动和转移，也就是一种跨国物流。国际物流的实质是按国际分工协作的原则，依照国际惯例，利用国际化的物流网络、物流设施和物流技术，以最佳的方式和途径，以最小的费用和风险，保质、保量、适时地将货物从一国的供方运输到另一国的需方，为国际贸易和跨国经营服务，以促进区域经济的发展和世界资源的优化配置。

国际物流是国际贸易和跨国经营的重要组成部分，其最大的特点是物流跨越国境，物流活动在不同国家之间进行，使各国物流系统相互"接轨"，成为一个完整的物流系统。因而与国内物流系统相比，存在不少差异，具有国际性、复杂性、风险性、先进性等特点。

  2. 微观物流

微观物流(Micro Logistics)包括消费者、生产者企业所从事的、实际的、具体的物流活动，也包括在整个物流活动中的一个局部、一个环节的具体物流活动。在一个小地域空间发生的具体的物流活动也属于微观物流。微观物流是更贴近具体企业的物流，其研究领域十分广泛。

微观物流通常是指企业内部的物流，包括供应物流、生产物流、销售物流、回收物流和废弃物物流等，在上一节已经做过详细介绍，这里不再赘述。

1.4.3 企业物流、社会物流和综合物流

根据物流所涉及社会主体范围的不同，可把物流分为企业物流、社会物流和综合物流。

  1. 企业物流

企业物流(Enterprise Logistics)是指在生产经营过程中，物品从原材料供应，经过生产加工，到产成品销售，以及伴随生产消费过程中所产生的废弃物的回收及再利用的完整循环活动。企业物流是从企业角度研究与之有关的物流活动。企业物流是企业生产力经营活动的重要组成部分，是创造"第三利润"的源泉，是具体的、微观的物流活动。生产是商品流通之本，生产的正常进行需要各类物流活动的支持。生产的全过程从原材料的采购开始，便要求有相应的供应物流活动，将所采购的材料运送到位，生产顺利进行；在生产的各工艺流程之间，也需要原材料、半成品物流过程，即所谓的生产物流，以实现生产的流动性；部分余料可重复利用的物资的回收，就需要回收物流；废弃物的处理则需要废弃物物流。因此，整个生产过程实际上就是系列化的物流活动。企业物流的循环过程如图1-4所示。

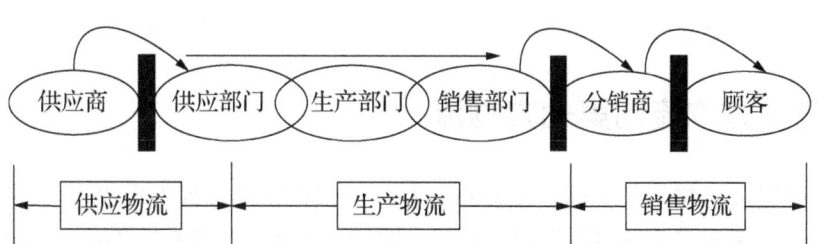

图 1-4 企业物流的循环过程

图 1-5 从物流功能角度显示了供应、生产、销售物流中的具体物流操作范围。

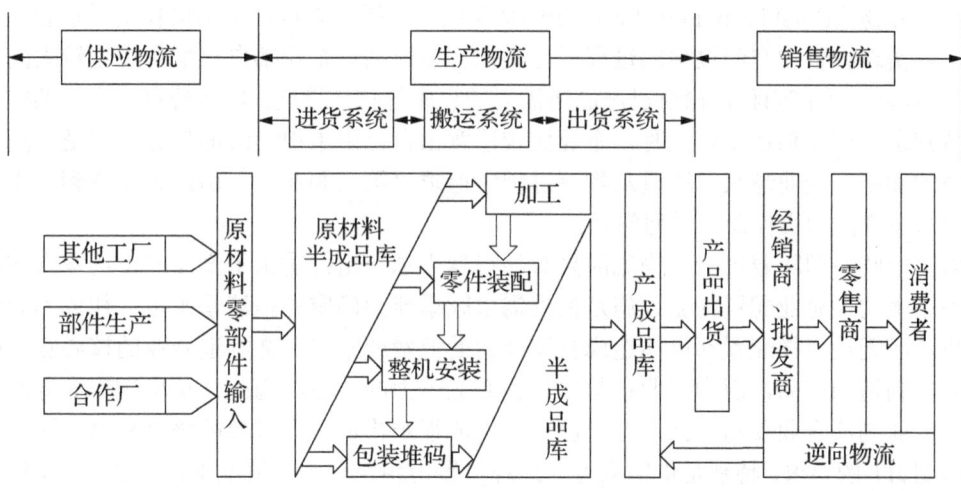

图 1-5 企业物流功能结构图

企业为了保证本身的生产节奏，必须不断组织原材料、零部件、燃料、辅助材料供应的物流活动，这种物流活动对企业的正常、高效生产起着重要作用。企业供应物流不仅要保证供应的目标，而且要以最低成本、最少消耗、最快速度组织供应物流活动，企业竞争的关键在于如何降低物流过程成本，这是企业物流最大的难点。因此，企业供应物流必须解决有效的供应网络、供应方式、零库存等问题。

2. 社会物流

社会物流(External Logistics)是指全社会范围内，企业外部及企业相互之间错综复杂的物流活动的总称。从物流的空间范围方面进行分类，社会物流包括城市物流、区域物流等，这里不做详细介绍。

3. 综合物流

综合物流(Comprehensive Logistics)是指物质资料(或物资)在生产者与消费者之间，以及生产过程各阶段之间流动的全过程。简单地说，综合物流包含了社会物流与企业物流两部分的物流全过程。它涉及供应部门向车间和企业供应生产资料的供应物流；商品物质实体从生产者到消费者流动的销售物流；物资在本企业内部各工序之间流动的生产物流；对生产过程和消费过程中所出现的废弃物进行综合化、系统化，以期发挥更大的整体功能，更好地提高社会经济效益。

1.4.4 第一方物流到第七方物流

根据实际物流承担方的不同,以及相关社会组织在物流过程中所扮演的角色不同,我们可以将这些物流形式分别称为不同方物流。例如,"第一方物流""第二方物流"和"第三方物流"等。

1. 第一方物流

第一方物流(First Party Logistics,1PL)是指由物资提供者自己承担向物资需求者送货的责任,以实现物资的空间位移的过程。历史上,多数制造企业都自己配备规模较大的运输工具(如车辆、船舶等)和运输自己产品所需要的仓库等物流设施,以实现自己产品的空间位移。特别是当产品输送量较大时,企业比较愿意由自己来承担物流的任务。但是,随着市场竞争的加剧,企业越来越注重从物流过程中追求"第三利润",由此企业感到,由制造商自己从事物流确实存在一系列问题。

以下一些问题随着第三方物流的兴起显得越来越突出:①由于产品的市场需求在时间上是不平衡的,企业配置物流设施是根据需求旺季能力确定还是淡季确定往往成为企业头疼的事,而无论怎样配置都可能造成物流能力的浪费或紧张。②制造企业的核心竞争能力在于它所制造的产品,而物流业务却非其核心竞争力的业务,因此,从事物流业务的成本一般比专业物流企业要高。③企业自己从事物流很难构造一个有效的物流网络,因此几乎难以达到 JIT 的要求,特别是供需双方在地理位置上相距较远的情况下,企业无法实现有效的物流。④随着第三方物流的兴起,并能提供日趋完善的物流服务,使第一方物流原有的一些优势黯然失色。

2. 第二方物流

第二方物流(Second Party Logistics,2PL)是指由物资需求者自己解决所需物资的物流问题,以实现物资的空间位移。传统上的一些较大规模的商业部门都备有自己的运输工具和储存商品的仓库,以解决从供应站到商场的物流问题。但是,传统的由第二方承担的物流同样存在着以下一些问题:①自备运输工具和仓库已经使物资需求者(主要是商业部门)的经营成本过高,在微利的商业经营时代,这种成本的支出是商业企业难以承受的。②由于商品的市场需求在时间上的不平衡,商业企业难以合理地配置物流设施,无论怎样配置都可能造成物流能力的浪费或紧张。③商业企业的核心竞争能力在于商品的销售能力,而物流业却非其具有核心竞争能力的业务,因此,从事物流业务的成本一般比专业物流企业要高。④商业企业自己从事物流很难构造一个有效的物流网络,因此几乎难以达到及时供货的要求。⑤随着第三方物流的兴起,并能提供日趋完善的物流服务,第二方物流原有的一些优势也已逐渐失去。

3. 第三方物流

随着市场竞争的加剧,以及对效率的追求,组织之间的社会劳动分工日趋细化。企业为了提高自己的核心竞争能力,降低成本,增加企业发展的柔性,越来越愿意将自己不熟悉的业务分包给其他社会组织承担。正因为如此，一些条件较好的，原来从事与物流相关的运输企业、仓储企业、货代企业开始扩展自己的传统业务，进入物流系统，逐步成长为能够提供部分或全部物流服务的企业。我们把这种服务称为"第三方物流"(Third Party Logistics，3PL)。3PL 在供应链管理相关章节将详细介绍，本节不再阐述。

4. 第四方物流

第四方物流(Fourth Party Logistics，4PL)的概念是由美国埃森哲咨询公司率先提出的，该公司将"第四方物流"作为专有服务的商标进行了注册，并将共定义为："一个调配和管理组织自身的及其具有互补性的服务供应商的资源、能力和技术，以提供全面的供应链解决方案的供应链集成商"。

1) 第四方物流的优势

第四方物流作为一种全新的理念，它的发展满足了整个社会物流系统的要求，最大限度地整合了社会物资资源，减少了物流时间，提高了物流效率，同时也减少了环境污染，符合绿色物流的基本要求。具体来讲，第四方物流有如下所述的几种优势。

(1) 拥有专业知识、技术和人才。

物流业的发展需要技术专家和管理咨询专家的推动。第三方物流缺乏综合能力、集成技术、战略管理等方面的能力。而第四方物流通过专业化的发展，拥有大量高素质、国际化的物流与供应链专业人才，积累了针对不同的物流市场的专业知识，以及运输、仓储和其他增值服务的能力。

(2) 拥有强大的信息技术和服务网络。

许多第四方物流与独立的软件供应商结盟开发了内部的信息系统，这使他们能够最大限度地利用运输和分销网络，有效进行跨运输方式的货物追踪，进行电子交易，生成提高供应链管理效率所必需的报表和进行其他相关的增值服务。

(3) 能够提供服务的最佳整合。

第四方物流可以不受约束地去寻找每个领域的"行业最佳"提供商，把这些不同的物流服务整合以形成最优方案。第四方物流成功的关键是以"行业最佳"方案为客户提供服务与技术。第四方物流通过对第三方物流提供商、技术服务提供商和业务流程管理者的能力进行平衡，通过几个集中的接触点，提供全面的供应链解决方案。

(4) 拥有第三方物流的灵活性。

通常，把物流业务外包给第四方物流可以使企业的固定成本转化为可变成本。企业只向第三方支付服务费用，而不需要自己内部维持物流基础设施来满足这些需求。尤其对于那些业务量呈现季节性变化的企业，若与第四方物流结成伙伴关系，这些企业就不必担心业务的季节性变化。

(5) 能够降低运营成本。

第四方物流可以不受约束地将供应链上的最佳物流提供商组合起来，实现最大范围的资源整合，真正做到低成本运作，并为客户提供最佳物流服务。

2) 第三方物流与第四方物流的比较分析

通常来说，第三方物流是物流硬件的供应商，第四方物流是物流软件的提供商，强调整合业内最优秀的第三方物流供应商、技术供应商、管理咨询顾问和其他增值服务商资源，为客户提供独特的和广泛的供应链解决方案的资源整合和最优化思想。这在物流服务日益全球化的趋势下是可行的,也是必要的,它代表着第三方物流未来的发展方向。第三方物流与第四方物流的对比分析如表 1-2 所示。

表 1-2 第三方物流与第四方物流的比较分析

项 目	第三方物流	第四方物流
服务目的	降低单个企业的物流运作成本	降低整个供应链的物流运作成本,提高物流服务能力
服务范围	主要是单个企业的采购物流或者销售物流全部或部分物流功能	提供基于供应链的物流规划方案,负责实施与监控
服务内容	单个企业的采购或销售系统的设计、运作,比如物流信息系统、运输管理、仓储管理以及其他增值物流服务	企业的战略分析、业务流程重组、物流战略规划、衔接上下游企业的综合化物流方案,包含物流信息系统模块的企业信息系统
与客户的合作关系	合同关系、契约关系,一般在一年以上,长的达到三五年	长期战略合作关系,一般有长期的合作协议,这也是第四方物流成功的关键之一
运作特点	单一功能的专业化程度高,多功能集成化程度低	多功能的集成化,物流单一功能运作专业化程度低
物流方案设计	单个企业	企业供应链
服务对象	大中小型企业	大中型企业
服务支撑	第三方物流运作技能,主要是运输、仓储、配送、流通加工、信息传递等增值服务技能	涉及管理咨询技能、企业信息系统搭建技能、物流业务运作技能、企业变革管理能力

然而,第四方物流发展的一个瓶颈就是与第三方物流的合作关系。两者之间很容易由信任关系转化为竞争关系。作为第三方物流,出于商业机密的考虑,无法接受第四方物流与自己共享所有信息,特别是物流服务的价格和服务特色。另外,第四方物流不但要为顾客设计一个价格合理的供应链解决方案,还要在这个价位的基础上,实现整个供应链各个节点的正常运转。但是,第四方物流的"虚拟运作模式"有可能无法实现以上承诺,这也是第四方物流最大的难点,即客户难以放心地将其对供应链物流的控制权交给第四方物流服务商。

5. 第五方物流

第五方物流(Fifth Party Logistics,5PL)的概念一经出现,就一直存在争论,至今也没有定论。现在主要有以下两种不同的观点。

1) 供应链信息服务

这种观点由第五方物流概念的最初提出者摩根士丹利提出,它将第五方物流界定为基于电子商务的供应链信息服务,涵盖了供应链的各方,并强调信息的所有权。对这种观点的其他类似表述还包括基于全球化电子商务运作的物流网络;提供全面运作解决方案的电子商务物流服务商,能够弥补现有第三方物流、第四方物流的缺陷,满足客户需要;主要利用信息系统策划、组织并执行物流解决方案的物流服务商(加拿大产业部与加拿大物流和供应链协会、加拿大制造商和出口商协会的联合报告)。基于上述观点，我们认为，第五方物流企业是专门为物流企业提供软件支持的信息公司，或者是专门进行物流信息管理服务的企业，也可以是在实际运作中提供电子商务技术去支持整个供应链，并且能够组合各接口的执行成员为企业的供应链协同服务，对物流业的发展趋势进行评价，专门为第一方、第二方、第三方和第四方提供物流信息平台、供应链物流系统优化、供应链集成、供应链资本运作等增值性服务的企业。

2) 基于电子商务的"虚拟物流"

另一种观点则由一家美国公司 TAG(The Abraham Group)提出并实践。这种观点认为，第五方物流是沟通第三方物流与新型第四方物流的桥梁，能够促使第三方物流现有的技术和基础设施驱动成本从供应链向虚拟企业组织转移。第五方物流最终将消除第三方物流和第四方物流，形成远程无人值守的供应链，发展成为"第零方物流"，即传统物流部门将只是买方和承运方之间集成化信息链中的环。部分学者认同了这一观点，他们认为，第五方物流不拥有物流运作的实物资产，却管理着整个物流网络，是"虚拟物流服务供应商"。

国内也有学者认为，第五方物流是提供物流人才培训的一方或是提供物流信息服务的一方。可以看出，第五方物流作为一种全新的物流模式，无论如何定义，其共同点都有下述几点。

(1) 以信息、技术服务为手段。

(2) 不参与实际的物流运作。

(3) 以提高物流系统效率为目的。

百度百科显示第六方物流的概念是由中国国际海运网 CEO 康树春首次提出。康树春认为第六方物流是一个新的物流概念，它是以电子网络为服务平台，将产业链和第三方物流进行资源组合和系统集成，为用户高效提供全程物流操作的服务方式。随后，这一跨时代、颠覆性的物流服务模式在物流界引起极大关注及争议。

6. 第七方物流(Seventh Part Logistics，7PL)

第七方物流是以物联网为纽带，以信用体系为支撑，覆盖全产业链的物流生态系统。第七方物流通过物联网将物流活动的各参与方相互连接，对各参与方的资源进行优化、整合、分配，对整个物流活动进行系统设计。以信用体系为支撑的第七方物流，可以规避物流实际操作上的一些风险，帮助各参与方建立信用体系，在信用体系的基础之上进行交易。

1) 第七方物流是一个"六流合一"的生态系统

物流生态系统(Logistics Ecosystem)是指由物流与社会活动构成的整体生态系统。它是个开放系统，和自然生态系统一样为了维系自身的稳定，都需要不断输入能量，多种物流行为在物流生态体系中不断循环，其社会活动的主体角色持续转换，一直到所有的物流活动最终停止。而第七方物流与物流生态系统相结合，创造出一种全新的物流活动方式，可以更好地对物流资源进行优化，更加合理地配置各种物流要素。第七方物流的物流生态系统是将物流服务、电子商务、金融服务、数据分析服务、咨询与解决方案服务等一系列服务有机结合，所有相关要素输入，通过合理的配置，将各种资源平衡地分配与输出的系统，实现第七方物流的物流生态系统内部的良性循环和平衡运作。第七方物流将思想流(物流文化)、物流、商流、信息流、资金流、信用流"六流合一"，统一运作，为全产业供应链环节中的各参与方提供服务,实现物流生态系统的平衡发展和各方共赢发展,如图1-6所示。

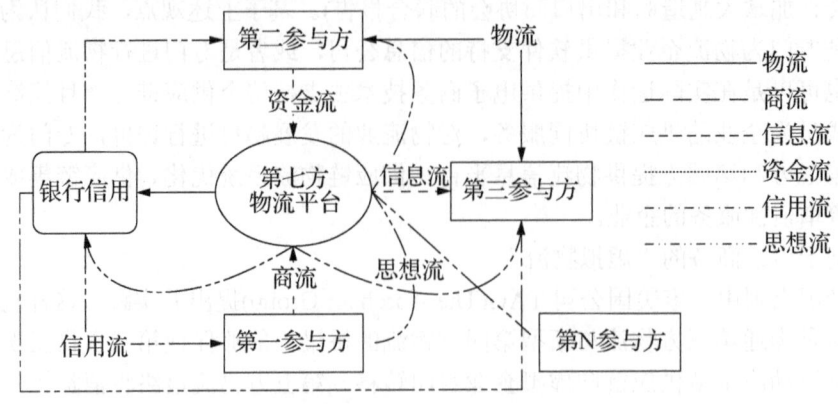

图1-6 第七方物流是"六流合一"生态系统

2) 第七方物流是一个"以物易物"的闭环系统

第七方物流运行的主要作用,是形成一个完整的物流供应链生态圈,使相关交易环节透明闭环运行,为供应链各方提供全新的服务,参与各方通过实物、货币和服务进行交易,如图1-7所示。

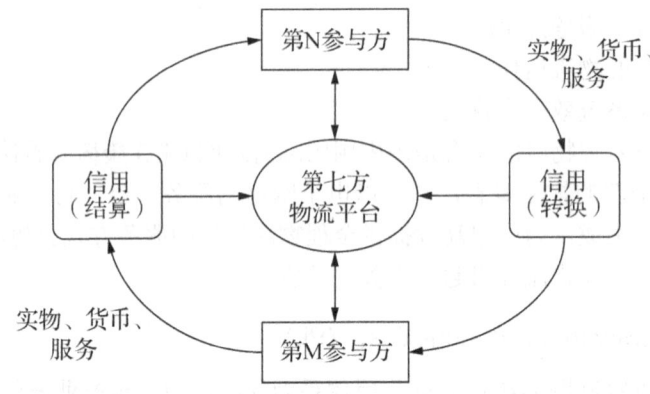

图1-7 第七方物流的闭环运行系统

第七方物流的核心,就是运用物联网等相关技术将传统"物—货币—物"的交易模式,进化为利用信息化交易手段与方式,尽量去除货币对交易的影响,从而使资金快速安全地流动,使供需各方都可在此模式中获得收益,从而达到共赢。这种封闭循环系统下各方物流模式的"物—物"交换新模式,即为"第七方物流"模式。换言之,各参与方通过实物、服务和货币进行交易而建立信用联系,从而实现实物之间、实物与服务之间、实物与货币之间、服务与货币之间的闭环交换,真正实现了"以物易物"模式,如图1-8所示。

3) 第七方物流是一个信用平台

第七方物流是以信用为支撑的公共服务平台,为各个参与方建立了一套以信用档案为基础,以信用积分和信用等级为激励办法的信用体系,使得各参与方能够在平台上通过"诚信经营、守信交易"促进全面信用体系的建立。相关参与方以实物、货币或服务为授信依据,在平台积累信用。在交易支付系统的基础上,平台为其提供相对应的虚拟货币账户,开展线上线下的交易活动,从而实现"以物易物"的新模式,如图1-9所示。

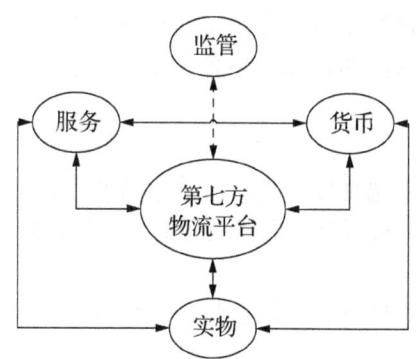

图 1-8　第七方物流的"以物易物"闭环系统

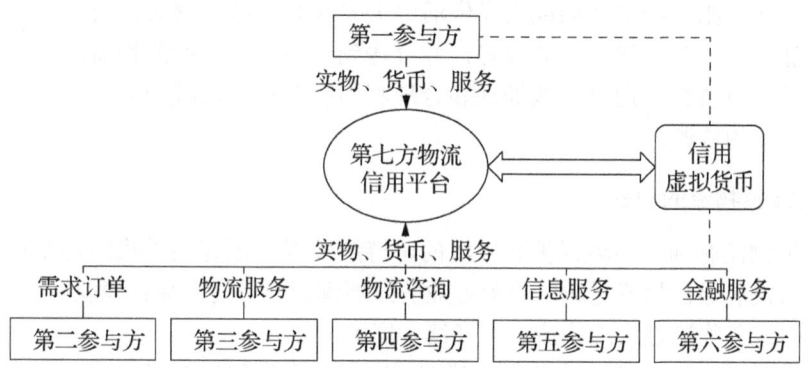

图 1-9　第七方物流的信用平台模式

1.5　其他物流及概念拓展

1.5.1　绿色物流

1. 绿色物流的概念

国家标准《物流术语》(GB/T 18354—2021)中将绿色物流定义为：通过充分利用物流资源、采用先进的物流技术，合理规划和实施运输、储存、装卸、搬运、包装、流通加工、配送、信息处理等物流活动，降低物流活动对环境影响的过程。

2. 绿色物流的内涵

绿色物流的内涵包括以下五个方面。

1) 节约资源

这是绿色物流的本质内容，也是物流业发展的主要指导思想之一。通过整合现有资源、优化资源配置，企业可以提高资源利用率，减少资源浪费。

2) 绿色运输

运输过程中的燃油消耗和尾气排放，是物流活动造成环境污染的主要原因之一。因此，要想打造绿色物流,要对运输线路进行合理布局与规划,通过采取缩短运输路线,提高车辆装载率等措施,实现节能减排的目标。另外,还要注重对运输车辆的养护,使用清洁燃料,减少能耗及尾气排放。

3) 绿色仓储

绿色仓储一方面要求仓库选址要合理,有利于节约运输成本;另一方面,仓储布局要科学,使仓库得以充分利用,实现仓储面积利用的最大化,降低仓储成本。

4) 绿色包装

包装是物流活动的一个重要环节,绿色包装可以提高包装材料的回收利用率,有效控制资源消耗,避免环境污染。

5) 废弃物物流

废弃物物流是指在经济活动或人民生活中失去原有价值的物品,根据实际需要进行收集、分类、加工、包装、搬运、储存等,并分送到专门处理场所的物流活动。由于很多废弃物对环境具有危害性,通过有效处理和合理利用废弃物,在减少环境危害的同时,又可以减少损耗,节约资源。

3. 发展绿色物流的目的

发展绿色物流有利于环境保护和经济的可持续发展,还有利于我国物流管理水平的整体提高。大力发展绿色物流适应了物流行业的发展潮流,具有重要的意义。

1) 发展绿色物流是实现物流业可持续发展的需要

绿色物流是现代物流可持续发展的基础。物流业作为现代新兴产业,有赖于社会化大生产的专业分工和经济的高速发展。而物流要发展,一定要与绿色生产、绿色营销、绿色消费等绿色经济活动紧密衔接。人类的经济活动不能因物流而过分地消耗资源、破坏环境,以至于造成污染。

2) 发展绿色物流是现代物流业发展到一定阶段的必然选择

当今世界各国都在积极探索绿色、智能、可持续发展的物流模式,绿色物流已经成为物流发展的潮流和趋势。进入 21 世纪以来,绿色物流、循环物流的理念纷纷提出并得到实践应用,物流发展正在谋求经济增长与资源消耗的和谐统一,逐步实现物流发展与环境的双赢,形成节约资源和保护生态环境的绿色物流。

3) 绿色物流有利于树立良好的企业形象、企业信誉,履行社会责任

物流企业在追求利润的同时,还应该树立良好的企业形象。绿色物流的构建有利于提高企业的美誉度,增强其品牌价值和寿命,延长产品的生命周期,从而间接地增强企业的竞争力,赢得公众的信任和企业信誉,带来明显的社会价值。

4) 实施绿色物流管理是企业进入国际市场的通行证

绿色物流管理使企业容易获得环境标准认证,如 ISO 14000 环境管理系列标准认证,从而在国际市场上得到其他企业的承认。

5) 通过发展绿色物流降低物流成本,获得核心竞争力

绿色物流是企业最大限度降低经营成本的必由之路。专家分析认为,产品从投产到销售出去,制造加工时间仅占 10%,而几乎 90% 的时间为仓储、运输、装卸、分装、流通加工、信息处理等物流过程。因此,物流专业化无疑为降低成本奠定了基础。绿色物流不仅重视一般物流成本的降低,更重视绿色化和由此带来的节能、高效、少污染,从而提高物

流专业的水平和程度,形成绿色物流发展的模式,获得长远的发展。

1.5.2 应急物流

1. 应急物流的概念

国家标准《物流术语》(GB/T 18354—2021)中将应急物流定义为:为应对突发事件提供应急生产物资、生活物资供应保障的物流活动。

突发公共事件往往发生于瞬间,其发生的时点和持续时间、影响范围、强度,以及由此诱发的次生和衍生灾祸,即使在现有条件下有多手段的预测或预警,也还是无法精准测定;相应地,应急物资的启用时间、数量、发放范围、运输方式等势必是不确定的,加上其启用的突发性特殊环境和极短时间内快速调集的特强应急时效,因而应急物流具有突发性和不可预见性,需要能快速响应。

应急物流存续于非常时期,其启动响应和运作要求速度快、可简化、省略一般物流的常规性中间环节,使整体运作更紧凑、快捷、灵便;且依法由政府统一组织、指挥和调度,以政府为主,确保有序、高效的运作管理。同时,社会力量(包括志愿者)共同参与,经济原则弱化,代之以半公共化,凸显鲜明的行政性、强制性色彩和公益性倾向。

由此而论,应急物流有别于一般物流,是一般物流的一个特例,可称为物流的一个分支。应急物流与一般物流的差异如表 1-3 所示。

表 1-3 应急物流与一般物流的差异

要素	一般物流	应急物流	政府作用
流体	合法经营的各类普通货物,品种无所不包;来源单一企业供给	主要是防护用品类、生命救助类、生命支持类、救援运载类、临时食宿类、污染清理类、动力燃料类、工程设备类、器材工具类、照明设备类、通信广播类、交通运输类、工程材料类;多来源包括政府储备物资、应急项目政府采购、调拨、自筹、社会捐赠	建立物资储备制度、紧急政府采购相关制度,并组织实施;指令调拨及捐赠管理
主体	企业、外包企业	政府、红十字会、企业及志愿者等其他社会力量	政府制定预案,组织、指挥、协调、控制、监管
载体	常态的设施与设备	常态的设施为主,辅以临时性设施与设备;运输工具有军用和征用	抢修、保障紧急状态下损坏的公共设施;指令调用、征集运输工具
流向	事先可预测需求,多流向	事先不可预测需求,事发后流向指定救援地	建立应急信息平台、发布指令
流速	常态	非常态,有快有慢;完成物流的时间延长或缩短	政府的应急物流组织状况决定流速
流量	数量相对固定	特定品种的物流流量激增,其他物品通常减少	政府成为物资的提供者,提供的数量要视应急需求量及政府财力而定
流程	流程基本上可按合理化原则安排	很可能因设施的损坏等,常使路径、路程发生某些改变	政府应保流程的顺畅

应急物流可分为军事应急物流和非军事应急物流。非军事应急物流可以细分为灾害应急物流和疫情应急物流；灾害应急物流又可分为自然灾害应急物流和人为灾害应急物流。

2. 应急物流的运作

应急物流的运作，依据应急管理法律法规，贯彻国家统一领导、综合协调、分类管理、分级负责、属地管理为主的应急管理体制，执行和具体实施应急预案尤其是应急物流预案，主要包括应急组织管理指挥、应急物资供应、应急工程救援保障、应急资金保障、综合救援应急队伍建设等。

下面介绍应急物流的运作模式。应急物流运作基于信息技术和应急信息平台，以及相关法律法规、公共政策，按应急预案，在应急资金的支持下，有计划地进行应急物资筹集储备；一旦突发公共事件，就经政府统一指挥和协调、管控，集聚各方力量，通过作业流程的简化或省略，快速、高效又有序地实施应急物资调用供给(或调拨、应急政府采购)、运输(包括运输工具征用)、收集、配送、发放，及时确保应急处置。应急物流的运作模式如图1-10所示。

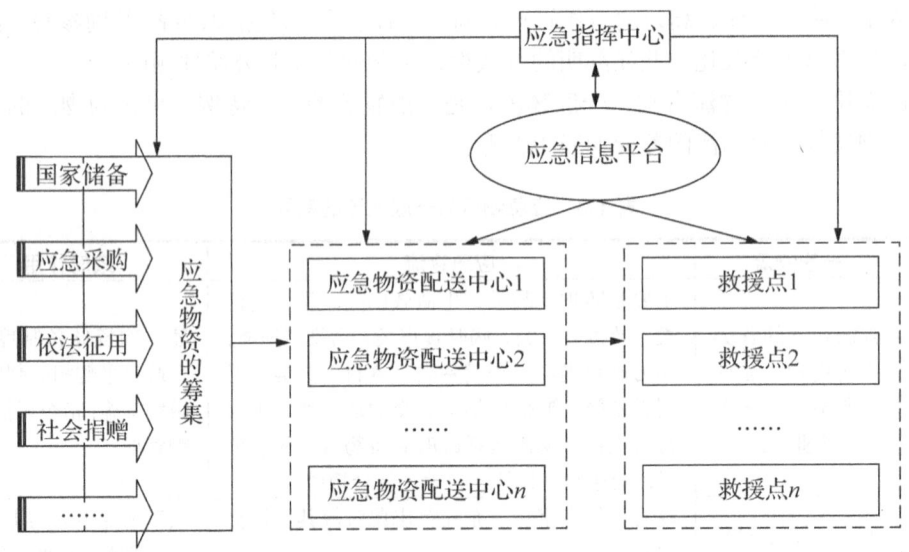

图1-10 应急物流运作模式

1.5.3 冷链物流

1. 冷链物流的概念

国家标准《物流术语》(GB/T 18354—2021)中将冷链定义为：根据物品特性，从生产到消费的过程中使物品始终处于保持其品质所需温度环境的物流技术与组织系统。这个定义是原则性的，有些关键问题需要进一步认识。

(1) 冷链是有针对性的，所谓的"根据物品特性"，是针对那些需要"冷"环境的物品，不是广泛采用的物流形式。

(2) 对于"品质"的理解。这应当是广义的理解，不是单指质量。

(3) 对于"过程"的理解。这不仅仅是指物流过程，还包括两个终端的运动和操作过程，那是在生产过程之中和消费过程之中。这尤其是物流工作者特别应当认识和重视的，因为冷链的范畴已经超出了物流的控制范围。

(4) 对于"物流网络"的理解。我国国家标准《物流术语》(GB/T 18354—2021)解释为通过交通运输线路连接分布在一定区域的不同物流节点所形成的系统。这个表述可以防止把冷链打造成孤立的链条。

2. 冷链物流的构成

冷链物流由冷冻加工、冷冻储藏、冷藏运输及配送、冷冻销售 4 个方面构成。冷链物流的构成模型如图 1-11 所示。

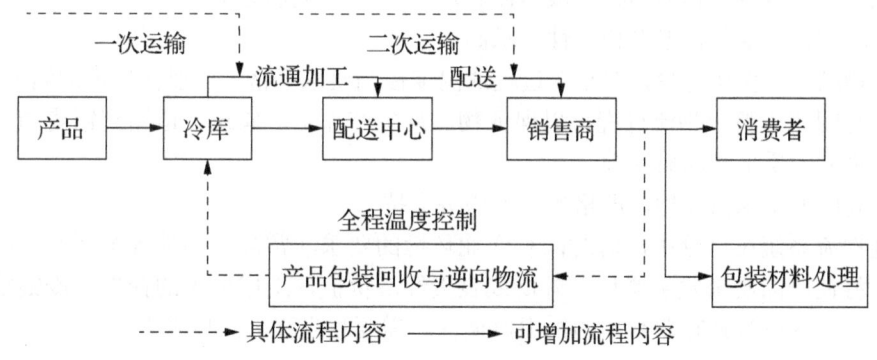

图 1-11 冷链物流的构成模型

1) 冷冻加工

冷冻加工包括肉禽类、鱼类和蛋类的冷却与冷冻，以及在低温状态下的加工作业过程，也包括蔬菜的预冷、各种速冻食物和奶制品的低温加工等。在这个环节上主要涉及的冷链装备是冷却、冻结装置和速冻装置。

2) 冷冻储藏

冷冻储藏包括食品的冷却储藏和冻结储藏，以及水果蔬菜等食品的气调储藏。它是保证食品的储藏和加工始终处于低温环境。在此环节主要涉及各类冷藏库、加工间、冷藏柜、冷冻柜及家用冰箱等。

3) 冷藏运输及配送

此环节包括食品的中、长途运输及短途配送等。它主要涉及铁路冷藏车、冷藏汽车、冷藏船、冷藏集装箱等低温运输工具。在冷藏运输过程中，温度波动是引起食品品质下降的主要原因之一，所以运输工具应具有良好的性能，远途运输尤其重要。

4) 冷冻销售

冷链食品进入批发零售环节的冷冻冷藏和销售，它由生产厂家、批发商和零售商共同完成。随着城市各类连锁超市的快速发展，各类连锁超市正在成为冷链食品的主要销售渠道，在这些零售终端，大量使用了冷藏、冷冻陈列柜和储藏库，它们成为完整的食品冷链中不可或缺的重要环节。

3. 冷链物流的特点

冷链是一个跨行业、多部门有机结合的整体，要求各部门互相协调，紧密配合，并拥有相适应的冷藏设备。由于其产品对象和作业环境的特殊性，冷链物流与高新技术、高额投资、先进管理紧密相连。冷链物流涉及从生产到消费的众多行业，是一个复杂的供应链系统，冷链物流具有以下所述几个鲜明的特点。

1) 投资规模大，运营成本高，资产专用性强

在冷藏物品的生产加工、储藏、运输和配送到终端消费的各个环节都需要特殊的冷藏设施设备，冷库建设和冷藏车的配置需要的投资较大，是一般库房和干货车辆的3~5倍。同时，为提高冷链物流运作效率，还需要使用先进的物流信息系统等现代技术，投入高且专用性强，这导致冷链物品的物流成本偏高，且易产生沉沦成本。

2) 时间性要求强，温度稳定性要求高

冷链物品一般保质期短，对整个过程的温度控制要求严格，需要在规定的温度环境下，以较短的时间完成整个物流过程，以保证物品从生产加工、储藏、运输到销售的整个过程保持冷链物品的质量和品质特性。

3) 高度的组织协调性，严格的技术服务支持

冷链物流系统在运营中，对时间和作业环境的要求非常高。如果各个环节不能做好有效衔接，将使产品质量发生变化，降低或丧失经济价值，造成巨大的损失。冷链物品的时效性要求冷链各环节具有非常高的组织协调性，需要相当强大的技术支持。

1.5.4　地下物流

1. 地下物流的概念

当前各国关于城市地下物流系统的概念并不统一，美国称地下物流系统为地下管道货运系统(Freight Transport by Underground Pipeline or Tube Transport)，荷兰称其为城市地下物流系统(Underground Logistics System)，德国以运载工具将其命名为 Cargo Cap 系统(直译为"货帽"系统，意译为"地下管道运输系统")，而日本则将其称为地下货运系统(Underground Freight Transport System)。

地下物流系统是指运用自动导向车(AGV)和两用卡车(DMT)等承载工具，通过大直径地下管道、隧道等对固体货物实行输送的一种全新概念的运输和供应系统。20世纪90年代以来，利用地下物流系统进行货物运输的研究受到了西方发达国家的高度重视，并作为未来可持续发展的高新技术领域。地下系统是一种新兴的运输和供应系统，是相对于公路、铁路、航空及水路这些传统的运输和供应系统外的另一种更加便捷的运输方式，并逐渐显示出自身的优越性。

从目前的信息化时代看，传统的运输方式早已超越了它所能承受的最大极限，甚至已经阻碍了社会的发展。发展地下物流，从长远来看，投资建设的成本会不断降低，系统不仅能带来不可限量的生态和社会效益，而且对实现可持续发展，建设资源节约型、环境友好型社会大有裨益，因此建设地下物流迫在眉睫。

2. 地下物流系统的形成与分类

近年来，随着计算机科学和信息技术的发展和完善，发展具有高度智能化、自动化、高效率的信息控制系统来有效管理和控制物流运输成为必然的选择，也是当下城市地下物流系统极其重要的组成部分。因此，根据构成功能的不同，城市地下物流系统可以划分为实体部分和控制部分，实体部分主要包括城市地下物流系统的运输网络、运载工具、动力设施、运输终端、网络节点等具体实物，控制部分主要包括城市地下物流系统的信息管理、信息控制、导航系统、维护管理等软件，如图 1-12 所示。

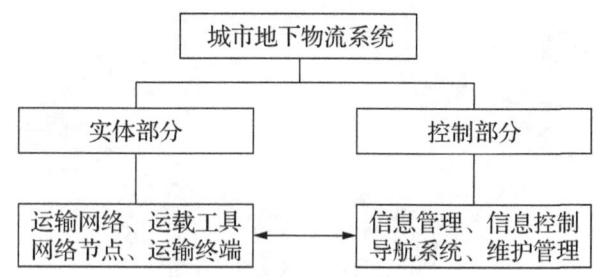

图 1-12　地下物流系统构成示意图

城市地下物流系统可分为管道形式地下物流系统和隧道形式地下物流系统两种类型。

管道运输出现的时间较早，可以追溯到 19 世纪的城市地下排水管道，现在城市里的煤气、暖气、天然气、排污管道、自来水等也可以看作管道形式地下物流的雏形，这些管道运输的共同特点是只能输送连续介质的气体或液体，而本节所研究的城市地下物流系统是能够输送大件固体货物的运输管道。根据输送动力和载运工具的异同可以将管道式地下物流系统分为三种，即气力输送管道、水力输送管道和仓体输送管道。

目前研究开发的隧道形式的地下物流系统，多为轨道形式，运输工具有自动导向车、两用卡车等，主要以电力驱动，并具有自动导航功能，最高时速可达 100km/h，能够运输固、液、气各种形态的货物，如美国休斯敦地下物流系统项目和日本东京地下货物运输系统项目。隧道式地下物流是目前城市地下物流系统研究的热点，也是未来城市地下物流系统发展的方向。

1.5.5　智慧物流与智能物流

1. 智慧物流

智慧物流(Smart Logistics)，指的是以物联网技术为基础，综合运用大数据、云计算、区块链及相关信息技术，通过全面感知、识别、跟踪物流作业状态，实现实时应对、智能优化决策的物流服务系统。

基于物联网技术应用提出的智慧物流定义，并借用物联网三层技术架构，提出了智慧物流的技术架构也由感知层、网络层、应用层组成；之后又提出了智慧物流的大脑思维系统、信息网络传输系统和自动执行系统三大系统的理论，分析了智慧物流的发展现状，分析了智慧物流的智慧来源，建立了智慧物流完善的理论体系。

智慧物流是在物流自动化、网络化、数字化、智能化基础上发展起来的，根据智慧物流的定义，可以辨析清楚物流自动化、智能物流、数字物流等概念之间的关系，了解智慧物流发展路径，澄清很多概念混乱问题。

亚马逊在智慧物流方面进行了积极的探索和实践，将大数据、人工智能和云计算等技术运用于仓储和物流管理，开创了一整套以高科技为支撑的电商仓储物流模式，如图 1-13 所示。

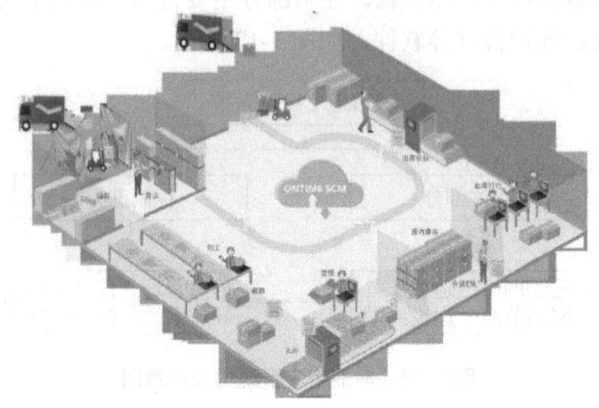

图 1-13　亚马逊智慧仓储物流模式

亚马逊通过立体货架最大化利用空间储存货物，同时利用直通货物的传送带实现货物储存与装运的无人作业。在此基础上，亚马逊还建立了"空中运营中心"用来存储商品，无人机可以飞进空中的仓库提货，再送到顾客家中。

亚马逊采用 Kiva 机器人将货架运送到拣货工人面前，实现了"货找人"的仓库管理模式，如图 1-14 所示；采用八爪鱼技术发货拣货，借助机器设计出合理路线分配包裹；运用数据和算法，智能优化每个配货员的拣货路径，缩短取货路程。此外，亚马逊仓库中，从货物扫码测量到储存位置选取，都由大数据计算并上传云端，全球共享，这样的云仓储模式能够通过大数据及时预测并反馈需求，提升商品周转效率。

图 1-14　Kiva 机器人

2. 智能物流

智能物流(Intelligent Logistics System，ILS)，简单来说，就是物联网在物流领域的应用，它是指在物联网广泛应用的基础上利用先进的信息管理、信息处理、信息采集、信息流通等技术，完成将货物从供应者向需求者移动的整个过程，其中包括仓储、运输、装卸搬运、包装、流通加工、信息处理等多项基本活动。它是一种为需方提供最佳服务，为供方提供最大化利润，同时消耗最少的社会和自然资源，争取以最少的投入来获得最大的效益的整体智能社会物流管理体系。智能物流是物流信息化的发展目标以及现代物流业发展的新方向。智能机器人如图 1-15 所示。

图 1-15　智能机器人

3. 智能物流与智慧物流的区别

智慧物流的发展必须要求物流系统知其然也要知其所以然，概括来讲，智慧物流指的是基于物联网技术应用，实现互联网向物理世界延伸，互联网与物流实体网络融合创新，实现物流系统的状态感知、实时分析、科学决策与精准执行，进一步达到自主决策和学习提升，拥有一定智慧能力的现代物流体系。相对智能物流而言，智慧物流多了一项自主决策和学习提升的能力。

1.5.6　大件物流

1. 大件物流的概念

随着中小件快递市场日渐成熟、增速放缓、市场份额持续向龙头企业集中，行业空间巨大、竞争分散的大件物流企业正在成为各大物流企业的重点布局对象。大件物流的概念也由较为模糊的大件商品行业相关运输业务，发展到精确为 30kg～200kg 的快递包裹业务，同时包括部分附加值较小的小票零担运输业务。

2. 大件物流的分类

与快递几乎只服务 C 端客户(消费者)不同，大件物流兼具 2B(至企业)和 2C(至消费者)业务。B2B 大件物流又可以按照生产流通过程划分为原材料 B2B 大件物流(例如为汽车厂商运输一箱汽车零部件)和商品 B2B 大件物流(例如家电一级经销商将商品运输给二级经销商)。而 B2C 大件物流又可以按照购买渠道不同划分成线上 B2C 大件物流(例如物流为在线上商城购买大家电的客户配送商品)和线下 B2C 大件物流(例如物流企业为在实体专卖店购买成套家具的客户配送商品)。

3. 大件物流的特点

大件物流对比小件快递具有天然的特殊性，在货源结构、运输配送模式等方面都具有不同的行业特征。比如：服务链条长，需要送货上门、安装、维修以及逆向物流等专业化物流服务支撑；订单渠道由线下为主逐步转为线上线下结合，需要自然错峰接单，保证业务量的持续性；干线运输具有批量大、不中转的特点，末端配送趋向仓配一体化；大件物流标准化、自动化、智能化难度大，依赖于智慧化的大数据分析。

4. 大件物流面临的问题

随着电商规模的快速发展，在整个 2C(至消费者)大件物流市场中，大家电和家装家居大件物流占到了绝大比例，大家电包括传统四大家电(平板电视、空调、冰箱、洗衣机)和厨卫电器；家具主要包括家装建材、卫浴、运动器材等。无论是传统大家电还是家装家居，对目前的物流行业仍然是一个不小的难题，因为其承运物品同时覆盖了快递和零担，普遍具有仓储存放管理复杂、运输商品附加值高、体积较大、运输标准化难度高、运价显著高于一般零担和整车的特点，同时又兼具快递小件的时效要求和到户配送安装的需求，因此即使大件物流单价高，很多物流服务网点仍然不愿意接受客户的大件物流订单。

自 测 题

1. 什么是物流？它对社会经济有什么样的作用？
2. 简述物流合理化的要点和措施。

案 例 分 析

"一流三网"——海尔独特的现代物流方案

海尔的物流改革是一种以订单信息流为中心的业务流程再造，通过对观念的再造与机制的再造，构筑起海尔的核心竞争能力。海尔物流管理的"一流三网"充分体现了现代物流的特征："一流"是以订单信息流为中心；"三网"分别是全球供应链资源网络、全球配送资源网络和计算机信息网络。"三网"同步流动，为订单信息流的增值提供支持。

(1) "一流三网"。在海尔，仓库不再是储存物资的水库，而是一条流动的河。河中流动的是按单采购来生产必需的物资，也就是按订单来进行采购、制造等活动。这样，从根本上消除了呆滞物资、消灭了库存。目前，海尔集团每个月平均接到 6 000 多个销售订单，这些订单的品种达 7 000 多个，需要采购的物料品种达 26 万余种。在这种复杂的情况下，海尔物流自整合以来，呆滞物资降低了 73.8%，仓库面积减少 50%，库存资金减少 67%。海尔国际物流中心货区面积 7 200 平方米，但它的吞吐量却相当于普通平面仓库的 30 万平方米。同样的工作，海尔物流中心只有 10 个叉车司机，而一般仓库完成这样的工作量至少需要上百人。

(2) 全球供应链资源网的整合，使海尔获得了快速满足用户需求的能力。海尔通过整合内部资源优化外部资源，使供应商由原来的 2 336 家优化至 840 家，国际化供应商的比例达到 74%，从而建立起强大的全球供应链网络。GE、爱默生、巴斯夫、DOW 等世界 500 强企业都已成为海尔的供应商，有力地保障了海尔产品的质量和交货期。不仅如此，海尔通过实施并行工程，更有一批国际化大公司已经以其高科技和新技术参与到海尔产品的前端设计中，不但保证了海尔产品技术的领先性，增加了产品的技术含量，还使开发的速度大大加快。另外，海尔对外实施按天付款制度，对供货商付款及时率达到 100%，这在国内，很少有企业能够做到，从而杜绝了"三角债"的出现。

(3) JIT 的速度实现同步流程。由于物流技术和计算机信息管理的支持，海尔物流通过 3 个 JIT，即 JIT 采购、JIT 配送和 JIT 分拨物流来实现同步流程。目前通过海尔的 BBP 采购平台，所有的供应商均在网上接受订单，使下达订单的周期从原来的 7 天以上缩短为 1 小时内，而且准确率达 100%。除下达订单外，供应商还能通过网上查询库存、配额、价格等信息，实现及时补货和 JIT 采购。为实现"以时间消灭空间"的物流管理目的，海尔从最基本的物流容器单元化、集装化、标准化、通用化到物料搬运机械化开始实施，逐步深入到对车间工位的五定送料管理系统、日清管理系统进行全面改革，加快了库存资金的周转速度，库存资金周转天数由原来的 30 天以上减少到 12 天，实现 JIT 过站式物流管理。生产部门按照 B2B、B2C 订单的需求完成以后，可以通过海尔全球配送网络送达用户手中。目前海尔的配送网络已从城市扩展到农村，从沿海扩展到内地，从国内扩展到国际。全国可调配车辆达 1.6 万辆，目前可以做到物流中心城市 6～8 小时配送到位，区域配送 24 小时到位，全国主干线分拨配送平均 4.5 天，形成全国最大的分拨物流体系。计算机网络连接新经济速度在企业外部，海尔 CRM(客户关系管理)和 BBP 电子商务平台的应用架起了与全球用户资源网、全球供应链资源网沟通的桥梁，实现了与用户的零距离。在企业内部，计算机自动控制的各种先进物流设备不但降低了人工成本、提高了劳动效率，还直接提升了物流过程的精细化水平，达到质量零缺陷的目的。计算机管理系统搭建了海尔集团内部的信息高速公路，能将电子商务平台上获得的信息迅速转化为企业内部的信息，以信息代替库存，达到零营运资本的目的。

(4) 积极开展第三方分拨物流。海尔物流运用已有的配送网络与资源，并借助信息系统，积极拓展社会化分拨物流业务，目前已经成为日本美宝集团、AFP 集团、乐百氏的物流代理，与 ABB 公司、雀巢公司的业务也在顺利开展。同时海尔物流充分借力，与中国邮政开展强强联合，使配送网络更加健全，为新经济时代快速满足用户的需求提供了保障，实现了零距离服务。海尔物流通过积极开展第三方配送，使物流成为新经济时代下集团发展新的核心竞争力。

(5) 流程再造是关键观念的再造。海尔实施的现代物流管理是一种在现代物流基础上的业务流程再造。而海尔实施的物流革命是以订单信息流为核心，使全体员工专注于用户的需求，创造市场、创造需求。

(6) 机制的再造海尔的物流革命是建立在以"市场链"为基础上的业务流程再造。以海尔文化和 OEC 管理模式为基础，以订单信息流为中心，带动物流和资金流的运行，实施三个"零"目标(质量零距离、服务零缺陷、零营运资本)的业务流程再造。构筑核心竞争力物流带给海尔的是"三个零"。但最重要的，是可以使海尔一只手抓住用户的需求，另一只手抓住可以满足用户需求的全球供应链，把这两种能力结合在一起，从而在市场上可以获得用户忠诚度,这就是企业的核心竞争力。这种核心竞争力,正加速海尔向世界 500 强的国际化企业挺进。

(资料来源:http://www.chinawuliu.com.cn/xsyj/201512/11/307836.shtml/.)

讨论:
1. 海尔在激烈的市场竞争中取胜的关键是什么?
2. 海尔竞争优势的背后是什么在起支撑作用?
3. 海尔物流管理与企业传统物流管理的主要区别体现在哪里?

第 2 章

运 输 管 理

【学习要点及目标】

- 了解交通运输体系的构成及运输方式的选择方法;
- 掌握各种运输技术、合理化运输组织形式及集装箱运输和集装化运输的相关概念。

【核心概念】

运输 运输原理 零担运输 甩挂运输 集装箱 多式联运 陆桥运输 国际运输

【引导案例】

对于连锁餐饮业来说，由于原料价格相差不大，物流成本始终是企业成本竞争的焦点。据有关资料显示，在一家连锁餐饮企业的总体配送成本中，运输成本占到60%左右，而运输成本中的55%~60%又是可以控制的。作为肯德基、必胜客等业内巨头的指定物流供应商，百胜物流公司抓住运输环节大做文章，通过合理安排运输、降低配送频率、实行歇业时间送货等优化管理方法，有效实现了物流成本的"缩水"，给业内管理者指明了一条细致而周密的降低物流成本之路。

2.1 运输概述

运输是物流系统中最重要的子系统之一，运输成本占物流总成本的35%~50%左右，占商品价格的4%~10%。运输对物流总成本的节约具有举足轻重的影响。运输是指通过运输工具和方法使货物在生产地和消费地之间或者是物流据点之间流动。运输解决了物资生产与消费在地域上的不同步性的矛盾，具有扩大市场、扩大流通范围、稳定价格、促进社会生产分工等经济功能，对拉动现代生产与消费、发展经济、提高国民生活水平起到积极的作用。

2.1.1 运输的概念

国家标准《物流术语》(GB/T 18354—2021)中将运输定义为：利用载运工具、设施设备及人力等运力资源，使货物在较大空间上产生位置移动的活动。

运输包括对人和物的载运及输送。物流的运输则专指"物"的载运及输送，它是在不同地域范围间(如两个国家、两座城市、两个工厂等)的较长距离的空间位移，是对"物"进行的空间位移。

运输是物流活动，活动的主体是参与者，活动作用的对象是物品客体。运输活动的参与者包括货主、承运人、货运代理人、运输经纪人等，在具体业务环节中，根据参与者所起的作用不同，货主或货运代理人可能被称为托运人、收货人等。

1. 货主

货主是货物的所有者，可以是托运人或收货人，有时托运人和收货人是同一主体。货主、托运人和收货人的共同目的是要求在规定的时间内以最低的成本将物品从起始地转移到指定地点，包括对收发货时间、收发货地点、转移时间、无丢失损坏和有关信息等方面的要求。

2. 承运人

承运人是运输活动的承担者，他们可能是铁路货运公司、航运公司、民航货运公司、运输公司、储运公司、物流公司以及个体运输从业者。承运人是受托运人(可能是货主或收货人)的委托，按委托人的意愿以最低的成本完成委托人委托的运输任务，同时获得运输收入。承运人根据委托人的要求或在不影响委托人要求的前提下合理地组织运输和配送，包括选择运输方式、确定运输线路、进行配货配载等，以降低运输成本，尽可能多地获得利润。

3. 无车承运人

无车承运人是以承运人身份与托运人签订运输合同，承担承运人的责任和义务，通过委托实际承运人完成运输任务的道路货运经营者。无车承运人具有资源整合能力强、品牌效应广、网络效应明显等特点。其利用互联网手段和组织模式创新，有效地促进了货运市场的资源集约整合和行业规范发展，对于促进物流货运行业的转型升级和提质增效具有重要意义。

4. 货运代理人

货运代理人是根据用户的要求，并为客户的利益而揽取货物运输的人，其本人不是承运人。货运代理人可以把来自各种顾客手中的小批量货物装运整合成大批量装载，然后利用承运人进行运输，到达目的地后，货运代理人再把该大批量装载拆分成原先较小的装运量，送往收货人。货运代理人的主要优势是其大批量装载可以实现较低的费率，从中获取利润。

5. 运输经纪人

运输经纪人是替托运人、收货人和承运人协调运输问题的中间商，协调的内容包括：装运装载、费率谈判、结账和跟踪管理等。运输经纪人也属于非作业中间商。

2.1.2 运输的功能

运输主要是实现物品远距离的位置移动，创造物品的"空间效用"，或称"场所效用"。所谓空间效用，是指物品所处的位置与其使用或消耗的位置不一致，物品的使用价值不能实现，通过运输活动，将物品从当前的位置转移到使用或消耗的位置，使其使用价值能够得到更好地实现，即创造了效用价值。商品生产的目的是为了消费。一般来说，商品的生产与消费的位置是不一致的，即存在位置背离，只有消除这种背离现象，商品的使用价值才能实现，这就需要运输。人们在生产过程中，由于搬家、旅游、送礼等活动，也会出现物品所处位置与消费地之间的空间矛盾，也要通过运输消除这种矛盾。

运输除了创造空间效用外，还可以创造时间效用，具有一定的储存功能。所谓时间效用，是指物品处在不同的时刻，其使用价值实现的程度不同，效用价值是不一样的；通过储存保管，将物品从效用价值低的时刻延迟到价值高的时刻再进入消费领域，使物品的使用价值得到更好地实现。因为运输需要时间，特别是长途运输需要的时间更长，在这一过程中货物实际是储存在运输工具内，而且为避免物品损坏或丢失，还要为储存在运输工具内的货物创造一定的条件，如保持一定的温度和湿度等，这客观上就是存储，创造了物品的时间效用。

创造时间效用是仓储的主要功能,但对于运输来说,创造时间效用是在创造空间效用的同时演化出来的功能。

2.1.3 运输的原理

运输原理是指一次运输活动中单位货物的运输成本与主要影响因素之间的关系,是指导运输管理和营运的基本原理。

1. 规模经济原理

规模经济原理是指随着一次装运量的增大,会使每单位"重量或体积"货物的运输成本下降。这是因为转移一票货物的有关固定成本按整票货物的重量或体积分摊时,一票货物的量越大,分摊到单位货物上的成本就越低。货物转移的固定成本包括接受运输订单的行政管理费用、端点运作成本、端点设施成本、运输设备成本等。铁路运输和水路运输的运输工具装载量大,其规模效益相对于运输装载量小的汽车、飞机之类的运输工具要好;整车运输由于利用了整个车辆的运输能力,固定成本也较低,因而单位货物的运输成本会低于零担运输。单位货物的运输成本与运输工具每次装载量之间的关系如图 2-1 所示。

既然单位货物的运输成本与运载工具的一次装载量有关,那么在运载工具容积一定的前提下,货物密度也会影响运输成本,密度低的货物可能无法达到运载工具的额定载重量,运输能力有浪费,单位货物的运输成本就高。单位重量货物运输成本与货物密度的关系如图 2-2 所示。解决低密度货物运输成本高的问题,其办法是通过包装来增加货物密度。

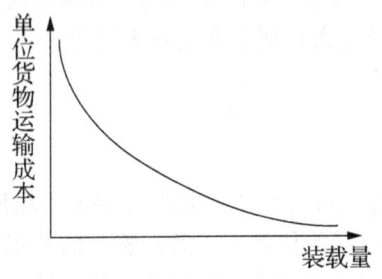

图 2-1 运输成本和装载量的关系

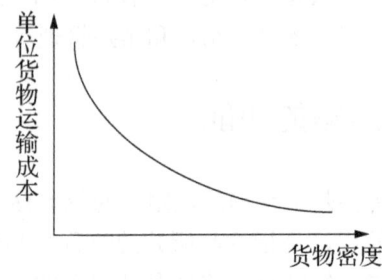

图 2-2 运输成本与货物密度的关系

运输可在满足用户要求的前提下,通过选择装载量大的运输工具和对密度低的货物通过包装提高密度,达到降低运输费用的目的。

2. 距离经济原理

距离经济原理又称递远递减原理,是指随着一次运输距离的增加,运输成本的增加会变得越来越缓慢,或者说单位运输距离的成本减少,即运输成本与一次运输的距离有关,这种关系如图 2-3 所示。从图中可以看出两点:第一,在运输距离为零时,货物运输成本并不为零,这是因为存在一种与货物提取和交付有关的固定成本;第二,货物运输成本的增加随运输距离的增加而降低,即递减原理,这是因为与货物提取和交付有关的固定成本随着运输距离的增加,分摊到单位运输距离上的货物运输成本会逐渐降低。

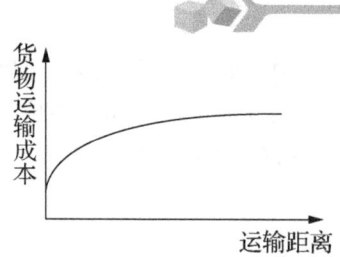

图 2-3　运输成本和运输距离的关系

3. 速度经济原理

速度经济原理是指完成特定运输所需的时间越短，运输的经济性越好。因为运输时间缩短，实际是单位时间里运量的增加，与时间有关的固定费用分摊到单位运量上的费用减少，如管理人员的工资、固定资产的使用费、运输工具的租赁费等；其次，由于运输时间短，物品在运输工具中停滞的时间缩短，而且使到货提前期变短，有利于减少库存，降低存储费用。因此，快速运输是提高运输效益的有效途径。

快速运输不仅指提高运输工具的行驶速度，还应包括其他辅助作业的速度及相互之间的衔接速度，如分拣、包装、装卸、搬运，以及中途换乘转装等。快速的运输方式是影响快速运输的重要因素，但是运输速度快的运输方式一般运输成本偏高。因此，通过选择高速度的运输方式来实现快速运输时，应权衡运输速度与成本之间的关系，在运输方式已定的条件下，应尽可能加快各环节的速度，并使它们更好地衔接。

2.2　合理化运输

在物流过程中的合理化运输，是指按照商品流通规律、交通运输条件、货物合理流向、市场供需情况，走最少的里程，经最少的环节，用最少的运力，花最少的费用，以最短的时间，把货物从生产地运到消费地。

2.2.1　合理化运输的组成要素

组织合理化运输工作，涉及面广而复杂，影响它的因素也很多。要实现运输合理化，起决定作用的主要有以下五个因素，物流业称之为合理化运输的"五要素"。

1. 运输距离

运输既然是商品在空间的移动，或称"位移"，那么，这个移动的距离，即运输里程的远近，是决定其合理与否诸因素中的一个最基本的因素。因此，物流部门在组织货物运输时，首先要考虑运输距离，应尽可能实行近产近销，就近运输，尽可能避免舍近求远，要尽量避免过远运输与迂回运输。

2. 运输时间

对物流业来说，为了更好地为顾客服务，及时满足顾客的需要，时间是一个决定性的因素。运输不及时，容易失去销售机会，造成货物脱销或积压。尤其在市场变化很大的情况下,时间问题更为突出。人们常说"时间就是金钱,速度就是效益",运输工作也不例外。所以,在物流过程中,必须特别强调运输时间,要想方设法加快货物运输,尽量压缩待运期,使大批货物不要长时间停留在运输过程中。

3. 运输费用

运输费用占物流费用的比重很大,它是衡量运输经济效益的一项重要指标,也是组织合理化运输的主要目的之一。运输费用的高低,不仅关系到物流企业或运输部门的经济效益,而且影响商品销售成本。如果组织不当,使有些商品的运输费用超过了商品价格本身(如煤炭),这是不合理的。由于运费偏高,往往会使采购者不愿订货,失去商品销售机会。为此,在组织合理化运输工作中,积极节约运输费用,是物流企业的一项重要任务。

4. 运输方式

在交通运输日益发展,各种运输工具并存的情况下,必须注意选择有利的运输方式(工具)和运输路线,合理使用运力。要根据不同货物的特点,综合考虑库存包装等因素,选择铁路、水路或汽车运输,并确定最佳的运输路径。要积极改进车船的装载技术和装载方法,提高技术装载量,使用最少的运力,运输更多的货物,提高运输生产效率。

5. 运输环节

在物流过程的诸多环节中,"流"是根本,所以运输是一个很重要的环节,也是决定物流合理化的一个根本性因素。因为围绕着运输业务活动,还要进行装卸、搬运、包装等工作,每增加一道环节,就需要花更多的劳动。所以,物流部门在调运物资时,要对所运物资去向、到站、类别及数量作明细分类,尽可能组织直达、直拨运输,使物资越过一切不必要的中间环节,由产地直接运输到销地或用户,减少二次运输。

2.2.2 合理化运输的主要形式

1. 分区产销合理化运输

分区产销合理化运输就是在组织物流活动中,对某种货物,使其一定的生产区固定于一定的消费区。根据产销的分布情况和交通运输条件,在产销平衡的基础上,按照近产近销的原则,使货物走最少的里程,组织货物运输。它的适用范围,主要是针对品种单一、规格简单、生产集中、消费分散,或生产分散、消费集中,调运量大的货物,如煤炭、木材、水泥、农产品、矿建材料或生产技术不很复杂、原材料不很短缺的低值产品实行这一办法。对于加强产、供、运、销的计划性,消除过远、迂回、对流等不合理化运输,充分利用地方资源,促进生产合理布局,降低物流费用,节约国家运输力,都有十分重要的意义。

2. 直达运输

直达运输,就是在组织货物运输的过程中,越过商业、物资仓库环节或铁路、交通中转环节,把货物从产地或起运地直接运到销地或用户,以减少中间环节。对生产资料来说,由于某些物资体积大或笨重,一般采取由生产厂商直接供应消费单位,实行直达运输,如煤炭、钢材、建材等；在商业部门，则根据不同的商品，可采取不同的运输方法。有些商品规格简单可以由生产工厂直接供应到三级批发站、大型商店或用户，越过二级批发站环节，如纸张、肥皂等；也有些商品规格、花色比较复杂，可由生产工厂供应到批发站，再由批发站配送到零售商店或用户；至于外贸部门，应多采取直达运输方式，对出口商品实行由产地直达口岸的办法。近年来，随着经济体制的改革，在流通领域提出"多渠道、少环节"以来，各基层，商店直接进货、自由采购的范围越来越大，直达运输的比重也在逐步增加，它为减少物流中间环节创造了条件。

3. "四就"直拨运输

"四就"直拨运输，是指各商业、物资批发企业在组织货物调运过程中，对当地生产或由外地到达的货物，不运进批发站仓库，采取直拨的办法，把货物直接分拨给市内基层批发、零售商店或用户，减少一道中间环节。其具体做法有就厂直拨、就车站(码头)直拨、就库直拨、就车(船)过载等。

"四就"直拨运输和直达运输是两种不同的合理化运输形式，它们既有区别又有联系：直达运输一般是指运输里程较远、批量较大、往省(区)外发运的货物。"四就"直拨运输一般是指运输里程较近、批量较小，在大中型城市批发站所在地办理的直拨运输业务。两者是相辅相成，往往又交错在一起的。如在实行直达运输的同时，再组织"就厂""就站"直拨，可以获得双重的经济效益。

4. 合装整车运输

合装整车运输，也称"零担拼整车中转分运"。主要适用于商业、供销等部门的小件杂货运输，即物流企业在组织铁路货运当中，由同一发货人将不同品种发往同一到站、同一收货人的零担托运货物，由物流企业自己组配在一辆车辆内，以整车运输的方式，托运到目的地；或把同一方向不同到站的零担货物，集中组配在一辆车辆内，运到一个适当的车站，然后再中转分运。这是因为在铁路货运当中，有两种托运方式，一是整车，二是零担，两者之间的运价相差很大。采取合装整车的办法，可以减少一部分运输费用，并节约社会劳动力。

5. 提高技术装载量

提高技术装载量，是组织合理化运输提高运输效率的重要方式。它一方面是最大限度地利用车船载重吨位；另一方面是充分使用车船装载容积。其主要做法有以下几种。

1) 组织轻重配套装载

即把实重货物和轻泡货物组装在一起，既可充分利用车船装载容积，又能增加装载重量，以提高运输工具的使用效率。

2) 实行解体运输

对一些体积大、笨重、不易装卸又容易碰撞致损的货物，如科学仪器、机械等，可将其拆卸装车，分别包装，以缩小所占空间，并易于装卸和搬运，提高运输装载效率。

3) 改进堆码方法

根据车船的货位情况和不同货物的包装形状，采取各种有效的堆码方法，如多层装载、骑缝装载和紧密装载等，可以提高运输效率。当然，改进物品包装，逐步实行单元化、托盘化,是提高车船技术装载量的一个重要条件。

2.2.3　不合理运输的表现形式

不合理运输是指在现有条件下可以达到运输水平而未达到,从而造成运输时间增加、运力浪费、费用超支等问题的运输形式。在实际的运输过程中,常见的不合理化运输的主要形式有下述几种。

1. 对流运输

对流运输是指同一种货物或者两种可以互相代用的物资,在一条运输路线或平行线上运输,与相对方向的路线全部或部分发生对流,即称对流运输。

对流运输又可分为明显对流和隐蔽对流。明显对流运输是指发生在同一条运输路线上的对流运输,如图 2-4 所示。从图中可以看出某种货物从甲地经过乙地运至丙地,同时又从丁地经过丙地运至乙地,这样,在乙地和丙地之间产生了对流运输。隐蔽对流运输是指同一种货物在违背近产近销原则的情况下,沿着两条平行的线路朝相对的方向运输,如图 2-5 所示。从图中可以看出甲和丁为两个发货地,乙和丙为两个收货地,各地之间的距离分别为 40km、30km、20km 和 10km,从丁地发货 2t 给丙地,从甲地发货同种货物 2t 给乙地。这种运输路线是不合理的,其中浪费 49t·km 的运力,正确的运输路线应该是丁地发给乙地,甲地发给丙地。

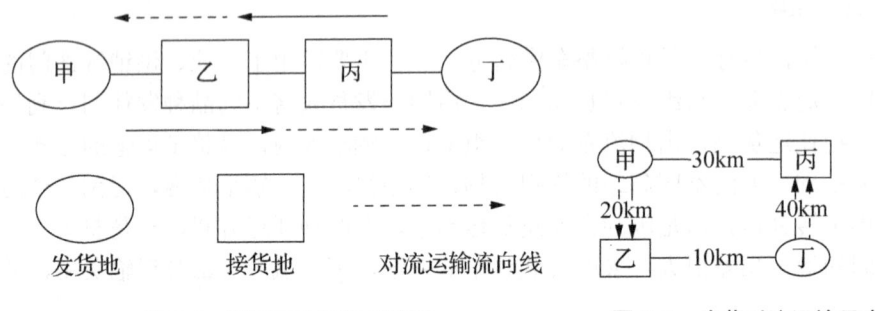

图 2-4　明显对流运输示意图　　　图 2-5　隐蔽对流运输示意图

2. 迂回运输

迂回运输是指运输货物不走直线,绕道迂回而行,浪费运输 h/km 的不合理化运输现象。由甲地发运货物经过乙地和丙地至丁地,那么在甲、乙、丙、丁各地之间便发生了迂回运输共 170km。正确的运输线路应该是从甲地经过戊地发往丁地共 80km,如图 2-6 所示。

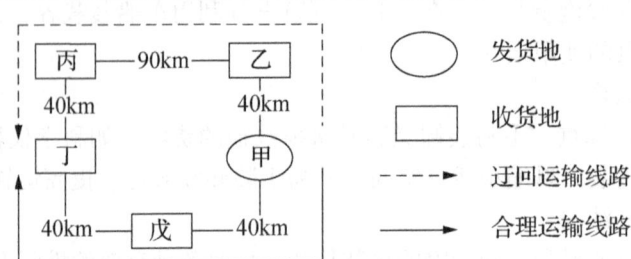

图 2-6　迂回运输示意图

3. 重复运输

重复运输是指某种货物本来可以从起运地一次直运到目的地，但由于某种人为因素，运到中途地点卸下后，不久又二次装车发运，增加不必要的运输环节。

4. 倒流运输

倒流运输指货物从消费地或中转地向产地或起运地回流的一种运输现象，主要是由于采购或调拨不当造成的。

5. 过远运输

过远运输是指销地本来可以由距离较近的产地调进所需要的物资，但却从远地采购而来；或者有两个产地都生产同品种、同品类的物资，但是却没有遵循就近供应的原则，却调运给较远的销地的不合理化运输现象。甲和乙是两个产地，A和B是两个销地。它们的货物需求量和供应量都是5t，下面的图说明，如果由甲供应B地，乙供应A地，是不合理的。合理的运输线路是甲地供应A地，乙地供应B地，如图2-7所示。

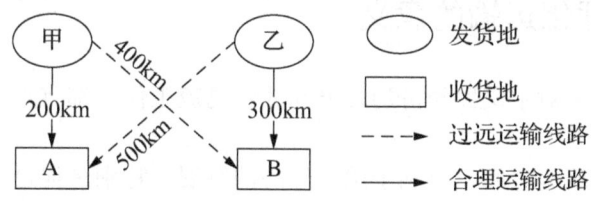

图2-7 过远运输示意图

6. 无效运输

无效运输是指被运输的商品当地不适销，或商品质量次、杂质多，如煤炭中的矿石、原油中的水分等，从而造成运力浪费的不合理运输现象。通过流通加工，不仅能够减少无效运输，还能提高物资的利用率。

7. 空驶

空驶是指在组织运输的活动中，因货源计划不周、调运不当或不恰当的自营运输等，造成只是单程有货，起程或返程空驶。空驶既增加了运输成本，也浪费了运力。

8. 运力选择不当

运力选择不当体现在下述几方面。

(1) 运输方式选择不当。指不能正确地选择运输方式。如从甲地到乙地的货物运输，有水运和铁路、公路两种以上运输方式可供选择，而把适合走水运或水陆联运的货物却用铁路或公路运输，既不符合各种运输方式的合理分工，又增加了物流的运输费用。

(2) 运输工具承载能力选择不当等也属于运力选择不当。不能根据承运货物的数量及重量选择运输工具，而是盲目决定运输工具，导致过分超载、损坏车辆或货物不满，出现浪费运力的现象。

(3) 托运方式选择不当。主要是指对货主而言，可以选择更好的托运方式而没有选择，造成运力浪费及运费增大的一种不合理运输。

9. 亏吨或超载运输

车船载货量不足载货量标准的运输称为亏吨运输,超过载货量标准的运输称为超载运输。无论亏吨运输还是超载运输,均属于不合理运输。亏吨运输不仅运输效率低,而且浪费运力。超载运输不仅损坏运力设施设备,更严重的是容易造成运输安全事故,给社会带来损失。

10. 超限运输

超限运输即车货总重量或装载总尺寸超过国家规定的限值,指在公路上行驶的各种机动车辆装载货物超过路政管理条例规定的行为。

超限运输与超载运输既有区别又有联系。车辆超载是指车辆运载的货物超过车辆的核定载重量,是车辆本身对其装载的限值;车辆超限是指车辆的轴载重量、车货总重量或装载总尺寸超过国家规定的限值,也指车辆装载超过公路对其的限值,主要研究的是车辆装载与公路的关系。

2.2.4 组织合理化运输的意义

组织合理化运输,对于国民经济的发展和改善物流工作,都有重大意义。体现在如下五个方面。

(1) 可加快货物调运时间,有利于国民经济的发展,特别是促进工农业生产的发展,积极扩大社会再生产。

(2) 有利于扩大商品流通,繁荣城乡市场,发展商品经济,及时满足生产和人民生活的需要。

(3) 能改善流通部门特别是物流企业的经营管理,减少货物在途资金的占压,加速资金周转。

(4) 可以降低运输成本,减少货物运输中的损失、损耗,提高货物运输质量,节约运输费用,提高经济效益。

(5) 可提高车船装载量,合理使用运输工具,充分发挥运输工具的效率,节约运输力和社会劳力。

我国社会主义制度的优越性,为组织合理化运输提供了有利条件。随着社会生产的发展和商品流通量的不断增加,使有计划地组织合理化运输成为可能。

2.3 运输方式和运输路线

铁路、公路、水路、航空和管道五种交通运输方式,各具运营特性和优势,在一定的地理环境和经济条件下有其各自的合理使用范围。

2.3.1 铁路运输

铁路运输是指使用铁路列车将货物从一个地点运送到另一个指定地点的一种陆上运输

方式。铁路运输主要承担长距离、大数量的货物运输任务,尤其是在没有水运条件的地区,几乎所有大批量货物都是由铁路运输完成的,是在干线运输中起主力作用的运输形式。

1. 铁路运输的优点

铁路运输的优点主要体现在以下几个方面。

(1) 运输能力大且运行速度比较快。一列货车可装 2 000~3 500t 货物,重载列车可装 20 000 多吨,可满足大量货物一次性高效率运输。运行组织较好的国家,单线单向年最大货物运输能力达 4 000 万吨,复线单向年最大货物运输能力超过一亿吨。时速一般在 80~120km。

(2) 轨道运输,运行平稳,安全可靠,到发时间较准确。

(3) 运输连续性强。由于运输过程受自然条件限制小,所以可提供全天候的运行。

(4) 通用性好,可装运各类不同的货物。

(5) 运输成本(特别是可变成本)比较低,运输总成本中固定成本所占比重较大(一般为60%),收益随着运输业务量的增加而增长。

(6) 能耗比较低。每千吨千米消耗标准燃料为汽车运输的 1/11~1/15,为民航运输的 1/174,但是这两种指标都高于远洋和内河运输。

(7) 环境污染程度小。

2. 铁路运输的缺点

铁路运输的缺点主要体现在以下几个方面。

(1) 受车站、线路限制,不够机动灵活。由于在专用线路上行驶,不能实现门到门的运输服务。因此常常需要用汽车进行转运,从而增加了装运次数,造成货损的概率增高。

(2) 线路建设投资大、周期长、占地多。铁路运输需要特殊的线路、机车及其他基础设备,固定成本较高,变动成本相对较低。

(3) 不适应客户的紧急需要。因为受运行时刻、配车、编列或中途编列等因素的影响。

(4) 近距离运输费用高,不利于运距较短的运输业务。

3. 铁路运输的适用范围

铁路运输可分为三种方式,即整车货物运输、零担货物运输和集装箱运输。

1) 整车货物运输

整车货物运输是指托运人向铁路托运一批质量、体积或形状需要以一辆及以上货车运输货物的运输方式,此时应按整车运输方式向承运人办理托运手续。

一般选择整车运输方式的货物有需要冷藏、保温或者加温的货物;规定按整车办理的危险品;易于污染其他货物的污秽品;不易计算件数的货物;未装容器的活动物;货物重量超过 2t、体积超过 3m³ 或长度超过 9m 的货物(特殊规定除外)。

2) 零担货物运输

零担货物运输是指托运人向铁路托运一批质量、体积或形状不需要以一辆及以上货车运输货物的运输方式,可按零担运输的方式办理托运手续。通俗来讲,即托运货物可与其他托运货物共放一个车厢。

3) 集装箱运输

集装箱运输是指利用集装箱运输货物的方式,是一种既方便又灵活的运输方式,它是铁路货物运输的三大种类之一。

铁路货物运输类别不同,费用自然不同。一般来说,整车运输收费标准比较低,零担货物运输费用收费标准较高。因此,生产商可将发往相同目的地的货物合理配载运输。

4. 铁路运输适用的主要作业

(1) 适合大宗、低值货物的中、长距离运输,也较适合运输散装货物(如煤炭、金属、矿石、谷物等)、罐装货物(如化工产品、石油产品等)。

(2) 适用于大量货物一次高效率运输。

(3) 适用于运费负担能力小、货物批量大、运输距离长的货物运输。

2.3.2 公路运输

公路运输,是指利用一定的载运工具,主要是运用汽车,也使用其他车辆承载货物,在公路上实现货物空间位移的活动过程。公路运输是我国货物运输的主要方式之一,在我国其货运量比其他各种运输方式的总和要多得多。

1. 公路运输的优点

公路运输的优点主要体现在以下几个方面。

(1) 机动灵活,简洁方便。表现为运输工具能深入工厂、矿区、山区,实现门到门运输;运载量可大可小,其范围大概为 0~25 400t;组织方式可自成体系,又可连接其他运输方式;运营时间能根据需要灵活制定运营时间表,运输中的伸缩性非常大。

(2) 运输过程中换装环节少,中短途运输速度较快。国外资料显示,中短途运输中,汽车的平均速度比铁路快 4~6 倍,比水路快 10 倍左右。

(3) 端点费用低,对于近距离、中小批量的货物运输,其运输费用相对较低,经济里程一般在 500km 以内。

(4) 完成其他运输方式的首末端运输,实现门到门运输。公路运输的服务范围不仅在等级公路上,还可延伸到等级外的公路,甚至许多乡村便道,普通货物装卸对场地、设备没有专门的要求。

(5) 服务上的灵活性,能够根据货主的要求提供有针对性的服务,最大限度地满足不同性质的货物运送需求。

(6) 公路运输投资省,建设周期短,上马快,是短途运输的中坚力量。

随着公路路况的改善,汽车技术的进步,高速公路的快速发展,公路运输将成为高档工农业产品以及中、短距离运输的主要方式。

2. 公路运输的缺点

公路运输的缺点主要体现在以下几个方面。

(1) 运输能力小。汽车的载运量是所有运输工具中最小的。汽车由于容积小,不适宜装载大件和重件货物。

(2) 运输能耗高。运输能耗分别是铁路的 10.6～15.1 倍,远洋运输的 11.2～15.9 倍,内河运输的 11.3～19.1 倍,管道运输的 4.8～6.9 倍,但比民航运输能耗低,只有民航运输的 6%～87%。

(3) 运输成本高。公路运输成本分别是铁路运输的 11.1～17.5 倍,水路运输的 27.7～43.6 倍,管道运输的 13.7～21.5 倍,但比民航运输成本低,只有民航运输的 6.1%～9.6%。

(4) 公路运输噪声、废气等环境污染严重,城市中的噪音,空气中的含铅量主要来源于汽车。

(5) 劳动生产率低,只有铁路运输的 10.6%,远洋运输的 1.5%,内河运输的 7.5%,但比民航运输劳动生产率高,是民航运输的三倍。

(6) 在路况较差的运输过程中,容易造成货损或货差事故。

3. 公路运输的适用范围

综合分析公路运输的优势和劣势,公路运输主要适用于以下作业。

1) 近距离的独立运输作业

通常认为,运距 50～500km 为公路运输的经济里程。一般经验是在 200～250km 商品运输中,利用公路比利用铁路更经济。然而,随着公路建设步伐的加快,高等级公路的不断修建,公路仅适应中短途距离运输的格局正在被打破,将会形成短、中、长途运输并举的局面。

2) 补充和衔接其他运输方式

当其他运输方式负担主要运输时,由汽车负担起点和终点处的短途集散运输,完成其他运输方式到达不了的地区的运输任务。

2.3.3 航空运输

航空运输又称飞机运输,是在具有航空线路和航空港的条件下,利用飞机作为运载工具进行货物运输的一种运输方式。

1. 航空运输的优点

航空运输的优点主要体现在以下几个方面。

(1) 运行速度快。"快"是航空运输的最大特点和优势。距离越长,航空运输所能节约的时间越多,快速的特点也越显著。

(2) 机动性大。飞机在空中飞行,受航线条件限制的程度比汽车、火车、轮船小得多。它可以将地面上任何距离的两个地方连接起来,可以定期或不定期飞行。尤其完成对灾区的救援、供应,边远地区的急救等紧急任务,航空运输已成为必不可少的手段。

(3) 舒适、安全。现代民航客机客舱宽敞,噪音小,机内有供膳、视听等设施,旅客乘坐的舒适程度较高。由于科学技术的进步和对民航客机适航性严格的要求,航空运输的安全性比以往已大大提高。

(4) 基本建设周期短、投资小。要发展航空运输,从设备条件上讲,只要添置飞机和修建机场即可。这与修建铁路和公路相比,一般来说建设周期短、占地少、投资省、收效快。据计算,在相距 1 000km 的两座城市间建立交通线,若载客能力相同,修建铁路的投资是开辟航线的 1.6 倍,开辟航线只需两年。

2. 航空运输的缺点

航空运输的缺点主要体现在以下几个方面。

(1) 受气象条件限制,一定程度上影响运输的准点性。运输投资大、成本高。航空运输需要飞机和航空港设施建设,投资较大,而且后期设施维护费用较高。

(2) 载运量小,能耗大。大型宽体飞机的最大业务载运量不足 100t,其能耗量却是铁路运输的 170 倍以上。

(3) 技术要求高。在航空运输中,除作为运载工具飞机的建造、驾驶和维护需具有较高的技术性外,运输过程中的通信导航、气象、机场建设等无不涉及高科技领域。因此,对于物流人员包括飞行员和空勤人员的要求较高。

3. 航空运输的适用范围

综合分析航空运输的优势和劣势,航空运输主要适用于以下作业。

(1) 适合于附加值高、质量轻、体积小、运费负担能力强的物品的长距离运输,不适合低价物品和大批量货物的短距离运输。

(2) 适合于货物紧急运输。如救灾物资的运输和时效性物品的运输。

4. 航空运输的分类

目前,在航空运输中主要采用的方式有班机运输、包机运输和集中托运。

(1) 班机运输。班机运输是指在固定航线上定期航行的航班。班机运输一般有固定的始发站、经停站和到达站。由于班机运输有固定的航线、挂靠港和固定的航期,并在一定的时间内有相对固定的收费标准,所以进出口商可以在贸易合同签署之前预计货物的起运和到达时间,核算运输成本,合同的履行也比较有保障,因此班机运输已成为多数贸易商的首选航空货运形式。

(2) 包机运输。当货物批量较大时,包机运输就成为重要的运输方式。包机运输通常可分为整机包机和部分包机。①整机包机是指航空公司或包机代理公司按照合同中双方事先约定的条件和运价将整架飞机租给租机人,从一个或几个航空港装运货物到指定目的地的运输方式。②部分包机则是指由几家航空货运代理公司或发货人联合租一架飞机,或是由包机公司把一架飞机的舱位分别租给几家航空货运代理公司的货物运输形式。相对而言,部分包机适于运送 1t 以上但货量不足整机的货物,在这种形式下货物运费较班机运输低,但是由于需要等待其他货主备妥货物,因此运送时间会增加。

与班机运输相比,包机运输更具有灵活性,但各国政府出于安全和利益方面的考虑,对其他国家航空公司的飞机通过本国领空或降落本国领土往往加以限制,因此审批手续非常烦琐,致使目前使用包机运输的地区并不多。

(3) 集中托运。集中托运是指集中托运人将若干批单独发运的货物组成一批,向航空公司办理托运,采用同一份航空总运单集中发运到同一目的站,由集中托运人在目的地指定的代理人收货,再根据集中托运签发的航空分运单分拨给各实际收货人的运输方式,也是航空货物运输中开展最为普遍的一种运输方式。

2.3.4 水路运输

水路运输又称船舶运输,是利用船舶、排筏或其他浮运工具,在江、河、湖泊、人工水道及海洋上运送旅客和货物的一种运输方式。水路运输以运量大、成本低、通达面广而在整个交通系统中起着巨大的作用,在我国运输业中也占有重要位置,其货运周转量占全国货运周转量的一半以上。

水路运输按照其航行的区域,可分为远洋运输、近洋运输、沿海运输和内河运输四种类型。远洋运输通常是指在海洋无限航区的国家之间的运输;近洋运输是指以船舶通过大陆邻近国家海上航道运送货物的运输;沿海运输是指在国内沿海区域各港口之间进行的运输;内河运输则是指在内陆的江、河、湖泊及人工水道上从事的运输。前三种又统称为海上运输。

1. 水路运输的优点

水路运输的优点体现在以下几个方面。

(1) 运输能力大。在五种运输方式中,水路运输能力最大。目前世界上最大的超巨型油船载重量达 55 万吨,集装箱船箱位已超过 6 000 个 TEU(Twenty-feet Equivalent Unit,20 英尺的国际标准箱单位),矿石船载重量达 35 万吨,巨型客轮已超过 8 万吨。在长江干线,一支顶推船队的运载能力最高已达 3 万吨,相当于铁路列车的 6～10 倍。

(2) 运输成本低。我国沿海运输成本只有铁路运输的 40%,长江干线运输成本只有铁路运输的 84%。

(3) 建设投资省。水路运输只需要利用江、河、湖、海等自然水力资源,除必须投资构造船舶,建设港口之外,沿海航道几乎不需要投资,整治航道也仅仅只需铁路建设费用的 1/5～1/8。

(4) 劳动生产率高。沿海运输劳动生产率是铁路运输的 6.4 倍,长江干线运输劳动生产率是铁路运输的 1.26 倍。

(5) 平均运距长。水路运输平均运距分别是铁路运输的 2.3 倍,公路运输的 59 倍,管道运输的 2.7 倍,民航运输的 68%。

(6) 水路运输通用性较强,可以运送各类货物,尤其是长、大、笨重件货物。

(7) 远洋运输在我国对外经济贸易方面占有独特的重要地位。我国超过 90%的外贸货物采用远洋运输方式。这种运输方式是发展国际贸易的强大支柱,又是增强国防能力的措施之一,这是其他运输方式都无法替代的。

2. 水路运输的缺点

水路运输的缺点体现在以下几个方面。

(1) 受自然条件影响大。如内河航道和某些港口受季节影响,冬季结冰,枯水期水位变低,难以保证全年通航。

(2) 运送速度慢,准时性差。水路运输适于运距长、运量大、时间要求不太高的大宗货物。同时,在途中的货物多、时间长,会增加货主的流动资金占有量,经营风险增大。

(3) 增加其他物流环节的成本和费用。因为水路运输运量大,所以导致装卸作业量最大,从而导致搬运成本和装卸费用增高。

3. 水路运输的适用范围

综合分析水路运输的优势和劣势,水路运输主要适用于以下作业。

(1) 运距长、运量大、体积大的货物运输。

(2) 价值低、不易腐烂,对运输时间要求不高的各种大宗货物的运输。

(3) 承担国际运输,远距离、运量大、不要求快速抵达的国际客货运输。

4. 水路运输的分类

按船舶运输组织方式的不同,水路运输有三种形式,即定期船运输(班轮运输)、不定期船运输(租船运输)和载驳船运输。

(1) 定期船运输。又称班轮运输,是指船舶在固定的航线上和港口间按事先公布的船期表航线,从事运输业务,并按事先公布的费率收取运费的一种运输经营方式。从事班轮运输的船舶称为班轮,班轮对所有托运人提供货运空间,不论船舶是否被装满都要按计划日期起航,保证班期是班轮运输的核心。班轮运输主要承担运件为杂货,并以成组化方式运输,其中以集装箱化最为突出。

(2) 不定期船运输。也称为租船运输,是指没有预定的船期表、航线、港口、船期和运价,根据双方协商的条件,船舶所有人将船舶的全部或部分出租给租船人使用,以完成特定的货物运输任务,租船人按约定的运价或租金支付运费的商业行为。租船运输在海上运输中占有重要地位,据统计,国际海上运输总量中,租船运输量约占 4/5。

(3) 载驳船运输。载驳船运输即用缆绳将一艘或多艘驳船系在拖轮后面,由拖轮带着前进。随着进一步优化,载驳船运输产生了顶推运输方式,即推驳船运行在驳船后面,这种运输方式在沿海和江海直达运输中得到了广泛的应用。

2.3.5 管道运输

管道运输是指利用管道,通过一定的压力差而完成商品运输的一种现代运输方式。管道运输是近几十年发展起来的一种新型运输方式,所输送的货物主要有油品、天然气、煤浆等。管道运输和其他运输方式的主要区别在于管道设备是静止不动的,是运输通道和运输工具合二为一,不需要动力引擎,借高压气泵的压力把货物经管道向目的地输送。管道运输目前已成为陆上油、气运输的主要运输方式,近年来输送固体物料的管道也有很大的发展。

1. 管道运输的优点

管道运输的优点主要体现在以下几个方面。

(1) 运输量大。国外一条直径为 720mm 的输煤管道,一年即可输送煤炭 2 000 万吨、几乎相当于一条单线铁路的单方向的输送能力。

(2) 能耗小,在各种运输方式中费用最低。

(3) 可以实现封闭运输,安全可靠,货损货差少,无污染,成本低。

(4) 不受气候影响,可以全天候连续作业,送达货物的可靠性高。

(5) 运输的货物无需包装，可节省包装费用。
(6) 建设工程量小，占地少，在平原地区大多埋在地底下，不占农田。
(7) 经营管理比较简单。

2. 管道运输的缺点

管道运输的缺点主要体现在以下几个方面。

(1) 专用性强。运输对象受到限制，承运的货物比较单一。
(2) 专营性强。管道运输属于专用运输，其生产与运输混为一体，不能提供给其他发货人使用。
(3) 机动灵活性差。仅提供单向运输，不易随便拓展管道，管线往往完全固定，服务的地理区域往往十分有限。
(4) 管道起运量与最高运输量之间的幅度小，无法满足零星用户的需求量。
(5) 固定投资大。为了进行连续输送，还需要在各中间站建立储存库和加压站，以促进管道运输的畅通。
(6) 运输速度较慢。

3. 管道运输的适用范围

管道运输是随着石油的生产而产生和发展的，它是一种特殊的运输方式，与普通货物的运输形态完全不同。根据管道运输的特点，管道运输主要担负单向、定点、量大的流体状货物(如石油、油气、煤炭、某些化学制品原料等)的运输。为了增加运量，加速周转，现代管道管径和泵功率都有了很大的增加，管道里程越来越长，最长达数千公里。现代管道不仅可以输送原油、各种石油成品、化学品、天然气等液体和气体物品，而且可以输送矿砂、碎煤浆等。另外，在管道中利用容器包装运送固态货物(如粮食、砂石、邮件等)，也具有良好的发展前景。

2.3.6 现代运输组织方式

1. 整车运输

一批货物的数量、体积、重量、形状或性质，需要单个运载工具来完成运输过程的运输形式，在铁路和公路运输业务中称为整车运输。

为了明确运输责任，整车货物运输通常是一车一张发货票、一个发货人。为此，公路货物运输企业应选派额定载重量(以车辆管理机关核发的行车执照上标记的载重量为准)与托运量相适宜的车辆装运整车货物。一个托运人托运整车货物的重量(毛重)如果低于车辆额定载重量时，为合理使用车辆的载重能力，可以拼装另一托运人托运的货物，即一车两票或一车多票，但货物总重量不得超过车辆额定载重量。

整车货物一般不需要中间环节或中间环节很少，送达时间短，相应的货运集散成本较低。涉及城市间或过境贸易的长途运输与集散，如国际贸易中的进出口商通常乐意采用以整车为基本单位签订贸易合同，以便充分实现整车货物运输的快捷、方便、经济、可靠等优点。

2. 零担货物运输

零担运输是指在铁路和公路运输业务中，货物的数量、体积、重量、形状或性质，不够一整个载运工具来完成运输任务时，可以组织多个发货人的多批货物共同使用一辆铁路或公路运输的车辆。随着铁路客运需求量的持续增长以及全国高速公路网的延伸，零担运输的主要运力来源已经从铁路转为了公路。

零担货物运输所采用的组织形式，一方面受制于用户的需求，另一方面取决于零担货运所使用的车辆。零担车是指装运零担货物的车辆，按照零担车发运时间的不同可将零担货物的组织形式划分为固定式和非固定式两大类。

1) 固定式零担货物运输

固定式零担货物运输是指车辆运行采取定线路、定班期、定车辆、定时间的一种零担运输，也叫"四定运输"，通常又称为汽车零担货物运输。承担相应货物运输任务的汽车被称为货运班车(简称零担班车)。其运输车辆主要以厢式专用车为主。零担班车主要采用以下几种方式运行：

(1) 直达式零担班车。直达式零担班车是指在起运站将各个发货人托运的到站相同且性质适宜配载的零担货物，同车装运后直接送达目的地的一种货运班车。其货运组织形式如图2-8所示。

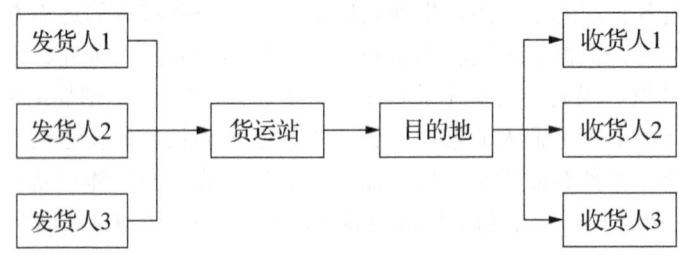

图2-8 直达式零担班车的货运组织形式

(2) 中转式零担班车。中转式零担班车是指在起运站将各个发货人托运的同一路线、不同到达站且性质允许配载的各种零担货物，同车装运至规定中转站，卸后复装，重新组成新的零担班车运往目的地的一种货运班车，组织形式如图2-9所示。

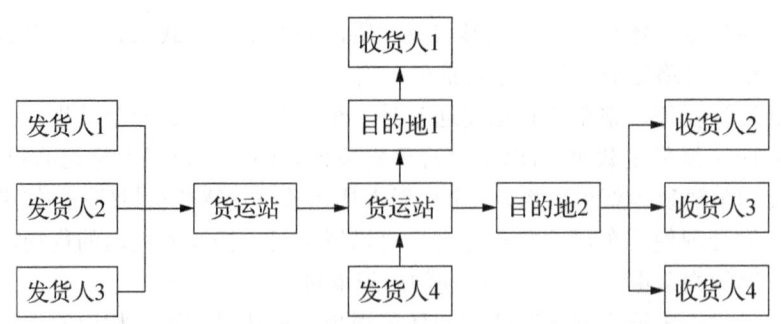

图2-9 中转式零担班车的货运组织形式

(3) 沿途式零担班车。沿途式零担班车是指在起运站将各个发货人托运的同一路线，不同到达站，且性质允许配装的各种零担货物，同车装运后，在沿途各计划停靠站卸下或装上零担货物再继续前进，直到最后终点站的一种货运班车。

2) 非固定式零担货物运输

非固定式零担货运的完成是通过非固定式零担车的组织来实现的。非固定式零担车是指按照零担货流的具体需求情况，临时组织而成的一种零担车，通常在新辟零担货运线路或季节性零担货物线路上使用。

零担货物运输的货物类型和运输组织形式有独特性，因此呈现出不同于其他运输方式的独有特点。一般而言，公路承运的零担货物具有数量小、批次多、包装不一、到站分散的特点，并且品种繁多，许多商品价格较高。而且经营零担货运又需要库房、货棚、货场等基础设施以及与之配套的装卸、搬运、堆码机具和苫垫设备。

零担货物运输的特点可概括如下。

(1) 货源的不确定性和来源的广泛性。零担货物运输的货物流量、货物数量、货物流向具有不确定性，难以通过运输合同方式将其纳入计划管理范围。

(2) 组织工作的复杂性。繁杂的货物和各式各样的运输要求，必须采取相应的组织形式，才能满足人们货运的需求。这使得零担货物运输货运环节多，作业工序细致，设备条件繁杂，对货物配载和装载要求较高。

(3) 单位运输成本较高。为了适应零担货物运输的需求，货运站要配备一定的仓库、货棚、站台，以及相应的装卸、搬运、堆置的机具和专用厢式车辆。此外，相对于整车货物运输而言，零担货物周转环节多，更易于出现货损、货差，赔偿费用较高。因此，零担货物运输成本较高。

(4) 能满足千家万户的需要。零担货物运输具有品种繁多，小批量、多批次、价格较高、时间紧迫、到站分散的特点，因此，它能满足各层次商品流通的要求，方便物资的生产和流通。

(5) 运输安全、迅速、方便。零担货物运输由于其细致的工作环节和业务范围，可承担一定的行李、包裹运输。零担班车一般都有固定的车厢，所装货物不会受到日晒雨淋，这一方面为客运工作提供有力支持，另一方面体现了安全、迅速、方便的优越性。

(6) 零担货物运输机动灵活。零担货物运输都是定线、定期、定点运行，业务人员和托运单位对运输情况都比较清楚，便于沿途各站点组织货源，往返实载率高，经济效益显著。对于竞争性、时令性和急需的零星货物运输具有重要的意义。

3．复合运输

复合运输包括驼背运输和联合运输。由两种及其以上的交通方式相互衔接，共同完成的运输过程统称复合运输。其中，一种载货工具在某一段运程中，又承载在另一种交通工具上共同完成的运输过程叫驼背运输。如载货汽车开上轮船渡过江河后，载货汽车又独立继续运输；小汽车装运在火车上，通过干线运输后又独自运输。另外，由两种以上的交通工具相互衔接、转运而共同完成的运输过程称为联合运输。

4．综合运输

综合运输是使两种或两种以上运输工具在最优利用的基础上相互结合，实现旅客或货物的直达运输。

"综合运输"是美国较早提出、使用的。20世纪70~80年代，美国通过改革，使各种运输方式在设施和营销上得以协调发展和综合利用。20世纪90年代后，随着产业结构的高度化、经济的全球化和信息化以及资源环境的改变，综合运输的发展在美国得到进一步重视，在理论和实践方面都有重大发展。

与传统的联合运输相比，综合运输体系具有更高的经济效益和社会效益，更加适应当代经济多样化、国际化、信息化、网络化和持续稳定发展的要求。

5. 甩挂运输

甩挂运输是指汽车列车按预定的计划，在各装卸作业点甩下并挂上指定的挂车后，继续运行的一种组织方式。在运输过程中，汽车或牵引车在装卸货点甩下挂车或半挂车装卸货，挂走已装货的挂车或半挂车。甩挂运输的组织方式，可以使载货汽车(或牵引车)的停歇时间缩短到最低限度，从而可以最大限度地利用牵引能力，提高运输效能。

2.3.7 运输方式的选择

1.定性分析方法

定性分析法主要是依据完成运输任务可用的各种运输方式的运营特点及主要功能、货物特性及货主的要求等因素对运输方式进行直观选择的方法。

1) 单一运输方式的选择

单一运输方式的选择，就是选择一种运输方式提供运输服务。公路、铁路、水路、航空和管道五种运输方式各有自身的优点和缺点，可以根据各自的适用范围，结合运输的需求进行恰当的选择。以下是对主要运输方式相关特性的比较，如表2-1所示。

表2-1 各种运输方式的对比

比较项目	排列顺序
速度	由快到慢：航空—铁路—公路—海运—河运
运量	由大到小：海运—铁路—河运—公路—航空
运距	由远到近：海运—航空—铁路—河运—公路
运费	由高到低：航空—公路—铁路—河运—海运
灵活性	由大到小：公路—航空—铁路—河运—海运
安全性	由大到小：航空—铁路—河运—海运—公路
连续性	由好到差：铁路—公路—航空—海运—河运
稳定性	由好到差：铁路—公路—航空—海运—河运

选择运输方式时，应根据运输环境的需要和不同运输方式的营运特性，综合考虑运输的目标进行抉择。运输环境主要包括运输物品的特性、运输批量、运输距离、运输时间要求、运输费用的承受能力等。

运输物品的特性是指物品的形状、单件重量和体积、物品的危险性和易腐性等，不同特性的物品对运输方式和运输工具的要求是不一样的。特殊物品、危险品、易腐性物品应该选择专用的运输工具。

运输批量是指需要一次运输完成的货物数量。运输批量大的货物，应选择大批量运输的运输方式和运输工具，如重载列车、大型船舶等，而且还应采用整车托运方式或租船运输。

运输距离是指所运货物需要移动的距离，即运输起讫点之间的实际距离。铁路运输、水路运输、航空运输适于远距离运输，公路运输适于短距离运输。

运输时间要求是托运人或货主对一项运输任务的时限要求。一般时限要求短、运输紧迫的运输任务，应采用快速运输方式，运输费用较高。

运输费用承受能力是托运人或货主根据自身条件并考虑物品特性，对一项运输业务所能承受的最高运输费用。一般重量或体积大、价值低廉的货物，其托运人或货主的运费负担能力弱，不宜采用运费高的运输方式。

2) 多式联运的选择

多式联运就是选择两种以上的运输方式联合提供货物运输服务。现在，人们越来越意识到多式联运将成为一种重要的手段，可提供高效的运输服务。

最早的多式联运是铁路与公路相结合的运输形式，称为驼背运输。驼背运输综合了公路运输的灵活性与铁路运输长距离、经济等优势，运费通常比单纯的汽车运输要低，又延长了汽车运输的服务范围，使得铁路运输也能实现"门到门"的运输服务。另一种常见的多式联运形式是公路或铁路与水路联运，也称为鱼背运输，是指汽车拖车、火车车厢或集装箱装载在船舶上进行长距离运输。鱼背运输最大的优势是运量大、运费低。航空与公路联运也是被广泛采用的运输形式，是指将航空运输的快捷性和公路运输的灵活性等优势融合在一起提供的运输服务，能以最快的方式实现长距离"门到门"的货物运输。

多式联运的组合形式有很多，但在实际运输中，只有以上这三种方式得到了广泛的应用。

2. 定量分析方法

运输方式选择的定量分析法有综合评价法、成本比较法、考虑竞争因素法等多种方法。

1) 综合评价法

运输方式的选择应满足运输的基本要求，即经济性、迅速性、安全性和便利性。由于运输对象、运输距离和货主对运输时限要求不一样，对经济性、迅速性、安全性和便利性的要求程度也不同，因此可采用综合评价的方法来进行运输方式的选择。

综合评价法的步骤如下所述。

第一步，确定影响运输方式选择的因素。实践证明，影响运输方式选择的因素主要有4种。

(1) 经济性(F_1)：主要表现为费用的节省，在运输过程中，总费用支出越少，则经济性越好。

(2) 迅速性(F_2)：指货物从发运地到收货地所需要的时间，即货物在途时间，其时间越少，迅速性越好。

(3) 安全性(F_3)：安全程度通常是指货物的完整程度，以货物的破损率判断，破损率越小，安全性越高。

(4) 便利性(F_4)：各种运输方式的便利性的定量计算比较困难，实际因素很多，如换装次数、办理手续的方便与时间等。为了简便计算，在一般情况下，可以近似利用货物所在地至汽车或轮船、飞机地之间的距离来表示，距离越近，便利性越好。

第二步，明确影响运输方式选择的因素的重要程度(确定权重系数)。

确定权重系数是为了显示每个影响因素在运输方式选择中所具有的重要程度，分别给予不同的比例系数(也称加权)。加权的指派系数就是权数，又称权重。权重系数可通过经验法和多因素统计法两条途径获得。

(1) 经济性(F_1)，明确其重要程度，即权重系数为 b_1。
(2) 迅速性(F_2)，权重系数为 b_2。
(3) 安全性(F_3)，权重系数为 b_3。
(4) 便利性(F_4)，权重系数为 b_4。

第三步，计算各种候选运输方式的综合重要程度。

通常，候选的运输方式有公路、铁路、水路和航空四种，可以分别用 G、T、S、H 表示各种运输方式的综合重要度。各种影响运输方式选择的因素，对任何运输方式都有影响，但是影响程度有别。计算公式如下：

$$G = b_1 \times F_1(G) + b_2 \times F_2(G) + b_3 \times F_3(G) + b_4 \times F_4(G)$$
$$T = b_1 \times F_1(T) + b_2 \times F_2(T) + b_3 \times F_3(T) + b_4 \times F_4(T)$$
$$S = b_1 \times F_1(S) + b_2 \times F_2(S) + b_3 \times F_3(S) + b_4 \times F_4(S)$$
$$H = b_1 \times F_1(H) + b_2 \times F_2(H) + b_3 \times F_3(H) + b_4 \times F_4(H)$$

第四步，比较和选择。比较四种运输方式的综合重要度 G、T、S、H 的值，综合重要度大的为最终选择。

2) 成本比较法

如果不将运输服务作为竞争手段，那么能使运输服务的成本与运输服务水平导致的相关间接库存成本之间达到平衡的运输服务方案就是最佳的服务方案，即运输的速度和可靠性会影响托运人和买方的库存水平以及二者之间的在途库存水平。如果选择速度慢、可靠性差的运输服务，物流渠道中就需要更多的库存。这样，就需要考虑库存持有成本可能升高，而抵消运输服务成本降低的情况。因此，最为合理的服务方案应该是既能满足客户要求，又使总成本最低的服务方案。

3) 考虑竞争因素的方法

运输方法的选择若直接涉及竞争优势，则应采用考虑竞争因素的方法。当买方通过供应渠道从若干个供应商处购买商品时，物流服务和价格就会影响买方对供应商的选择。反之，供应商也可以通过供应渠道运输方式的选择控制物流服务要素。

对买方来说，良好的运输服务意味着可保持较低的存货水平和较确定的运作时间表。为了能获得所期望的运输服务，从而降低成本，买方对供应商提供其唯一的鼓励——向该供应商提供更多的惠顾。买方的行为是将更大的购买份额转向能提供较好的运输服务的供应商，供应商可以用从交易额扩大而得到的更多利润去支付由于服务而增加的成本，从而鼓励供应商去寻求更适合于买方需求的运输服务方式，而不是单纯追求低成本。这样，运输服务方式的选择就成为供应商和买方共同的决策。当然，当一个供应商为了争取买方而选择运输方式时，参与竞争的其他供应商也可能作出竞争反应。

2.3.8 运输路线的确定

运输路线是指具有一定长度、方向和质量标准，供车辆运行的各种等级公路和城市道路的总称。由于运输经营者在运输线路上从事运输业务的性质和质量不同，因而可将其分为营运线路、班车线路、专营线路、分流线路等。

运输路线的选择会直接影响到运输效果的好坏，关系着货物能否及时运到指定地点。而且，当运输费用是以 t/km 来计算时，运输路线的长短直接决定着运输费用的多少。因此，运输路线的选择问题是运输管理的主要问题之一。

1. 最短路线问题的描述

最短路线问题一般描述：设 $G=(V,E)$ 为连通图，V 为图中点的集合，E 为边的集合，图中各边 (V_i,V_j) 有权 $d_{i,j}$ ($d_{i,j}=\infty$，表示 V_i、V_j 之间无边)，V_i、V_j 为图中任意两点，求一条道路 μ，使它是从 V_s 到 V_t 的所有路线中总权最小的路，即

$$L(\mu)=\sum_{(v_i,v_j)\in\mu}d_{i,j} \text{ 最小}$$

2. 最短路线问题的求解

求解网络中指定两点 V_s，V_t 间的最短路线，或从指定点 V_s 到其余各点的最短路线，目前 Dijkstra 标号法被认为是求无负权网络最短路线的最好方法。算法的基本思想基于以下原理：若序列的最短路。$\{V_s,V_1,\cdots,V_{n-1},V_n\}$ 是从 V_s 到 V_n 的最短路线，则序列 $\{V_s,V_1,\cdots,V_{n-1}\}$ 必为从 V_s 到 V_{n-1} 的最短路线。

Dijkstra 标号法的计算方法如下所述。

定义两种标号：T 标号和 P 标号，T 标号为试探性标号(或称临时标号)，P 标号为永久性标号，给 V_i 点一个 P 标号，表示 V_s 到 V_i 点的最短路权，V_i 点的标号不再改变；给 V_i 点一个 T 标号，表示到 V_i 点的估计最短路权的上界，是一种临时标号，凡没有得到 P 标号的点都有 T 标号。算法：每一步都把某一点的 T 标号改为 P 标号，当终点 V_t 得到 P 标号时，全部计算结束。对于有 n 个顶点的图，最多经过 $n-1$ 步就可以得到从始点到终点的最短路线。

计算步骤所述。

(1) 给 V_s 以 P 标号，以 $P(v_s)=0$，其余各点均给 T 标号，$T(v_i)=+\infty$。

(2) 若 v_i 点为刚刚得到 P 标号的点，考虑这样的点 $v_j:(v_i,v_j)$ 属于 E，且 v_j 为 T 标号。对 v_j 的 T 标号进行更改

$$T(v_j)=\min[T(v_j),P(v_i)+d_{i,j}]$$

(3) 比较所有具有 T 标号的点，把最小者 T 标号改为 P 标号。

$$P(\overline{v_i})=\min[T(v_i)]$$

当存在两个以上最小者时，任取 1 个改为 P 标号。若终点得到 P 标号则计算结束，否则用 $\overline{v_i}$ 代替 v_i 转回步骤(2)。

3. 直达运输问题优化模型及求解

一般直达运输问题，是指在有多个供货点和多个需求点的运输系统中，供货点运往需

求点的货物不需要经过第三地中转，直接送达需求点。一般直达运输问题在运筹学中就称为运输问题，如图2-10所示。

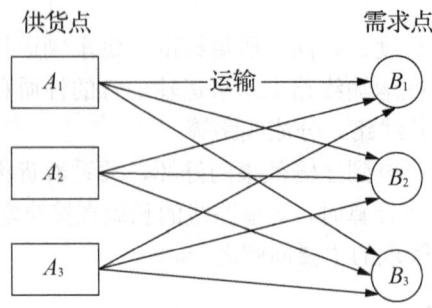

图 2-10 直达运输系统结构

直达运输路线优化，是指在已知各供货点的供货量、各需求点的需求量、任意两供需点之间的运输距离或单位货物运价的前提下，如何根据已有的运输网络制定运输方案，将货物从供货点运送到各需求点，使总运输距离最短或总运费最小。这类问题在运筹学中称为运输问题，当供货总量与需求总量相等时称为供需平衡运输问题，否则称为供需不平衡运输问题。供需不平衡运输问题可以通过设置虚拟的产地或虚拟的销地加以处理，使之变成供需平衡的运输问题。运输问题可描述成如下的数学模型。

已知有 m 个供货点 $A_i(i=1,2,\cdots,m)$ 可供应某种物资，其供货量分别为 $a_i(i=1,2,3,\cdots,m)$，有 n 个需求点 $B_j(j=1,2,\cdots,n)$，其需求量分别为 $b_j(j=1,2,\cdots,n)$，从 A_i 到 B_j 运输单位货物的运价为 c_{ij}。若设 z 为目标函数(总运输费用或总运输距离)、x_{ij} 为从 A_i 到 B_j 的运输量，当 $\sum_{i=1}^{m} a_i = \sum_{j=1}^{n} b_j$ 时可写成如下数学模型。

$$\min z = \sum_{i}^{m}\sum_{j}^{n} c_{ij} x_{ij}$$

$$\text{s.t.} \begin{cases} \sum_{j=1}^{n} x_{ij} = a_i & i=1,2,\cdots,m \\ \sum_{i=1}^{m} x_{ij} = b_j & j=1,2,\cdots,n \\ x_{ij} \geqslant 0 & i=1,2,\cdots,m; j=1,2,\cdots,n \end{cases}$$

这是供需平衡的运输问题模型。对供需平衡运输问题可直接用表上作业法求得最优运输方案。

4. 多目标直达运输问题

上述讨论的直达运输问题中，有些可能因货物质量差异需要特殊处理、有些稳定的供需关系应该满足供不应求时重点用户的需求保证，以及某些道路路况不佳影响通行等，若满足这些约束，则直达运输问题就变成了多目标运输问题。除少数简单的多目标运输问题可用有特殊约束的直达运输问题处理外，一般不能直接用运输规划的方法求解，需采用目标规划方法处理。

目标规划的数学模型一般为 $\min z = \sum_{l=1}^{L} P_l \sum_{k=1}^{K} \left(W_{lk}^{-} d_k^{-} + W_{lk}^{+} d_k^{+} \right)$

$$\text{s.t.} \begin{cases} \sum_{j=1}^{n} c_{kj} x_j + d_k^{-} - d_k^{+} = q_k & k = 1, 2, \cdots, K \\ \sum_{j=1}^{n} a_{ij} x_j \leqslant (=, \geqslant) b_i & i = 1, 2, \cdots, m \\ x_j \geqslant 0 & j = 1, 2, \cdots, n \\ d_k^{+}, d_k^{-} \geqslant 0 & k = 1, 2, \cdots, K \end{cases}$$

模型中 $\min z$ 为目标函数，s.t.为约束条件，其中：$P_l (l=1,2,\cdots,L)$ 为优先因子，$P_1 \gg P_2 \gg \cdots \gg P_L$；$W_{lk}^{-}, W_{lk}^{+}$ 为权系数；d_k^{-}, d_k^{+} 为决策值相对目标值的正、负偏差变量；c_{kj}, a_{ij} 为决策变量的系数；q_k 为预定目标值；b_i 为系统资源限定值。

5. 运输路线的确定原则

运输路线是指各送货车辆向各个用户送货时所要经过的路线。运输路线合理与否对运输速度、车辆的合理利用和运输费用都有直接影响，因此运输路线的优化问题是运输管理的主要问题之一。

1) 确定目标

目标的选择是根据物流运输的具体要求、承运人的实力及客观条件来确定的。运输路线规划的目标可以有多种选择：①以效益最高为目标，即以利润最大化为目标。②以成本最低为目标(实际上也是以效益为目标)。③以路程最短为目标。如果成本与路程相关性较强，而和其他因素的相关性较小时，可以选它作为目标。④以吨公里数最小为目标。在"节约里程法"的计算中，宜采用这一目标。⑤以确定性最高为目标。它是运输管理中重要的服务指标。

当然还可以选择运力利用最合理、劳动消耗最低作为目标。

2) 确定物流运输路线的约束条件

运输的约束条件一般有以下几项。

(1) 满足所有收货人对货物品种、规格、数量的要求。

(2) 满足收货人对货物送达时间范围的要求。

(3) 在允许通行的时间段内进行运输。

(4) 各运输路线的货物量不得超过车辆容积和载重量的限制。

(5) 在承运单位现有运力允许的范围内。

6. 指定车辆运输路线

运输路线的选择影响到运输设备和人员的使用。正确地确定合理的运输路线可以降低成本，因此运输路线的确定是运输决策的一个重要领域。尽管路线选择问题种类繁多，但可以将其归纳为几种基本类型。

1) 起讫点不同的单一问题

解决分离的、单个始发点和终点的网络运输路线选择问题，最简单和直观的方法是最短路线法。网络由节点和线组成，节点与节点之间由线连接，线代表节点与节点之间运行的成本(距离、时间或时间和距离加权的组合)。除始发点外，所有节点都被认为是未解的，即均可确定为是否在选定的运输路线上。始发点作为已解的点，计算从原点开始。计算方法如下所述。

(1) 第 n 次迭代目标。寻找第 n 次最近始发点的点，重复 $n=1, 2\ldots$，直到最近的节点是最重点为止。

(2) 第 n 次迭代的输入值。$(n-1)$ 个最近始发点的节点是由以前的迭代根据离始发点最短路线和距离计算而得的。这些节点以及始发点称为已解的节点，其余的节点是尚未解的点。

(3) 第 n 次最近节点的候选点。每个已解的节点由线路分支通向一个或多个尚未解的节点，这些未解的节点中有一个以最短路线分支连接的候选点。

(4) 第 n 个最近的节点的计算。将每个已解的节点及其候选点之间的距离和从始发点到该已解节点之间的距离加起来，总距离最短的候选点即第 n 个最近的节点，也就是始发点到达该点最短距离的路径。

2) 多起讫点问题

如果有多个货源地可以服务多个目的地，那么我们面临的问题，要选择供货地，同时要找到供货地、目的地之间的最佳路线。该问题经常发生在多个供应商、工厂或仓库服务于多个客户的情况下。如果各供货地能够提供的货物有限，则问题会更复杂。解决这类问题常常可以运用一类特殊的线性规划算法，即运输方法求解。

3) 起讫点重合的问题

物流管理人员经常遇到的一个路线选择问题是始发点就是终点的路线选择问题。这类问题通常是在运输工具是私人所有的情况下发生的。这类问题求解的目标是寻求访问各点的次序，以求运行时间或距离最小化。始点和终点相重合的路线选择问题通常被称为"旅行推销点"问题，解决这类问题应用经验探试法比较有效。

7. 满意的运输路线和时间安排原则

(1) 将相互接近的停留点的货物装在一辆车上运送。车辆的运输路线应将相互接近的停留点串连起来，以便停留点之间的运输距离最小化，这样也就可使总的运输时间最小化。

(2) 对于集聚在一起的停留点，安排同一天送货。当停留点的送货时间是定在一周的不同天数进行时，应当对积聚在一起的停留点安排同一天送货。要避免不是同一天送货的停留点在运输路线上重叠，这样有助于使所需的服务车辆数目最小化以及一周中的车辆运输时间和距离最小化。

(3) 运输路线从离仓库最远的停留点开始。合理的运输路线应从离仓库最远的停留点开始将该集聚区的停留点串连起来，然后返回仓库。

(4) 一辆送货车顺次途径各停留点的路线要成水滴状。运货车辆顺次途经各停留点的路线不应交叉，最好呈水滴状。

(5) 最好是使用一辆载重量大到能将路线上所有停留点所要求的货物都装载的送货车，这样可将服务区停留点的运行距离或时间最小化。因此，在多种规格车型的车队里，应优先使用载重量大的送货车。

(6) 提货应混在送货过程中进行，而不要在运行路线结束后再进行。提货应尽可能在送货过程中进行，以减少路线交叉，而在送货结束后再进行提货经常会发生路线交叉。

(7) 对偏离集聚停留点路线远的单独停留点可选用另一个送货方案。

(8) 应当避免停留点的工作时间太短的约束。停留点的工作时间太短常会迫使运输线路偏离理想状态。由于停留点的工作时间约束一般不是绝对的，因此如果停留点的工作时间确实影响到合理的送货路线，则可以与停留点协商，调整其工作时间或放宽其工作时间约束。

2.4 综合运输

综合运输(comprehensive transportation)主要研究综合发展和利用铁路、公路、水路、航空以及管道等各种运输方式的问题，以逐步形成一个技术先进、网路布局和运输结构合理的交通运输体系的学科并加以不断完善。

2.4.1 综合运输概述

综合运输是涉及国民经济各部门和各种运输方式，涉及技术经济和组织管理问题的应用科学。其研究对象为运输业与国民经济的关系，各种运输方式的技术经济特点及其组织运用，多种运输方式的联运以及运输技术发展方向等问题。当前的研究内容大致可分为三个方面，即运输体系的综合发展、各种运输方式的综合利用、运输技术发展方向和先进技术的应用。

在运输生产中，必须根据每种运输方式的技术装备，科学地组织管理，才能提高劳动生产率。旅客和货物由起运地至到达地，往往需要多种运输方式共同完成。各种运输方式在运输旅客和不同货种时，其采用的运输设备、装卸工艺、经济效益都有差异。

2.4.2 综合运输与物流的区别和联系

综合运输与物流主要有如下所述几种区别。

1. 内涵上的区别

运输在本质上强调的是面向"任务"，即运输任务，面向"单一客户"，它追求的是准时、完好、经济地完成客户每一次交付的运输任务。而物流更多的是面向"流程"，即企业业务流程，它要求的是物品持续无间断、快速流动并保持与采购、生产、销售节拍的高度同步性。

2. 二者发展的主要动力不同

由于交通运输是国家和社会经济的基础设施，基于使运输推动社会经济发展的迫切要求和运输资源的优化配置考虑，各级政府就成为综合运输发展的主要推动者。而物流发展的主要动力则是企业基于提升自身竞争力的愿望。通俗地讲，前者发展的主要动力来自"官方"，后者则来自"民间"。

3. 二者发展的目标不同

综合运输的发展目标是为了适应社会经济发展对交通领域提出的新要求而出现的以提供安全、快捷和高质量的交通服务为目标。物流的发展目标是更好地融入供应链，促进物品无间断、快速流动并保持与采购、生产、销售节拍的高度同步。当然，目标不同，发展的思路和方法也不同。

4. 二者发展的方向不同

综合运输发展追求的是现代五种基本运输方式之间高度的一体化，使运输对象(货物或旅客)实现"无缝式"的空间位移。而物流的发展追求的则是供应链上所有主体间(包括企业、其他组织和个人)，供应、生产、销售各环节内部以及它们之间的高度一体化和柔性化。

综合运输与物流主要有如下联系。

1) 二者具有共同的理念

综合运输与物流的发展都是建立在系统思想指导之上的。综合运输强调各种运输方式的优势互补、分工合作，共同发展成一个优化的运输系统。而物流则是由各种功能、各种资源组成的一个复杂系统。

2) 二者的发展都为对方创造了条件

运输是物流最基本、最重要的功能之一，现代物流是建立在现代发达的综合运输基础之上的。因而，综合运输的发展必将促进物流的发展。另一方面，物流的发展也可以使综合运输从中发现新的机会，找到新的利润增长点和发展切入点。

2.5 集装箱运输

按照承运部门的运输组织方式，货物运输有整车运输，零担运输集装箱与集装化运输。集装箱运输被喻为"20世纪的运输革命"。

2.5.1 集装箱的概念

集装箱(Container)是一种用以运输货物的大型容器，是一种综合性运输工具(这一术语不包括车辆和一般包装)，根据国际标准化组织的建议，凡具备下列条件的货物运输容器，都可称为集装箱。

(1) 能长期反复使用，具有足够的强度。
(2) 各种运输方式联运或中途中转时，箱内货物无需倒装。
(3) 具有便于快速装卸和搬运的装置，可以从一种运输方式比较方便地直接变换为另一种运输方式。
(4) 便于货物装满与卸空，能充分利用箱内容器。
(5) 箱内几何容积在 $1m^3$ 以上。

2.5.2　集装箱的种类

随着集装箱运输的发展，为适应装载不同种类货物的需要，因而出现了不同种类的集装箱。这些集装箱不仅外观不同，而且结构、强度、尺寸也不同。

1. 根据集装箱的用途不同分类

1) 干散货集装箱(Dry Container)

这种集装箱又称杂货集装箱，是一种通用集装箱，用以装载除液体货物、需要调节温度的货物及特种货物以外的一般性杂货。这种集装箱使用范围极广，常用的有 20 ft 和 40 ft 两种，其结构特点是常为封闭式，一般在一端或侧面设有箱门。

2) 开顶集装箱(Open Top Container)

开顶集装箱也称敞顶集装箱，这是一种没有刚性箱顶的集装箱，但有可折式顶梁支撑的帆布、塑料布或涂塑布制成的顶篷，其他构件与干货集装箱类似。开顶集装箱适于装载较高的大型货物和需吊装的重货，如图 2-11 所示。

3) 台架式及平台式集装箱(Platform Container)

台架式集装箱是没有箱顶和侧壁，甚至有的连端壁也去掉而只有底板和四个角柱的集装箱。台架式集装箱可分为敞侧台架式、全骨架台架式、有完整固定端壁的台架式、无端壁仅有固定角柱和底板的台架式集装箱等。该集装箱装卸作业方便，适于装长、重大件。

台架式集装箱有很多类型。它们的主要特点是为了保持其纵向强度，箱底较厚。箱底的强度比普通集装箱大，而其内部高度则比一般集装箱低。在下侧梁和角柱上设有系环，可把装载的货物系紧。台架式集装箱没有水密性，怕水湿的货物不能装运，适合装载形状不一的货物，如图 2-12 所示。

图 2-11　开顶集装箱

图 2-12　台架式集装箱

4) 通风集装箱(Ventilated Container)

通风集装箱一般在侧壁或端壁上设有通风孔，适于装载不需要冷冻而需通风、防止汗湿的货物，如水果、蔬菜等。如将通风孔关闭，可作为杂货集装箱使用，如图 2-13 所示。

5) 冷藏集装箱(Reefer Container)

这是专为运输要求保持一定温度的冷冻货或低温货而设计的集装箱。它可分为带有冷冻机的内藏式机械冷藏集装箱和没有冷冻机的外置式机械冷藏集装箱。适用于装载肉类、水果等货物。冷藏集装箱造价和营运费用较高，使用中应注意冷冻装置的技术状态及箱内货物所需的温度，如图 2-14 所示。

图 2-13　通风集装箱

图 2-14　冷藏集装箱

6)　散货集装箱(Bulk Container)

散货集装箱除了有箱门外，在箱顶还设有 2～3 个装货口，适用于装载粉状或粒状货物。使用时要注意保持箱内清洁干净，两侧保持光滑，便于卸载货物，如图 2-15 所示。

7)　动物集装箱(Pen Container)

这是一种专供装运牲畜的集装箱。为了实现良好的通风，箱壁用金属丝网制造，侧壁下方设有清扫口和排水口，并设有喂食装置，如图 2-16 所示。

图 2-15　散货集装箱

图 2-16　动物集装箱

8)　罐式集装箱(Tank Container)

这是一种专供装运液体货物而设置的集装箱，如酒类、油类及液状化工品等货物。它由罐体和箱体框架两部分组成，装货时货物由罐顶部装货孔进入，卸货时，则由排货孔流出或从顶部装货孔吸出，如图 2-17 所示。

图 2-17　罐式集装箱

9) 汽车集装箱(Car Container)

这是专为装运小型轿车而设计制造的集装箱。其结构是只有框架和箱底,无侧壁,可装载一层或两层小轿车。

由于集装箱在运输途中常受各种力的作用和环境的影响,因此集装箱的制造材料要有足够的刚度和强度,应尽量采用质量轻、强度高、耐用、维修保养费用低的材料,并且材料既要价格低廉,又要便于取得。

2. 根据集装箱的主体材料分类

1) 钢制集装箱

这种集装箱其框架和箱壁板皆用钢材制成。最大优点是强度高、结构牢、焊接性和水密性好、价格低、易修理、不易损坏,主要缺点是自重大、抗腐蚀性差。

2) 铝制集装箱

铝制集装箱有两种:一种为钢架铝板;另一种仅框架两端用钢材,其余用铝材。主要优点是自重轻、不生锈、外表美观、弹性好、不易变形;主要缺点是造价高,受碰撞时易损坏。

3) 不锈钢制集装箱

一般多用不锈钢制作罐式集装箱。不锈钢制集装箱的主要优点是强度高、不生锈、耐腐蚀性好;缺点是投资大。

4) 玻璃钢制集装箱

玻璃钢集装箱是在钢制框架上装上玻璃钢复合板制成的。主要优点是隔热性、防腐性和耐化学性均较好,强度大,使用性能好,能承受较大压力,易清扫,修理简便,集装箱内容积较大等;主要缺点是自重较大,造价较高。

2.5.3 集装箱的标准

为了便于集装箱在国际上的流通,1964年国际标准化组织 ISO 在汉堡会议上公布了两种集装箱的标准规格系列:第一系列(1A~1F 六种)和第二系列(2A~2C 三种),共九种规格。1970年在莫斯科会议上增加了第三系列(3A~3C 三种)集装箱。第一系列又增加了 IAA、IBB 和 ICC 三种型号集装箱。表 2-2 为三个系列的外部尺寸和重量等级的数值。1978年我国颁发了国家标准《货物集装箱外部尺寸重量的系列》(GB 1413—78),规定了适应于铁路、水路和公路运输的货物集装箱的外部尺寸及总重。1985年又对(GB 1413—78)进行了修改。集装箱重量系列采用 5t、10t、20t、30t 四种相应的型号为 5D、10D、1CC 和 1AA。5t 和 10t 集装箱主要用于国内运输,20t(即 20ft 集装箱,又称标准箱)和 30t(即 40ft 集装箱)集装箱主要用于国际运输。我国国内集装箱运输除使用 5t 箱和 10t 箱外,还使用 1t 箱。

国际标准集装箱是指根据国际标准化组织(ISO)第 104 技术委员会制定的国际标准来建造和使用的国际通用的标准集装箱。

集装箱标准化历经了一个发展过程,国际标准化组织 ISO/TC 104 技术委员会自 1961 年成立以来,对集装箱国际标准进行过多次补充、增减和修改,现行的国际标准为第一系列,其宽度均一样(2 438mm),长度有四种(12 192mm、9 125mm、6 058mm、2 991mm),高度有三种(2 896mm、2 591mm、2 438mm)，如表2-2所示。

表2-2　集装箱外部尺寸和额定质量

集装箱型号	长度(L)			宽度(W)			高度(H)			额定质量(总质量)	
	mm	ft	in	mm	ft	in	mm	ft	in	kg	1b
1AAA	12 192	40		2 438	8		2 896	9	6	30 480	67 200
1AA							2 591	8	6		
1A							2 438	8			
1AX							<2 438	<8			
1BBB	9 125	29	11.25	2 438	8		2 896	9	6	25 400	56 000
1BB							2 591	8	6		
1B							2 438	8			
1BX							<2 438	<8			
1CC	6 058	19	10.5	2 438	8		2 591	8	6	24 000	52 900
1C							2 438	8			
1CX							<2 438	<8			
1D	2 991	9	9.75	2 438	8		2 438	8		10 160	22 400
1DX							<2 438	<8			

(注：系列1集装箱长度、高度、高度的允许公差在摘录时省略。1ft=0.3048m)

2.5.4　集装箱运输的方式与形态

1. 运输方式

在集装箱运输过程中，根据实际交接地点的不同，整箱货和拼箱货在船货双方之间的交接方式一般分为以下几种方式。

(1)"门到门"(Door to Door)。这种交接方式是指承运人在发货人的工厂、仓库接受所托运的货物，然后负责全程运输，直到收货人的工厂、仓库交货为止。

(2)"门到场"(Door to CY)。这种交接方式是指承运人在发货人的工厂、仓库接受所托运的货物，然后负责全程运输，直到目的港的集装箱码头堆场交付货物为止。

(3)"门到站"(Door to CFS)。这种交接方式是指承运人在发货人的工厂、仓库接受所托运的货物，然后负责全程运输，直到目的港的集装箱货运站交付货物为止。

(4)"场到门"(CY to Door)。这种交接方式是指承运人在装运港集装箱码头堆场接受所托运的货物，然后负责全程运输，直到收货人的工厂、仓库交付货物为止。

(5)"场到场"(CY to CY)。这种交接方式是指承运人在装运港集装箱码头堆场接受所托运的货物，然后负责全程运输，直到目的港的集装箱码头堆场交付货物为止。

(6)"场到站"(CY to CFS)。这种交接方式是指承运人在装运港集装箱码头堆场接受所托运的货物，然后负责全程运输，直到目的港的集装箱货运站交付货物为止。

(7)"站到门"(CFS to Door)。这种交接方式是指承运人在装运港集装箱码头货运站或收货地内陆货运站(中转站)接收所托运的货物，然后负责全程运输，直到收货人的工厂、仓库交付货物为止。

(8)"站到场"(CFS to CY)。这种交接方式是指承运人在装运港集装箱码头货运站或收货地内陆货运站(中转站)接收所托运的货物,然后负责全程运输,直到目的港的集装箱码头交付货物为止。

(9) "站到站"(CFS to CFS)。这种交接方式是指承运人在装运港集装箱码头货运站或收货地内陆货运站(中转站)接收所托运的货物,然后负责全程运输,直到目的港的集装箱码头货运站或交货地内陆货运站(中转站)交付货物为止。

在不同的交接方式下,承托双方的责任是不一样的,要分清其责任。

2. 运输形态

(1) 整箱货集装箱。简称整箱(FCL),是指货主自行将货物装满整箱后,以箱为单位托运的集装箱。这种情况通常在货主有足够的货源装载一个或数个整箱时采用,除一些大的货主自己置备有集装箱外,一般都是向承运人或集装箱租赁公司租用一定数目的集装箱。空箱运到工厂或仓库后,在海关人员的监管下,货主把货装入箱内,加锁、铅封后交承运人并取得场站收据,最后凭收据换取提单或运单。

(2) 拼箱货集装箱。简称拼箱(LCL),是指承运人或代理人接受货主托运的数量不足整箱的小票货运后,根据货类性质和目的地进行分类整理,把去同一目的地的货集中到一定数量后拼装入箱。由于一个箱内有不同货主的货拼装在一起,所以叫拼箱。这种方法在货主托运数量不足装满整箱时采用。拼装货的分类、整理集中、装箱(拆箱)交货等工作均在承运人码头集装箱货运站或内陆集装箱转运站进行。

2.5.5 集装箱运输的优越性

集装箱运输是一种现代化的先进运输方式。它促进了货物流通过程中各个环节的变革,提高了物流质量和效率。其优越性主要体现在以下几方面。

1. 保证货物运输安全,减少货物损失

由于一般集装箱多为钢质集装箱,有足够的强度和密封性,防护性能好,可避免人为和自然因素的不良影响和破坏,能防水、防潮、防丢失、防盗、防破坏,可基本上消灭货物运输中的破损和短少事故。

2. 节省包装材料,降低包装费用

由于集装箱本身就是一个比较理想的包装箱,具有很好的保护功能,又可实现"门到门"运输,因此装入集装箱的货物可以简化包装甚至取消包装,从而节省大量包装材料,减少包装费用的支出。

3. 简化运输手续,提高工作效率

货物利用集装箱运输,有的是一箱一票,有的是一票多箱。在承运、装车、卸车、交接等作业中,箱内货物无需清点。特别是集装箱联运,托运人一次托运,一票到底。和零担运输相比较,可大大简化托运、承运手续,提高工作效率。

4. 提高装卸效率,加速车船周转

由于货物的装卸搬运是以集装箱为单元进行的,而且采用机械化作业,所以大大缩短了装卸作业时间，提高了作业效率，而且缩短了运输工具的待装待卸时间，加速车船周转，还有利于及时疏港疏站。

5. 可以露天存放，减少仓库占用

由于集装箱具有良好的防水防潮性能，所以可放置在露天货场，不需要入库保管，从而能节省仓库面积的占用，节省建设仓库的投资，降低仓储成本。

6. 便于利用计算机进行现代化管理

集装箱体规格标准，便于储存、运输和装卸作业机械化，计量、查点、统计比较容易，收发手续简便，最适合利用计算机进行管理，从而提高科学管理水平。

2.5.6 集装箱运输的关系方

集装箱运输主要关系方有无船承运人、集装箱实际承运人、集装箱租赁公司、集装箱堆场和集装箱货运站等。

1. 无船承运人

无船承运人是专门经营集装货运的揽货、装箱、拆箱、内陆运输及经营中转站或内陆站业务，可以具备实际运输工具，也可不具备。

2. 集装箱实际承运人

这种承运人是掌握运输工具并参与集装箱运输的承运人。其通常拥有大量的集装箱，以利于集装箱的周转、调拨、管理以及集装箱与车、船、机的衔接。

3. 集装箱租赁公司

这种公司专门经营集装箱出租业务。集装箱租赁对象主要是一些较小的运输公司、无船承运人以及少数货主。这类公司业务包括出租、回收、存放、保管以及维修等。

4. 集装箱堆场

集装箱堆场是指办理集装箱重箱或空箱装卸、转运、保管、交接的场所。

5. 集装箱货运站

集装箱货运站是处理拼箱货的场所，它在办理拼箱货的交接、配箱积载后，将集装箱送往集装箱堆场，并接受集装箱堆场交来的进口货箱，进行拆箱、理货、保管。最后拨交给各收货人，同时也可以按承运人的委托办理铅封和签发场站收据等业务。

6. 联运保赔协会

联运保赔协会是一种由船公司互保的保险组织，对集装箱运输中可能遭受的一切损害进行全面统一保险，是集装箱发展后所产生的新的保险组织。

2.6 多式联运

2.6.1 多式联运的概念

多式联运起源于 20 世纪 60 年代的美国。在发展初期,凡是经由两种及以上运输方式的联合运输均被称为多式联运。后来,随着技术的不断进步和运输方式的日趋多样化,各国对于多式联运概念和内涵的界定也有所不同,但近些年国际上逐渐呈现统一的趋势,即把 Multimodal Transport 和 Intermodal Transport 两个概念加以区别,前者视为广义的多式联运,后者则被视为更加严格意义的狭义多式联运。

1. 广义多式联运

广义多式联运即凡是涉及两种及两种运输方式以上的联合运输可统称为多式联运,主要强调各种运输方式之间的无缝衔接。

2. 狭义多式联运

强调两种或多种运输方式在接续转运中,仅使用某一种标准化的运载单元或道路车辆,且全程运输中不对货物本身进行倒载。

国家标准《物流术语》(GB/T 18354—2021)中将多式联运定义为:货物由一种运载单元装载,通过两种或两种以上运输方式连续运输,并进行相关运输物流辅助作业的运输活动。

2.6.2 多式联运的组织管理体制

多式联运的组织管理体制包括参与者及其相互关系、参与者的权利义务和运营规则等。

1. 多式联运经营人

多式联运经营人是指与托运人签订多式联运合同并对运输过程承担全部责任的合同主体。在实践中,多式联运经营人既可能由不拥有任何运输工具的货运代理、场站经营人、仓储经营人担任,也可能由拥有运输工具并以运送货物为主营业务的实际承运人担任。对于托运人来说,多式联运经营人是承运人,但对于实际承运人而言,他却是托运人。多式联运经营人与实际承运人订立运输合同,向实际承运人支付运费及其他必要的费用。

2. 多式联运承运人

多式联运承运人是指以运送货物为主营业务并收取运费的实际承运人,多式联运经营人与托运人订立运输合同,接受运输任务以后,再将运输任务委托给多式联运承运人,由多式联运承运人来完成此项运输任务。因此,多式联运承运人才是多式联运的真正承运人,故称实际承运人,一项多式联运的运输任务可能由多个实际承运人分别完成不同区段的运输任务,这些实际承运人被称为区段承运人,多式联运经营人应分别与各区段承运人签订分运合同并支付运费。

3. 多式联运规则

多式联运规则是关于多式联运中的货物运输组织与管理制度、参与人的权利和义务、经营人的赔偿责任及范围、定价机制和违约处理、运输单证和法律效力等方面的标准或规范。多式联运规则是多式联运运作的核心，开展多式联运应该遵循这些规则，多式联运的基本规则包括必须采用两种或多种不同运输方式连贯运输；用户只能办理一次托运手续；使用一份包括全程运输的多式联运单证；全程单一的运费费率，托运人只付一次费用；由一个多式联运经营人对全程运输总负责。

2.6.3 多式联运的业务流程

在多式联运方式下，运输组织工作与实际运输生产活动实现了分离，多式联运经营人负责全程运输组织工作，主要包括全程运输所涉及的所有商务性事务和衔接服务性工作的组织实施；各区段的实际承运人负责实际运输生产，包括集货、存储、装卸、运输、换装、送货等作业活动。多式联运必须由多式联运经营人与多式联运承运人按照多式联运规则协同配合，共同完成运输合同规定的运输任务。多式联运流程如图2-18所示。

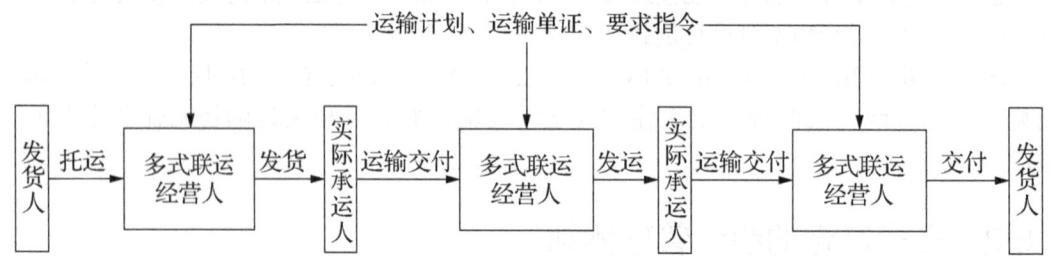

图2-18　多式联运流程图

2.6.4 多式联运的优越性

多式联运是货物运输的一种高级组织形式，它集中了各种传统单一运输方式的特点，扬长避短融为一体，形成连贯运输，达到简化货运环节、提高中转效率、减少货损货差、降低运输成本、实现合理化运输的目的。

1. 责任统一，手续简便

在多式联运方式下，一项运输任务，不论全程运输距离多远，需要使用多少种不同运输工具，也不论途中要经过多少次转换，一切运输事宜统一由多式联运经营人负责办理，而货主只要办理一次托运手续、签订一份合同、支付一次运费、使用一份联运单证，就可获得整个运输全程的服务。与单一运输方式的分段托运相比，多式联运不仅手续简便，而且责任更加明确。

2. 中间环节少，装卸效率高，货运时间缩短

多式联运以标准化的运载单元或道路车辆实现运载单元的连贯运输，货物从发货人仓库装箱或装车后直接运至收货人仓库交货，全程运输中不对货物本身进行换装倒载，中转换装也都使用机械化装卸，作业效率高，从而缩短了货运时间，有利于加快货物周转。

3. 减少货损货差，货运质量高

全程运输中不直接触及货物本身，货损货差和偷窃丢失事故发生的可能性很小，而且由于是连贯运输，各运输环节和运输工具之间配合密切，衔接紧凑，中转迅速及时，减少在途停留时间，故能较好地保证货物安全、迅速、准确、及时地运抵目的地，运输质量高。

4. 实现"门到门"运输的有效途径

多式联运把水路运输、铁路运输、公路运输、航空运输等传统的单一运输方式有机地结合起来，一般是具有短途运输优势的公路运输位于全程的两端，具有大批量和长途运输优势的水路运输、铁路运输、航空运输用于中间区段，实现优势互补，以完成运输任务。由于公路运输的灵活性，用公路运输上门取货和送货上门，实现了"门到门"运输。

5. 降低运输成本，提高物流效益

无论是缩短货运时间，还是提高中转的装卸效率和减少货损货差，都会使运输成本降低。货运时间缩短，还能加快货物周转，降低库存成本；多式联运综合利用各种运输方式，扬长避短，有利于实现运输合理化。这些都是使物流效益提高的有效途径。

2.6.5 国际多式联运

国际多式联运(International multimodal transport)简称多式联运，是在集装箱运输的基础上产生和发展起来的，是指按照国际多式联运合同，以至少两种不同的运输方式，由多式联运经营人将货物从一国境内的接管地点运至另一国境内指定交付地点的货物运输。国际多式联运适用于水路、公路、铁路和航空多种运输方式。在国际贸易中，由于85%～90%的货物是通过海运完成的，故海运在国际多式联运中占据主导地位。

1. 国际多式联运应具备以下条件

(1) 多式联运经营人与托运人之间必须签订多式联运合同，以明确承、托双方的权利、义务和豁免关系。多式联运合同是确定多式联运性质的根本依据，也是区别多式联运与一般联运的主要依据。

(2) 必须使用全程多式联运单据(MultimodalTransportDocuments，M. T. D，我国现使用的是 C. T. B/L)。该单据既是物权凭证，也是有价证券。

(3) 必须是全程单一运价。这种运价一次性收取，包括运输成本(各段运杂费的总和)、经营管理费和合理利润。

(4) 必须由一个多式联运经营人对全程运输负总责。他是与托运人签订多式联运合同的当事人，也是签发多式联运单据或多式联运提单者，承担自接受货物起至交付货物止的

全程运输责任。

(5) 必须是两种或两种以上不同运输方式的连贯运输。如为海—海、铁—铁、空—空联运，虽为两程运输，但仍不属于多式联运，这是一般联运与多式联运的一个重要区别。同时，在单一运输方式下的短途汽车接送也不属于多式联运。

(6) 必须是跨越国境的国际间的货物运输。这是区别国内运输和国际运输的限制条件。

2. 国际多式联运的优点

国际多式联运的优点主要有以下几点：①责任统一，手续简便。②节省费用，降低运输成本。③减少中间环节，时间缩短，运输质量提高。④运输组织水平提高，运输更加合理化。⑤实现门对门运输。⑥其他。比如利于加强政府对整个货物运输链的监督与管理；保证本国在整个货物运输过程中获得较大的运费收入比例；有助于引进新的先进运输技术；减少外汇支出；改善本国基础设施的利用状态；通过国家的宏观调控与指导职能保证使用对环境破坏最小的运输方式达到保护本国生态环境的目的。

3. 国际多式联运的业务程序，主要包括以下环节

国际多式联运的一般业务程序，主要包括以下环节：①接受托运申请，订立多式联运合同。②空箱的发放、提取。③出口报关；货物装箱及交接。④订舱及安排货物运送。⑤办理货物运送保险。⑥签发多式联运提单，组织完成货物的全程运输。⑦货物运输过程中的海关业务。

2.7 陆 桥 运 输

在国际多式联运中，陆桥运输(Land Bridge Service)起着非常重要的作用，它是远东、欧洲国际多式联运的主要形式。所谓陆桥运输是指采用集装箱专用列车或卡车，把横贯大陆的铁路或公路作为中间"桥梁"，使大陆两端的集装箱海运航线与专用列车或卡车连接起来的一种连贯运输方式。

2.7.1 大陆桥运输

大陆桥运输(Land Bridge Transport)是指利用横贯大陆的铁路(公路)运输系统作为中间桥梁，把大陆两端的海洋连接起来的集装箱连贯运输方式。大陆桥的意思是在海洋中间把一块大陆当作桥梁，形成一种海—陆—海的运输方式。大陆桥运输属于国际多式联运。大陆桥运输一般都是以集装箱作为集装容器，陆上采用铁路或公路运送方式，故又称大陆桥集装箱运输。

1) 亚欧大陆桥

亚欧大陆桥可分为旧亚欧大陆桥和新亚欧大陆桥。旧亚欧大陆桥也叫西伯利亚大陆桥，东起俄罗斯的符拉迪沃斯托克(海参崴)，西至荷兰的鹿特丹，全长约 13 000km。通过该大陆桥把货物从太平洋西部运到大西洋沿岸欧洲国家，比经过印度洋、苏伊士运河或横穿太平洋、通过巴拿马运河的两条海上运输航线缩短了 7 000 多 km，行程少 1 个月，运费减少

20%～25%。新亚欧大陆桥东起我国江苏省的连云港，西段与旧亚欧大陆桥一致，全长 10 870km，1990 年 9 月 12 日全线接通。它是世界上最"年轻"的大陆桥，如图 2-19 所示。

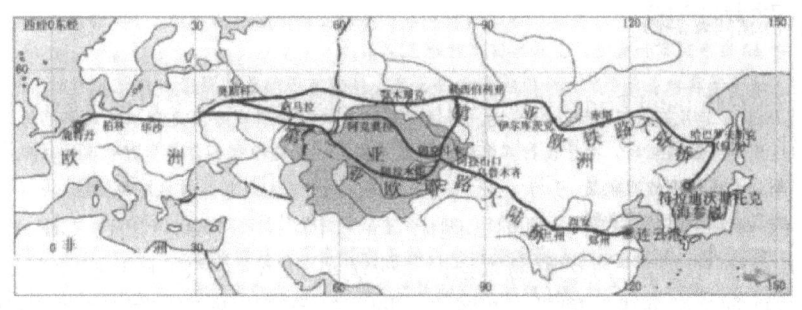

图 2-19　亚欧铁路大陆桥示意图

2) 北美大陆桥

这是最早出现的大陆桥，全长 4 500km，东接大西洋，西连太平洋。该大陆桥运输包括美国大陆桥运输和加拿大大陆桥运输。据统计，从远东到北美东海岸的货物有大约 50%以上是采用双层列车方式运输的。集装箱货从日本东京到欧洲鹿特丹港，采用全程水运(经巴拿马运河或苏伊士运河)通常约需 5～6 周时间，而采用北美大陆桥运输仅需 3 周左右的时间。

3) 南美大陆桥

南美大陆桥全长 1 000 多 km，东起阿根廷的布宜诺斯艾利斯，西至智利首都圣地亚哥，连接大西洋和太平洋两大水域，有利于南美诸国间的协作，促进了经济开发。

4) 南亚大陆桥

南亚大陆桥在亚洲南部和印度半岛上，是从东岸的加尔各答到西岸的孟买港，全程有一条长约 2 000km 的铁路。

5) 西伯利亚大陆桥

西伯利亚大陆桥(Siberian Land Bridge，SLB)，是使用国际标准集装箱，将货物由远东海运到俄罗斯东部港口，经跨越欧亚大陆的西伯利亚铁路运至波罗的海沿岸港口，然后再采用铁路、公路或海运等方式运到欧洲各地的国际多式联运的运输线路。

西伯利亚大陆桥是世界最著名的国际集装箱多式联运组织线路之一，也是目前世界上最长的一条陆桥运输线。它是远东——欧洲运输距离最短的一条运输线，可实行集装箱的"门到门"运输。目前，远东海运到俄罗斯东部港口的货物经西伯利亚大陆桥往返欧洲、亚洲的路线主要有三条。

(1) 铁—铁路线(Trans-Rail)：经西伯利亚铁路运至俄罗斯西部出境站，再转运欧洲或伊朗铁路，运到欧洲各地，或按反方向运输。

(2) 铁—海路线(Trans-Sea)：经西伯利亚铁路运至莫斯科，经支线铁路运输到波罗的海或黑海沿岸港口，再换装船舶，海运至西欧、北欧或巴尔干地区的港口，或按反方向运输。

(3) 铁—公路线(Trans-Cons)：经西伯利亚铁路运至俄罗斯西部出境站，再转公路运往欧洲各地，或按反方向运输。

西伯利亚大陆桥是较典型的一条国际多式联运线路。它大大缩短了远东到欧洲的运输距离，节省了运输时间。从远东经俄罗斯太平洋沿岸港口到欧洲的陆桥运输线全长 13 000km，而相应的全程水路运输距离(经苏伊士运河)约为20 000km。

2.7.2 小陆桥运输

小陆桥运输(Miniland Bridge Transport)是指远东海运至美西港口再转运铁路将货物运至美东或加勒比海沿海地区交货的一种海—铁多式联运方式。小陆桥运输的前身为大陆桥运输，不同的是，小陆桥运输仅为海—铁多式联运。按照国际多式联运的要求，其适用的贸易术语应为FCA、CPT或CIP，目前我国出口企业仍沿用FOB、CFR、CIP贸易术语，但需要注意的是，使用这三个海运贸易术语时，应满足FCA、CPT、CIP买卖双方的责任、费用及其风险责任划分的要求。同时，在贸易合同、信用证以及多式联运单据中注明"MLB"字样。

2.7.3 微路桥运输

微陆桥运输(Micro Bridge Transport)是在小陆桥运输形成和发展的基础上产生的。因为它只利用了大陆桥的一部分，不通过整个陆桥，比小陆桥还短一段，因此也称为"半陆桥"。

微陆桥运输与小陆桥运输基本相似，只是其交货地点在内陆地区。北美微桥运输是指经北美东、西海岸及墨西哥湾沿岸港口到美国、加拿大内陆地区的联运服务。随着北美小陆桥运输的发展，出现了新的矛盾，主要反映在如货物由靠近东海岸的内地城市运往远东地区(或反向)，首先要通过国内运输，以国内提单运至东海岸交船公司，然后由船公司另外签发由东海岸出口的国际货运单证，再通过国内运输运至西海岸港口，然后海运至远东。

2.8 国际运输

2.8.1 国际运输概述

1. 国际货物运输

国际货物运输通常又被称为国际贸易运输，即对外贸易运输，简称外贸运输。各方当事人主要包括承运人、运输代理和货主，从贸易合同签订到国际货代企业、承运企业的具体操作，通过海、陆、空等各种运输方式的选择，最后将货物交到收货人手中，整个过程构成了国际货物运输这个系统的总体。

2. 国际货物运输的特点

国际货物运输是国家与国家、国家与地区之间的运输，与国内货物运输相比，它具有以下几个主要特点。

1) 国际货物运输涉及国际关系问题，是一项政策性很强的涉外活动

国际货物运输是国际贸易的一个组成部分，在组织货物运输的过程中，需要经常同国外发生直接或间接的、广泛的业务联系，这种联系不仅是经济上的，也常常会涉及国际间

的政治问题,是一项政策性很强的涉外活动。因此,国际货物运输既是一项经济活动,也是一项重要的外事活动,这就要求我们不仅要用经济观点去办理各项业务,而且要有政策观念,按照我国对外政策的要求从事国际运输业务。

2) 国际货物运输是中间环节很多的长途运输

国际货物运输是国家与国家、国家与地区之间的运输,一般来说,运输的距离都比较长,往往需要使用多种运输工具,通过多次装卸搬运,要经过许多中间环节,如转船、变换运输方式等,经由不同的地区和国家,要适应各国不同的法规和规定。如果其中任何一个环节发生问题,都会影响整个运输过程,这就要求我们做好组织工作,环环紧扣,避免在某环节上出现脱节现象,给运输带来损失。

3) 国际货物运输涉及面广,情况复杂多变

国际货物运输涉及国内外许多部门,需要与不同国家和地区的货主、交通运输部门、商检机构、保险公司、银行或其他金融机构、海关、港口以及各种中间代理商等打交道。同时,由于各个国家和地区的法律、政策规定不一,贸易、运输习惯和经营方式不同,金融货币制度的差异,加之政治、经济和自然条件的变化,都会对国际货物运输产生较大的影响。

4) 国际货物运输的时间性强

按时装运进出口货物,及时将货物运至目的地,对履行进出口贸易合同,满足商品竞争市场的需求,提高市场竞争能力,及时结汇,都有着重大意义。特别是一些鲜活商品、季节性商品和敏感性强的商品,更要求迅速运输,不失时机地组织供应,才有利于提高出口商品的竞争能力,有利于巩固和扩大销售市场。因此,国际货物运输必须加强时间观念,争时间、抢速度,以快取胜。

5) 国际货物运输的风险较大

由于在国际货物运输中环节多,运输距离长,涉及面广,情况复杂多变,加之时间性又很强,在运输沿途国际形势的变化、社会的动乱,各种自然灾害和意外事故的发生,以及战乱、封锁禁运或海盗活动等,都可能直接或间接地影响到国际货物运输,以至于造成严重后果,因此,国际货物运输的风险较大。为了转嫁运输过程中的风险损失,各种进出口货物和运输工具,都需要办理运输保险。

2.8.2 国际运输的贸易术语

有关贸易术语的国际惯例主要有三种,不同的惯例对贸易术语的解释不同。其中《2000年国际贸易术语解释通则》,即《Incoterms 2000》应用最为广泛,尤其是对下面六种主要贸易术语的解释。

1. FOB(船上交货)

FOB 的全称是 Free on Board(……named port of shipment),即船上交货(……指定装卸港)。"船上交货"是指卖方在指定的装运港将货物装到船上,并负担货物装船为止的一切费用和风险。按这一术语成交,当货物在指定的装货港越过船舷时,卖方即完成交货义务。这意味着买方必须从那时起承担一切费用以及货物灭失或损坏的一切风险。要求卖方办理

货物出口清关手续。该术语仅适用于海运和内河运输。

2. CFR(成本加运费)

CFR 的全称是 Cost and Freight(……named port of destination)，即成本加运费(……指定目的港)，又称运费在内价。"成本加运费"是指在装货港货物越过船舷时卖方即完成交货义务，但卖方必须支付将货物运至指定目的港的运费，货物灭失或损坏的风险以及货物装船后所产生的任何额外费用，自货物在装运港越过船舷时起，即从卖方承担转由买方承担。该术语仅适用于海运和内河运输。

3. CIF(成本、保险费加运费)

CIF 的全称是 Cost Insurance and Freight(……named port of destination)，即成本、保险费加运费(……指定目的港)。"成本、保险费加运费"是指在装货港货物越过船舷时卖方即完成交货义务。卖方除具有 CFR 术语相同的义务外，还应为买方办理货物灭失或损坏风险的海运保险，但只需按最低责任范围的保险险别办理保险。CIF 术语要求卖方办理货物出口清关手续。该术语仅适用于海运和内河运输。

4. FCA(货交承运人)

FCA 的全称是 Free Carrier(……named place)，即货交承运人(……指定地点)。"货交承运人"是指卖方办理货物出口清关手续，将货物在指定地点交给买方指定的承运人，即完成交货义务。"承运人"是指在运输合同中，承担履行或办理履行铁路、公路、航空、海洋、内河运输或多式联运义务的任何人。

应该说明的是，交付地点的选择会影响在该地装卸货物的义务。若交付是在卖方的场所进行，则卖方应当负责装载货物；若交付是在任何其他地点进行，则卖方不负责卸载货物。该术语可适用于各种运输方式，包括多式联运。

5. CPT(运费到付)

CPT 的全称是 Carriage Paid to(……named port of destination)，即运费付至(……指定目的港)。"运费付至(……指定目的港)"是指卖方将货物交付给由其指定的承运人，并支付将货物运至指定目的地所需的运费。由买方承担货物交付承运人后的一切风险和任何其他费用。若需要使用后续承运人将货物运至指定目的地，风险自货物交付给第一承运人时转移。CPT 术语要求卖方办理货物出口清关手续。该术语可适用于各种运输方式，包括多式联运。

6. CIP(运费、保险费付至)

CIP 的全称是 Carriage and Insurance Paid to(……named port of destination)，即运费与保险付至(……指定目的港)。"运费与保险付至(……指定目的港)"是指卖方将货物交付给其指定的承运人，并承担支付将货物运至目的地的运费和保险费的义务。若需要使用后续承运人将货物运至指定目的地，风险自货物交付给第一承运人时转移。CIP 术语要求卖方办理货物出口清关手续。该术语可适用于各种运输方式，包括多式联运。

自 测 题

1. 讨论五种运输方式的经济和服务特性。
2. 简述合理化运输的主要形式。

案 例 分 析

家乐福中国的运输策略

家乐福中国在运输策略方面主要体现为运输网络分散度高,即社会上一般流通企业都自己建立仓库及其配送中心,而家乐福的供应商的直送模式决定了它的大量仓库及配送中心事实上都是由供应商自己解决的,受家乐福集中配送的货物占极少数。这种经营模式不但可以节省大量的建设仓库的费用和管理费用,商品运送集中配送也更方便,而且能及时供应商品或下架滞销商品。这不仅对家乐福的销售,对供货商了解商品销售情况也是相当有利的。

在运输方式上,除了极少数需要进口或长途运送的货物使用集装箱挂车及大型货运卡车外,由于大量商品来自本地生产商,故较多采用送货车。这些送货车中虽有一小部分是家乐福租赁的车辆,但绝大部分是供应商自己长期为家乐福各门店送货的车辆,所以家乐福并没有自己的运输车队,也省去了大量的运输费用。

在配送方面,供应商直送的模式下,商品来自多条线路,不论是各供应商还是家乐福自己的车辆都采用了轻重配载的策略,有效利用了车辆的各级空间,使单位货物的运输成本得以降低,进而在价格上占据优势。

(资料来源:http://www.chinawuliu.com.cn/zixun/201606/02/312611.shtml/.)

讨论:根据案例归纳总结家乐福中国的运输策略。

第 3 章

仓储和装卸搬运

【学习要点及目标】

- 了解物流仓储的基本概念,装卸搬运的含义、特点、意义与作用;
- 了解仓储管理的内容和方法,仓库管理的相关概念;装卸搬运设备的分类;
- 掌握仓库的概念和管理的原则,装卸搬运的基本原则与合理化等。

【核心概念】

仓储 仓储管理 仓库 自动化立体仓库 装卸搬运 装卸搬运合理化

【引导案例】

京东亚洲一号指的是位于上海的亚洲一号现代化物流中心(一期)，京东亚洲一号于 2014 年 10 月份正式投入使用。该物流中心位于上海嘉定，共分两期，规划的建筑面积为 20 万 m^2。投入运营的一期定位为中件商品仓库，总建筑面积约为 10 万 m^2，分为 4 个区域：立体库区、多层阁楼拣货区、生产作业区和出货分拣区。其中，"立体库区"库高 24m，利用自动存取系统(AS/RS 系统)，具有自动化高密度储存和高速拣货能力；"多层阁楼拣货区"采用各种现代化设备，具有自动补货、快速拣货、多重复核手段、多层阁楼自动输送能力，以及京东 SKU 高密度存储和快速准确拣货和输送能力。

3.1 仓储概述

3.1.1 仓储的概念

仓储(Warehouses)是仓库储藏和保管的简称，一般是指从接收储存物品开始，经过储存保管作业，直至把物品完好地发放出去的全部活动过程，包括存货管理和各项作业活动。仓储的各项作业活动可以区分为两大类：一类是基本生产活动，是指劳动者直接作用于储存物品的活动，诸如装卸搬运、验收、保养等；另一类是辅助生产活动，是指为保证基本生产活动正常进行所必需的各种活动，诸如保管设施、工具的维修、储存设施的维护、物品维护所使用技术的研究等。从通常意义上讲，仓储的功能是对物品的储藏和保管，但这并不是物流仓储系统功能的全部内容。物流仓储系统除了具备储藏和保管物品的基本功能之外，还有调节供需、调节运输能力和流通加工等其他功能。

公共仓库与自有仓库的概念刚好相反，它专门向客户提供相对标准的仓库服务，如保管、搬运和运输等，因而又被称为"第三方仓库"。其优点是可以节省资金投入，减轻企业财务方面的压力，并且具有较高的柔性；其缺点是沟通困难，缺少个性化服务。

3.1.2 仓储的分类

根据目的不同，可以把仓储分为以下几种类型。

1. 生产性储存

生产性储存是指由于生产工艺过程或者生产组织过程的某些不确定性，所导致的在局部生产节点发生的特定物料的供给大于需求的状态。生产性储存通常出现在生产流水线的附近，或者在生产厂区的内部。生产性储存有如下特点：①储存物品的种类与产品及其生产工艺密切相关。②储存的物品批量小，品种多。③储存的物品多数是半成品和在制品，还有少量的原辅材料。④生产工序越多，储存的品种越多。⑤生产性储存通常发生在制造型企业内，属于生产物流的一部分。

可以看出，在设计生产工艺过程中，如果能够增加直接配送的环节。就可以减少存储数量，产生生产性储存的各个环节如图 3-1 所示。

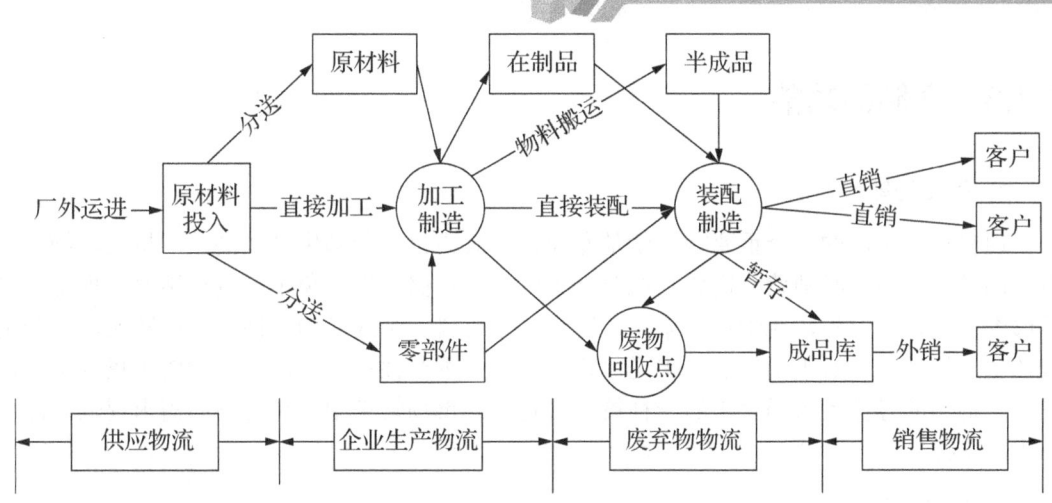

图3-1 生产性储存的产生

2. 采购性储存

采购性储存是指由于采购节奏和批量与生产或者销售节奏和批量上的差异,从而导致的物品流动的暂时停滞。采购性储存的对象通常是季节性较强的产品,主要是农产品,也可能是供应批量较大而生产和销售批量较小的产品。

3. 销售性储存

销售性储存是指企业由于销售节奏和批量与生产节奏和批量的不一致,生产较快或批量较大而销售较慢或批量较小而导致的储存。

4. 增值性储存

增值性储存是指生产出来的商品在消费之前,根据市场上消费者对产品的偏好,再对商品进行最后的加工改造或流通加工,以提高商品的附加值,促进销售。

5. 流通衔接性储存

流通衔接性储存是指物品从生产地到消费地的流通过程中,中途需要经过集中、疏运环节,可能需要换乘不同的运输工具。为了有效地利用各种运输工具,降低运输过程中的作业难度,实现经济、规模运输,物品要在仓库里经过存放、配载、包装、成组、分装、配送等作业。

6. 政策性储存

政策性储存是指由于政策的需要而产生的储存。常见的如生产资源储存,包括煤炭储存、石油储存等;重要生活资源储存,如粮食、棉花、布匹等储存。

7. 投机性储存

投机性储存是指企业根据对市场的判断故意囤积一些产品或者原料,待这些产品或者原料的市场价格上涨以后出售,获取利润。

3.1.3 仓储的功能

1. 存储功能

现代社会生产的一个重要特征就是专业化和规模化，劳动生产率高，产量大，绝大多数产品都不能被及时消费，需要经过仓储手段进行存储，以避免生产过程堵塞，保证生产能够继续进行。此外，对于生产来说，适当的原材料、半成品的存储，可以防止因缺货造成的生产停顿。而对于销售过程来说，存储尤其是季节性存储可以为企业的市场营销创造良机。适当的存储是市场营销的一种策略，它可为市场营销中特别的商品需求提供缓冲和有力的支持。

2. 保管功能

生产出的产品在消费之前必须保持其使用价值，否则将会被废弃。这项任务就需要由仓储来完成，在仓储过程中对产品进行保护、管理，防止因损坏而丧失价值。如水泥受潮易结块，使其使用价值降低。因此，在保管过程中就要选择合适的储存场所，采取合适的养护措施。

3. 加工功能

加工功能是指物品在保管期间，保管人根据存货人或客户的要求对物品的外观、形状、成分构成、尺度等进行加工，使物品发生所期望的变化。加工主要包括：一是为保护产品进行的加工；二是为适应多样化进行的加工；三是为使消费者方便、省力的加工；四是为提高产品利用率的加工；五是为便于衔接不同的运输方式，使物流更加合理的加工；六是为实现配送进行的流通加工。

4. 整合功能

整合体现的是仓储活动的一种经济功能。通过这种整合，仓库可以将来自多个制造企业的产品或原材料整合成一个单元，进行一票装运。其好处是有可能实现最低的运输成本，也可以减少由多个供应商向同一客户供货带来的拥挤和不便。为了能有效地发挥仓储整合功能，每一个制造企业都必须把仓库作为货运储备地点，或用作产品分类和组装的设施。这是因为，整合的最大好处就是能够把来自不同制造商的小批量货物集中起来形成规模运输，使每一个客户都能享受到低于其单独运输成本的服务。仓储过程中的整合功能如图3-2所示。

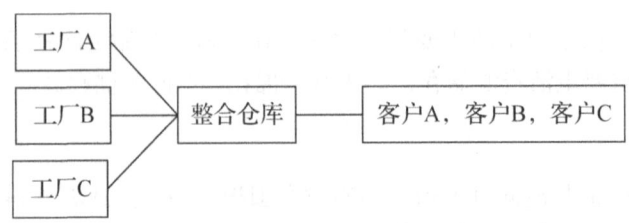

图 3-2 仓储过程中的整合功能

5. 分类和转运功能

分类就是将来自制造商的组合订货分类或分割成个别订货,然后安排适当的运力运送到制造商指定的个别客户。转运是指仓库从多个制造商处运来整车的货物,在收到货物后,如果货物有标签,就按客户要求进行分类;如果没有标签,就按地点分类,然后货物不在仓库停留直接装到运输车辆上,装满后运往指定的零售店。同时,由于货物不需要在仓库内进行储存,因而,降低了仓库的搬运费用,最大限度地发挥仓库装卸设施的作用。图3-3中说明了零售业对仓储过程中分类和转运功能的应用。

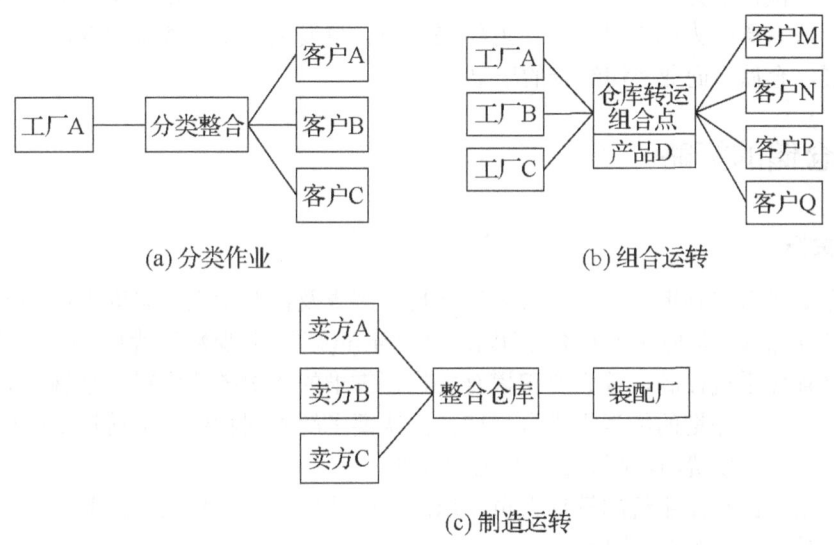

图 3-3　仓储过程中的分类和转运功能

6. 支持企业市场形象的功能

尽管支持企业市场形象的功能所带来的利益不像前面几个功能带来的利益那样明显,但对于一个企业的营销主管来说,仓储活动依然应该被其重视起来,因为从满足需求的角度看,一个距离较近的仓库供货远比从生产厂商处供货方便得多,同时,仓库也能提供更为快捷的递送服务。这样会在供货的方便性、快捷性以及对市场需求的快速反应性方面,为企业树立一个良好的市场形象。

7. 市场信息传递的功能

任何产品的生产都必须满足社会的需要,生产者都需要把握市场需求的动向。社会仓储产品的变化是了解市场需求极为重要的途径。仓储量减少,周转量加大,表明社会需求旺盛,反之则为需求不足。厂家存货增加,表明其产品需求减少或者竞争力降低,或者生产规模不合适。仓储环节所获得的市场信息虽然比销售信息滞后,但更为准确和集中,并且信息成本较低。现代企业应特别重视仓储环节的信息反馈,将仓储量的变化作为决定生产的依据之一。现代物流管理特别重视仓储信息的收集和反映。

8. 提供信用保证

在大批量货物的实物交易中,购买方必须检验货物、确定货物的存在和货物的品质,方可成交。购买方可以到仓库查验货物。由仓库保管人出具的货物仓单是实物交易的凭证，可以作为对购买方提供的保证。仓单本身就可以作为融资工具。可以直接使用仓单进行质押。

9. 现货交易的场所

存货人要转让已在仓库存放的商品时，购买人可以到仓库查验商品、取样化验，双方可以在仓库进行转让交割。国内众多的批发交易市场，既是商品存储功能的交易场所，又是商品交易功能的仓储场所。众多具有便利交易条件的仓储场所都提供交易活动服务。甚至部分已形成有影响力的交易市场。近年来我国大量发展的阁楼式仓储商店，就是仓储功能高度发展，仓储与商业密切结合的结果。

3.1.4 仓储的策略

1. 相关概念

由于存储具有多种形式，因此必须根据物资需求及订购特点，采取不同的方法来控制存储。确定存储系统何时进行补充(订货)及每次补充(订货)多少数量就是存储策略。

为做好存储系统控制，首先要积累有关物资需求的历史统计资料，掌握计划期的生产消耗情况，预测计划期的物资需求量规律；其次要了解不同物资的提前订货时间；最后分析与存储有关的各项费用，制定合理的存储策略。

存储策略是由存储系统的管理人员作出的。因此，采用何种策略，既决定于所存储物资本身，又带有一定的人为因素。

1) 订货批量

订货批量是指存储系统根据需求，为补充某种物资的存储量而向供货厂商一次订货或采购的数量。

2) 报警点

报警点又称订货点。该点的库存量和提前订货时间是相对应的，当库存量下降到这一点时，必须立即订货，当所订的货物尚未到达并入库前，存储量应能按既定的服务水平满足提前订货时间的需求。

3) 安全库存量

安全库存量又称保险库存量。由于需求量和提前订货时间都可能是随机变量，因此提前订货时间也是随机变量，其波动幅度可能大大超过其平均值，为了预防和减少这种随机性造成的缺货，必须准备一部分库存，这部分库存被称为安全库存，只有当出现缺货情况时才动用安全库存量。

4) 最高库存量

最高库存量又称"最高储备定额"，是企业为控制物资库存量而规定的上限标准。在提前订货时间可以忽略不计的存储模型中，S 指每次到货后所达到的库存量。当需要提前订货时，S 指发出订货要求后，库存应该达到的数量，由于此时并未实际到货，所以最高库存量又称名义库存量。

5) 最低库存量

最低库存量一般是指实际库存的最低数量。

6) 平均库存量

平均库存量是指库存保有的平均库存量。当存在报警点 s 时，平均库存量为 $Q = \frac{1}{2}Q + s$

7) 订货间隔期

订货间隔期是指两次订货的时间间隔或订货合同规定的两次进货之间的时间间隔。

8) 记账间隔期

记账间隔期是指根据库存记账制度中的间断记账所规定的时间，即每隔 R 时间，整理平时积欠下来的发料原始凭据，进行记账，得到账面结存数以检查库存量。

2. 常用的存储策略

1) 定量定购制

定量定购制泛指通过公式计算或经验求得报警点和每次订货量，并且每当库存量下降到一定点时，就进行订货的存储策略。通常使用的有订货量与报警点制，即(Q,S)制、最高库存量与报警点制，即(S,s)制、间隔监控制，即(R,S,s)制等。

(1) (Q,s)制库存控制策略。采用这种策略需要确定订货批量 Q 和报警点 s 两个参数。(Q,s)属于连续监控(又称永续盘点制)，即每供应一次就结一次账，得出一个新的账面数字并和报警点 s 进行比较，当库存量达到 s 时，就立即以 Q 进行订货。

(2) (S,s)制库存控制策略。这种策略是(Q,s)制的改进，需要确定最高库存量 S 及报警点 s 两个参数。(S,s)制属于连续监控制，每当库存量达到或低于 s 时，就立即订货，使订货后的名义库存量达到 s，因此，每次订货的数量 Q 是不固定的。

(3) (R,S,s)制库存控制策略。这种策略需要确定记账间隔期 R、最高库存 S 和报警点 s 三个参数。(R,S,s)制属于间隔监控制，即每隔 R 时间整理账面，检查库存，当库存等于或低于 s 时，应立即订货，因每次实际订购批量是不同的，当检查实际库存量高于 s 时，不采取订货措施。

2) 定期订购制

定期订购制即每经过一段固定的时间间隔 T(订购周期)就补充订货，使存储量达到某种水平存储策略。常用的有(T,S)制。(T,S)制库存控制策略需要确定订购间隔期 T 和 S 两个参数。属于间隔监控制，即每隔 T 时间检查库存，根据剩余存储量和估计的需求量确定订货量 Q，使库存量恢复到最高库存 S。

3. 存储模型类型

1) 确定型与随机型模型

凡需求量 D、提前订货时间为确定已知的存储问题所构成的存储模型为确定型，上述二者之一或全部为随机变量的存储问题构成的存储模型为随机型。在确定型存储模型中，又可分为需求不随时间变化和需求随时间变化两种类型；同样，随机型存储模型也可根据需求量是否随时间变化分为两类。

事实上，所谓绝对的确定型是不存在的。在实际存储问题中，D、t 多多少少总会有一些波动的。实践中，如生产企业按物资消耗定额核定的物资需求量，基本建设工程中按设计预算得到的物资需求量，有固定可靠供销关系的物资的提前订货时间等，都可以本着这个原则进行分析处理。

2) 单品种与多品种库存模型

将数量大、体积大又、占用金额多的物资单独设库管理，一般称为单品种库。如木材、水泥、焦炭、煤等，这类库存往往占用大量资金，要采用比较精细的方法来计算其存储控制参数。

有些物资是多品种存放在一个仓库里的，这样的仓库称为多品种库。如钢材库、电器元件库、配件库、有色金属库等。多品种库的存储不可能逐项计算每种物资的库存控制参数，可以将库存物资按其占用金额进行 ABC 分类进行存储管理。由于流动资金定额一般是按仓库下达的，所以多个品种物资存放在一个仓库时，往往存在资金约束及仓库容积约束，这样的存储模型被称为带约束的存储模型。

3) 单周期与多周期存储模型

有的物资必须购进后一次全部供应或售出，否则就会造成经济损失，这类存储模型被称为单周期存储模型，如报纸、年历等时令性物品以及防洪、防冻季节性物资构成的模型。有的物资多次进货多次供应，形成进货供应消耗—再进货再供应消耗，周而复始地形成具有多周期特点的存储模型被称为多周期存储模型。

3.2 仓储管理

3.2.1 仓储管理的概念

国家标准《物流术语》(GB/T 18354—2021)中将仓储管理定义为：对仓储及相关作业进行的计划、组织、协调与控制。仓储管理既是一门经济管理学科，又是一门应用技术学科，其内涵随着其在社会经济领域中的作用而不断变化。仓储管理是对仓库及其库存物品的管理，仓储系统是企业物流系统中不可或缺的子系统。

3.2.2 仓储管理的内容

仓储管理的研究内容主要包括以下几个方面。

1. 仓库地址的选择与内部规划建设

仓库的选址原则、仓库建筑面积的确定、仓库内运输道路与作业的布置等问题。仓库的选址和建设问题是仓库管理战略层所研究的问题，因为它涉及公司长期战略与市场环境相关问题的研究，对仓库长期经营过程中的服务水平和综合成本具有非常大的影响。

2. 仓库机械设备的选择、配置及管理

如何根据仓库作业特点和所储存物资的种类及其理化特性，选择机械装备的类型以及应配备的数量，如何对这些机械进行管理等。现代仓库离不开仓库所配备的机械设施，如叉车、货架、托盘和各种辅助设备等。恰当地选择适用于不同作业类型的仓库设施和设备将大大降低仓库作业中的人工作业劳动量，并提高货品流通的顺畅性，保障货品在流通过程中的质量。

3. 仓库组织结构和流程管理

设置什么样的组织结构、各岗位的责任分工如何、仓储过程中如何处理信息流程和作业流程等，仓库的作业组织和流程随着作业范围的扩大和功能的增加而变得更加复杂，现代大型的物流中心要比以前的储存型仓库组织机构大得多，流程也复杂得多。设计合理的组织结构和明确的分工是仓储管理的目标得以实现的基本保证。合理的信息流程和作业流程使仓储管理工作更加高效、顺畅，并能达到使客户满意的目的。

4. 仓储作业管理

仓库的作业管理是仓库管理工作中最基本的管理内容。例如：如何组织货物入库前的验收，如何存放入库物资，如何对在库物资进行保管保养，如何将物资发放出库，如何分拣配送等。仓库的作业管理是仓库人员日常所面对的量大且复杂的管理工作，只有认真做好仓库作业中的每一环节的工作，才能保证仓储整体作业的良好运转。

5. 仓储管理技术的应用

现代仓储管理离不开现代管理技术与管理手段。例如，选择合适的编码系统、安装仓储管理系统、实行 JIT(Just In Time，准时生产)管理等先进的管理方法。现代物流越来越依靠现代信息和现代管理技术，这也是现代物流区别于传统物流的主要特点之一。商品的编码技术和仓储管理系统极大地改善了商品流通过程中的识别和信息传递与处理过程，使商品的仓储信息更准确、快捷、成本更低。

6. 仓储综合成本的控制

成本控制是每一个企业的重要工作目标，仓储管理企业也不例外。仓储的综合成本控制不但要考虑库房内仓储运作过程中各环节的相互协调关系，还要考虑物流过程中各功能间的效益背反，以平衡局部利益和总体利益最大化的关系。选择合适的成本控制方法和手段，对仓储过程中每一个环节的作业表现和成本加以控制，是实现仓储管理目标的要求。

3.2.3 仓储管理的任务及基本原则

1. 仓储管理的任务

仓储活动通过满足客户需求，科学合理地做好物品的入库、保管保养和出库等工作，为客户创造价值，为企业创造利润。具体来说，仓储管理包括仓储资源的营运决策、商务管理、作业管理、仓储保管、安全管理、人事劳动管理、经济管理等一系列管理工作。仓储管理主要任务包括合理规划仓储设施网络、合理选择仓储设施设备、严格控制商品进出质量、认真保管在库商品、保证仓库高效运作、降低仓储运营成本、确保仓库运行安全。

2. 仓储管理的基本原则

仓储管理应遵循的基本原则如下。

1) 效益原则

仓储业的生产经营活动应以经济效益最大化为目标而展开,但同时也应兼顾其应承担的社会责任,履行环保等社会义务,实现生产经营的社会效益。利润是经济效益的表现形式,利润大,经济效益好;反之,则效益差。用公式表示为

$$利润 = 经营收入 - 经营成本 - 税收$$

从上述公式可以看出,要实现利润最大化,需要实现经营收入最大化和经营成本最小化。

2) 效率原则

效率是指在一定劳动要素投入时的产品产出量。高效率就是指以较小的劳动要素投入产出较多产品。高效率就意味着单位劳动产出量大。高效率仓储体现出"快进、快出、多储存、储存好"的特点。仓储的效率原则就是指以最少的劳动量投入获得最大的产出量。仓储劳动量投入包括生产工具、劳动力的数量及作业的时间等。高效率要通过准确地核算、科学的组织、合理的场所、空间的优化、机械设备的合理使用及各部门人员之间的有效合作来实现。

3) 服务原则

仓储活动本身就是向社会提供服务产品。服务是贯穿于仓储管理中的一条主线,从仓储的定位、仓储具体操作、对储存货物的控制都围绕着服务进行。仓储管理需要围绕其所提供的服务进行定位,即如何提供服务、改善服务、提高服务质量。仓储的服务水平与仓储的经营成本存在一定程度上的背反关系。仓储管理的服务原则就是要在降低成本和提高服务水平两者之间寻找平衡点。

3.2.4 仓储管理的方法

仓储管理的方法主要有以下两种。

1. ABC 分类管理法

ABC 分类管理法是 ABC 分析法在库存管理中的应用。ABC 分析法最初来源于人口管理理论。19 世纪意大利经济学家帕累托在研究人口理论时发现,占人口总数 20%的人拥有财富总数的 80%,而另外 80%的人只占有 20%的财富,即所谓的"重要的少数与次要的多数"理论,这就是帕累托原理。后来,人们发现这一规律在经济活动中广泛存在,于是就将这个原理逐渐在企业中推广使用。

库存管理中 ABC 分析法的基本原理为将库存物品按品种和占用资金,分为特别重要的库存 A 类、一般重要的库存 B 类和不重要的库存 C 类,其核心是抓住重点,分清主次。一般来说,A 类库存物资的库存占用金额占总库存金额的 75%~80%,其库存量占总库存数的 5%~15%;B 类库存物资的库存占用金额占总库存金额的 10%~15%,其库存量占总库存数的 20%~30%;C 类库存物资的库存占用金额占总库存金额的 5%~10%,其库存量占总库存数的 60%~80%。ABC 分析图如图 3-4 所示。

A 类物品属于重点库存控制对象,要求库存记录准确,严格按照物品的盘点周期进行盘点。检查其数量与质量状况,并要制定不定期检查制度,密切监控该类物品的使用与保管状态。另外,A 类物品还应尽量降低库存量,确定合理的订货周期量与订货量,杜绝浪

费与呆滞库存。C 类物品无须进行太多的管理投入，库存记录可以允许适当的偏差。盘点周期也可以适当地延长。B 类物品介于 A 类与 C 类物品之间，采取适中的方法加以使用、保管与控制即可。

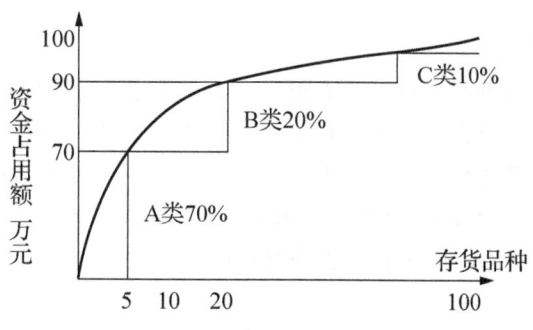

图 3-4　ABC 分析图

运用 ABC 分析法进行库存管理简单、易用，长期以来为许多企业所采用。但应注意，构成产品的各种材料和子件都是缺一不可的。对 C 类物品进行管理的同时，一定要防止因数量和质量而影响计划执行。

2. CVA 库存管理法

CVA 库存管理法又称关键因素分析法，主要由于 ABC 分析法中 C 类物品得不到足够的重视，往往因此而导致生产停工，因此引进 CVA 库存管理法来对 ABC 分类管理法进行有益的补充，它将物品分为最高优先级、较高优先级、中等优先级、较低优先级 4 个等级，对于不同等级的物品，允许缺货的程度是不同的，如表 3-1 所示。

表 3-1　CVA 库存管理法

库存类型	特点	管理措施
最高优先级	关键物品或者 A 类重点物品	不允许缺货
较高优先级	基础性物品或者 B 类存货	允许偶尔缺货
中等优先级	比较重要的物品或者 C 类存货	允许合理范围内的缺货
较低优先级	需要但可以替代的物品	允许缺货

CVA 库存管理法比起 ABC 分类管理法有着更强的目的性。在使用中要注意，人们往往倾向于制定高的优先级，结果高优先级的物品种类很多，最终哪种物品也得不到应有的重视。CVA 库存管理法和 ABC 分类管理法结合使用，可以达到分清主次、抓住关键环节的目的。在对成千上万种物品进行优先级分类时，也不得不借用 ABC 分类管理法进行归类。

3.2.5　仓储管理的作用

仓储管理是现代物流运作不可或缺的一个环节。通过分析物品从生产者到消费者手中这一过程，可以看到物品的生产环节是创造价值的环节。一旦产品离开生产线，就会面临贬值的风险。仓储、运输等流通环节的根本作用就是通过快捷、准确地移动物品，将物品及时送达到消费者手中,从而实现其价值。由此可以看出,仓储管理的首要作用就是物品的保值。此外,仓储管理还要尽可能减少物品在仓储环节的停留时间和成本;同时,为了生产运输前后环节的便利,还应采取各种措施使其实现增值。

1. 仓储物品的保值

物品的价值在生产阶段已经确认,仓储环节必须保证物品的价值在市场上能及时有效地实现。在这种要求下,有人提出"仓储是蓄水池"的观点,这的确很好地说明了仓储的保值功能。另外,仓储可为物品提供专业化的养护,客观上也可满足物品不贬值的需要。就仓储管理而言,在这一阶段必须保证该功能充分有效地发挥。任何物流成本的节约,都不能影响仓储对物品的保值,这是仓储管理存在的根本意义。

2. 降低仓储成本

物品越快速、准确地流向消费者,其价值就越能有效发挥。物品在仓储阶段停留时间越长,贬值风险就越大。从仓储管理的角度而言,"零库存"是最佳的,但几乎是不可能的。实际的做法只有使物品快速入库、中转、出库,即提高周转率。在这里,快速流动不但能降低物品的机会成本,还能为企业带来良好的经济效益。仓储成本的高低,是判断一条供应链成功与否的重要标准。

3. 仓储物品的增值

仓储能实现物品的增值。在这里,物品增值的含义有两点:一是为仓储环节与生产运输环节做好衔接,实现"无缝"流转,缩短物品在流通环节的总时间,加速物品价值的实现;二是采用生产延迟、运输延迟等策略,针对不同的行业和物品,把物品的粗加工、包装等基本作业放在仓储部门,不仅可以进行拼箱运装,还可以按客户要求进行物品整合;既能为上下游的生产、运输环节提供直接便利,又可以使仓储作业从单一的保值功能向增值等多元化功能发展,大大提高仓储的直接效益。生产、仓储、运输等环节是否协同合作,物品在每一个环节是否都能增值,也是判断一条供应链成功与否的重要标准。

3.3 仓库管理

仓库是储存物资的场所,是物流活动的中转站,是调节物流的中心。作为进行仓储活动的主体设施,仓库在仓储管理中发挥着举足轻重的作用,这主要体现在它的保管储存、调节供需、流通配送、调节货物运输能力,以及信息管理功能等方面。

3.3.1 仓库概述

仓库是用来保管、储存物品的建筑物和场所的总称。从这一概念出发,仓库不仅包括可以用来存放物品并对其数量和价值进行保管的建筑物,还包括可用于防止物品减少或损伤而进行作业的地面或水面等场所。

1. 保税仓库

保税仓库是指经海关批准，在海关监管下所设立的专门存放未办理关税手续而入境或过境货物的仓库。保税期一般最长为两年，在这期间可以将货物存放在保税仓库中。保税仓库适用于存放来料加工、进料加工复出口产品的料件和成品以及经海关批准缓办纳税手续进境的货物等，一般贸易进口货物不允许存入保税仓库。在保税期间，经营者可以寻找最有利的销售时机，实现销售，再办理关税等通关手续。若两年之内未能销售完毕，可再运往其他国家，保税仓库所在国不收取关税。保税仓库是保税制度中应用最广泛的一种形式。

2. 海外仓

海外仓是指由跨境电商交易平台，物流服务商单独或合作为卖家在物品销售目的地提供的货品仓储、分拣、包装、派送一站式控制与管理服务的设施。整个流程包括头程运输、仓储管理、本地配送等三个部分，将卖家要销售的货物存储在当地仓库，当有买家需要时，仓库立即作出响应，并及时对货物进行分拣、包装以及递送。海外仓储迅速发展，主要原因有以下3点。

(1) 海外仓使运输品类大大增加，同时降低了物流费用。邮政小包在运输过程中在物品的重量、体积和价值等方面具有一定的限值，这也就导致了许多大件或者贵重的物品无法采用邮政小包运输，转而使用国际快递进行运送。而此时海外仓的出现，不仅能够突破物品重量、体积和价值方面的限制，而且其费用要低于国际快递。

(2) 海外仓能够直接本地发货，这样将可以大大缩短货物的配送时间。由于跨境运输的路程往往较长，其货物往往无法做到实时更新其物流动态，但使用海外仓库发货，由于当地物流一般都具有十分透明的货物运输状态查询系统，就可以实现对包裹的全程跟踪。与此同时，海外仓的头程采用的是传统的外贸物流方式，就是可以按照正常清关流程进行进口，这也大大降低了来自清关方面的障碍。

(3) 海外仓可以为卖家带来更高的价值。通过对大数据进行分析，卖家能够全程控制供应链，同时降低对海外仓的使用成本，能够完成卖家对海外仓内货物的控制，并不是单纯地去等待着物流公司进行配送。

3. 云仓

云仓是仓储业的战略升级。随着互联网以及大数据等科技要素在物流领域的不断应用，"云"技术最终"外溢"到仓储板块，促进了云仓储在物流领域的探索与起步。

"云仓"在新零售的推动下浮出水面。通过资源整合，把市场上闲置的仓库与运力利用起来，优化资源配置，从而可以降低运输成本和仓储成本，通过中央运营，让物流的每一个环节都更专业、更简单、更高效。与此同时，新零售作为物流不断优化整合的动力源之一，同样为物流带来了新的优化空间。比如，新零售将物理库存管理做到极致，充分发挥了大数据的作用，实现了智能的仓货协同化，减少重叠和浪费，优化库存管理，实现数据的效能。

云仓储实践第一类当属电商平台类云仓，包括京东云仓、菜鸟云仓和苏宁云仓等。京东物流是仓配全部自营，服务更加细分，属于重资产供应链企业。与此相反，菜鸟云仓更像网络公司，发挥技术特点，其仓库外包给心怡科技物流，其配送是联合各个快递企业，核心在于其大数据算法和云仓优化方案,为电商提供综合服务。

4. 前置仓

前置仓是指在企业内部仓储物流系统内,离门店最近,最前置的仓储物流。传统的物流配送格局已经由电"商平台+快递企业+消费者"转变为"电商平台+前置仓+即时物流"(或消费者),或"前置仓+消费者",如图 3-5 所示。

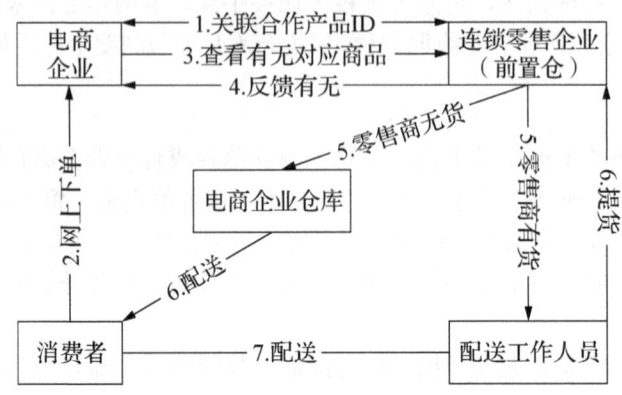

图 3-5　某电商企业连锁零售企业前置仓运作流程

前置仓覆盖半径大约为 30km,主要以覆盖小型城市为主。通过前置仓,可以节约整个行业仓配资源投入的 80% 以上,提高商品、数据流转效率 200% 以上,减少供应链建设的重复投入和资源消耗。

前置仓的实现方式可以是自建或者采用第三方末端仓库。自建模式下可以是电商企业以自建便利店、超市或者体验店的形式,一方面这些店可以进行线下零售和体验,同时当店铺附近有消费者在网上下单也可以实现快速配送货。采用第三方末端仓库作为前置仓的方式,则是电商企业与第三方物流公司或者第三方的线下零售、批发、超市等企业合作,以其仓库作为自己的合作前置仓,当消费者在电商网站上下单购物时,可以先判断离消费者较近的线下企业是否有对应的商品,如果有,配送员直接到第三方合作商的仓库提货并配送至消费者即可。

3.3.2　仓库的功能

仓库作为物流服务的据点,一个最基本的功能就是存储物资,并对存储的物资实施保管和控制。但随着人们对仓库概念的深入理解,仓库也开始担负挑选、配货、检验、分类、信息传递等职责并具有多品种小批量、多批次小批量等配送功能以及附加签、重新包装等流通加工功能。一般来讲,仓库具有以下几方面功能。

1. 储存和保管的功能

这是仓库最基本、最传统的功能。仓库具有一定的空间,用于储存物品,并根据物品的特性,仓库内还配有相应的设备,以保持储存物品的完好性。如储存精密仪器的仓库,需要防潮、防尘、恒温等,应设置空调、恒温等控制设备。在仓库作业时,防止搬运和堆放时碰坏、压坏物品，从而要求搬运机具和操作方法的不断改进和完善，使仓库真正起到储存和保管的作用。

2. 调节货物运输能力的功能

各种运输工具的运输能力差别较大，船舶的运输能力很大，海洋船舶一般都在万吨以上，火车的运输能力较大，每节车厢能装三十多吨，一列火车的运量多达几千吨，汽车的运输能力相对较小，一般在 10t 以下，它们之间运输能力的差异也是通过仓库调节和衔接的。

3. 配送和加工的功能

现代仓库的功能已由保管型向流通型转变。即仓库由原来的储存、保管货物为中心向流通、销售为中心转变。仓库不仅具备储存、保管货物的设备，而且还增加了分装、配套、捆装、流通加工、移动等设施。这样既扩大了仓库的经营范围，提高了物资的综合利用率，又方便了消费者，提高了服务质量。

4. 信息传递的功能

信息传递功能总是伴随着上述三个功能而发生的。在处理有关仓库管理的各项事务时，需要及时而准确的仓库信息，如仓库利用水平，进出货频率，仓库的地理位置，仓库的运输情况，顾客需求状况以及仓库人员的配置等，这对一个仓库的管理取得成功至关重要。

目前，在仓库的信息传递方面，越来越多地依赖计算机和互联网，通过使用电子数据交换系统或条形码技术来提高仓库物品信息传递速度及准确性，通过互联网来及时了解仓库的使用情况和货物的存储情况。

3.3.3 仓库的分类

1. 按用途分类

仓库按在商品流通过程中所起的作用，可以分为采购供应仓库、批发仓库、零售仓库、储备仓库、中转仓库、加工仓库、保税仓库等几种类型。

1) 采购供应仓库

采购供应仓库主要用于集中储存从生产部门收购和供国际间进出口的商品。这类仓库一般设在商品生产比较集中的大、中城市或商品运输枢纽所在地。采购供应仓库一般规模较大。例如，我国曾经在商业系统中设置一级和二级采购供应站，其所属的仓库就属于这一类。

2) 批发仓库

批发仓库主要用于收储从采购供应仓库调进或在当地收购的商品。这类仓库贴近商品销售地，是销售地的批发性仓库，它既从事批发供货，也从事拆零供货业务。

3) 零售仓库

零售仓库主要为商业零售业作短期储货，以供商店销售。在零售仓库中存储的商品周转速度较快，而仓库规模较小，一般服务于零售企业。

4) 储备仓库

这类仓库一般由国家设置，以保管国家应急的储备物资和战备物资。货物在这类仓库中储存的时间较长，并且为保证储存物资的质量需定期更新储备的物资。

  5) 中转仓库

  中转仓库处于货物运输系统的中间环节，用以存放那些待转运的货物。这类仓库一般设在铁路、公路的场站和水路运输的港口码头附近。

  6) 加工仓库

  在这种仓库内，除商品储存外，还兼营某些商品的挑选、整理、分级、包装等简单的加工业务，以便于商品适应消费市场的需要。目前，兼有加工功能的仓库是仓储业发展的趋势。

  2. 按保管货物的特性分类

  由于保管货物的特性不同，对其储存与保管的环节也存在差异。因此，不同特性的货物需要与之相适应的仓库来进行储存与保管。按保管货物的特性分类，仓库可以分为原料仓库、成品仓库、冷藏仓库、恒温仓库、危险品仓库与水面仓库等类型。

  原料仓库是用来保管生产中使用的原材料的仓库，这类仓库一般规模较大，设有大型货场。产品仓库是用来保管完成生产，但尚未进入流通领域的产品的仓库，这类仓库一般附属于产品制造企业。冷藏仓库是用来保管需要冷藏储存货物的仓库，一般多为农副产品、药品等。恒温仓库是为保持货物存储质量，将库内温度控制在某一范围的仓库，这种仓库规模不大，可以存放精密仪器、药品等对存储温度有一定要求的商品。危险品仓库是专门用于保管易燃、易爆和有毒货物的仓库，对于这类货物的保管有特殊的要求。水面仓库是利用货物的特性以及宽阔的水面来保存货物的仓库，例如，利用水面保管圆木、竹排等。

  3. 按库场构造分类

  在现实生活中，我们可以看到构造结构各异的仓库形式。按库场构造来划分，仓库一般可以分为单层仓库、多层仓库、立体仓库、筒仓、露天堆场等几种类型。

  1) 单层仓库

  这是最常见的，而且使用很广泛的一种仓库建筑类型。这类仓库没有上层，不设楼梯。单层仓库具有如下几个方面的特点：设计简单，在建造和维修上投资较省；全部仓储作业都在一个层面上进行，货物在库内装卸和搬运方便；各种设备(如通风、供水、供电等)的安装、使用和维护比较方便；仓库地面能承受较重的货物堆放。一般来说，单层仓库的建筑面积利用率较低；在城市土地使用价格不断上涨的今天，在市内建筑这类仓库，其单位货物的存储成本较高。故单层仓库一般建在城市的边缘地区。

  2) 多层仓库

  多层仓库一般建在人口较稠密、土地使用价格较高的市区，它采用垂直输送设备(如电梯或倾斜皮带输送机等)实现货物上楼作业。多层仓库主要有以下特点：多层仓库可满足各种不同的使用要求，如办公室与库房可分别使用不同的楼面；分层的仓库结构将库区自然分隔，这有助于仓库的安全和防火，如火警的发生往往可以被控制在一个层面；而不危及其他层面的货物；现代的仓库建筑技术已能将较重的货物运送上楼；多层仓库一般建在市区，特别适用于存放城市日常用的高附加值、小型的商品(如家用电器、生活用品、办公用品等)。多层仓库的最大问题是建造和使用维护的投资较大，故堆存费用较高，一般适用于高附加值的商品存放。

3) 立体仓库

立体仓库又称高架仓库，实质上是一种特殊的单层仓库，它利用高层货架存放货物。一般与之配套的是在仓库内采用自动化的搬运设备，形成自动化立体仓库。当采用自动化的存放和搬运设备时，便成为自动化立体仓库。

4) 筒仓

这类仓库是可以用于存放散装的小颗粒或粉末状货物的封闭式仓库，一般置于高架之上。如存储粮食、水泥和化肥等。

5) 露天堆场

露天堆场是指露天堆放货物的场所。一般堆放大宗原材料，或不怕受潮的货物。

4. 按仓库的使用范围分类

根据仓库隶属关系的不同，按其使用范围可将仓库分为自用仓库和公用仓库两类。自用仓库只供企业本身使用，不对社会开放，在物流概念中被称为第一方物流仓库和第二方物流仓库，如我国大型企业的仓库和大多数外贸公司的仓库均属于此类，这些仓库由企业自己管理。当然，受到市场经济的影响，已有许多自用仓库在满足自身的需要以后，也逐步向社会开放。公用仓库是一种专业从事仓储经营，面向社会，独立于其他企业的仓库，在物流概念中被称为第三方物流仓库。国外的大型仓储中心，货物配送中心即属于此类。近年来，我国专门从事于仓储业务的企业发展迅速，已在物流系统中扮演着越来越重要的角色。

5. 按仓库的功能分类

从功能性的角度，仓库可分为储存仓库与流通仓库两种类型。储存仓库以储存、保管为重点，货物在库时间相对较长，仓库工作的中心环节是提供适宜的保管场所和保管设施设备，保存商品在库期间的使用价值。流通仓库也可称为流通中心。流通仓库与储存仓库的区别体现为货物在库的保存时间较短、库存量较少，而且出入库频率较高。流通仓库虽然也经营保管业务，但更多的是做货物的检查验收、流通加工、分拣、配送、包装等工作，在较短的时间内向更多的用户出货。制造厂家的消费地仓库、批发业和大型零售企业的仓库多属于这种类型。流通中心本身又可分为两类，我们通常将集中多个仓库的综合性、区域性物流基地叫作物流中心，将隶属于各企业的叫作配送中心。

6. 按仓库的作业方式分类

仓库的作业方式千差万别，有从人工作业到自动化作业等多个层次。按作业方式区分，通常可以分为人力仓库、半机械化仓库、机械化仓库、半自动化仓库、自动化立体仓库五个层次。人力仓库一般是指储存电子元器件、工具、备品备件货物的仓库，这种仓库规模较小，采用人工作业方式，无装卸机械设备；半机械化仓库是指入库采用机械作业(如叉车等)、出库采用人工作业方式的仓库形式，这类仓库一般适合批量入库、零星出库的情况；机械化仓库是指入库和出库均采用机械作业(如行车、叉车、输送机等)，适合于整批入库和出库、长大笨重货物储存的仓库形式，一般机械化仓库配备有高层货架，有利于提高仓库空间利用率；半自动化仓库是自动化仓库的过渡形式，它配备有高层货架和输送系统，采用人工操作巷道堆垛机的方式，多见于备件仓库；自动化立体仓库是指以高层货架为主体，配备自动巷道作业设备和输送系统的无人仓库。

3.3.4 仓库作业管理

仓库作业管理是从物品入库到出库之间的整个工作流程，包括仓库内部的布局，物品的接运验收，装卸、搬运和保管养护，物品的拣选和出库，以及流通加工等一切实务操作、相关设施、人力资源等。

1．作业流程管理

仓库作业流程一般有4个阶段，分别是入库、储存、盘点和出库。

1) 入库作业

入库过程是接运货物、验收物品以及办理入库手续。接运物品的方式大体有车站码头提货、铁路专用线接车、仓库自行提货和库内接货等；验收工作包括验收准备、证件核对、订单核对、实物检验以及处理验收发生的问题等。入库手续主要是签收和登记。入库管理的重点是验收品种、数量、质量，三者都不可忽视；询问、观察、清点是标准的三部曲，通过扫描产品的条形码并比对预先确定的订货单是现代仓库的常用作业方法。

2) 储存作业

对货物储存时的作业包括货位调整、搬运、库存数量清点、库存跟踪和货物维护等。影响货物储存和保管的因素很多，主要有货物自身的理化性质、储存的自然环境和储存期长短。温湿度、空气日光和雨露、尘土杂物和虫害等对存储物资有明显影响，为此，在入库前应认真检查货物质量，入库后要积极管理、定期检查，发现问题及时处理。

为了做好保管工作，在堆放货物时一般要遵循下列原则。

面向通道——容易辨认、搬运。

明确标识——便于寻找、识别。

分区堆放——合理管理。

先进先出——储存时间适当。

性质对应——物品的形状对应、重量对应、周转频率对应。

性质类似——相同的物品放在一起，相似的物品放在附近。

3) 盘点作业

盘点也就是盘存清点，是指为确定仓库内或其他场所现存物料的实际数量而对物料的现存数量加以清点。这是一项日常工作，主要检查账务与实物是否符合。当发现账务与实物不符时，要查明原因，进行账务调整，补充单据，盘亏赔偿损失。

4) 出库作业

物品的出库工作包括核对出库凭证、备料、复核和点交货物。确定出库日期后，商品必须提出存储区，并按照客户要求加以分类、包装和进行流通加工，还要打印拣货单、包装单和流通加工单等。

商品出库要求做到"三不三核五检查"。"三不"即未接单据不翻账,未经审核不备货,未经复核不出库;"三核"即在发货时,核实凭证、核对账卡、核对实物;"五检查"即对单据和实物要进行品名检查、规格检查、包装检查、件数检查和重量检查。商品出库作业要求严格执行各项规章制度,积极与货主联系,杜绝差错事故,提高服务质量,使用户满意。

出库环节的重点是拣选和组配。所谓拣选就是仓库管理人员将客户订购的物料从存货区域捡出,组配就是按照顾客订单的要求将选定的物品放到一个外包装(用于运输)中或放在托盘上,之后在产品包装外贴上一个表明送达人或公司地址的标签。若仓库还有配送职能,还需要将分拣包装好的物品放置到选定的运输车辆中(配载),以便直接运送到顾客指定的地点。仓储作业流程如图3-6所示。

此外,仓库的作业流程中还应该包括对装卸搬运作业的管理。装卸是随着物品运输和保管而附带发生的作业,具体有装卸货物、搬运移送、堆垛拆垛(放置取出)、分拣配货等作业。装卸的质量和效率不仅影响物流成本,还与物品损坏、污染等造成的损失成本以及保护物品的包装成本有关,并与及时满足顾客需要的服务水平有关。

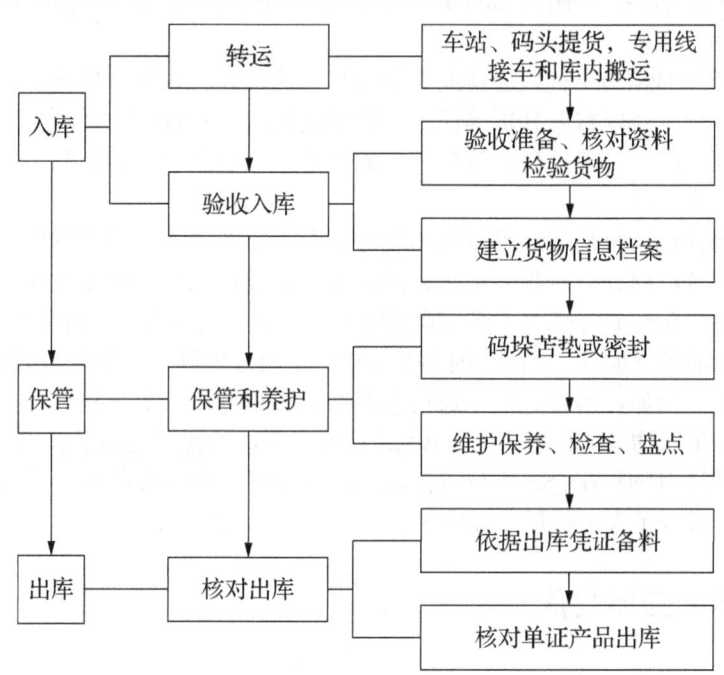

图3-6 仓储作业流程

2. 作业设备管理

如果说仓库作业流程管理是着眼于工作的软件,那么对作业设施和设备的管理就是对硬件的管理了。仓储作业中需要用到许多设施和设备,主要的设备如下所述。

(1) 检验设备——计量、重量、质量检验设备。

(2) 堆码苫垫设备——堆码辅助工具、货架、苫盖物、料棚、衬垫物、托盘。

(3) 温湿度控制设备——温湿度测量表、通风设施、除潮设施、密封设施。

(4) 装卸搬运设备——专用车辆等。

(5) 输送设备——输送机械和车辆。

(6) 分货拣货设施——包装外贴或打印设备、识别设备、分类设备。

(7) 流通加工设备——剪裁、折弯、拔丝、钻孔、组装、分装设备。

(8) 包装设备——集装、定量分装、热收缩包装、拉伸包装机。

对作业设备进行管理时，可依据设备的重要程度将其分为 ABC 三类：重要、一般和辅助设备，既可作为设备分类的依据，也是设备管理标准。设备管理具体方法通常采用"点检制"，即每隔一定时期(日、周、旬、月)，对设备的重点部位进行检查，如容易引起和发生故障的部位、机构、机件，安全防护装置，润滑系统，操作系统，液压系统，电气系统等。

3. 仓库管理系统

以前的仓库往往是工作条件差、劳动强度大、从业人员文化程度低、企业管理水平低的工作场所，这也是物流成本中仓储相关成本长期降不下来的原因之一。而现在，越来越多的仓库开始采用仓库管理系统(Warehouse Management System，WMS)技术，它由条形码技术(Bar-coding Technology)、射频识别技术(Radio Frequency)、计算机系统(Computer Systems)和其他附属设备(Peripherals) 4 个部分组成，帮助仓库管理员控制仓库的各种经营活动。

仓库管理系统(WMS)能有效地帮助人们对物料的接收、入库、拣货、包装、运输、存储位置、作业计划、仓库布局分析等活动进行精确管理，及时提供实时信息和连续反馈，能够进行跨企业的库存管理、商品管理和运输管理，使流通中心成为制造过程的延伸，减少了整个供应链的库存水平。

典型的仓库管理系统是从接受货物的装卸平台开始的，物料的条形码被扫描后，进入计算机系统。系统根据订单对收到的物料进行核实、登记入库并确定其在仓库中的储存位置，还可对物料在仓库中的移动进行位置跟踪。出库时，系统根据订货单对拣货进行安排，确定和追踪订单的备货地点。更高级的 WMS 软件还能与物料处理设备、分拣货物系统以及分类系统一体化。例如，通过无线电通信装置通知叉车操作人员物料的位量，或者为自动拣货系统提供订单和物品的位置信息。WMS 最明显的优点就是提高了仓库的生产能力、效率和精确度。通过对物料在仓库中位置的跟踪，减少了与搜索商品相关的人工成本，提高了劳动生产率、减少了人工数量，提升了订单处理的精确度。

3.3.5 自动化立体仓库

1. 自动化立体仓库概述

自动化立体仓库也称为立库、高层货架仓库、自动仓储。它是利用高层立体货架(托盘系统)储存物资，用计算机控制管理和用自动控制堆垛运输车进行存取作业的仓库。仓库的功能从单纯地进行物资的储存保管，发展到具有物资的接收、分类、计量包装、分拣配送、存档等多种功能。这有助于实现高效率物流和大容量储藏，并且能适应现代化生产和商品流通的需要。

2. 自动化立体仓库的构成

自动化立体仓库是机械和电气、强电控制和弱电控制相结合的设施。从系统角度来说，它一般由货物储存、货物存取和传送、计算机控制和管理三大系统组成,还有与之配套的供电系统、空调系统、消防报警系统、称重计量系统和信息通信系统等。

1) 货物储存系统

该系列一般由立体货架的货格(托盘或货箱)组成。货架按照排、列、层组合形成立体仓库储存系统。

2) 货物存取和传送系统

该系统具有货物存取、出入仓库功能,它由有轨或无轨堆垛机、入库输送机、装卸机械等组成。

3) 计算机控制和管理系统

该系统采用计算机控制和管理,主要是针对堆垛机、出入库输送机械进行控制,可以根据自动化立体仓库的具体情况,采取不同的控制方式。管理主要是针对货物信息。有的仓库只对存取堆垛机、出入库输送机的单台 PLC(可编程控制器)进行控制,机与机无联系。有的仓库对各单台机械采取联网控制的方式。更高级的自动化立体仓库的控制系统采用集中控制、分离式控制和分布式控制,进行分级控制。

3. 自动化立体仓库的分类

自动化立体仓库是不直接进行人工处理而使用自动化搬运和输送设备储存及取出货物的仓库系统,其分类如表 3-2 所示。

表 3-2 自动化立体仓库的分类

分类依据	类别		内容
建筑形式	整体式		货架与建筑物连成一体,既储存货物,又是建筑物支撑要素之一
	分离式		货架和建筑物是分离的,互相独立存在
使用条件	常温库		一般控制在 5℃~40℃,相对湿度控制在 90%以下
	低温库	恒温库	根据物品特性,自动调节存储温度和湿度
		冷藏库	温度一般控制在 0℃~5℃之间,适用于蔬菜和水果存储,湿度大
		冷冻库	温度一般控制在-2℃~-35℃之间,适用于鱼、肉等
	防爆库		具有防爆条件的自动化立体仓库,存放易燃易爆危险货物为主
用途	生产型		企业为保持正常生产而建的自动化立体仓库
	流通型		以衔接生产和流通为主要目的自动化立体仓库
货物存取形式	单元货架式		在货架上存货物以单元货物形式进行
	拣选货架式		可分为巷道内和巷道外分拣,以及人工或自动分拣
货架构造形式	单元货格式		货架分成若干排,每排分成数列,垂直方向又分成数层,形成大量货格,以便存取货物
	贯通式		分为重力式货架仓库和梭式小车式货架仓库
	旋转式		分为水平旋转货架式和垂直旋转货架式
	移动货架式		货架由电动货架组成,可对货架的分离设备进行控制
生产和流通中的作用	独立型		离线"仓库",在操作流程等方面相对独立
	半紧密型		其操作流程、仓库的管理等与生产系统有一定关系
	紧密型		"在线"仓库,与生产系统密切联系

4. 自动化立体仓库的优点

(1) 能大幅增加仓库高度,并且能充分利用仓库面积与空间,从而减少占地面积。

(2) 便于实现仓库的机械化、自动化，从而提高出入库效率，降低物流成本。

(3) 提高仓库管理水平。借助于计算机管理能有效地利用仓库储存能力，便于清点盘存，合理减少库存，更能节约流动资金。

(4) 由于采用货架储存，并结合计算机管理，可以容易地实现先进先出的出入库原则，防止由于储存原因造成的货物损失。

(5) 立体仓库采用自动化技术后，能适应黑暗、有毒、低温等特殊场合的需要。

(6) 自动化仓库都有仓储信息管理系统(WMS)，数据及时准确，便于企业领导随时掌握库存情况，并且根据生产及市场状况及时对企业规划作出调整，从而提高生产的应变能力和决策能力。

3.4 装卸搬运

3.4.1 装卸搬运的概念与特点

装卸搬运从词义上讲，装卸是物品的装上和卸下，搬运是物品在小范围的位移；装卸是改变物品的空间状态或位置，搬运是改变物品的空间距离。两者往往伴生存在、交替动作，统称装卸搬运，有时人们说装卸时，含有搬运之意，说搬运时含有装卸之意。国家标准《物流术语》(GB/T 18354—2021)中将装卸搬运定义为：在运输工具间或运输工具与存放场地(仓库)间，以人力或机械方式对物品进行载上、载入或卸下、卸出的作业过程。

装卸搬运是衔接运输、保管、包装、流通加工、配送等各个物流环节所必不可少的活动，从原材料供应到商品送至消费者手里，乃至在废弃物回收、再生利用等整个循环过程中，装卸搬运出现的频率最高、作业技巧最复杂、科技含量最高、时间和空间移动最短，但费用比例最大。但在很多情况下，装卸却存在很多问题。就我国情况而言，铁路运输的始发和到达的装卸搬运费占运费的 20%，轮船运输要占 40%。机械工厂每生产 1t 产品，需进行 252t 次的装卸搬运，其成本占加工成本的 15.5%。装卸搬运作业因货物破损、散失、混杂、损耗所造成的损失，比运输、保管、包装等其他物流作业环节要大得多。所以，根据木桶的短板理论，应该将装卸成本的优化作为一个重要的追求目标。解决好装卸搬运环节的技术和管理问题，可以大幅度降低物流成本，提高物流效率，加快商品流通速度，其作用不可低估。

装卸搬运主要具有 3 个特点，分别是衔接性、支持性和保障性、附属性和伴生性。

1. 衔接性

一般的物流活动在互相过渡时都以装卸搬运来衔接。所以，装卸搬运往往成为整个物流系统的重要节点，是物流各功能之间形成有机联系和紧密衔接的关键。在物流过程中，装卸活动是不断出现而且反复进行的，它出现的频率高于其他各项物流活动，同时每次装卸活动需要花费较长的时间，因此它就成了决定物流速度快慢的关键。装卸活动所消耗的人力也非常多，所以装卸费用在物流成本中的比重也很高。

2. 支持性和保障性

这种作用在某种程度上对物流活动还具有一定的决定性。比如说，装卸搬运会影响其他物流活动的质量和速度。装车不当会引发运输安全问题，装卸能力不足则会引起物流活动的堵滞。物流活动只有在有效的装卸搬运支持下才能实现高效率运作。

3. 附属性和伴生性

装卸搬运是物流作业每一环节开始及结束时必然发生的，被视为其他物流操作如运输、储存等不可缺少的组成部分，因此它具有一定的附属性与伴生性。

3.4.2 装卸搬运的作用

1. 装卸搬运直接影响物流效率

装卸搬运是随运输和保管而发生的必要物流活动，是对运输、保管、包装、流通加工等物流活动进行衔接的中间环节，以及在保管等活动中为进行检验、维护、保养所进行的装卸活动，如货物的装上卸下、移送、拣选、分类等。

装卸在物流活动中占据着重要的地位。首先，装卸活动是物流活动中发生频率很高的活动，因此装卸活动的效率直接影响着物流活动的效率。当铁路运输的距离比较短时，搬运装卸的时间甚至可能超过铁路运输的时间。两个国家的远洋运输，装卸搬运的时间也可能超过在途时间。其次，在物流过程中，装卸活动直接影响着包装的破损程度、产品的完成性等，因此决定着运输质量的好坏和物流的成本。而对装卸搬运的管理，主要集中在搬运设备的选择、搬运装卸动作的合理化、流程的合理化、搬运装卸的机械化与自动化、设备之间的合理配置和设计，甚至上升到厂区设计等问题。总而言之，要尽量减少不必要的装卸，提高有必要的装卸效率，合理安排装卸和其他物流活动的顺序，以提高物流的效率。

2. 装卸搬运直接影响物流成本

在物流过程中，装卸搬运出现的频率高于其他环节的出现频率，而且，装卸搬运的时间计算在物流的总时间里。因此，装卸搬运直接影响着物流的成本。为了提高物流效率，降低物流费用，装卸搬运是个重要环节。提高物料运输和存放过程的自动化程度，对改进物流管理、提高产品质量、降低生产成本、缩短生产周期、加速资金周转和提高整体效益有重要的意义。

3. 装卸搬运是连接其他物流主要环节的桥梁

装卸搬运是连接物流各种活动的重要桥梁。例如，流通加工、仓储、运输等环节中都需要装卸搬运活动进行串联。但是，相对于运输产生的场所效用和保管产生的时间效用，装卸搬运活动本身并不产生价值。然而，它又是不可缺少的环节。

3.4.3 装卸搬运的分类

装卸搬运可以按照运用的物流设施、设备对象进行分类，也可以按照装卸搬运的机械及机械作业等方式进行分类。

1. 按装卸搬运使用的物流设施、设备对象分类

以此可将装卸搬运分为仓库装卸、铁路装卸、港口装卸、汽车装卸和飞机装卸等。仓库装卸配合出库、入库、维护保养等活动进行,并且以堆垛、上架、取货等操作为主。铁路装卸是对火车车皮的装进及卸出,特点是一次作业就实现一车皮的装进或卸出,很少有像仓库装卸时出现的整装零卸或零装整卸的现象。港口装卸包括码头前沿的装船,也包括后方的支持性装卸,有的港口装卸还采用小船在码头与大船"过驳"的办法,因而其装卸的流程较为复杂,往往需经过多次装卸及搬运作业才能最后达到船与陆地之间货物过渡的目的。

2. 按装卸搬运的机械及机械作业方式分类

以此可将装卸搬运分成使用吊车的"吊上吊下"方式,使用叉车的"叉上叉下"方式,使用半挂车或叉车的"滚上滚下"方式、"移上移下"方式及散装方式等。

1) "吊上吊下"方式

采用各种起重机械从货物上部起吊,依靠起吊装置的垂直移动实现装卸,并在吊车运行的范围内或回转的范围内实现搬运,或依靠搬运车辆实现小搬运。由于吊起及放下属于垂直运动,这种装卸方式又称垂直装卸,如图3-7所示。

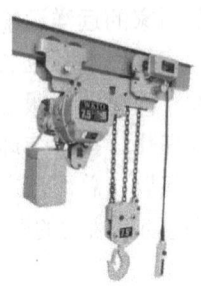

图3-7 "吊上吊下"方式装卸搬运

2) "叉上叉下"方式

采用叉车从货物底部托起货物,并依靠叉车的运动进行货物位移,搬运完全靠叉车本身,货物可不经中途落地直接放置到目的处。这种方式垂直运动不大而主要是水平运动,属水平装卸方式,如图3-8所示。

图3-8 "叉上叉下"方式装卸搬运

3) "滚上滚下"方式

这主要指港口装卸的一种水平装卸方式。利用叉车或半挂车、汽车承载货物,连同车辆一起开上船,到达目的地后再从船上开下,称"滚上滚下"方式。利用叉车的"滚上滚下"方式,在船上卸货后,叉车必须离船,利用半挂车、平车或汽车,拖车将半挂车、平车拖拉至船上后,拖车开下离船而载货车辆连同货物一起运到目的地,再原车开下或拖车上船拖拉半挂车、平车开下。"滚上滚下"方式需要有专门的船舶,对码头也有不同要求,这种专门的船舶称"滚装船",如图 3-9 所示。

图 3-9　"滚上滚下"方式装卸搬运

4) "移上移下"方式

这是在两车之间(如火车及汽车)进行靠接,然后利用各种方式,不使货物垂直运动,而靠水平移动从一辆车上推移到另一辆车上,称"移上移下"方式。"移上移下"方式需要使两种车辆水平靠接,因此,对站台或车辆货台需进行改装,并配合移动工具实现这种装卸,如图 3-10 所示。

图 3-10　"移上移下"方式装卸搬运

5) 散装散卸方式

散装散卸方式即对散装物进行装卸。一般从装点直到卸点,中间不再落地,这是集装卸与搬运于一身的装卸方式。

3. 按被装物的主要运动形式分类

按被装物的主要运动形式可将装卸搬运分为垂直装卸、水平装卸两种形式。垂直装卸方式在港口可采用集装箱起重机,目前以跨运车应用为最广,但龙门起重机方式最有发展前途。在车站以轨行式龙门起重机方式为主,配以叉车较为经济合理,轮胎龙门起重机、跨运车方式、动臂起重机方式、侧面装卸机方式也较多采用。

4. 按装卸搬运的对象分类

按照装卸搬运的对象可将装卸搬运分成散装货物装卸、单件货物装卸、集装货物装卸等。

5. 按装卸搬运的作业特点分类

按照装卸搬运的作业特点可将装卸搬运分成连续装卸与间歇装卸两类。连续装卸主要是同种大批量散装或小件杂货通过连续输送机械连续不断地进行作业,中间无停顿,货间无间隔。在装卸量较大、装卸对象固定、货物对象不易形成大包装的情况下适用采取这一方式。间歇装卸有较强的机动性,装卸地点可在较大范围内变动,主要适用于货流不固定的各种货物,尤其适于包装货物、大件货物,散粒货物也可采取此种方式。

3.4.4 装卸搬运合理化的主要原则

由于装卸搬运作业是衔接运输、保管、包装、配送、流通加工等各物流环节的活动,本身不创造价值,因此应尽量节约时间和费用。在装卸搬运作业合理化方面,可遵循以下原则。

1. 省力化原则

省力就是节省动力和人力。集装化装卸、多式联运、集装箱化运输、托盘一贯制物流等都是有效的装卸方法:利用货物本身的重量和落差原理,如利用滑槽、滑板等工具;减少从下往上的搬运。多利用斜坡,以减轻负重;水平装卸搬运,如仓库的作业台与卡车车厢处于同一高度,手推车可直接进出;卡车后面带尾板升降机,仓库作业月台设装卸货物升降装置等。总之,省力化装卸搬运的原则是能往下不往上、能直行不拐弯、能用机械不用人力、能水平不上斜、能滑动不摩擦、能连续不间断、能集装不分散。

2. 活性化原则

活性化是指从物的静止状态变为装卸状态的难易程度。如果容易或适宜下一步装卸搬运作业,则活性化程度高。例如,仓库中的货物乱七八糟与整齐堆码的差别;货物散乱状态与放在托盘上的差别;等等。此外,在装卸机械灵活性方面的例子有叉车、铲车、带轨道的吊车、能转动360°的吊车和带轮子、履带的吊车等。

3. 顺畅化原则

顺畅化是指作业场所无障碍,作业不间断,作业通道畅通。例如,叉车在仓库中作业,应留有安全作业空间,转弯、后退等动作不应受面积和空间的限制;在人工进行货物搬运时,要有合理的通道,脚下不能有障碍物,头顶要留有空间,不能人撞人、人挤人;在用手推车搬运货物时,地面不能坑坑洼洼,不应有电线、工具等杂物影响小车行走;在人工操作电葫芦吊车时,地面防滑、行走通道两侧的障碍等均与作业是否顺畅相关。对机械化、自动化作业途中停电、线路故障、作业事故的防范等是确保装卸搬运作业顺畅和安全的主要因素。

4. 短距化原则

短距化是以最短的距离完成装卸搬运作业,最典型的例子是生产流水线作业。它把各道工序连接在输送带上,通过输送带的自动运行,使各道工序的作业人员以最短的动作距离进行作业,大大节约了时间,减少了人员体力的消耗,大幅提高了作业效率。缩短装卸搬运距离,不仅省力、省能,又能使作业更加快速、高效。

5. 单元化原则

单元化是采用集装工具将小件或散装物品集成一定质量或体积的组合件,以便利用机械进行作业。它是提高装卸搬运效率的有效办法,例如,对集装箱、托盘等单元化设备的利用等都是单元化的例证。

3.4.5 装卸搬运合理化的措施

实现装卸搬运合理化,需要做好以下几方面的工作。

1. 防止无效装卸

无效装卸是对有用货物消耗必要装卸劳动之外的多余装卸劳动,主要包括以下几种情况。

1) 过多的装卸次数

在物流过程中,货损发生的主要环节是装卸环节,而在整个物流过程中,装卸作业又是反复进行的,从发生的频率讲,超过了任何其他活动,所以,过多的装卸次数必然导致损失的增加。从发生的费用来看,一次装卸的费用相当于几十公里的运输费用,每增加一次装卸,费用就会有较大比例的增加。此外,过多的装卸也是物流速度放慢的重要因素。

2) 过大的包装装卸

在装卸时包装过大或过重,会消耗较多的劳动力,这一消耗不是必需的,会形成无效的劳动。

3) 无效物品的装卸

进入物流过程的货物,有时混杂着没有使用价值或对用户来讲使用价值不对路的各种掺杂物,在反复装卸时,对这些无效物品进行重复劳动,形成了无效装卸。

2. 充分利用重力和消除重力影响,进行消耗少的装卸

在装卸时考虑到重力因素,可以利用货物本身的重量,进行有一定落差的装卸,以减少动力消耗或根本不消耗动力,这是合理化装卸的重要方式。例如,从卡车、货车卸货时,利用车与地面或小搬运车之间的高度差,使用溜槽、溜板之类的简单工具,依靠货物本身的重量,从高处自动滑到低处,免去了动力消耗。在装卸时,应尽量消除或减少重力的影响,以减轻体力劳动及其他劳动消耗。将货物从甲工具平移到乙工具上,可有效消除重力影响,实现合理化。在进行人力装卸时,人负重行走,不仅要持续承受重力的压力,同时还要向前行进,体力消耗较大,这一过程是出现疲劳的主要环节。如果在进行人力装卸时能配合简单的机械,做到"持物不步行",则可大大减少劳动量,使装卸合理化。

3. 充分利用机械,实现"规模装卸"

规模效益早已被大家所认识。在装卸时也存在规模效益问题,主要表现在一次装卸量

或连续装卸量要充分发挥机械的最优效率。为了更多地降低单位装卸工作量的成本，对装卸机械来讲，也存在"规模"问题，装卸机械的工作量达到一定规模，才会获得最优效果。追求规模效益的方法，主要是通过各种集装实现间断装卸时一次操作的最合理装卸量，从而使单位装卸成本降低，也可通过散装实现连续装卸的规模效益。

3.4.6 装卸搬运设备

装卸搬运设备是指用来搬移、升降、装卸和短距离输送物料或货物的机械。装卸搬运设备是实现装卸搬运作业机械化的基础，是物流设备中重要的机械设备。它不仅可用于完成船舶与车辆货物的装卸，而且还可用于完成库场货物的堆码、拆垛、运输以及舱内、车内、库内货物的起重输送和搬运。

装卸搬运设备按装卸及搬运两种作业性质不同可分成装卸机械、搬运机械及装卸搬运机械三类。在这个领域中，有些机械功能比较单一，只具有装卸或搬运这一个功能，这种单一作业功能的机械有很大优点，即机械结构较简单，多余功能较少，专业化作业能力强，因而作业效率较高，作业成本较低，但使用上受局限。有时候，从这种机械的单独操作来看效率确实很高，但由于其功能单一，作业前后需要很烦琐的衔接，会降低大系统的效率。单一装卸功能的机械种类不多，手动葫芦最为典型，固定式吊车如卡车吊、悬臂吊等吊车虽然也有一定的移动半径，也有一些搬运效果，但基本上还是被看成单一功能的装卸机具。单一功能的搬运机具种类较多，如各种搬运车、手推车及斗式输送机、刮板式输送机之外的各种输送机等。在物流领域很注重装卸、搬运两功能兼具的机具，这种机具可将两种作业操作合二为一，因而有较好的系统效果。属于这类机具的最主要的是叉车、港口中用的跨运车、车站用的龙门吊以及气力装卸输送设备等。

按装卸搬运机具的工作原理可将其分为叉车类、吊车类、输送机类、作业车类和管道输送设备类。①叉车类，包括各种通用和专用叉车；②吊车类，包括门式、桥式、履带式、汽车式、岸壁式、巷道式各种吊车；③输送机类，包括辊式、轮式、皮带式、链式、悬挂式等各种输送机；④作业车类，包括手车、手推车、搬运车、无人搬运车、台车等各种作业车辆；⑤管道输送设备类，包括液体、粉体装卸搬运一体化的由泵、管道为主体的一类设备。

按有无动力分类，可分为三类：①重力式装卸输送机，辊式、滚轮式等输送机属于此类；②动式装卸搬运机具，又有内燃式及电动式两种，大多数装卸搬运机具属于此类；③人力式装卸搬运机具，用人力操作作业，主要是小型机具和手动叉车、手摇车、手推车、手动升降平台等。

3.4.7 装卸搬运的注意事项

仓储搬运时要注意很多问题，既要注意仓库物品搬运过程中的损耗问题，又要关注日后仓储管理工作的有序运营。装卸搬运的注意事项如下。

(1) 严格遵守易燃、易爆及化学危险物品装卸运输的有关规定。装卸粉散材料及有毒气散发的物品，应佩戴必要的防护用品。

(2) 工作前应认真检查所用工具是否完好可靠，不准超负荷使用。

(3) 装卸时应做到轻装轻放，重不压轻，大不压小，堆放平稳，捆扎牢固。

(4) 人工搬运、装卸物件应视物件轻重配备有关人员。杠棒、跳板、绳索等工具必须完好可靠。多人搬运同一物件时，要有专人指挥，并保持一定间隔，一律顺肩，步调一致。

(5) 堆放物件不可歪斜，高度要适当，对易滑动件要用木块垫塞。不准将物件堆放在安全通道内。

(6) 用机动车辆装运货物时，不得超载、超高、超长、超宽。如遇必须超高、宽、长装运时，应按交通安全管理规定，要有可靠措施和明显标志。

(7) 装车时，随车人员要注意站立位置。车辆行驶时，不准站在物件和前拦板之间。车未停妥不准上下。

(8) 装卸货物应挂规定吊点，起吊装箱件时应先检查箱体脚是否牢固完好，按吊线标志吊挂，并经试吊确认稳妥后方能起吊。

(9) 使用卷扬机、钢管滚动滑移货物时，要有专人指挥，路面要坚实平整，绳索套结要找准重心，保持直线行进，有棱角块口部位应设垫衬，卸车或下坡应加保险绳，货物前后和牵引钢丝绳边不准站人。

(10) 装运易燃易爆化学危险物品严禁与其他货物混装。要轻搬轻放，搬运场地不准吸烟。车箱内不准坐人。

(11) 装卸时，应根据吊位变化，注意站立位置。严禁现场人员站在吊物下面。

(12) 铁路车辆装运物件，不得超过车厢允许高度和宽度。铁路两侧 1.5m 以内，不得堆放装卸物件，不准在车厢底部或顶部休息。

(13) 在高拦板车厢装卸货物起重驾驶员无法看清车厢内的指挥信号时，应设中间指挥，正确传递信号。

(14) 防止无效装卸。也就是防止在装卸过程中出现没必要的装卸劳动。应尽量减少装卸次数。装卸的次数增加，不仅增加了成本，而且使物流的速度减慢。进而影响整个物流的速度。另外，装卸次数的增加使货物发生损坏的可能性增加。在进行装卸搬运的过程中，应该尽量取消、合并装卸搬运的环节和次数，在作业过程中，做到不停顿、不间断。工序之间紧密衔接。

(15) 充分利用重力和消除重力的影响。在装卸搬运作业过程中，应尽量利用重力，进行有一定落差的装卸，减少不必要的体力消耗。充分利用高度差，使用简单工具，可以依靠货物本身的重量，从高处自动滑到底处，从而减少体力的消耗。另外，有时重力也会影响装卸搬运，应该尽量减少重力的影响，以减轻体力劳动及其他劳动的消耗。在装卸搬运的过程中，避免作业人员负重行走，应尽量配合简单设备，减少劳动人员。

(16) 尽量做到机械化，将人工作业改为机械化作业。同时应尽量将机械设备改为自动化，以提高搬运的效率。机械设备能够进行大量作业，产生规模经济。一次装卸量和连续装卸量要达到充分发挥机械最大效率。以降低装卸工作的成本。

(17) 提高货物装卸搬运的灵活性。装卸搬运作业中的灵活性问题是指装卸搬运作业必须方便下一环节的物流活动，也就是所谓的"活件"。便于下一步工作的装卸搬运，其灵活性就高；难于转变为下一步的装卸搬运，则灵活性就低。同时为了衡量灵活性的高低，可对不同放置状态的货物进行活性等级的划分，即确定活性指数。

(18) 提高货物的可运性。装卸搬运的可运性是指装卸搬运难易程度。装卸搬运作业是为运输作业做准备的，所以在进行装卸搬运作业时，要考虑方位运输，将货物预置为运输状态。提高货物的可运性，可以减少运输的时间，从而减少整个物流的作业时间。

自 测 题

1. 仓储有哪些主要功能？
2. 仓库的主要作业有哪些？
3. 简述仓库的分类、特点。
4. 装卸搬运在物流中的作用有哪些？
5. 简述物流装卸搬运的方式和作业形式。
6. 物流装卸搬运在物流管理中的地位和作用是什么？

案 例 分 析

亚洲最大物流中心——亚洲一号

2014年10月20日，京东宣布其位于上海的首个"亚洲一号"现代化物流中心(一期)在"双十一"大促前夕正式投入使用，这是京东物流战略中又一重大举措的成功落地。2017年3月，就在京东上海"亚洲一号"启动两年半之际，其运营视频全面曝光，全方位透视了京东"亚洲一号"各种技术细节。

作为亚洲范围内B2C行业内建筑规模最大、自动化程度最高的现代化物流中心之一。京东自主研发信息系统，完美调度了AS/RS、输送线、分拣机、提升机等自动化设备，极大地支撑和推动了公司华东区域的业务发展。

立体库区：立体库区库高24m，利用自动存取系统(AS/RS系统)，实现了自动化高密度的储存和高速的拣货能力。AS/RS系统是物流中心机器人作业系统的一种，在全球电商物流中心作业系统中，有三大类机器人作业系统。

多层阁楼拣货区：京东的"多层阁楼拣货区"采用了各种现代化设备，实现了自动补货、快速拣货、多重复核手段、多层阁楼自动输送能力，实现了京东巨量SKU的高密度存储和快速准确的拣货和输送能力。多层阁楼是实现仓储空间利用率最高的物流中心设计方式，如果没有"高效的系统+自动传送"能力，最终会出现各种作业瓶颈，目前京东"亚洲一号"通过系统集成成功突破瓶颈，在这个方面比亚马逊更先进。

生产作业区：京东"亚洲一号"的"生产作业区"采用京东自主开发的任务分配系统和自动化的输送设备。实现了每一个生产工位任务分配的自动化和合理化，保证了每一个生产岗位的满负荷运转，避免了任务分配不均的情况，极大地提高了劳动效率。

出货分拣区：出货分拣区采用了自动化的输送系统和代表目前全球最高水平的分拣系统。分拣处理能力达20 000件/h。分拣准确率高达99.99%，彻底解决了原先人工分拣效率差和分拣准确率低的问题，同时也客观地说明京东实现了国内的一次超越。物流中心的作业瓶颈很多时候是出在出货分拣区,特别是在分批次拆单作业,最后合单打包的时候。

(1) 入库:系统提前预约、收货月台动态分配、全自动流水线(1 条)对托盘货物进行裹膜;入库验收完成后通过提升机,入库输送线等设备将货物搬运到指定的上架区域,减少了人工搬运操作劳动,提高了入库效率。

(2) 上架:立体仓库区堆垛机全自动上架补货(堆垛机 180m/min 高速运行);阁楼货架区提升机垂直输送搬运。

(3) 存储:立体仓库高密度存储(约 53 000 托盘货位)、立体仓库吞吐能力为 600 托盘/h、4 层阁楼货架海量拣选位(支持 10 万以上 SKU)。"亚洲一号"的立体仓库在补货、移库等在库作业流程中,发挥了巨大的作用。立体仓库往阁楼之间的补货、移库基本通过自动化设备完成,大大提升了补货、移库的作业效率。

(4) 拣选:立体仓库输送线在线拆零拣选,立体仓库拣选区补货或取货、分区拣选避免无效行走,提升批量拣选效率。特别是将分区作业、混编作业、一扫领取等功能全面实现。

(5) SKU 容器管理:基于容器/托盘的流向管理策略,建立多模式、完整的容器任务管理机制,扫描容器/托盘即可知道任务的流向,而不再依靠人工指派任务,建立空托盘、空周转箱等容器管理机制。

(6) 出库流程:京东的出库流程包括九大环节,特别是在订单任务派送上,全部是系统内部驱动,实现高效、均衡的派单计划。

(7) 输送:全长 6.5km、最高速度达 2m/s 的输送线遍布全场,分区分合流、动态平均分配,确保流量均衡,输送能力达 15 000 包/h。

(8) 分拣:采用全球最精准、高效、节能环保的交叉皮带分拣系统,分拣速度高达 2.2m/s、包裹处理能力约 20 000 件/h、分拣准确率为 99.99%,135 个滑道直接完成站点细分、动力滚筒滑槽降低破损,提升客户体验。

从以上内容,大家可以全视觉地体验京东"亚洲一号"的整体作业。其实际运行能力已经超过 16 000 件/h,而且还在稳步提升,在电商物流领域堪称奇迹。

(资料来源:https://www.sohu.com/a/45261180_343156。)

讨论:
1. 根据案例讨论电商仓储功能还存在哪些问题需要继续提升和完善。
2. 如何理解智慧仓储。

第 4 章

包装和流通加工

【学习要点及目标】

- 了解包装材料与包装容器的作用,以及现代包装技术与包装机械等;
- 理解包装的概念、类型与功能,包装与物流系统的关系;流通加工的定义与特征;
- 掌握包装现代化、合理化和标准化发展趋势;流通加工的形式与内容。

【核心概念】

包装 包装技术 包装合理化 流通加工 流通加工合理化

【案例导入】

小仙炖鲜炖燕窝由国家健康管理师、国燕委常务副理事长林小仙打造,是世界食品品质评鉴大会获奖奖品,受到众多明星的青睐。小仙炖鲜炖燕窝在商品物流打包时使用的是快乐包波浪可撕拉双面胶。HappyPack 快乐包品牌专注于电子商务、物流仓储,以及品牌商品的绿色环保包装整体解决方案的开发、设计与咨询服务。快乐包以人为本的产品创新思维,不断根据用户需求优化包材性能,设计简单、优雅开箱的产品包装,提升了消费者的购物体验,给用户一个有品质、有调性的包装。

4.1 包　　装

4.1.1 包装的概念、分类与功能

1. 包装的概念

我国国家标准《物流术语》(GB/T 18345—2021)中将包装定义为:在流通过程中保护产品、方便储运、促进销售,按一定技术方法而采用的容器、材料及辅助物等的总体名称。这一定义把包装的物质形态和盛装产品时所采取的技术手段和工艺操作过程,以至装潢形式和包装的作用联成一体,比较完整地说明了包装的含义。我们可以从两方面来理解这一定义:一是指包装商品所用的物料,包括包装用的容器、材料、辅助物等;二是指包装商品时的操作过程,包括包装方法和包装技术。可见包装是包装物及包装操作的总称。包装在物流中可以创造附属价值。

2. 包装的分类

包装门类繁多,品种复杂,这是由于要适应各种物资性质的差异和不同运输工具等各种不同的要求,使包装在设计、选料、包装技术、包装形态等方面出现了多样化。

1) 按包装的层次分类

(1) 单件包装。单件包装是指直接对单件商品进行包装。它是为提高商品的价值,或者为保护商品,把适当的材料、容器等添加在商品上的过程或为此实施的技术。单件包装还能够在商品上起到表示特色等信息传媒的作用;

(2) 内包装。内包装是指对包装商品的内部进行包装。它是为了避免商品受水分、湿气、光、热、撞击等因素的影响,把适当的材料、容器等添加在商品上的过程或为此实施的技术。若不需要将被包装商品放入箱子、袋子、桶等容器里,则包装作业就此结束;

(3) 外包装。外包装是指对包装商品的外部进行包装。它是把商品或包装商品放到箱子、袋子、罐、桶等容器里而进行的再一层包装,在容器上添加记号、指示箭头,或为此实施的技术。

2) 按包装所起的主要作用分类

(1) 销售包装。销售包装又称商业包装、消费者包装,是为满足消费的需要而做的包装。前述的单件包装基本上相当于销售包装。销售包装通常随同商品卖给消费者,也有很

多销售包装伴随商品被消费。销售包装一般要与商品直接接触，包装体与商品体在生产中结合成一体。它起着直接保护、美化、宣传商品的作用，方便商品陈列展销和消费者识别选购且便于消费者携带、使用、保存和识别。

(2) 物流包装。物流包装又称工业包装，是在物流过程中为保护商品、方便储运而做的包装。内包装和外包装基本上均属于物流包装。它通常不随商品卖给消费者，一般不与商品直接接触，是由许多小包装(销售包装)集装而成。物流包装往往需要内包装和外包装的共同作用，其外部结构与尺寸要与储存、装卸、运输等作业所用设备、工具有很好的配合性；具有较强的抵御外界侵扰的能力，如常见的侵蚀、侵害、碰撞、损坏等能力；必须有按规定标准印刷的标识，指导包装物件的装卸搬运；还要注明商品名称、货号、规格、质量、数量、颜色、生产厂家、生产日期，以及发货单位与收货单位等标识，这样才能发挥其保障商品安全，方便储存、运输、装卸、加速交接、点验的作用。

3) 按包装容器软硬程度的不同分类

(1) 硬包装。硬包装又称刚性包装，是指充填或取出包装的内装物后，容器形状基本不发生变化，材质坚硬或质地坚牢的包装。这类包装有的质地坚牢，能经受外力的冲击，如油桶、油罐、钢瓶、硬质木材和硬质塑料等；有的质地坚硬，但脆性较大，如玻璃和陶瓷包装等。

(2) 半硬包装。半硬包装又称半刚性包装，是介于硬包装和软包装之间的包装。例如，瓦楞纸箱、板纸箱、竹类、树枝类、藤条类、塑料软管等。

(3) 软包装。软包装又称挠性包装，是指包装内的充填物或内装物取出后，容器形状会发生变化，且材质较软的包装。例如纸袋、铝箔包装、塑料薄膜、纤维制品包装以及复合材料的包装。

4) 按产品的经营习惯分类

(1) 内销商品包装。内销商品包装是商品在国内移动、周转和销售的包装。对于内销商品包装的销售包装和物流包装的划分，只是相对的，不能绝对，有时物流包装可视为销售包装，有时销售包装也起着物流包装的作用。

(2) 出口商品包装。出口商品包装是对出口商品进行的包装。按国际贸易经营习惯可分为国际运输包装和国际销售包装。国际运输包装主要考虑运输路程和运输方式的不同，采用集合包装形式；国际销售包装除保持其本身的特性外，还要考虑商品销往国的不同要求和特点。

(3) 特种商品包装。特种商品包装是指工艺美术品、古文物、军需用品等的包装，对于这些物品的保护措施，在防压、抗震、抗冲击等方面比一般商品包装要求更高。

3. 包装的功能

商品包装具有以下几种功能：保护商品、方便物流过程、促进销售、方便消费和价值增值等。

1) 保护商品

商品包装的一个重要功能就是要保护包装内的商品不受损伤。在商品的运输过程中，由于运输工具或运输道路的原因，商品难免会受到一定的冲击或者挤压，这样就会使商品受到损害；在商品的储存过程中，因为商品要层叠堆积摆放，所以，商品会受到放在它上面的其他商品的挤压，这样，可能也会损坏商品。另外，在商品的储存过程中，商品可能还会受到外部自然因素的侵袭，比如，可能会被雨水淋湿，被虫子、老鼠咬坏等。因此要求商品有较好的包装，能够抵挡这些侵袭因素。

2) 方便物流过程

商品包装的一个重要作用就是提供商品自身的信息，比如商品的名称、生产厂家和商品规格等，以帮助工作人员区分不同的商品。在商品的储存过程中，仓库工作人员也是通过商品包装上的商品标志来区分商品，进行存放和搬运的。在传统的物流系统中，商品包装的这些功能可以通过在包装上印刷商品信息的方式来实现。如今，随着信息技术的发展，使用更多的是条形码技术。仓库管理人员在使用扫描仪对条形码进行扫描的同时，商品的详细信息就可以输入物流信息系统中，进而使物流信息系统发出一定的指示，指导工作人员对该商品进行一定的操作。这样，可以极大地提高物流过程的整体效率。

3) 促进销售

一般来说，商品的外包装必须适应商品运输的种种要求。因此，在设计外包装的时候可能会更加注重包装的实用性。而对于商品的内包装而言，因为它要直接面对消费者，所以，必须注意它的外表的美观大方，要有一定的吸引力，以促进商品的销售。杜邦定律(美国杜邦化学公司提出)认为：63%的消费者是根据商品的包装来进行购买的，而国际市场和消费者是通过商品来认识企业的，因此，商品的包装就是企业的面孔，优秀的、精美的商品包装能够在一定程度上促进商品的销售，提高企业的市场形象。

4) 方便消费

企业对商品包装的设计应该以方便顾客的消费为目的，要与顾客使用时的搬运、存储设施相适应。这样成本可能会高一些，但是拥有了长久的顾客关系，企业的生存和发展才有延续性。这也是商品包装的一大功能。

5) 价值增值

价值增值(increase in value，increment of value)是指通过经营和管理活动，把低投入转换成高产出，一般以货币为衡量单位。包装和品牌是产品的外在形象，一款好产品如果没有与之匹配的包装，就好像人缺少合适的服装，难以引起消费者的注意。

4.1.2 包装的地位、作用与存在的问题

1. 包装在物流中的地位

在社会的生产过程中，包装处于生产过程的末尾和物流过程的开始，既是生产的终点，又是物流的始点。作为生产的终点，是最后一道工序，标志着生产的完成，包装必须根据产品的性质、形状和生产工具进行操作，必须满足生产的要求。作为物流的始点，包装完成后便具备了物流的能力，在整个物流过程中，包装可发挥对产品的保护作用以推动产品物流的顺利实施。最后实现销售。从这个意义上讲，包装对物流有决定性的作用。

在现代物流观念形成以前，包装被理所当然地看成生产的终点，因而一直是生产领域的活动，包装的设计往往主要从生产终结的要求出发，从而常常不能满足流通的要求。物流理论认为，包装与物流的关系比与生产的关系要密切得多，作为物流始点的意义比作为生产终点的意义要大得多。因此包装属于物流系统，这是现代物流的新观念。

2. 包装在物流中的作用

1) 包装在运输中的作用

(1) 保护作用。产品在从出厂到用户手中的整个流通过程中，都必须进行运输，产品在运输过程中可能会遇到震动、挤压、碰撞、冲击以及风吹、日晒、雨淋等损坏；合理的包装就是要保护产品不受自然环境和外力的影响，从而保护产品的使用价值，使产品实体不致损坏、散失、变质和变形；

(2) 方便运输。外包装的体积、长宽高的尺寸、质量与运输工具的标重、容积相匹配，则能提高运输工具的装载能力，减小运输难度，提高运输效率；

(3) 促进销售。美化商品、吸引顾客，有利于促销；

(4) 价值增值。实现商品价值和使用价值，也是增加商品价值的一种手段。

2) 包装在装卸搬运中的作用

(1) 有利于采用机械化、自动化装卸搬运作业，减轻劳动强度和难度，加快装卸搬运速度。

(2) 在装卸搬运中使商品能够承受一定的机械冲击力，达到保护商品、提高效率的目的。

3) 包装在储存中的作用

(1) 方便计数。

(2) 方便交接验收。

(3) 缩短接收、发放时间，提高速度及效率。

(4) 便于商品堆、码、叠放。

(5) 节省仓库空间。

(6) 良好的包装能抵御储存环境对商品的损坏。

3. 物流包装中存在的问题

1) 过度包装

在物流运输过程中，由于包装的单件价值是比较低的，因此往往不被企业所重视。对于消费者而言，购买的是产品包装内部物品的价值，而非包装本身；对于企业而言，尽管每件包装的价格并不高昂，但是就总量而言，包装的支出仍然不能忽视。因此，在物流包装领域，为了坚固结实、防止损坏，往往会出现"过度包装"的现象。这一现象具体表现为包装强度过高，大大超过了需要防护的水平；包装技术过于先进，远超过实际的需要；包装层次过多，打开不便；包装成本高于需要防护的损失成本等。而这一现象的结果就是资源的浪费、企业空间的占用、企业物流成本的增高，最终导致企业将这部分损失进一步转嫁给消费者。

2) 包装不当引起的货物损失

随着国际贸易和经济全球化的发展，物流业的发展大大加速。但是由于包装的问题，却在某种程度上限制了物流的发展。而包装不足就是这种限制的一种具体体现。

包装不足包括：①包装强度不足，从而使包装防护性不足，造成被包装物品的损坏；②包装材料水平不足，由于包装材料选择不当，包装不能很好地起到运输防护及促进销售额的作用；③包装容器的层次及容积不足，从而造成被包装物品的损失；④包装成本过低，难以满足包装要求。

在运输过程中,由于包装不足,导致商品直接受到了外界的冲击和震荡而引起的商品损坏,仅在我国就高达百亿元。例如,每年由于包装不当而引起破碎的玻璃就高达 80 万 t,可见包装不足的危害之重。

3) 包装标准化管理与物流衔接不当

包装标准是关于各种包装的标志,包装所用的材料规格、质量、技术规范和要求。标准在国民社会经济中有重要作用,包括流畅企业之间的贸易往来,建立共同遵循的标准规则,为科学管理打下基础,消除贸易障碍,促进国际技术交流等。

标准化影响着物流产业链的整体发展。标准化中的材料规格、质量、技术要求和物流供应链有着密不可分的关系,如果物流器皿不配套,产品规格不统一,行业规范非标准化,都会导致物流成本上升,物流时间加大,物流速度降低,物流事故增多,物流服务水平下降。

4.1.3 包装技术及标记

包装作业时所采用的技术和方法简称包装技法,对任何包装进行操作时都有技术问题和方法问题,通过包装技法,才能将运输包装体和产品(包括小包装)形成一个有机的整体。

1. 产品包装材料应具备的性能

从现代包装具备的使用价值来看,包装材料应具备以下几个方面的性能:保护性能、加工操作性能、外观装饰性能、方便使用性能、节省费用性能和易处理性能。

1) 保护性能

保护性能主要是指保护包装内装物,防止其变质,保证质量。企业在选择包装材料时,应注意开发研究包装材料的机械强度、防潮吸水性、耐腐蚀性、耐热耐寒性、透光性、透气性、防紫外线穿透性、耐油性、适应气温变化性、无毒、无异味等。

2) 加工操作性能

加工操作性能主要是指易加工、易包装、易充填、易封合,且适合自动包装机械操作。企业在选择包装材料时,应注意研究包装材料的刚性、挺力、光滑度、易开口性、热合性和防静电性等。

3) 外观装饰性能

外观装饰性能主要是指材料的形、色、纹理的美观性,能产生陈列效果,提高商品价值和激发消费者购买欲。企业在选择包装材料时,应注意研究包装材料的透明度、表面光泽、印刷适应性、不因静电而吸尘等。

4) 方便使用性能

方便使用性能主要是指便于开启包装和取出内装物,便于再封闭。企业在选择包装材料时,应注意研究包装材料的开启性能、安全性能、不易破裂性能等。

5) 节省费用性能

节省费用性能主要是指经济合理地使用包装材料。企业在选择包装材料时,应注意研究如何节省包装材料费用、包装机械设备费用、劳动费用,提高包装效率、减轻自身重量等。

6) 易处理性能

易处理性能主要是指包装材料要有利于环保,有利于节省资源。选择包装材料时,应注意研究包装材料的回收、复用再生等问题。包装材料的性能，一方面取决于包装材料本身的性能；另一方面还取决于各种材料的加工技术。随着科学技术的发展，新材料新技术的不断出现，包装材料满足商品包装的性能会不断地完善。

2. 包装材料

包装材料与包装功能存在着不可分割的联系，为了保证和实现物品包装的保护性、利用性等功能，常用的包装材料有以下几类。

1) 纸质包装材料

在包装材料中，纸质材料的应用最为广泛，它的品种最多，耗量也最大。由于具有价格低、质地细腻均匀、耐摩擦、耐冲击、容易黏合、不受湿度影响、无毒、无味、质轻、易加工、废弃物易回收、适于包装生产的机械化等特性，纸质包装在现代包装中占有重要的地位。纸作为包装材料有纸袋、瓦楞纸箱和纸箱，其中瓦楞纸箱是颇受欢迎的纸质包装材料。用瓦楞纸做成的纸箱具有一定的刚性，因此有较强的抗压、抗冲击能力。但是，纸的防潮、防湿性较差，这是纸质包装材料的最大弱点。

2) 木材包装材料

木材包装是指以木板、胶合板、纤维板为原材料制成的包装，常用的有各种箱、桶、笼、托盘等。由于木材作为物品的外包装材料，具有抗压、抗震等优点，木材包装至今在包装材料中仍占有十分重要的地位。由于木材资源有限，而且用途又比较广泛，国家也已采取限制使用木材的措施，因此作为包装材料前景不佳，使用比重也在不断下降。

3) 草质包装材料

这是比较落后的包装材料，原材料来源是各种天然生长的草类植物，将这些草类植物经过梳理、编织成诸如草席、蒲包、草袋等包装物。草质包装由于其防水、防潮能力较差，强度很低等原因，在物流中的作用已逐渐下降，有被淘汰的趋势。

4) 金属包装材料

金属包装材料即把金属压制成薄片用于物品包装的材料，通常有金属圆桶、白铁内罐、储气罐、金属丝、网等。目前，在全世界金属包装材料中，用量最大的是马口铁(镀锡薄钢板)和金属箔两大品种。马口铁坚固、抗腐蚀、易进行机械加工，表面容易进行涂饰和印刷，尤其用马口铁制作的容器具有防水、防潮、防污染等优点。金属箔是把金属压延成很薄的薄片，多用于食品包装，如糖果、肉类、乳制品的包装等。

5) 纤维包装材料

纤维包装材料即用各种纤维制作的袋状包装材料，天然的纤维材料有黄麻、红麻、大麻、织布麻、棉花等；轻工业加工提供的纤维材料有合成树脂、玻璃纤维等。

6) 陶瓷与玻璃包装材料

玻璃具有耐风化、不变形、耐热、耐酸、耐磨等优点，尤其适合各种液体物品的包装。陶瓷、玻璃制作的包装容器容易洗刷、消毒、灭菌，能保持良好的清洁状态。同时，它们可以回收复用，有利于包装成本的降低。然而，玻璃、陶瓷最大的缺点是在超过一定冲击力的作用下容易破碎。

7) 合成树脂包装材料

合成树脂包装材料是指用合成树脂制作的各种塑料容器、塑料瓶、塑料袋和塑料箱等，在现代包装中所处的地位越来越重要。塑料包装材料有如下特点：透明，对容器内包装的物品不必开封便一目了然；有适当的强度，可以保护商品的安全；有较好的防水、防潮、防毒等性能；有耐药、耐油性能；耐热、耐寒性能较好，对气候变化有一定的适应性；有较好的防污染能力，使包装的物资既安全又卫生，密封性能好等。合成树脂的品种超过千种，用于包装的主要有聚乙烯、聚丙烯、聚氯乙烯、聚苯乙烯、酚醛树脂、氨基塑料等十多种。

8) 复合包装材料

复合包装材料即将两种以上具有不同特性的材料复合在一起，以改进单一包装材料的性能，发挥包装材料更多的优点。常见的复合材料有三四十种，使用最广泛的是塑料与玻璃纸复合，塑料与塑料复合，金属箔与塑料复合，金属箔、塑料、玻璃纸复合，纸张与塑料复合等。

3. 一般包装技术和方法

1) 对内装物的合理置放、固定和加固

在包装容器中装进形状各异的产品(固体)，必须合理置放、固定和加固。置放、固定和加固得巧妙，就能缩小体积、节省材料、减少损失。

2) 对松泡产品压缩体积

对于松泡产品如羽绒服、枕芯、絮被、毛线等，包装时占用容器的体积太大，会增大运输、储存费用，所以对松泡产品需要压缩体积。其中有效的方法是真空包装，它可以大大缩小松泡产品的体积，缩小率可达50%～85%。

3) 合理选择外包装形状尺寸

外包装形状应避免过高、过扁、过大、过重等。过高会重心不稳不易堆垛；过扁则标志印刷和辨认困难；过大则内装量太多，不易销售，且给流通带来困难；过重则纸箱易破损。

4) 合理选择内包装(盒)形状尺寸

内包装(盒)在选择其形状尺寸时，要与外包装(箱)形态尺寸相配合，内包装(盒)的底面尺寸必须与外包装样式协调，而且高度也应与外包装高度匹配。

5) 包装外的捆扎

包装外的捆扎对运输包装功能起着重要作用。捆扎的直接目的是将单个物件或数个物件捆紧，以便于运输、储存和装卸。而捆扎的功用远多于此，如能防止失窃、压缩容积、加固容器等。

4. 特殊包装技术及方法

由于产品特性不同，在流通过程中受到内外各种因素影响，其物性会发生人们所不需要的变化，或称变质，有的受潮变质，有的受振动冲击而损坏。所以需要采用一些特殊的技术和方法来保护产品免受流通环境各因素的影响。它所包括的范围极为广泛，随着人们对商品养护知识的增加，先进技术应用的加强，这类技术还在不断发展，为物流质量管理提供了重要的技术保障。常见的针对产品养护特性的包装技术和方法有防震包装、防破损包装、防锈包装、防霉腐包装、防虫包装和危险品包装等。

1) 防震包装

防震包装又称缓冲包装，在各种包装技术中占有重要的地位。产品从生产到开始使用要经过一系列的运输、保管、堆码和装卸过程，这些过程都会有力作用在产品之上，并使产品发生机械性损坏。为了防止产品遭受损坏，就要设法减小外力的影响，所谓防震包装就是指为减缓内装物受到冲击和振动，保护其免受损坏所采取的具有一定防护作用的包装。

防震包装主要有以下 3 种方法：①全面防震包装方法，是指内装物和外包装之间全部用防震材料填满用于防震的包装方法；②部分防震包装方法，对于整体性好的产品和有内装容器的产品，仅在产品或内包装的拐角或局部地方使用防震材料进行衬垫即可；③悬浮式防震包装方法，对于某些贵重而易损的物资，为了有效地保证在流通过程中不被损坏，外包装容器比较坚固，然后用绳、带、弹簧等将被装物悬吊在包装容器内，在物流过程中，无论在什么操作环节，内装物都被稳定悬吊而不与包装容器发生碰撞，从而减少损坏。

2) 防破损包装

缓冲包装有较强的防破损能力，因而是最有效的防破损包装技术。此外，还可以采取以下几种防破损保护技术：捆扎及裹紧技术，其作用是使杂货、散货形成一个牢固整体，以增加整体性，便于处理及防止散堆以减少破损；集装技术，即利用集装，减少与物资实体的接触，从而防止破损；选择高强保护材料，通过外包装材料的高强度保护来防止内装物受外力作用破损。

3) 防锈包装

防锈包装主要有两类：①防锈油防锈蚀包装技术。防锈油防锈蚀包装技术就是将金属涂封防止锈蚀的技术。用防锈油封装金属制品，要求油层要有一定厚度，油层的连续性好，涂层完整，而且不同类型的防锈油要采用不同的方法进行涂覆。②气相防锈包装技术。即在密封包装容器中，使用气相缓蚀剂(挥发性缓蚀剂)对金属制品进行防锈处理的技术。在密封包装容器中，气相缓蚀剂在很短的时间内挥发或升华出的缓蚀气体就能充满整个容器的每个角落和缝隙，同时吸附在金属制品的表面上，从而起到抑制大气对金属锈蚀的作用。

4) 防霉腐包装

在装运食品和其他有机碳水化合物物品时，物品表面可能生长霉菌，在流通过程中如遇潮湿，霉菌生长繁殖极快，甚至会延伸至物品内部，使其腐烂、发霉、变质，因此要采取特别的防护措施。防霉烂变质的措施，通常是采用冷冻包装、真空包装或高温灭菌方法。

5) 防虫包装

可在包装中放入有一定毒性和气味的驱虫药物，利用药物在包装中挥发出的气体杀灭和驱除各种害虫。常用驱虫剂有苯、对位二氯化苯、樟脑精等。也可采用真空包装、充气包装、脱氧包装等技术，使害虫无生存环境，从而防止虫害。

6) 危险品包装

危险品有上千种，按其危险性质，交通运输及公安消防部门将危险品分为 10 个大类，即爆炸性物品、氧化剂、压缩气体和液化气体、自燃物品、遇水燃烧物品、易燃液体、易燃固体、毒害品、腐蚀性物品、放射性物品等，有些物品同时具有两种以上危险性能。对于有毒商品的包装要明显地标明有毒的标志。防毒的主要措施是包装严密不漏、不透气。对有腐蚀性的商品，要注意商品和包装容器的材质不会发生化学变化。金属类的包装容器，要在容器壁涂上涂料，防止腐蚀性商品对容器的腐蚀。对易自燃商品的包装，宜采取特殊包装方式。对于易燃、易爆商品，包装的有效方法是采用塑料桶包装，然后将塑料桶装入铁桶或木箱中，每件净重不超过 50kg，并应有自动放气的安全阀，当桶内的气压达到一定程度时，能自动放气。

5. 商品包装标记和标志

1) 商品包装标记

商品包装标记是根据商品本身的特征，用文字和阿拉伯数字等在包装上标明规定的记号。商品包装标记主要有如下种类。

(1) 一般描述性标记，也称包装基本标记，是用来说明商品实体基本情况的。例如，商品名称、规格、型号、计量单位、数量、重量(毛重、净重、皮重)、长宽高尺寸、出厂日期、地址等。对于使用时效性较强的商品还要写明成分、储存期或保质期，例如食品、胶卷、化妆品等。

(2) 表示商品收、发货地点和单位的标记，是用来表明商品起运、到达地点和收发货单位等的文字记号。对于进出口商品，这种标记是由经贸部统一编制的向国外订货的代号。

(3) 牌号标记，是用来专门说明商品名称的标记。一般牌号标记不提供有关商品的其他信息，只说明商品名称，应列在包装的显著位置。

(4) 等级标记，用来说明商品质量等级的记号，常用"一等品""二等品""优质产品""获××奖产品"等字样。

2) 商品包装标志

商品包装标志是用来指明被包装商品的性质并使物流活动安全进行，以及理货分运的需要进行的文字和图像的说明。商品包装标志主要的种类如下所述。

(1) 商品包装识别标志，也称运输包装收发标志，包括分类标志、供货号、货号、品名规格、数量、重量、生产日期、生产工厂、有效期限、体积、收货地点和单位、发货单位、运输号、件数等。

(2) 商品包装指示标志，也称包装储运图示标志、安全标志或注意标志，主要针对产品的某些特性，指出运输和保管过程中应注意的事项。包括小心轻放、禁用手钩、向上、怕热、怕湿、重心点、禁止滚翻、堆码极限、温度极限等。此标志图形、颜色、形式、位置、尺寸等在国家标准《包装储运图示标志》(GB/T 191—2008)中有明确规定。

(3) 商品包装警告性标志，也称危险货物包装标志。主要指包装上用图形和文字表示化学危险品的标志。这类标志为能引起人们的特别注意，多采用特殊的色彩或黑白菱形图形。危险货物包装标志必须指出危险货物的类别及危险等级。主要有爆炸品、易燃气体、不燃压缩气体、有毒气体、易燃液体、易燃固体、自燃物品、遇湿危险、氧化剂、有机过氧化物、腐蚀性物品、有毒品、感染性物品、剧毒品、放射性物品等。此标志的图形、颜色、标志形式、位置尺寸等，在国家标准《危险货物包装标志》(GB 190—2009)中，均有明确的规定。

(4) 国际通用装卸货物指示标志和国际海运危险品标志。联合国政府海事协商组织对国际海运货物，规定了国际通用装卸货物指示标志和国际海运危险品标志。我国出口商品包装可以同时使用两套标志。

3) 包装标记和标志需要严格的要求

包装标记和标志的要求有：①对商品包装标记和标志所使用的文字、符号、图形等必须遵守国家有关部门的规定，不能随意改动；②必须简明清晰，易于辨认；③涂刷、拴挂、粘贴标记和标志的部位要适当；④要选用明显的颜色做标记和标志；⑤拴挂的标志要选择合适的规格尺寸。

4.1.4 现代物流技术对包装技术的新要求

现代物流技术的发展对包装技术提出了更高的要求,绿色化、安全化、标准化和简单化等已成为包装技术的发展潮流。

1. 运输包装技术绿色化、安全化

日益枯竭的自然资源和日益严峻的生态环境要求我们最大限度地采用绿色包装,包括从材料的选择、产品制造、销售、运输、使用、回收等整个过程都应满足绿色物流的需要。在选取包装材料时应遵循 5R1D 原则,即轻量化(re-duce)、可重复(reuse)、可回收(return)、拒绝非生态材料(refuse)、可循环(recycle)和可降解(degradable)原则。在整个运输过程中,首要任务是保证产品从生产厂家安全运送到消费者手中,包装应具有良好的包装结构设计和足够的缓冲防震性能,把流通过程中的损失降到最低。

2. 包装技术标准化、器具化

包装生产(规格尺寸)影响着流通,而流通又对包装生产起反作用。包装技术的标准化、器具化极大地提高了装载和搬运的效率,而且使包装尺寸与运输车辆、船舶、飞机等运输工具的货箱舱容积匹配,方便了运输,提高了运输效率。

3. 包装设计简单化、通用化

包装成本在商品价值中占有很大比例,降低包装成本就是提高产品的竞争力。若对包装强度值设计过高,包装材料选择不当,就会导致包装成本过高,影响可能获得的收益。在进行包装设计时,应把握简单实用的原则,防止包装过剩。同时,通用化包装不必专门安排回收使用,可方便转用其他产品包装。

4.1.5 包装合理化需求

包装合理化一方面包括包装总体的合理化,可用整体物流效益与微观包装效益的统一衡量;另一方面也包括了包装材料、包装技术、包装方式的合理组合与运用。

1. 包装合理化的要求

防止包装不足,包括包装强度不足;包装材料水平不足;包装容量层次与容积不足;包装成本过低,不能保证有效的包装。

防止包装过剩,包括包装物强度设计过高;包装材料选择过高;包装技术过高,体积过大;包装成本过高。

2. 包装合理化的途径

1) 包装的轻薄化

由于包装只是起保护作用,对产品使用价值没有任何意义,因此在强度、寿命、成本相同的条件下,更轻、更薄、更短、更小的包装,可以提高装卸、搬运的效率。而且轻薄

短小的包装一般价格比较便宜,如果是一次性包装也可以减少废弃包装材料的数量。

2) 包装的单纯化

为了提高包装作业的效率,包装材料及规格应力求单纯化,包装规格还应标准化。包装形状和种类也应单纯化。

3) 包装的标准化

包装的规格和托盘、集装箱关系密切,也应考虑到和运输车辆、搬运机械的匹配,从系统的观点制定包装的尺寸标准。

4) 包装的机械化

为了提高作业效率和包装现代化水平,各种包装机械的开发和应用是很重要的。

5) 包装的绿色化

包装的绿色化是指无害少污染的符合环保要求的各类包装物品。主要包括纸包装、可降解塑料包装、生物包装和可食性包装等,它们是包装材料的发展主流。

4.2 流通加工

4.2.1 流通加工的概念与内容

流通加工是指物品在生产地到使用地的过程中,根据需要施加包装、切割、计量、分拣、刷标志、拴标签、组装等简单作业的总称。流通加工是流通中的一种特殊形式,它是在物品从生产领域向消费领域流动的过程中,为了促进销售、维护产品质量和提高物流效率,对物品进行的加工,使物品发生物理、化学或形状的变化。流通加工在物流中只创造附属价值,不创造实际价值。流通加工的流程,如图4-1所示。

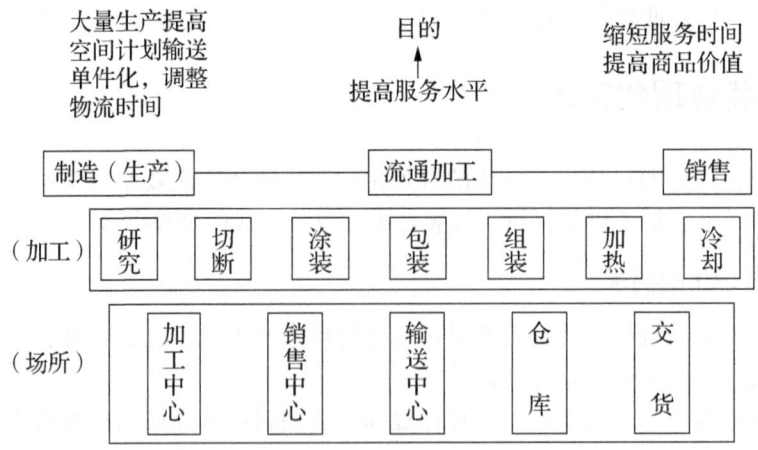

图 4-1　流通加工的流程

现代物流实用词典指出,流通加工是指物品在从生产地到使用地的过程中,根据需要施加包装、分割、计量、分拣、刷标志、贴标准、组装等简单作业的总称。流通加工一般有如下主要内容。

(1) 食品行业是实施流通加工作业最多的行业,为了便于保存,提高流通效率,食品的流通加工是不可缺少的,如鱼和肉类的冷冻,蛋品加工,生鲜食品的原包装,大米的自动包装,上市牛奶的灭菌等。

(2) 消费资料的流通加工是以服务客户,促进销售为目的,如衣料品的标识和印记商标,家具的组装,地毯剪接等。

(3) 生产资料的流通加工具有代表性的生产资料加工是钢铁的加工,如钢板的切割,使用矫直机将薄板卷材展平等。

流通加工和生产加工的区别,如表 4-1 所示。

表 4-1 流通加工与生产加工的区别

项目	流通加工	生产加工
加工对象	进入流通过程的商品	原材料、半成品、零配件
所处环节	流通过程	生产过程
加工难度	简单	复杂
价值	完善或提升价值	创造价值及使用价值
加工单位	流通企业	生产企业
目的	促进销售、维护产品质量、实现物流高效率	消费

4.2.2 流通加工产生的原因

1. 流通加工的出现与现代生产方式有关

现代生产发展趋势之一就是生产规模大型化、专业化,依靠单品种、大批量的生产方法降低生产成本获取规模经济效益,这样就出现了生产相对集中的趋势。这种规模的大型化、生产的专业化程度越高,生产相对集中的程度也就越高。生产的集中化进一步促进了产需之间的分离,产需分离的体现首先为人们认识的空间、时间及人的分离,即生产及消费不在同一个地点,而是有一定的空间距离;生产及消费在时间上不能同步,而是存在着一定的"时间差";生产者及消费者不是处于一个封闭的圈内,某些人生产的产品供给成千上万人消费,而某些人消费的产品又来自其他许多生产者。弥补上述分离的手段则是运输、储存及交换。

2. 流通加工不仅是大工业的产物,也是网络经济时代服务社会的产物

流通加工的出现与现代社会消费的个性化有关。消费的个性化和产品的标准化之间存在着一定的矛盾,使本来就存在的产需第四种形式的分离变得更加严重。本来,弥补第四种分离可以采取增加一道生产工序或消费单位加工改制的方法,但在个性化问题十分突出之后,采取上述弥补措施将会使生产及生产管理的复杂性及难度增加,按个性化生产的产品难以组织高效率、大批量的流通。所以,在出现了消费个性化的新形势及新观念之后,就为流通加工开辟了新的道路。

3. 流通加工的出现还与人们对流通作用的观念转变有关

在社会再生产全过程中，生产过程是典型的加工制造过程，是形成产品价值及使用价值的主要过程，再生产型的消费究其本质来看也是和生产过程一样，通过加工制造消费了某些初级产品而生产出深加工产品。历史上在生产不太复杂、生产规模不大时，所有的加工制造几乎全部集中于生产及再生产过程中，而流通过程只是实现商品价值及使用价值的转移而已。

在社会生产向大规模生产、专业化生产转变之后，社会生产越来需越复杂，生产的标准化和消费的个性化的出现，生产过程中的加工制造常常满足不了消费的需求。而由于流通的复杂化，生产过程中的加工制造也常常不能满足流通的要求。因此，加工活动开始部分地由生产及再生产过程向流通过程转移，在流通过程中形成了某些加工活动，这就是流通加工。

4. 效益观念的树立也是促使流通加工形式得以发展的重要原因

20世纪60年代后，效益问题逐渐引起人们的重视，过去人们盲目追求高技术，引起了燃料、材料投入的大幅度上升，结果新技术、新设备虽然采用了，但往往是得不偿失。70年代初，第一次石油危机的发生证实了效益的重要性，使人们牢牢树立了效益观念，流通加工可以以少量的投入获得很大的效果，是一种高效益的加工方式，自然获得了很大的发展。所以，流通加工从技术上来讲，可能不需要采用什么先进技术，但这种方式是现代观念的反映，在现代的社会再生产过程中起着重要作用。

4.2.3 流通加工的作用和地位

1. 流通加工的作用

1） 提高原材料利用率

通过流通加工进行集中下料，将生产厂商直接运来的简单规格产品，按用户的要求进行下料。例如将钢板进行剪板、切裁；将木材加工成各种长度及大小的板、方等。集中下料可以优材优用、小材大用、合理套裁，显著地提高原材料的利用率，有很好的技术经济效果。

2） 方便用户

用量小或满足临时需要的用户，不具备进行高效率初级加工的能力，通过流通加工可以使用户省去进行初级加工的投资、设备、人力，方便了用户。目前发展较快的初级加工有包括将水泥加工成生混凝土；将原木或板、方材加工成门窗；钢板预处理、整形等加工。

3） 加工效率及设备利用率

在分散加工的情况下，加工设备由于生产周期和生产节奏的限制，设备利用时松时紧，使得加工过程不均衡，设备加工能力不能得到充分发挥。流通加工面向全社会，加工数量大，加工范围广，加工任务多。

2. 流通加工的作用和地位

1） 有效地完善了流通

流通加工在实现时间效用和场所效用这两个重要功能方面，确实不能与运输和保管相比，因而，流通加工不是物流的主要功能要素。另外，流通加工的普遍性也不能与运输、保管相比，流通加工不是所有物流活动都必需的。但这绝不是说流通加工不重要，实际上它也是不可轻视的，它具有补充、完善、提高与增强的作用，能起到运输、保管等其他功能要素无法起到的作用。所以，流通加工的地位可以描述为：提高物流水平，促进流通向现代化发展。

2) 物流的重要利润来源

流通加工是一种低投入、高产出的加工方式，往往以简单加工解决大问题。实践中，有的流通加工通过改变商品包装，使商品档次升级而充分实现其价值；有的流通加工可将产品利用率大幅提高 30%，甚至更多。这些都是采取一般方法以期提高生产率所难以做到的。实践证明，流通加工提供的利润并不亚于从运输和保管中挖掘的利润，因此我们说流通加工是物流业的重要利润来源。

3) 重要的加工形式

流通加工在整个国民经济的组织和运行方面是一种重要的加工形式，对推动国民经济的发展、完善国民经济的产业结构具有一定的积极意义。

4.2.4 流通加工的特点

1. 从加工对象看

流通加工的对象是进入流通过程的商品，具有商品的属性，以此来区别多环节生产加工中的每一个环。流通加工的对象是商品，而生产加工的对象不是最终产品，而是原材料、零配件或半成品。

2. 从加工程度看

流通加工大多是简单加工，而不是复杂加工。一般来讲，如果必须进行复杂加工才能形成人们所需的商品，那么，这种复杂加工就应该专设生产加工环节。生产过程理应完成大部分加工活动，流通加工则是对生产加工的一种辅助及补充。特别需要指出的是，流通加工绝不是对生产加工的取消或代替。

3. 从价值观点看

生产加工的目的在于创造价值和使用价值，而流通加工的目的则在于完善其使用价值，并在不做大的改变的前提下提升价值。

4. 从加工责任人看

流通加工的组织者是从事流通工作的人员，能密切结合流通的需要进行加工活动。从加工单位来看，流通加工由商业或物资流通企业完成，而生产加工则由生产企业完成。

5. 从加工目的看

商品生产是为交换和消费而进行的生产，而流通加工的一个重要目的是为了消费(或再生产)所进行的加工，这一点与商品生产有共同之处。但是流通加工有时候也是以自身流通为目的，纯粹是为流通创造条件，这种为流通所进行的加工与直接为消费进行的加工在目的上是有所区别的,这也是流通加工不同于一般生产加工的特殊之处。

4.2.5 流通加工的类型

根据不同的目的,流通加工具有不同的类型。

1. 为适应多样化需要的流通加工

生产部门为了实现高效率、大批量的生产,其产品往往不能完全满足用户的各种要求,因此,为了满足用户对产品多样化的需要,并保证高效率的大生产,只能将生产出来的单一化、标准化的产品进行多样化的改制加工。

2. 为方便消费、省力的流通加工

为了方便消费、省力的流通加工即根据下游生产的需要将商品加工成生产直接可用的半成品。例如,根据需要将钢材定尺、定型,按要求下料;将木材制成可直接投入使用的各种型材;将水泥制成混凝土拌和料,使用时只需稍加搅拌即可使用等。

3. 为保护产品所进行的流通加工

在物流过程中,为了保护商品的使用价值,延长商品在生产和使用期间的寿命,防止商品在运输、储存、装卸搬运、包装等过程中遭受损失,可以采取稳固、改装、保鲜、冷冻、涂油等方式。

4. 为弥补生产领域加工不足的流通加工

由于受到各种因素的限制,许多产品在生产领域的加工作业只能加工到一定程度,而不能完全实现终极的加工。例如,木材如果在产地完成成材加工或制成木制品的话,就会给运输带来极大的困难。所以,在生产领域只能加工到圆木、板、方材这个程度,进一步的下料、切裁、处理等加工则在流通加工环节完成;钢铁厂大规模的生产只能按规格生产,以使产品有较强的通用性,从而提高生产效率,取得较好的效益。

5. 为促进销售的流通加工

流通加工也可以起到促进销售的作用。比如,将过大包装或散装物分装成适合依次销售的小包装的分装加工;将以保护商品为主的运输包装改换成以促进销售为主的销售包装,以起到吸引消费者购买、促进销售的作用;将蔬菜、肉类洗净切块以满足消费者的要求等。

6. 为提高加工效率的流通加工

许多生产企业的初级加工由于数量有限,加工效率不高。而流通加工以集中加工的形式,解决了单个企业加工效率不高的问题。它以一家流通加工企业的集中加工代替了若干家生产企业的初级加工,促使生产水平得到进一步的提高。

7. 为提高物流效率、降低物流损失的流通加工

有些商品本身的形态使其难以进行物流操作,而且商品在运输、装卸搬运过程中极易受损,因此需要进行适当的流通加工加以弥补,从而使物流各环节易于操作,提高物流效

率，降低物流损失。

8. 为衔接不同运输方式、使物流更加合理的流通加工

在干线运输和支线运输的节点设置流通加工环节，可以有效解决大批量、低成本、长距离的干线运输与多品种、少批量、多批次的末端运输和集货运输之间的衔接问题。在流通加工点与大生产企业间形成大批量、定点运输的渠道，以流通加工中心为核心，组织对多个用户的配送。也可以在流通加工点将运输包装转换为销售包装，从而有效衔接不同目的的运输方式。

9. 生产流通一体化的流通加工

依靠生产企业和流通企业的联合，或者生产企业涉足流通，或者流通企业涉足生产，形成的对生产与流通加工进行合理规划、合理组织、合理分工，统筹进行生产与流通加工的安排，这就是生产流通一体化的流通加工形式。这种形式可以促成产品结构及产业结构的调整，充分发挥企业集团的经济技术优势，是目前流通加工领域的新形式。

10. 为实施配送进行的流通加工

这种流通加工形式是配送中心为了开展配送活动，满足客户的需要而对物资进行的加工。例如，混凝土搅拌车可以根据客户的要求，把沙子、水泥、石子、水等各种不同材料按比例要求装入可旋转的罐中。在配送路途中，汽车边行驶边搅拌，到达施工现场后，混凝土已经均匀搅拌，可以直接投入使用。

4.2.6 流通加工的设备

流通加工设备是指为了方便物资的再生产加工、运输和销售等而进行分装、加工等作业的设施或者设备。

1. 按加工物资的类型、要求、加工方法分类

流通加工设备因被加工物资的类型、要求、加工方法不同而有所区别，一般为简单加工，设备多为剪裁机、折弯机、拔丝机、钻孔机、组装机、分装机等。

2. 按服务对象不同分类

流通加工设备因服务对象不同可包括裹包集包设备、外包装配合设备、印贴条形码标签设备、拆箱设备和称重设备等。

3. 按不同的标准分类

流通加工设备按不同的标准可以分为不同的种类，如按照流通加工的形式可以分为剪切加工设备、开木下料设备、冷冻加工设备等。

1) 现代化仓库中几种常见的流通加工设备

(1) 贴标机。在流通加工作业中，贴标签作业是作业量较大的一种。就自动化程度而言可分为手工、半自动、全自动等三种。在自动贴标机中，可分为接触式和非接触式两种，接触式贴标机的商品必须与贴标机接触才能贴标；而非接触式则是贴标机在与商品没有接触的状态下贴标,是利用空气喷射的力量将标签贴在商品上。在物流中心的作业中,以半自动贴标机为最多,因为物流中心大部分贴标签作业属于多种少量的情形,当然也有少种多量的商品,适合于自动化的设备。贴标机如图4-2和图4-3所示。

(2) 封箱机。封箱机作业是指在流通加工完成,把商品放入纸箱后的一次封上箱口的作业。以自动化程度而言,可分为人工方式、半自动方式、全自动方式三种。目前的流通加工大部分采用人工方式,另外数量较多时可以考虑半自动方式。封箱机如图4-4和图4-5所示。

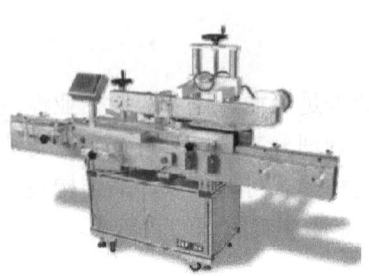

图4-2 贴标机

图4-3 双面贴标机

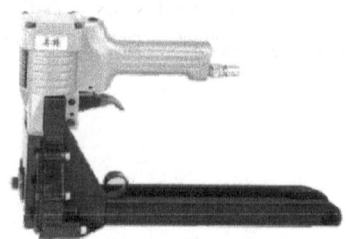

图4-4 封箱机

图4-5 自动封箱机

(3) 热收缩包装机。热收缩包装机在流通加工作业中是最普通的一种,而且也是机型较多的一种设备,一般而言,热收缩包装机由收缩膜封切机和烤炉两部分构成。以其封切方式的不同,大致可分为:四面封、三面封、L形封、一面封等。因此,机器设备的选择主要是参考货品包装的数量来确定。目前在流通加工中,使用半自动或手动的设备比较多,因为在物流中大都是多种少量的包装物资。热收缩包装机如图4-6所示。

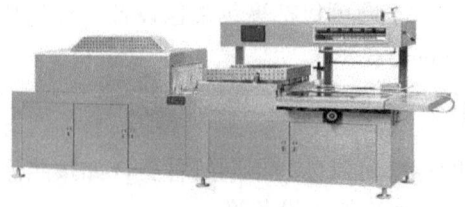

图4-6 热收缩包装机

2) 剪切设备

剪切加工设备是用于物品分割、剪切等作业的专用机械设备。主要有剪板机、切割机等,如图4-7~图4-10所示。

图4-7 数控剪板机

图4-8 剪板机

图4-9 激光切割机

图4-10 数控切割机

3) 常用冷链设备

主要设备有冷库、低温冰箱、普通冰箱、冷藏箱、冷藏包、冰排、冷柜、冷藏车、蓄冷箱等。

(1) 冷库。冷库主要有以下三种：①冷冻库(见图4-11)；②保鲜库；③速冻库(见图4-12)。

图4-11 冷冻库

图4-12 速冻库

(2) 冷藏箱。其主要分类有以下几种：①干冰运输箱；②血液冷藏运输箱；③疫苗冷藏运输箱；④-86℃超低温冰箱；⑤曲面柜；⑥专用冷藏运输箱，前四种如图4-13～图4-16所示。

图4-13 干冰运输箱

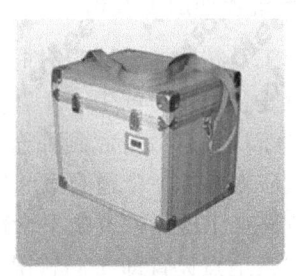
图4-14 血液冷藏运输箱

图 4-15 疫苗冷藏运输箱

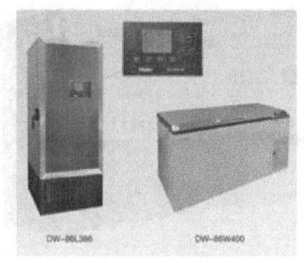
图 4-16 -86℃超低温冰箱

(3) 蓄冷箱。其主要有蓄冷保温箱、可控双温冷藏箱等，如图 4-17 和图 4-18 所示。

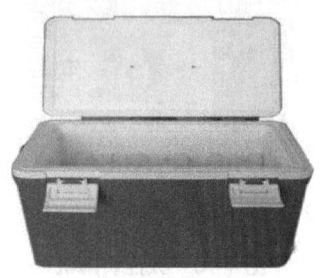
图 4-17 蓄冷保温箱

图 4-18 可控双温冷藏箱

(4) 冷藏车。常见的冷藏车主要有保温车、冷藏车等，如图 4-19 和图 4-20 所示。

图 4-19 保温车

图 4-20 冷藏车

4.2.7 流通加工合理化

1. 不合理流通加工形式

流通加工是在流通领域中对商品的辅助性加工，从某种意义来讲它不仅是生产过程的延续，而且是生产本身或生产工艺在流通领域的延续。这种延续可能有正、反两方面的作用。辅助加工虽然有效地起到补充完善的作用，但是必须考虑到另一个可能性，即对整个过程的负效应，各种不合理的流通加工都会产生抵消效益的负效应，其具体表现如下所述。

1) 流通加工地点设置的不合理

流通加工地点设置即布局状况是决定整个流通加工是否有效的重要因素。一般来说，为衔接单品种大批量生产与多样化需求的流通加工，加工地点设置在需求地区，才能实现大批量的干线运输与多品种末端配送的物流优势。如果将流通加工地设置在生产地区，一方面，为了满足用户多样化的需求，会出现多品种、小批量的产品由产地向需求地的长距离运输；另一方面，在生产地增加了一个加工环节，同时也会增加近距离运输、保管、装卸等一系列物流活动。所以，在这种情况下，不如由原生产单位完成这种加工而无需设置专门的流通加工环节。

一般来说，为方便物流的流通，加工环节应该设置在产出地，设置在进入社会物流之前。如果将其设置在物流之后，即设置在消费地，则不但不能解决物流问题，又在流通中增加了中转环节，因而也是不合理的。

即使是产地或需求地设置流通加工的选择是正确的，还有流通加工在小地域范围内的正确选址问题。如果处理不善，仍然会出现不合理问题。比如说交通不便，流通加工与生产企业或用户之间距离较远，加工点周围的社会环境条件不好等。

2) 流通加工方式选择不合理

流通加工方式包括流通加工对象、流通加工工艺、流通加工技术、流通加工程度等。流通加工方式的确定，实际上是与生产加工的合理分工。分工不合理，把本来应由生产加工环节完成的作业错误地交给流通加工来完成，或者把本来应由流通加工完成的作业错误地交给生产过程去完成，都会造成不合理的后果。

流通加工不是对生产加工的代替，而是一种补充和完善。所以，如果工艺复杂，技术装备要求较高，或加工可以由生产过程延续或轻易解决的，都不宜再设置流通加工环节。方式选择不当，就可能会出现和生产争夺利润的问题。

3) 流通加工效能不合理

有的流通加工作业过于简单，或者对生产和消费的作用都不大，甚至有时由于流通加工的盲目性，同样未能解决品种、规格、包装等问题，相反却增加了作业环节。

4) 流通加工成本不合理

流通加工的一个重要优势就是其有较大的投入产出比，因而能有效地起到补充、完善的作用。如果流通加工成本过高，则不能以较低投入实现更高使用价值的目的，势必会影响它的经济效益。

2. 绿色流通加工

绿色流通加工是流通部门对环境保护可以有大作为的领域。绿色流通加工的途径主要分两个方面：一方面变消费者分散加工为专业集中加工，以规模作业方式提高资源利用效率，以减少环境污染，如餐饮服务业对食品的集中加工能减少家庭分散烹调所造成的能源浪费和空气污染；另一方面是集中处理消费品加工中产生的边角废料，以减少消费者分散加工所造成的废弃物污染。如流通部门对蔬菜的集中加工减少了居民分散垃圾丢放及相应的环境治理问题。

自 测 题

1. 简述物流包装的定义与功能。
2. 简述物流包装在物流管理中的地位。

3. 物流包装合理化的方式有哪些？
4. 实现流通加工合理化的方式包含哪些内容？
5. 流通加工作业排序方法应遵循哪些原则？
6. 简述流通加工的发展趋势。

案 例 分 析

阿迪达斯的成功之道

阿迪达斯公司在美国有一家超级市场，设立了组合式鞋店，货架上摆放的不是做好的鞋，而是做鞋用的半成品，款式花色多样，有6种鞋跟、8种鞋底，均为塑料制成的，鞋面的颜色以黑、白为主，搭带的颜色有80种，款式有百余种，顾客进来可任意挑选自己所喜欢的各个部位，交给职员当场进行组合。只要10分钟，一双崭新的鞋便唾手可得。这家鞋店昼夜营业，职员技术熟练。鞋子的售价与成批制造的价格差不多，有的还稍便宜些。所以顾客络绎不绝，销售金额比邻近的鞋店多。

流通加工可以提高物流效率与服务质量，可以使商品满足用户个性化、多样化需求，使物流功能得以完善和提高。流通加工可以完善商品功能，提高经济效益。通过加工可以改变一些商品的功能，使其有更广的适应面，从而促进销售、提高商品销售量和销售额；通过流通加工，可以降低整个物流系统的成本；通过流通加工，还可以提高物流对象的附加价值。

与生产加工相比，流通加工具有如下特点。

(1) 提高原材料利用率。通过流通加工进行集中下料，将生产厂商直接运来的简单规格的产品，按用户的要求下料。例如将钢板进行剪板、切裁；将木材加工成各种长度及大小的板、方等。集中下料可以优材优用、小材大用、合理套裁，有效地提高原材料的利用率，有很好的技术经济效果。

(2) 方便用户。方便用户即满足用量小或临时需要的用户，不具备进行高效率初级加工的能力，通过流通加工可以使用户省去进行初级加工的投资、设备、人力，方便了用户。目前发展较快的初级加工有将水泥加工成生混凝土；将原木或板、方材加工成门窗；钢板预处理、整形等加工。

(3) 提高加工效率及设备利用率。在分散加工的情况下，加工设备由于生产周期和生产节奏的限制，设备利用时松时紧，导致加工过程不均衡，设备加工能力不能得到充分发挥。而流通加工面向全社会，加工数量大，加工范围广，加工任务多。这样可以通过建立集中加工点，采用一些效率高、技术先进、加工量大的专门机具和设备，一方面提高了加工效率和加工质量，另一方面还提高了设备的利用率。

(资料来源：https://www.tikuol.com/2017/0506/07e6f6bca9738023e7015fbb16ef2e04.html.)

讨论：
1. 在此案例中，体现了流通加工作业的哪些作用？
2. 与生产加工相比，流通加工有哪些特点？

第 5 章

物流信息技术

【学习要点及目标】

- 了解物流信息技术的基本概念;
- 了解物流信息采集技术、EDI 技术、GIS 技术、GPS 技术、物联网技术以及区块链技术的基本概念以及在物流中的应用。

【核心概念】

物流信息技术　EDI 技术　GIS 技术　GPS 技术　物联网技术　区块链技术

【引导案例】

上海爱普香料有限公司在企业的各个业务区域建立一个高效、全方位的无线网络，便于各项数据能够实时、准确地进行业务流转引入条码应用技术；根据企业现状建立条码应用管理系统，以使用手持式移动数据终端采集条码获取数据的方式代替原有的手工记录并贯穿于企业的整个业务流程，提高工作效率，消除人为因素导致的差错。通过这一系列的举措，条码技术给上海爱普香料有限公司带来了明显的效益。

5.1 物流信息与物流信息技术概述

5.1.1 物流信息概述

物流系统是由运输、仓储、包装、装卸、搬运、配送、流通加工，物流信息管理等诸多子系统组成的。其中，物流信息管理贯穿于物流活动的始终。

1. 物流信息的定义

物流连接着生产和消费两大领域，是社会经济活动的基础。在社会经济活动中反映物流各种活动内容的知识、资料、图像、数据、文件等，均可视为物流信息。在物流系统中，物流信息与运输、仓储、配送等环节密切相关，在物流活动中起着神经系统的作用。

2. 物流信息的组成与分类

1) 按管理层次分类

根据管理层次的划分，物流信息可分为战略管理信息、战术管理信息、知识管理信息、操作管理信息。①战略管理信息。战略管理信息是企业高层管理决策者制定企业年经营目标、企业战略决策所需要的信息。例如企业全年经营业绩综合报表；经营者收入动向和市场动向；国家有关政策、法规。②战术管理信息。战术管理信息是部门负责人作出关系局部和中期决策所涉及的信息。例如销售计划完成情况、单位产品的制造成本、库存费用、市场商情信息。③知识管理信息。知识管理信息是知识管理部门相关人员对企业自己的知识进行收集、分类存储和查询，并进行知识分析得到的信息。例如专家决策知识、物流企业相关业务知识、工人的技术和经验形成的知识信息。④操作管理信息。操作管理信息产生于操作管理层，反映和控制着企业的日常生产和经营活动。例如每天的产品质量指标、用户订货合同、供应厂商原材料信息。这类信息通常具有量大且发生频率高等特点。

2) 按信息来源分类

根据信息来源的分类有：

①物流系统内部信息。这是伴随物流活动而发生的信息，包括物料流转信息、物流作业层信息。具体为运输信息、存储信息、物流加工信息、配送信息、定价信息，以及物流控制层信息和物流管理层信息。②物流系统外部信息。它是在物流活动以外发生，但提供给物流活动使用的信息，包括供货人信息、顾客信息、订货合同信息、社会可用运输资源信息、交通和地理信息、市场信息、政策信息，还有来自企业的生产、财务等部门的与物流有关的信息。

3. 物流信息的特点

与其他领域信息比较，物流信息的特殊性主要表现在以下几方面。

(1) 物流信息量大、分布广，信息的产生、加工和应用在时间、地点上也各不相同。

(2) 物流信息动态性强，信息的价值衰减速度快，这对信息管理的及时性要求就比较高。

(3) 物流信息种类多，不仅本系统内部各个环节有不同种类的信息，而且由于物流系统与其他系统(如生产系统、供应系统等)密切相关，因而还必须收集这些物流系统外的有关信息。这就使物流信息的分类、研究、筛选等工作的难度有所增加。

5.1.2 物流信息技术概述

1. 物流信息技术的概念

物流信息技术(logistics information technology)，即运用于物流各环节中的信息技术。根据物流的功能以及特点，物流信息技术包括计算机技术、网络技术、数据库技术、条形码技术、射频识别技术、电子数据交换技术、全球定位技术(GPS)、地理信息技术(GIS)等。

物流信息技术是物流现代化的重要标志，也是物流技术中发展最快的领域，从数据采集的条形码系统，到办公自动化系统中的微机、互联网，各种终端设备等硬件以及计算机软件都在日新月异地发展。同时，随着物流信息技术的不断发展，产生了一系列新的物流理念和新的物流经营方式，推进了物流的变革。在供应链管理方面，物流信息技术的发展也改变了企业应用供应链管理获得竞争优势的方式。成功的企业通过应用信息技术支持它的经营战略并选择它的经营业务，通过利用信息技术提高供应链活动的效率性，增强整个供应链的经营决策能力。

2. 物流信息技术内容

1) 基础技术

基础技术主要包括计算机技术、网络技术、数据库技术。计算机技术是计算机领域中运用的技术方法和技术手段。计算机技术具有明确的综合特性，它与电子工程、应用物理、机械工程、现代通信技术和数字技术等紧密结合，发展很快。网络技术把互联网上分散的资源融为有机整体，实现资源的全面共享和有机协作，使人们能够透明地使用资源的整体能力并按需获取信息。数据库技术主要研究如何存储、使用和管理数据。近年来，数据库技术和计算机网络技术的发展相互渗透，相互促进，已成为当今计算机领域发展迅速、应用广泛的两大领域。数据库技术不仅应用于事务处理，并且进一步应用到情报检索、人工智能、专家系统、计算机辅助设计等领域。

2) 信息采集技术

信息采集技术主要包括条形码技术和 RFID 技术。条形码技术是在计算机的应用实践中产生和发展起来的一种自动识别技术，为我们提供了一种对物流中的货物进行标识和描述的方法。条形码是实现 POS 系统、EDI、电子商务、供应链管理的技术基础，是物流管理现代化、提高企业管理水平和竞争能力的重要技术手段。射频识别技术是一种非接触式的自动识别技术，它通过射频信号自动识别目标对象来获取相关数据。识别工作无需人工干预，可工作于各种恶劣环境。

  3) 信息交换技术

  信息交换技术即 EDI 技术。EDI(Electronic Data Interchange，电子数据交换)是指通过电子方式，采用标准化的格式，利用计算机网络进行结构化数据的传输和交换。构成 EDI 系统的三个要素是 EDI 软硬件、通信网络以及数据标准化。工作方式为用户在计算机上进行原始数据的编辑处理，通过 EDI 转换软件将原始数据格式转换为平面文件。平面文件是用户原始资料格式与 EDI 标准格式之间的对照性文件。然后在文件外层加上通信信封，通过通信软件发送到增值服务网络(VAN)或直接传送给用户，用户则进行相反的处理过程，最后成为用户应用系统能够接受的文件格式。

  4) 地理分析与动态跟踪技术

  地理分析与动态跟踪技术主要包括 GIS、GPS 技术。地理信息系统(Geographical Information System，GIS)是多种学科交叉的产物，它以地理空间数据为基础，采用地理模型分析方法，适时地提供多种空间的和动态的地理信息；是一种为地理研究和地理决策服务的计算机技术系统；其基本功能是将表格型数据转换为地理图形显示，然后对显示结果浏览、操作和分析；其显示范围可以从洲际地图到非常详细的街区地图，显示对象包括人口、销售情况、运输线路和其他内容。全球定位系统(Global Positioning System，GPS)具有在海、陆、空进行全方位实时三维导航与定位能力。GPS 在物流领域可以应用于汽车自定位、跟踪调度，铁路运输管理，军事物流。

  5) 其他新技术

  其他新技术还包括物联网技术、区块链技术、通信技术、大数据和云计算技术等。

5.2　物流信息采集技术

5.2.1　条形码技术

1. 条形码技术概述

  条形码是由一组按一定编码规则排列的条、空符号，用以表示一定的字符、数字及符号组成的信息。条形码系统是由条形码符号设计、制作及扫描阅读组成的自动识别系统。条形码是由不同宽度的浅色和深色的线条(黑色为条，白色为空)组成的图形，这些部分代表数字、字母或标点符号。我国国家标准《物流术语》(GB/T 18345—2021)中将条码(bar code)定义为：由一组规则排列的条、空组成的符号，可供机器识读，用以表示一定的信息，包括一维条码和二维条码。由条与空代表的信息编码的方法被称作符号法。条形码按照码数分类可分为 UPC 码、EAN 码、交叉 25 码、39 码、库德巴码、128 码、93 码、49 码和其他码制。条形码按照维数分类可分为普通的一维条形码、二维条形码和多维条形码。常用的一维条形码的码制包括 EAN 码、39 码、交叉 25 码、UPC 码、128 码、93 码及 Coda bar(库德巴码)等。

2. 商品条形码

商品条形码主要有 EAN 条形码和 UPC 条形码两大类，我国目前所用的多为 EAN 条形码。商品条形码是 ANCC 系统的一个重要组成部分，是 ANCC 系统发展的基础。它主要用于对零售商品、非零售商品及物流单元的条形码标识。

3. 二维条形码

1) 二维条形码概述

由于受信息容量的限制，一维条形码通常是对物品的标识，而不是对物品的描述。在没有预先建立商品数据库或不便联网的地方，一维条形码表示汉字和图像信息几乎是不可能的，即使可以表示，也显得十分不全且效率很低。二维码也称二维条码，是指在一维条码的基础上扩展出另一维具有可读性的条码，使用黑白矩形图案表示二进制数据，被设备扫描后可获取其中所包含的信息，如图 5-1 和图 5-2 所示。

图 5-1　一维码

图 5-2　二维码

2) 二维条形码的特点

(1) 存储量大。二维条形码可以存储 1 100 个字，比起一维条形码的 15 个字，存储量大为增加，而且能够存储中文，其不仅可应用在英文、数字、汉字、记号等，甚至空白也可以处理，而且尺寸可以自由选择，这也是一维条形码做不到的。

(2) 抗损性强。二维条形码采用故障纠正的技术，遭受污染以及破损后也能复原，即使条形码受损程度高达 50%，仍然能够解读出原数据，误读率为六千一百万分之一。

(3) 安全性高。在二维条形码中采用了加密技术，所以使安全性大幅度提。

(4) 可传真和影印。二维条形码经传真和影印后仍然可以使用，而一维条形码在经过传真和影印后机器就无法进行识读。

(5) 印刷多样性。对于二维条形码来讲，它不仅可以在白纸上印刷黑字，还可以进行彩色印刷，而且印刷机器和印刷对象都不受限制，印刷起来非常方便。

(6) 抗干扰能力强。与磁卡、IC 卡相比，二维条形码由于其自身的特性，具有很强的抗磁力和抗静电能力。

二维条形码技术的发展主要表现为三方面的趋势：一是出现了信息密集度更高的编码方案，增强了条形码技术信息输入的功能；二是发展了小型、微型、高质量的硬件和软件，使条形码技术实用性更强，扩大了应用领域；三是与其他技术相互渗透、相互促进，这将改变传统产品的结构和性能，扩展条形码系统的功能。

3) 二维条形码与一条形码的比较

一维条形码与二维条形码的差异可以从条形码容量与密度、错误校验能力及错误纠正能力、主要用途、数据库依赖性、识读设备等项目看出，二者的比较如表 5-1 所示。

表 5-1　一维条码与二维条码的比较

项　目	条形码类型	
	一维条码	二维条码
条形码密度与容量	密度低,容量小	密度高,容量大
错误校验及纠错	可以校验码进行错误校验,但没有错误纠正能力	有错误检验及错误纠正能力,并可根据实际应用设置不同的安全等级
垂直方向的信息	不储存信息,垂直方向的高度是为了识读方便,并弥补印刷缺陷或局部损坏	携带信息,并对印刷缺陷或局部损坏等错误提供纠正机制恢复信息
主要用途	主要用于对物品的标识	用于对物品的描述
信息网络与数据库	多数场合必须依赖信息网络与数据库的存在	可不依赖信息网络与数据库的存在而单独应用
识读设备	可用线扫描器识读,如光笔、线型CCD、激光扫描枪	对于堆叠式可用型线扫描器多次扫描,或用图像扫描仪识读。矩阵式则仅能用图像扫描仪识读

5.2.2　RFID 技术

1. RFID 技术概述

RFID 是射频识别技术(Radio Frequency Identification)的英文缩写。射频识别技术是 20 世纪 90 年代开始兴起的一种自动识别技术。射频识别技术是一项利用射频信号通过空间耦合(交变磁场或电磁场)实现无接触信息传递并通过所传递的信息达到识别目的的技术。目前,RFID 技术已经被广泛应用于各个领域,从门禁管制、牲畜管理到物流管理,皆可以见到其踪迹。

2. RFID 的定义

RFID,即射频识别,俗称电子标签。RFID 的主要核心部件是一个电子标签,直径 2mm 不到,通过相距几厘米到几米距离内传感器发射的无线电波,可以读取电子标签内储存的信息,识别电子标签代表的物品、人和器具的身份。

3. RFID 的基本组成部分

最基本的 RFID 系统由三部分组成。

1) 标签(Tag)

由耦合元件及芯片组成,每个标签具有唯一的电子编码,附着在物体上标识目标对象。标签载有可用于认证识别其所附着的目标物的相关信息数据。标签可以是只读的、读/写兼具的或写一个/读多个形式;可以是主动式,也可以是被动式的。通常,主动式标签需要专用电池支持其传输器及接收器的工作,但 RAM 区不一定大。为避免干扰,主动式的标签要求能接收与转发多个频点的信号,以避免邻道干扰。主动式标签卡的组成较复杂,而且功耗也较大。由此,主动式标签一般比被动式标签在外形上要大一些,且价格更昂贵。另外,主动式标签的使用寿命与其电池寿命直接相关,如图 5-3 所示。

 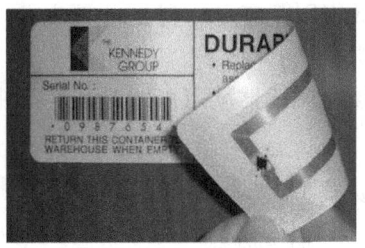

图 5-3　RFID 电子标签

2）　阅读器(Reader)

RFID 阅读器是读取(有时还可以写入)标签信息的设备，又称解读器、识读器。它的任务是控制射频收发器发射射频信号，通过射频收发器接收来自标签上的已编码射频信号，对标签的认证识别信息进行解码，将认证识别信息连带标签上其他相关信息传输到主机处理。有些读写器还具备其他功能，如在 ETC(电子收费)应用中，就包含采集车辆检测器、驱动道闸、交通灯等其他设备的数字输入输出信息。读写器中的硬件部分控制着读写器的工作。用户可以通过相关控制主机或本地终端发布命令以改变或订制其工作模式，满足具体应用的需求。阅读器有手持式、固定式两种类型，如图 5-4 所示。

3）　天线(Antenna)

天线可在标签和读取器间传递射频信号。任一 RFID 系统至少应包含一根天线(不管是内置还是外置)以发射和接收射频信号。有些 RFID 系统是由一根天线完成发射和接收，另一些 RFID 系统则是一根天线发射而另一根天线接收，所采用天线的形式及数量视具体应用而定，如图 5-5 所示。

 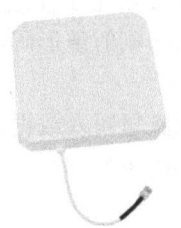 

图 5-4　RFID 阅读器　　　　　　　　　　图 5-5　RFID 天线

4. RFID 技术的基本工作原理

RFID 技术的基本工作原理：识读器通过天线发送出一定频率的射频信号，标签进入磁场后，接收解读器发出的射频信号，凭借感应电流所获得的能量发送出存储在芯片中的产品信息(Passive Tag，无源标签或被动标签)，或者主动发送某一频率的信号(Active Tag，有源标签或主动标签)；解读器读取信息并解码后，送至中央信息系统进行有关数据处理，如图 5-6 所示。

5. RFID 技术的特点

1）　读取方便快捷

数据的读取无需光源，甚至可以透过外包装进行。有效识别距离更长，采用自带电池的主动标签时,有效识别距离可达到 30m 以上。

2) 识别速度快

标签一进入磁场,阅读器就可以即时读取其中的信息,而且能够同时处理多个标签,实现批量识别。

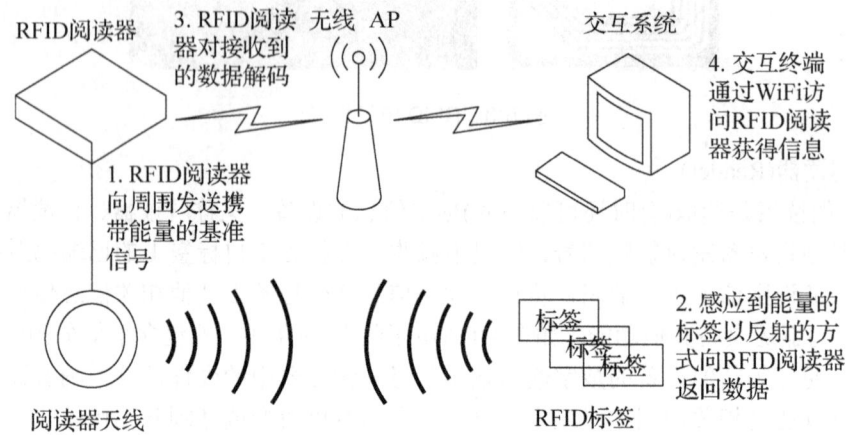

图 5-6　RFID 技术的基本工作原理

3) 数据容量大

数据容量最大的二维条形码(PDF417)最多也只能存储 2 725 个数字,若包含字母,存储量会更少;RFID 标签可以根据用户的需要扩充到数十千字节。

4) 使用寿命长,应用范围广

其无线电通信方式使其可以应用于粉尘、油污等高污染环境和放射性环境,而且其封闭式包装使其寿命大大超过了印刷的条形码。

5) 标签数据可动态更改

利用编程器可以向电子标签里写入数据,从而赋予 RFID 标签交互式便携数据文件的功能,而且写入时间比打印条形码更短。

6) 更好的安全性

RFID 电子标签不仅可以嵌入或附着在不同形状、类型的产品上,而且可以为标签数据的读写设置密码保护,从而具有更高的安全性。

7) 动态实时通信

标签以每秒 50~100 次的频率与阅读器进行通信,所以只要 RFID 标签所附着的物体出现在解读器的有效识别范围内,就可以对其位置进行动态的追踪和监控。

6. RFID 技术在物流中的应用

1) 仓储库存、资产管理领域

因为电子标签具有读写与方向无关、不易损坏、远距离读取、多物品同时一起读取等特点,可以大大提高对出入库产品信息的记录采集速度和准确性,减少库存盘点时的人为失误,提高库存盘点的速度和准确性。

2) 产品跟踪领域

因为电子标签能够无接触地快速识别,在网络的支持下,可以实现对附有 RFID 标签物品的跟踪，并可清楚了解物品的移动位置。如香港国际机场和美国 McCarran 国际机场的行李跟踪系统和中国铁路列车监控系统等。

3) 供应链自动管理领域

可以设想，如果商场货架部署电子标签读写器，当货物减少时，系统会将缺货信息自动传递给仓库管理系统，系统会将缺货信息自动汇总并传递给生产厂家。电子标签自动读写和在网络中信息的方便传递功能将大大提高供应链的管理水平，通过这个过程可以降低库存，提高生产的有效性和效率，从而大大提高企业的核心竞争力。

5.3 EDI 技术

20 世纪中叶，由于电子技术的迅速发展，电子计算机和通信技术日新月异，人类的信息交换手段发生了巨大的变革，各种计算机通信网络遍布世界各地，使人们之间的联系越来越紧密。在商业领域，商业交易日趋活跃，贸易额快速增长。为了有效地改善商业作业方式，一项电子应用技术——电子数据交换(Electronic Data Interchange，EDI)技术应运而生。

5.3.1 EDI 概述

在 20 世纪 70 年代末，人们在使用计算机处理各类商务文件时发现，由人工输入到一台计算机中的数据 70%是来源于另一台计算机输出的文件，由于过多的人为因素，影响了数据的准确性和工作效率的提高，于是人们开始尝试在贸易伙伴之间的计算机上使数据能够自动交换，EDI 应运而生，如图 5-7 所示。

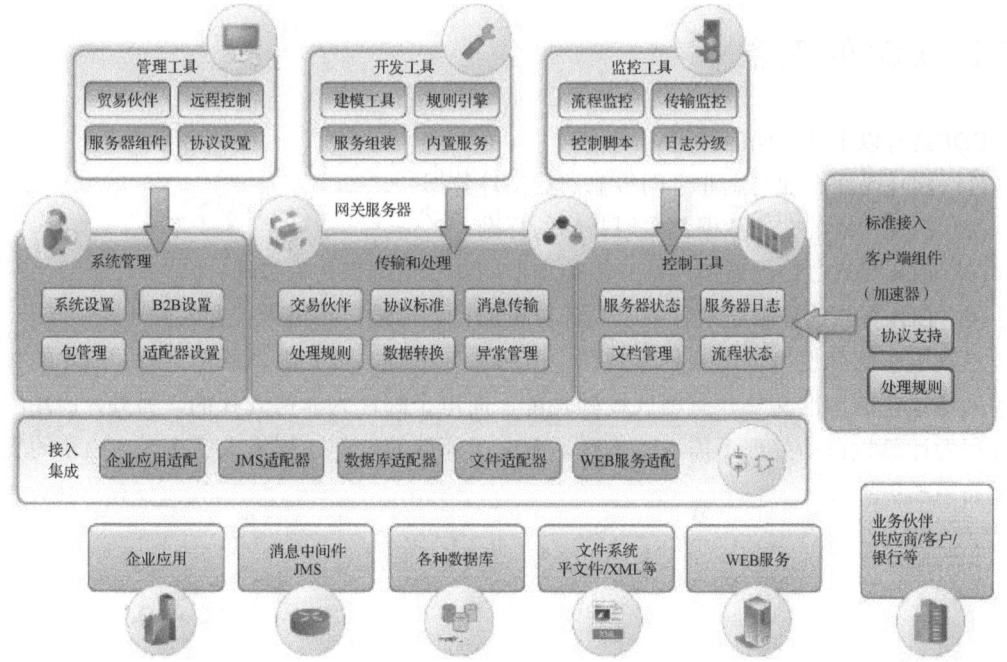

图 5-7　EDI 概述图

EDI 是模拟传统的商务单据流转过程，对整个贸易过程进行简化的技术手段。EDI 的原理如图 5-8 所示。

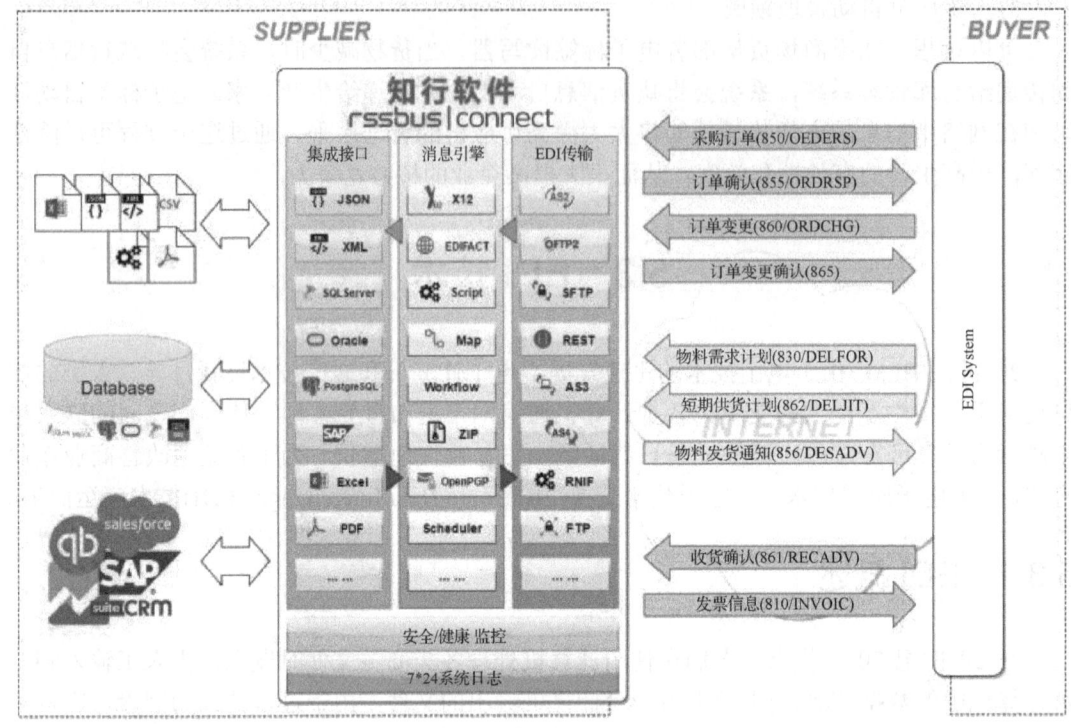

图 5-8　EDI 的原理示意图

5.3.2　EDI 的特点

EDI 具有以下几方面的特点。
(1) EDI 是在企业与企业之间传输商业文件数据。
(2) EDI 传输的文件数据都采用共同的标准。
(3) EDI 是通过数据通信网络一般是增值网和专用网来传输数据。
(4) EDI 数据的传输是从计算机到计算机的自动传输，不需人工介入操作。

尽管电子邮件也可以用来传输数据，但和 EDI 相比，仍有着本质的区别。EDI 的传输内容为格式化的标准文件并有格式校验功能，而电子邮件为非格式化的。另外，EDI 的处理过程为计算机自动处理不需人工干预，而电子邮件的处理过程需人工干预，EDI 的工作原理如图 5-9 所示。

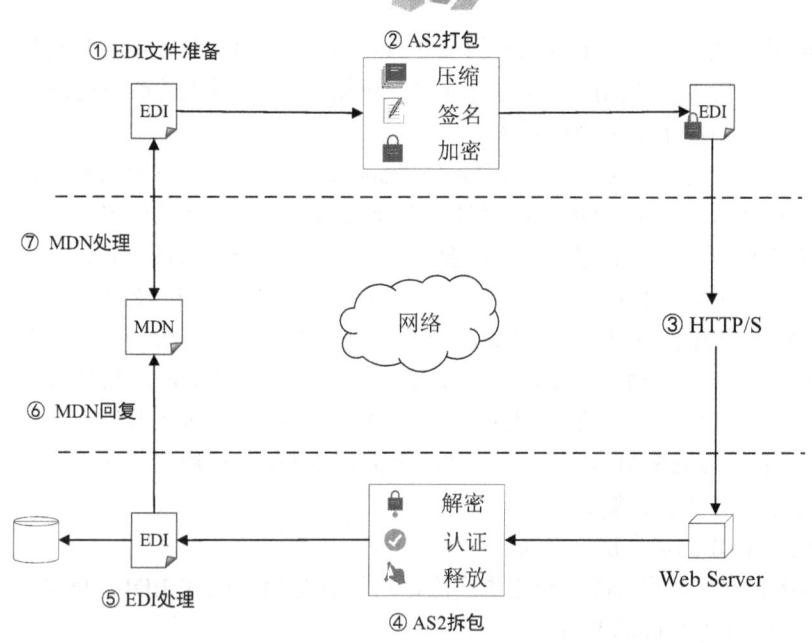

图 5-9　EDI 的工作原理

5.3.3　EDI 的分类

根据不同的分类标准，可将 EDI 分为不同的类别，如图 5-10 所示。

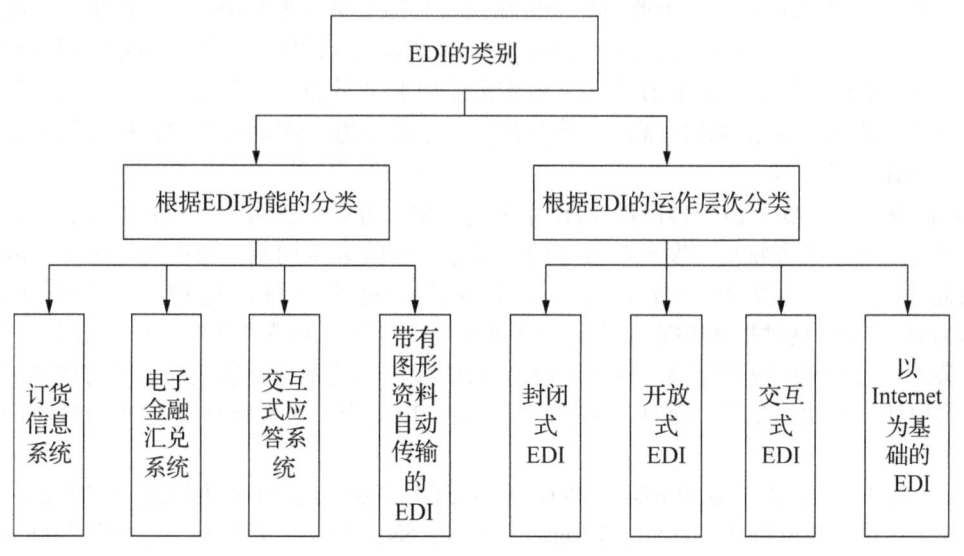

图 5-10　EDI 的类别

1) 根据 EDI 的功能分类

(1) 订货信息系统。这是最基本的也是最知名的 EDI 系统，又称为贸易数据交换系统 (Trade Data Interchange，TDI)，它用电子数据文件传输订单、发货票和各类通知。

(2) 电子金融汇兑系统(Electronic Fund Transfer, EFT), 即在银行和其他组织之间实行电子费用汇兑。EFT 已使用多年，但它仍在不断改进中。最大的改进是同订货系统联系起来，构成一个自动化水平更高的系统。

(3) 交互式应答系统(Interactive Query Response, IQR)。它可应用在旅行社或航空公司作为机票预订系统。这种 EDI 在应用时要询问到达某一目的地的航班，要求显示航班的时间、票价或其他信息，然后根据旅客的要求确定所要的航班，打印机票。

(4) 带有图形资料自动传输功能的 EDI。最常见的是计算机辅助设计(Computer Aided Design, CAD)图形的自动传输。比如，设计公司完成一个厂房的平面布置图，将平面布置图传输给厂房的主人，请主人提出修改意见。一旦该设计被认可，系统将自动输出订单，发出购买建筑材料的报告。在收到这些建筑材料后，系统自动开出收据。如美国一个厨房用品制造公司——Kraft Maid 公司，在 PC 机上以 CAD 设计厨房的平面布置图，再用 EDI 传输设计图纸、订货、收据等。

2) 根据 EDI 的运作层次分类

根据 EDI 的不同发展特点和运作层次，可将其分为封闭式 EDI、开放式 EDI、交互式 EDI 和以 Internet 为基础的 EDI。

(1) 封闭式 EDI。由于 EDI 传输的信息是格式化的商业文件或商业单据，因此，它要求商业机构之间必须统一传输技术和信息内容的标准。现行的 EDI 必须通过商业伙伴之间预先约定协议来完成。

(2) 开放式 EDI。开放式 EDI 被定义为："使用公共的、非专用的标准、以跨时域、商域、信息技术系统和数据类型的互操作性为目的，自治参与方之间的电子数据交换"。开放式 EDI 试图通过建立一个通用基础传输协议和标准系统来解决开发中产生的问题，其方法是构造一个开放式的环境，发展 EDI 多应用领域的互操作性，以及创建应用多种信息技术标准的基础，同时保证 EDI 参与方对实际使用 EDI 的目标和含义有一个共同的理解，以减少乃至消除对专用协议的需求，使得任何一个参与方不需要事先安排就能与其他参与者进行 EDI 业务。

(3) 交互式 EDI。由于传统的 EDI 系统是在单一方向上传送一份完整的报文，报文发送方通过网络服务方将报文发至接收者的信箱中，接收者定期从信箱中提取报文。因此，采用这种方式，从发出报文到接收报文存在一定的时滞，这种方式被称为批式 EDI(Batch-EDI)。这种批式 EDI 虽然已经比纸面文件的传送要节省许多时间，但是，它还是不能满足一些个别情况的需要。例如，有些 EDI 应用系统本身要求较高水平的实时反应，如机票预订、自动提款等。而且从未来的发展看，EDI 用户对现行批式 EDI 反应时间的要求越来越高。

(4) 以 Internet 为基础的 EDI。按照以往的 EDI 实施模式，商业机构之间实现 EDI 传输要借助于专用增值网络(Value-added Networks, VANs)的服务。以国际互联网为基础的 EDI 是要建立开放式的信息传输系统，那么显然对增值网络服务的需要就会减少。例如，美国通用电器信息服务网(General Electric Information Service, GEIS)和 IBM 的 Advantis 服务网就显得多余了。

3) EDI 的工作流程

EDI 将所有贸易单证的传送由 EDI 通信网络实现，并且买卖双方单证的处理全部(或大部分)由计算机自动完成。EDI 的工作流程可以划分为 3 种类型。

(1) 文件的结构化和标准化处理。用户首先将原始的纸面商业或行政文件,经计算机处理,形成符合 EDI 标准的、具有标准格式的 EDI 数据文件。

(2) 传输和交换。用户用自己的本地计算机系统,将形成的标准数据文件经过 EDI 数据通信和交换网传送到登录的 EDI 服务中心,继而转发到对方用户的计算机系统。

(3) 文件的接收和自动处理。对方用户计算机系统收到发来的报文之后,立即按照特定的程序自动处理。对于一个生产企业来说,其 EDI 系统的工作过程可以描述为企业收到一份 EDI 订单,系统自动处理该订单,检查订单是否符合要求;然后通知企业内部管理系统安排生产;向零配件供应商订购零配件;向交通运输部门预订货运集装箱;向海关、商检等部门报关、报检;通知银行并给订货方开 EDI 发票;向保险公司申请保险等。从而使整个商贸活动在最短时间内准确完成。EDI 的工作流程如图 5-11 所示。

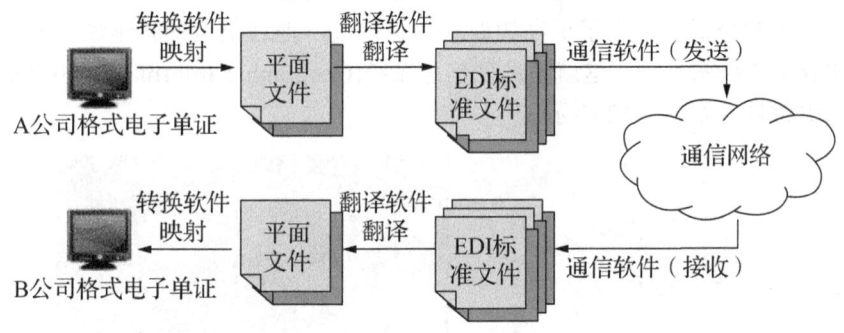

图 5-11　EDI 的工作流程

5.3.4　EDI 技术在物流行业中的应用

物流 EDI 是指货主、承运业主以及其他相关的单位之间,通过 EDI 系统进行物流数据交换,并以此为基础实施物流作业活动的方法。物流 EDI 的参与单位有货主(如生产厂家、贸易商、批发商、零售商等)、承运业主(如独立的物流承运企业等)、实际运送货物的交通运输企业(铁路企业、水运企业、航空企业、公路运输企业等)、协助单位(政府有关部门、金融企业等)和其他的物流相关单位(如仓库业者、专业报送业者等)。

物流 EDI 的运作过程如下所述。

(1) 发送货物业主在接到订货后制订货物运送计划,并把运送货物的清单及运送时间安排等信息通过 EDI 发送给物流运输业主和接收货物业主,以便物流运输业主预先制订车辆调配计划,接收货物业主制订货物接收计划。

(2) 发送货物业主依据顾客订货要求和货物运送计划下达发货指令,分拣配货,将物流条码标签贴在货物包装箱上,同时把运送货物品种、数量、包装等信息通过 EDI 发送给物流运输业主和接收货物业主。

(3) 物流运输业主从发送货物业主处取运货物时,利用车载扫描读数仪读取货物标签的物流条形码,核实与先前收到的货物运输数据是否一致,以确认运送货物。

(4) 物流运输业主对货物进行整理、集装、制作送货清单并通过 EDI 向接收货物业主发送发货信息。在货物运抵接收方后,物流运输业主通过 EDI 向发送货物业主发送完成运送业务信息和运费请示信息。

(5) 接收货物业主在货物到达时,利用扫描读数仪读取货物标签的物流条码,并与先前收到的货物运输数据核对确认,开出收货发票,货物入库,同时通过 EDI 向物流运输业主和发送货物业主发送收货确认信息。

5.4 GIS 技术

5.4.1 GIS 概述

信息时代,必将要求地理学高度现代化,既要为国土整治、流域开发、区域规划等提供宏观的辅助决策信息,又要为地学工程提供微观辅助设计的具体数据。因此,对地理信息的采集、管理和分析,提出了更高的要求。可以说,地理决策的科学性,取决于对地理信息获取和分析的技术水平。这就是地理信息系统(Geographic Information System,GIS)必然产生的历史背景,如图 5-12 所示。

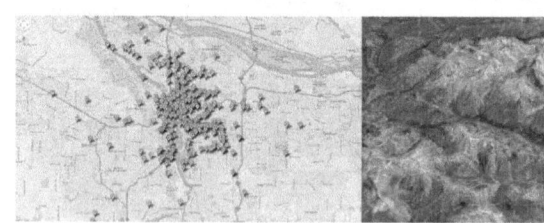

图 5-12 GIS 地图

5.4.2 GIS 的概念与特征

地理信息系统(Geographical Information System,GIS)是一种决策支持系统,它具有信息系统的各种特点。有时又称为"地学信息系统"或"资源与环境信息系统"。它是一种特定的十分重要的空间信息系统。它是在计算机硬、软件系统支持下,对整个或部分地球表层(包括大气层)空间中的有关地理分布数据进行采集、储存、管理、运算、分析、显示和描述的技术系统。地理信息系统处理、管理的对象是多种地理空间实体数据及其关系,包括空间定位数据、图形数据、遥感图像数据、属性数据等,用于分析和处理在一定地理区域内分布的各种现象和过程,解决复杂的规划、决策和管理问题。

地理信息系统的定义是由两个部分组成的。一方面,地理信息系统是一门学科,是描述、存储、分析和输出空间信息理论和方法的一门新兴的交叉学科;另一方面,地理信息系统是一个技术系统,是以地理空间数据库(Geospatial Database)为基础,采用地理模型分析方法,实时提供多种空间的和动态的地理信息,为地理研究和地理决策服务的计算机技术系统。

地理信息系统具有以下三个方面的特征。

(1) 具有采集、管理、分析和输出多种地理信息的能力,具有空间性和动态性。

(2) 由计算机系统支持进行空间地理数据管理,并由计算机程序模拟常规的或专门的地理分析方法,作用于空间数据,产生有用信息,完成人类难以完成的任务。

(3) 计算机系统的支持是地理信息系统的重要特征，因而使地理信息系统能够快速、精确、综合地对复杂的地理系统进行空间定位和过程动态进行分析。

5.4.3 GIS 的类型

1. 工具型地理信息系统

工具型地理信息系统也称地理信息系统开发平台或外壳，它是具有地理信息系统基本功能，供其他系统调用或用户进行二次开发的操作平台，如图 5-13 所示。

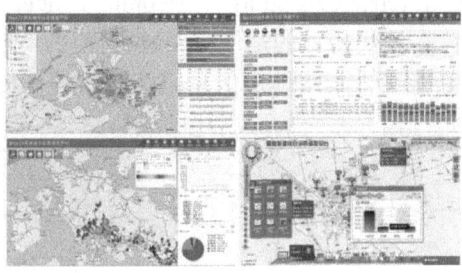

图 5-13　常用工具型地理信息系统

2. 应用型地理信息系统

应用型地理信息系统是根据用户的需求和应用目的而设计的一种解决一类或多类实际应用问题的地理信息系统，除了具有地理信息系统基本功能外，还具有解决地理空间实体及空间信息的分布规律、分布特性及相互依赖关系的应用模型和方法。应用型地理信息系统按研究对象性质和内容又可分为专题地理信息系统和区域地理信息系统。

1）专题地理信息系统(Thematic GIS)

专题地理信息系统是具有有限目标和专业特点的地理信息系统，为特定专门目的服务。如图 5-14 所示的几方面应用。

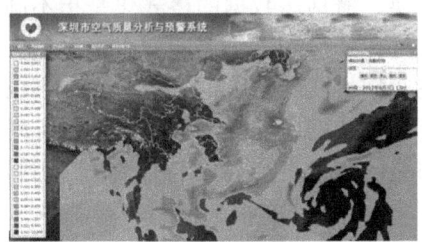
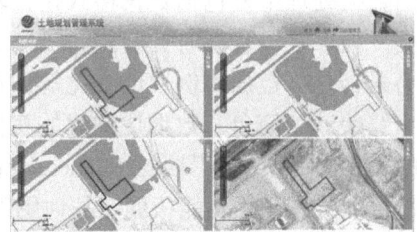
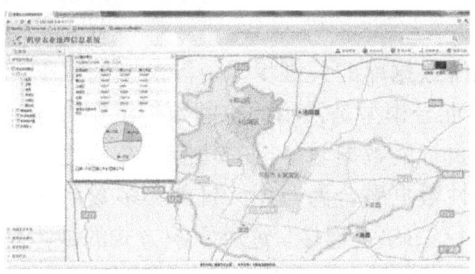

图 5-14　地理信息系统的应用

2) 区域地理信息系统(Regional GIS)

区域地理信息系统主要以区域综合研究和全面信息服务为目标，可以有不同的规模，如国家级的、地区或省级的、市级和县级等为不同级别行政区服务的区域信息系统，也有按自然分区或流域为单位的区域信息系统。

3) 实用型地理信息系统

实用型地理信息系统在我国最早是由陈俊、宫鹏提出的。他们在《实用地理信息系统》一书中作了详细论述，认为实用型地理信息系统就是从实用的角度来探讨地理信息系统的理论和技术。"实用"，英文为 Practice，《韦伯大字典》中解释 Practice 的意思为 To perform mand work repeatedly so as to become proficient.译成中文的意思是"不断地实践来达到娴熟和精湛"。实用的目的是使实践过程优化，使这个实践过程在不断提高中得到完善。因此，可以推断定义，实用地理信息系统应该是在使用地理信息系统的过程中，不断地提高和完善，使地理信息系统的应用趋向成熟。

5.4.4　GIS 的功能

1. 数据采集、监测与编辑

该项功能主要用于获取数据，保证地理信息系统数据库中的数据在内容与空间上的完整性、数值逻辑一致性与正确性等。一般而论，地理信息系统数据库的建设占整个系统建设投资的 70%或更多，并且这种比例在近期内不会有明显的改变。因此，信息共享与自动化数据输入已成为地理信息系统研究的重要内容。可用于地理信息系统数据采集的方法与技术很多，有些仅用于地理信息系统，如手扶跟踪数字化仪。目前，自动化扫描输入与遥感数据集成最为人们所关注。扫描技术的应用与改进，实现扫描数据的自动化编辑与处理仍是地理信息系统数据获取研究的主要技术关键。

2. 数据处理

初步的数据处理主要包括数据格式化、转换、概括。数据的格式化是指不同数据结构之间的数据变换，是一种耗时、易错、需要大量计算量的工作，应尽可能避免。数据转换包括数据格式转化、数据比例尺的变化等。在数据格式的转换方式上，矢量到栅格的转换要比其逆运算快速、简单。数据比例尺的变换涉及数据比例尺缩放、平移、旋转等，其中最为重要的是投影变换。制图综合(Generalization)包括数据平滑、特征集结等。目前地理信息系统所提供的数据概括功能极弱，与地图综合的要求还有很大差距，需要进一步发展。

3. 数据存储与组织

这是建立地理信息系统数据库的关键步骤，涉及空间数据和属性数据的组织。栅格模型、矢量模型或栅格/矢量混合模型是常用的空间数据组织方法。空间数据结构的选择在一定程度上决定了系统所能执行的数据与分析的功能。在地理数据组织与管理中，最为关键的是如何将空间数据与属性数据融合为一体。目前大多数系统都是将二者分开存储，通过公共项(一般定义为：地物标识码)来连接。这种组织方式的缺点是数据的定义与数据操作相分离，无法有效记录地物在时间域上的变化属性。

4. 空间查询与分析

空间查询是地理信息系统以及许多其他自动化地理数据处理系统应具备的最基本的分析功能,而空间分析是地理信息系统的核心功能,也是地理信息系统与其他计算机系统的根本区别。模型分析是在地理信息系统支持下,分析和解决现实世界中与空间相关的问题,它是地理信息系统应用深化的重要标志。地理信息系统的空间分析可分为三个不同的层次。

1) 空间检索

包括从空间位置检索空间物体及其属性和从属性条件检索空间物体。空间索引是空间检索的关键技术,如何有效地从大型的地理信息系统数据库中检索出所需信息,将影响地理信息系统的分析能力。另外,空间物体的图形表达也是空间检索的重要部分。

2) 空间拓扑叠加分析

空间拓扑叠加实现了输入要素属性的合并(Union)以及要素属性在空间上的连接(Join)。空间拓扑叠加本质是空间意义上的布尔运算。

3) 空间模型分析

在空间模型分析方面,目前多数研究工作着重于如何将地理信息系统与空间模型分析相结合。

5. 图形与交互显示

地理信息系统为用户提供了许多用于地理数据表现的工具,其形式既可以是计算机屏幕显示,也可以是诸如报告、表格、地图等硬拷贝图件,尤其要强调的是地理信息系统的地图输出功能。一个好的地理信息系统应能提供一种良好的、交互式的制图环境,以供地理信息系统的使用者能够设计和制作出高质量的地图。

5.4.5 GIS 技术在物流行业中的应用

GIS 在物流行业的应用主要包括物流中心选址、最佳配送路线、车辆跟踪和导航、配送区域划分。

1. 物流中心选址

物流中心选址是物流系统中具有战略意义的投资决策问题,对整个系统的物流合理化和商品流通的社会效益有着决定性的影响。但由于商品资源分布、需求状况、运输条件和自然条件等因素的影响,即使在同一区域内的不同地方建立物流中心,整个物流系统和全社会经济效益也是不同的。

利用 GIS 系统的空间查询功能,叠加分析、缓冲区分析、网络分析等功能可以方便地确定哪些地理位置适合筹建物流中心,哪些位置的物流成本会比较低,哪些位置的运营成本比较低,在考虑了种种因素之后就可以确定出最佳的物流中心位置。利用 GIS 的可视化功能可以显示出包含区域地理要素的背景下的整个物流网络(如现存物流节点、道路、客户等要素),一般规划者能够直观方便地确定位置或线路,从而形成选址方案和备选方案。

2. 最佳配送路线

使用 GIS 系统可以设置车辆型号以及载货量限制条件,车速限制、订单时间限制、融合多旅行商分析与导航规划，精选出最优配送路线。还可以跟进用户需求将目的地一次性批量导入到 GIS 系统当中，根据订单地址精确生成地图点位，进而生成最佳配送路径，提高配送效率，节约配送成本。

3. 车辆跟踪和导航

GIS 能接收 GPS(全球定位系统)传来的数据，并将它们显示在电子地图上，帮助企业动态地进行物流管理。首先，可以实时监控运输车辆，实现对车辆进行定位、跟踪与优化调度，以达到配送成本最低，并在规定时间内将货物送到目的地，有效地杜绝迟送或者错送的现象；其次，根据电子商务网站的订单信息、供货点信息和调度等信息，货主可以对货物随时进行全过程的跟踪与定位管理。掌握运输中货物的动态信息，可以增强供应链的透明度和控制能力，提高客户满意度。

4. 配送区域划分

企业可以参照地理区域，根据各个要素的相似点把同一层上的所有或部分要素分为几个组，用以解决确定服务和销售市场范围等问题。如某一公司要设立若干个分销点，要求这些分销点覆盖某一地区，而且要使每个分销点的顾客数目大致相等。

5.5 GPS 技术

全球卫星导航系统也叫全球导航卫星系统(Global Navigation Satellite System，GNSS)，是能在地球表面或近地空间的任何地点为用户提供全天候的三维坐标和速度以及时间信息的空基无线电导航系统。包括一个或多个卫星星座及其支持特定工作所需的增强系统。

5.5.1 全球卫星导航系统简介

全球卫星导航系统国际委员会公布的全球四大卫星导航系统供应商，包括美国的全球定位系统 GPS、俄罗斯的格洛纳斯卫星导航系统(GLONASS)、欧盟的伽利略(GALILEO)卫星导航系统和中国的北斗卫星导航系统(BeiDou Navigation Satellite，SBDS)。其中 GPS 是世界上第一个建立并用于导航的全球系统，GLONASS 经历快速复苏后已成为全球第二大卫星导航系统，二者正处现代化的更新进程中。Galileo 是第一个完全民用的卫星导航系统，正在试验阶段。BDS 是中国自主建设运行的全球卫星导航系统，为全球用户提供全天候、全天时、高精度的定位、导航和授时服务。

美国全球定位系统(Global Positioning System, GPS)。GPS 是一个全球性、全天候导航和时间传递的军民两用系统。GPS 由三部分组成，即空间的卫星网络、地面控制系统和用户接收处理装置部分。空间卫星网络由 21 颗卫星组成，工作卫星均匀分布在二万公里高的 6 个轨道平面上，以 1 575.42MHz 和 1 227.6MHz 两种频率发送导航信号，导航信号采用伪随机噪音编码调制。地面控制系统由一个主控站、5 个监控站和 3 个注入站组成，用于对卫星进行监控及保证卫星导航数据的质量。用户的接收处理装置由天线、接收机、计算机和输入输出设备组成。

俄罗斯全球卫星导航系统(GLONASS)。俄罗斯计划用 20 年时间发射 76 颗 GLONASS 卫星。1995 年完成 24 颗中高度圆轨道卫星加 1 颗备用卫星组网,由俄罗斯国防部控制。GLONASS 空间部分也由 24 颗卫星组成,未达到 GPS 的导航精度,其应用普及情况远不及 GPS。到 2019 在轨道上有 12 颗卫星可用。

欧洲伽利略导航卫星系统计划(GALILEO)。欧洲 1999 年初正式推出伽利略导航卫星系统计划。该方案由 21 颗以上中高度圆轨道核心星座组成,另加 3 颗覆盖欧洲的地球静止轨道卫星,辅以 GPS 和本地差分增强系统,确保满足欧洲需求,位置精度可达几米。

北斗卫星导航系统(BDS)。我国自主研制的北斗卫星导航系统是全天候、全时提供卫星导航信息的卫星导航系统。2000 年 10 月和 12 月北斗导航系统两颗卫星成功发射,标志着我国拥有了自己的第一代卫星导航系统,解决了我国自主卫星导航系统的有无问题。

5.5.2 北斗卫星导航系统的基本组成、工作原理和特点

1. 北斗卫星导航系统的基本组成

北斗卫星导航系统由空间段、地面段和用户段三部分组成。

(1) 空间段。北斗卫星导航系统空间段由若干地球静止轨道卫星、倾斜地球同步轨道卫星和中圆地球轨道卫星等组成;

(2) 地面段。北斗卫星导航系统地面段包括主控站、时间同步/注入站和监测站等若干地面站,以及星间链路运行管理设施;

(3) 用户段。北斗卫星导航系统用户段包括北斗兼容其他卫星导航系统的芯片、模块、天线等基础产品,以及终端产品、应用系统与应用服务等。

2. 北斗卫星导航系统的工作原理

北斗卫星导航系统由空间的导航通信卫星、测控系统和用户系统三部分组成。空间导航通信卫星是 2 颗地球同步卫星,执行测控系统与用户系统的双向无线电信号的中继任务;测控系统(包括主控站、测轨站、气压测高站和校准站)主要负责无线电信号的发送接收,及整个工作系统的监控管理;用户系统是直接由用户使用的设备,用于接收测控系统经卫星转发的数字信息。

系统采用双星定方式,其定位基本原理为三球交会测量原理:地面中心通过两颗卫星向用户广播询问信号,根据用户响应的应答信号测量并计算出用户到两颗卫星的距离,然后根据中心存储的数字地图或用户自带测高仪测出的高程,算出用户到地心的距离,根据这三个距离就可以确定用户的位置,并通过出站信号将定位结果告知用户。授时和报文通信功能在出入站信号的传输过程中同时实现。

3. 北斗卫星导航系统的特点

(1) 北斗卫星导航系统空间段采用三种轨道卫星组成的混合星座,与其他卫星导航系统相比高轨卫星更多,抗遮挡能力强,尤其低纬度地区性能特点更为明显。

(2) 北斗卫星导航系统提供多个频点的导航信号,能够通过多频信号组合使用等方式提高服务精度。

(3) 北斗卫星导航系统创新融合了导航与通信能力，具有实时导航、快速定位、精确授时、位置报告和短报文通信服务五大功能。

5.5.3 北斗卫星导航系统在物流管理中的应用

1. 系统整体结构

采用北斗卫星导航技术对物流管理实施监控调度，主要由用户设备、北斗指挥型用户机、监控中心和服务器等几部分组成。其中，用户设备负责对移动车辆进行定位并将定位信息传送给指挥型用户机以及接收来自监控中心的各项调度指令；监控中心主要负责对货物车辆的日常调度管理工作；服务器可以对车载设备发送来的动态货运信息进行分析汇总，并将货运信息通过多种形式向外发布，还可响应用户通过 Internet SMS 等方式向服务器提交的各种物流运输查询请求。

2. 监控中心

监控中心在整个物流管理系统中起重要的作用，主要由北斗指挥型用户机、服务器和监控客户端组成。指挥型用户机是北斗卫星导航系统的应用指挥平台，是连接车载设备和监控中心的重要环节。不仅具有定位、导航、通信和授时等普通型用户机具有的所有功能，而且还具有监收功能。服务器是整个系统的核心，负责接收指挥型用户机发来的车辆位置信息，并对其进行处理后存入数据库。

监控客户端可对货运车辆进行管理，查询车辆的位置、运行轨迹以及速度、方向、空载或满载等状态信息；还可以进行运输路线优选、处理车辆发出的紧急报警、盗警、超速等警情。

3. 用户设备

北斗卫星导航系统的用户设备是带有全向收发天线的接收、转发器，用于接收卫星发射的 S 波段信号，从中提取由主控站传送给用户的数字信息。用户设备仅是接收、转发设备，使得设备可以简单化，成本相应得以降低，对于降低用户设备价格、提高系统使用效率和竞争能力具有较大的意义。

5.5.4 GPS 技术在云物流行业中的应用

云物流是一个综合的概念，它首先表现为一种现代物流的运作模式，是现代物流发展的新阶段，是一种整合了各种管理理念的新的物流管理和运作理念。其次，是各种先进的信息技术在物流领域应用的一个完整的体现，在原有物流信息化运作的基础上，集成了当前最新的物联网、云计算等信息技术，是一个高度集成的技术应用体系。将 GIS/GPS 技术引入云物流系统中，利用其快速、实时、海量的空间数据获取、管理与分析能力可有效地实现物流信息的集成，以及图形化的显示功能，可以更方便地对物流系统中货物的各个环节实现可视化管理。特别是对运输路线的选择、配送车辆的调度等问题进行有效地管理和决策分析，有助于企业有效地利用现有资源，降低成本消耗，提高工作效率。

第 5 章　物流信息技术

1. GIS/GPS 云的需求分析

基于 GIS/GPS 的云提供的权威工具，可以帮助许多企业优化系统和降低成本，可以提高原有 GIS/GPS 系统的应用程序性能，提供全球范围内的广泛服务。基于 GIS/GPS 的云的特点被公认为是下一代 GIS/GPS 云的计算模式。GIS/GPS 云需求空间广阔，主要原因有如下几点。

1) 减少投资和维护负担

GIS/GPS 系统的实现需要具有专业技能的人才。对于企业来说，利用 GIS/GPS 云，技术人员不必把精力都放在基本的信息需求上，而是让他们处理更复杂的响应和服务问题。这意味着企业不必进行大规模的持续投资，降低了系统维护负担。

2) 降低使用成本

GIS/GPS 云拥有巨大的能力，可为客户提供先进的 GIS/GPS 基础设施、服务和地理空间数据。企业不必在时间、成本和维修上进行初始投资。随着 GIS/GPS 云的出现，在很大程度上消除了进入门槛。

3) 应用基础设施

GIS/GPS 云为物流业务数据和系统提供了专门的框架。对于已经对 GIS/GPS 系统进行投资的组织或企业，可以利用 GIS/GPS 的云资源来增加他们的辅助功能，使物流数据更容易被分析和管理。GIS/GPS 云提供的网络服务和应用程序托管服务，使物流数据很容易访问、发布和使用。

4) 技术基础设施

作为一种计算模式，GIS/GPS 云使用户能够利用虚拟复杂的硬件和软件资源，并提供数据的创建、分析、编辑和查看等全面访问功能。它是一种简单的协作工具，进一步提高了 GIS/GPS 系统的普及率。

5) 位置无关的资源池

GIS/GPS 云提供位置——独立的资源池。在一个公共基础设施中，处理和存储需求是平衡的，没有特定资源分配给任何单独的用户。利用 GIS/GPS 云的按次付费属性，可以确保消费者是按照使用计算能力、带宽利用和存储等的综合使用情况被收费。

2. 基于 GIS/GPS 的云物流系统体系结构

1) 基于 GIS/GPS 的云物流系统的架构

我们参考了各类云物流系统，结合 GIS/GPS 在系统中的功能特点，给出了基于 GIS/GPS 技术的云物流信息系统的架构图。该系统能够提供灵活的解决方案、跨平台、可扩展(横向和纵向)的基础设施、安全和个性化的环境、广泛的商务智能系统和弹性平台的 GIS/GPS 用户。基于 GIS/GPS 技术的云物流信息系统的架构如图 5-15 所示。

2) GIS/GPS 集群服务器的逻辑结构

我们对 GIS/GPS 的云计算能力进行了大量的研究，将 GIS/GPS 云系统中的不同逻辑组件分离，使每个组件的功能达到其最佳状态。下面具体给出了 GIS/GPS 集群服务器的 5 层逻辑结构，如图 5-16 所示。

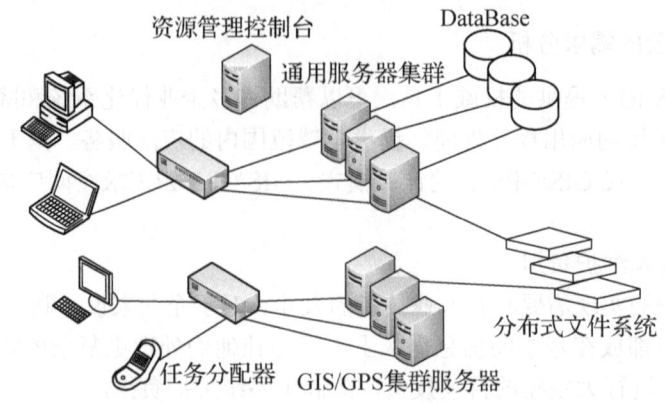

图 5-15 基于 GIS/GPS 云物流信息系统的架构

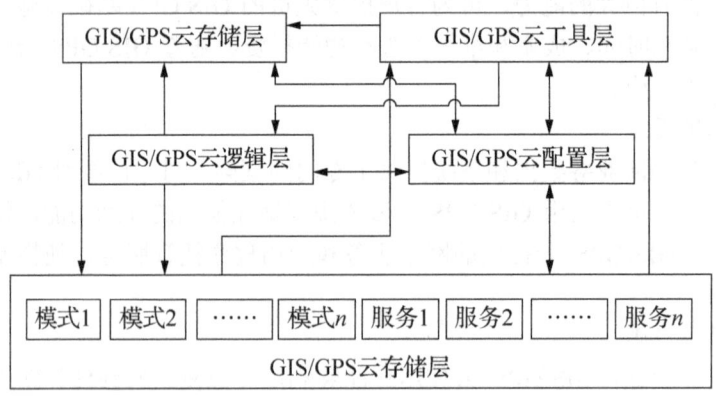

图 5-16 GIS/GPS 集群服务器逻辑结构

（1）GIS/GPS 云通信层。该层是由逻辑组件构成的 GIS/GPS 系统服务器的通信接口，将负责管理和控制所有的通信过程，包括 GIS/GPS 云系统内部的通信和 GIS/GPS 云系统和外部设备之间的通信。

（2）GIS/GPS 云配置层。该层是 GIS/GPS 云系统的配置管理和存储组件系统。GIS/GPS 云系统框架的任何变化，都将导致整个系统配置的变化。GIS/GPS 系统的云配置层将保持系统性能和配置的一致性。使用基本线程逻辑模块可以监测系统的性能、一致性和状态的变化。

（3）GIS/GPS 云逻辑层。该层将作为 GIS/GPS 云系统的"心脏"，它包含所有组成系统的基本逻辑。该层包含复杂的任务处理逻辑、表示逻辑、业务逻辑和数据访问逻辑。

（4）GIS/GPS 云工具层。该层集各种软件工具为一体，以支持最优化无缝运作的 GIS/GPS 云系统。这些工具包括系统分析器，调度器，系统日志，数据转换，数据压缩和其他专门用于 GIS 地址查询、映射、路由、反向地理编码和导航的工具。

（5）GIS/GPS 云存储层。该层是一个以数据资源库为基础的 API，它可以使 GIS/GPS 云系统和 DB2、Post GIS、SQL Server 等空间数据库管理系统之间的通信保持一致。它可以管理 GIS/GPS 云系统中所有用于存储和访问的空间数据和非空间数据的过程、机制和程序。这一层还包含空间元数据。它们是帮助用户决策的辅助数据，作为空间数据库的一部分进行存储。

5.6 物联网技术

物联网意为万物相连的互联网,是将信息技术与互联网技术相结合而发展起来的网络系统,也是现代信息技术的重要代表。物联网在我国最初被称为传感网,1999 年后正式使用这一概念,并在工业、农业、交通、医疗、教育、军事、环境等领域得到广泛的应用,尤其在物流行业的应用日益受到重视。

5.6.1 物联网技术概述

物联网是指通过信息传感设备,按约定的协议,将任何物体与网络相连接,物体通过信息传播媒介进行信息交换和通信,以实现智能化识别、定位、跟踪、监管等功能。物联网领域中有很多热门技术,如 RFID、WSN、GPS、车载系统、PDA 以及 NB-IOT 等。正是这些物联网技术,使物流中每一个节点都能够融入物联网大框架中,使每一个独立的物流模块能够相互通信,提升了物流运输的效率并构建了一体化的物流信息平台。

(1) 射频识别 RFID 是新一代物流中使用最广泛的物联网技术。目前,各大物流企业利用 RFID 技术完成了物流环节中标签信息的流转。

(2) 车载 GPS 也是物联网技术应用在物流中的成功典范,GPS 系统可以对珍贵物品进行实时追踪,能够为新一代物流行业提供物流配送和动态调度功能,此外还能够帮助物流企业在运输过程中优化车辆行驶路线和调度车辆进行装卸货物等工作,使企业在低成本下创造出较高利润。

(3) 无线传感器网络是物联网的一种工业应用,对于新一代物流行业也具有非凡的意义。例如在运输途中将传感器的数据及时上传远程数据库,物流企业通过无线传感器网络,能够实现人、物之间相互通信,各项物流数据可以及时被更新上传,保证物流数据的完整性。

(4) 使用 NB-IOT 类似的物联网信息一体化平台,建立智能物流网关,监控物品流向的信息,保密客户产生的消费数据,实现权限性的数据查询,建立大数据分析体系等,能够形成集中控制的物流型物联网架构。

(5) M2M 技术也是物联网和物流紧密结合的完美体现。在新一代物流行业中,该项技术能够通过在机器内部有效嵌入无线通信设备,实现物流节点与物品之间智能化、交互式的通信。

5.6.2 物联网技术在物流行业中的应用

1. 物联网技术与医药物流

在医药产品方面,冷链物流技术是重要应用技术之一。疫苗等冷藏药品十分珍贵,运输时需要在全程保持低温,如果任何一个环节出现漏洞,那么将会直接影响药品的质量,在人们服用或使用时,会严重危害人们的健康,其后果是不堪设想的。对传统的医药冷链物流技术进行研究后可以发现,目前在运输过程中没有实现全程温度记录,在运输过程中难以获得保障,甚至在真正地发生问题时,找不到出现漏洞的环节,"断链"问题得不到根治。通过物联网技术,将产品运输过程中的所有信息输入云端,通过互联网技术进行在线监控和操纵,可以实现整个物流运输过程的相对稳定。

2. 物联网技术与农产品物流

物联网技术操作便捷,可以实现远程操纵,也可以大批量阅读、记录数据,同时以物联网技术所开发的工具,可以进行数据的存储、加密、修改等,能够极大地满足人们的需求。农产品不同于其他产品,生长受环境的影响较大,与周边的天气、水土等因素密不可分。同时农产品在进行加工的过程中,运输问题已经受到了人们的普遍关注,如何保证农产品在进行转移和再种植时保持原有的产品特质,适应转移后的水土条件,获得健康的发展,是农业从业人员需要着重考虑的问题。在产品实现运输时,冷链物流就是其中一个环节,通过物联网技术,对农产品的运输环节进行实时监控,同时对于难以适应普通环境的农产品进行电子标签,通过信息的明确储存,可使产品得到良好的配送,保证整个过程的相对稳定,对于农产品种植和生长有着重要的作用,如图5-17所示。

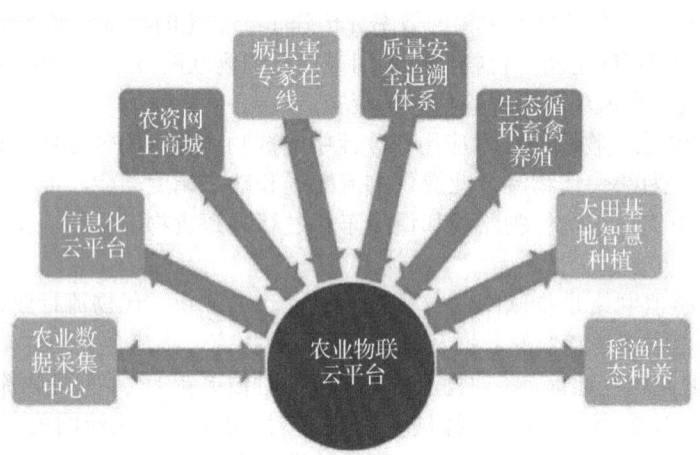

图 5-17 农业物联网云平台架构

3. 物联网技术与海鲜物流

海鲜产品的生长环境极为特殊,海里的温度普遍较低,产品在上岸之后难以适应环境,会受到一定的破坏,如果破坏程度较大,将会直接影响到人们的食用和使用,影响到人们的日常生活。在海鲜产品的物流运输过程中,冷链技术有着十分重要的地位,但是由于发展起步较晚,科学技术力量难以满足人们的需求,因此目前使用的冷链技术,仍然存在很多问题。

5.7 区块链技术

从科技层面来看,区块链涉及数学、密码学、互联网和计算机编程等很多科学技术问题。从应用视角来看,简单来说,区块链是一个分布式的共享账本和数据库,具有去中心化、不可篡改、全程留痕、可以追溯、集体维护、公开透明等特点。这些特点保证了区块链的"诚实"与"透明",为区块链创造信任奠定基础。而区块链丰富的应用场景,基本上都基于区块链能够解决信息不对称问题,实现多个主体之间的协作信任与一致行动。

5.7.1 区块链概述

区块链是分布式数据存储、点对点传输、共识机制、加密算法等计算机技术的新型应用模式。区块链(Blockchain)是比特币的一个重要概念,它本质上是一个去中心化的数据库,同时作为比特币的底层技术,是一串使用密码学方法相关联产生的数据块,每一个数据块中包含了一批次比特币网络交易的信息,用于验证其信息的有效性(防伪)和生成下一个区块。区块链有下述 5 个基本特征。

1. 去中心化

区块链技术不依赖额外的第三方管理机构或硬件设施,没有中心管制,除了自成一体的区块链本身,通过分布式核算和存储,各个节点实现了信息自我验证、传递和管理。去中心化是区块链最突出最本质的特征。

2. 开放性

区块链技术的基础特征是开放的,除了交易各方的私有信息被加密外,区块链的数据对所有人开放,任何人都可以通过公开的接口查询区块链数据和开发相关应用,因此整个系统信息高度透明。

3. 独立性

基于协商一致的规范和协议(类似比特币采用的哈希算法等各种数学算法),整个区块链系统不依赖其他第三方,所有节点能够在系统内自动安全地验证、交换数据,不需要任何人为的干预。

4. 安全性

只要不能掌控全部数据节点的 51%,就无法肆意操控修改网络数据,这使区块链本身变得相对安全,避免了主观人为的数据变更。

5. 匿名性

除非有法律规范要求,单从技术上来讲,各区块节点的身份信息不需要公开或验证,信息传递可以匿名进行。

区块链作为近两年最为热点的前沿技术,也将成为新一代物流行业中广泛运用的核心支撑技术。区块链技术利用块链式数据结构来验证数据后再进行存储,生成新数据节点算法,主要依靠一种分布式节点共识算法,最后通过密码学来保证链上数据的安全性,能够被安全读取,同时可以通过由脚本代码组成的智能合约来自动化编程和操作数据,如图 5-18 所示为区块链的结构图,如图 5-19 所示为区块链的数据结构示意图。

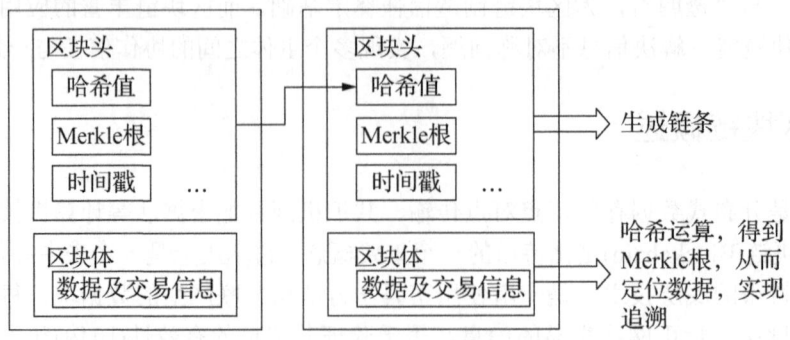

图 5-18 区块链的结构图

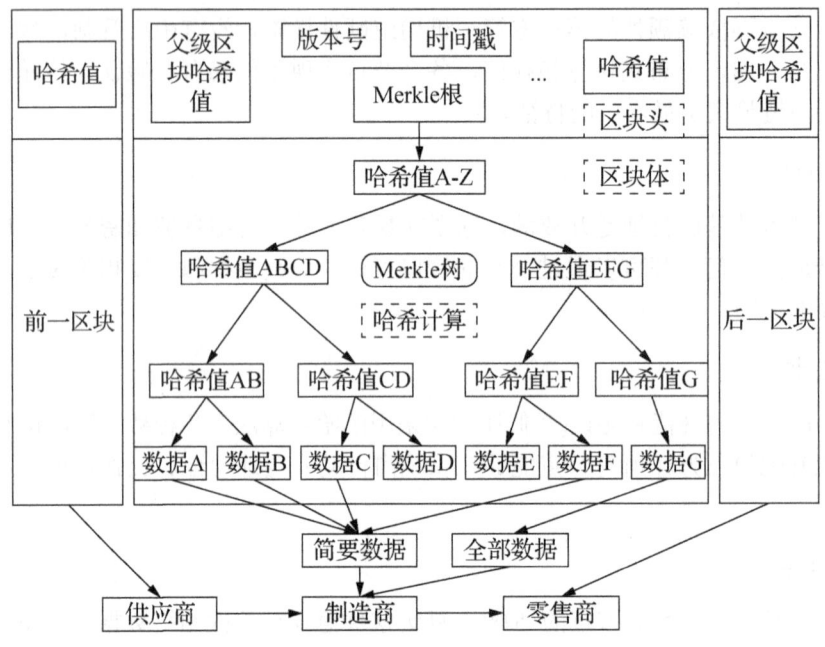

图 5-19 区块链的数据结构示意图

5.7.2 区块链技术在物流行业中的应用

区块链技术在物流行业中可以用于任何数据的交换,无论是合同、货运跟踪和财务账单,每个数据都集中在一个块中,并且数据分布在许多节点(计算机)上,每个块之前和之后都连接到一个块,这使系统更安全。区块链能够提升供应链的效率和公开透明度,并对从存储到交付款的所有物流流程产生积极影响。除此之外,还可以加快商品的物理流通过程,通过区块链跟踪商品可以改善决策,具有创造新物流服务和新商业模式的潜力。作为一种相对较新的技术,区块链技术旨在以广泛适用的方式实现去中心化,实时对等操作,具有匿名性、透明性、不可逆性和完整性。

第 5 章 物流信息技术

区块链在物流行业中的应用如下所述。

1) 物流征信

物流行业是个信用体系非常不健全的行业,我们跟客户聊天时,一些头部客户希望建立一个诚信的环境,避免劣币驱逐良币。行业的管理机构也鼓励建立行业自律管理组织,建立失信数据,引导行业健康发展。

区块链可以充当多方合作的连接体,利用安全多方技术,在不泄露原始数据的前提下,上报失信结果,供联盟体查询。此外,监管机构可以建立一套行业征信评级标准。物流行业信用评级标准需要行业内的企业共同参与,通过智能合约编写评级算法,并发布到联盟链中,利用账本上真实的数据来计算评级结果。

2) 物流溯源

结合区块链技术,可以对产品进行溯源,将每一种产品的原物料供应商、完整加工工艺流程、品质信息、加工设备编号、制程负责人的信息等全部通过区块链上链,整个供应链上的各单位就都可以清楚明晰地了解到货品生产的真实状况。在源头真实的情况下,区块链可以保证上链后的信息不被篡改。通过物联网设备和利益机制设计,可以大体上解决信息源的可信问题。比如引入第三方监管或者利益机构对数据进行检查再上链。区块链利用其不可篡改的分布式账本记录特性与物联网技术结合,对供应链上的商品可以实现从源头到生产再到运输直至交付的全程追溯。

3) 物流金融

如果供应链体系的数据能够通过区块链进行追溯、存证,信任就会产生,之后便可以基于此做金融方面的事情。供应链金融作为典型的多主体参与、信息不对称、信用机制不完善、信用标的非标准的场景,与区块链技术有得天独厚的契合性。区块链技术支持供应链金融大多是以联盟链的形式进行,基于信息的不可篡改,一定程度的透明化,以及信用的分割流转对整个供应链金融体系赋能。

现阶段主要的应用场景在应收账款,作为打通供应链金融多方主体的工具,区块链推动了各主体间的协作,更有利于对底层资产进行穿透式的监管,同时建立新的信用、资产评级体系,促进供应链金融 ABS 产品的发行。简单地说,即通过区块链技术把核心企业在资金方的授信,根据应付账款发行为链上通证,之后根据真实的贸易链条将通证进行拆分向上支付,让链条上的小微企业也能获得资金方的金融服务。这块在行业里也算做得比较多的商业模式了。

自 测 题

1. 传统的物流信息技术有什么特点?它们各自都包含哪些内容?应用在哪些领域?
2. 简述物流新兴技术的内容和特点。
3. 简述智慧物流和智能物流的区别与联系。

案 例 分 析

新兴信息技术助力打造盒马鲜生新零售格局

1. "盒马鲜生"介绍

盒马鲜生是阿里巴巴旗下新零售模式的典型代表。至2021年,全国将有2 000家盒马鲜生完成布局,主要开设在全国一、二线城市。以成都市为例,2018年1月,盒马鲜生在成都开设第一家门店,一年内在成都连续开设10家门店,并将在未来两年内开设50家店。

盒马鲜生提出3km范围30分钟内免费配送,线上线下同时发展,互为带动,相互作用,以产品源头直达概念输送海鲜、高品质蔬果等生鲜类产品,通过农超对接模式进行产地选取和农产品源头品质把控,将有特色的农产品直采到城市消费者的面前。盒马集线上App、线下门店与特色餐饮于一体,给予消费者全新的使用体验。

2. 大数据实现精准选址、精准采购、精准推送、精准物流的数据闭环

从选址开始,依托淘宝线上大数据,确定网购用户基数大、消费能力强的区域开设门店,其背后是阿里多年来的用户大数据采集和数据分析。

采用App会员制度,将盒马的用户数据与支付宝用户进行整合对接。线上购买直接记录消费者的倾向爱好,线下付款时采用电子价签,结账采用ReXPOS智能收银机,通过App打开支付宝或绑定的银行卡进行结算,效率非常高。无论是通过线上还是线下购买都是统一的数据采集方式,能够汇聚形成完整的消费者形象绘制。大数据通过对消费者热衷或冷淡的商品数据分析,确定产品的库存量和采购量,挖掘新上市产品,形成精准采购,并根据用户的个人数据绘图,在App上精准推送个人喜好的产品。盒马通过全链路数字化系统,在消费者下单后3分钟之内完成捡货,通过大数据实现目的地与快递员位置区域的实时匹配和最优路径分析,以实现20分钟内送达到家。

大数据是盒马新零售战略的核心,盒马的ERP系统,包括门店的POS系统、物流系统、配送系统、App系统均构架于阿里云系统,保证了线上流量、线下库存数据统一,线上线下价格统一,营销方法统一,支付手段统一,用完整的数据闭环实现盒马的线上线下统一运营。

3. 移动互联技术改变服务

移动互联技术的运用,将了解和使用盒马的普适性大大增强,为消费者带来了极大的便利。一是消费者可以不受时间、空间的限制,指定所在区域内的门店7×24小时任意时间段下单,早7点到晚10点,每半小时为单位送货,满足了消费者对无障碍购物的需求;二是响应迅速,分布式网络布局实现了无时差订单捡收配送,做到了门店与客户之间的及时响应而不是传统电商的客服单一式响应,规避了产销脱节的问题,直接提升了消费者的服务体验;三是实现了基于地理位置的目标人群精准营销,将目光牢牢锁定在3km销售范围内的客户身上,为特定人群做好服务,App会员绑定制度为固定消费人群,培养消费习惯起到了重要作用。

4. 智能物流

盒马的物流体系,从商品到供应链重构了零售体系。采取了"本地直采+产地直采"的方法,用农超对接减少流通环节,降低农产品的损耗同时也保证了品控。

为了缩短中间环节，让生鲜产品从田间到餐桌的路径缩短，从田间到门店之间，采用的是大仓到店仓的B2B模式，从门店出发的物流采用的是30分钟即时配送外卖模式，短距离直线式配送，提高了效率降低了成本，如图5-20、图5-21所示。

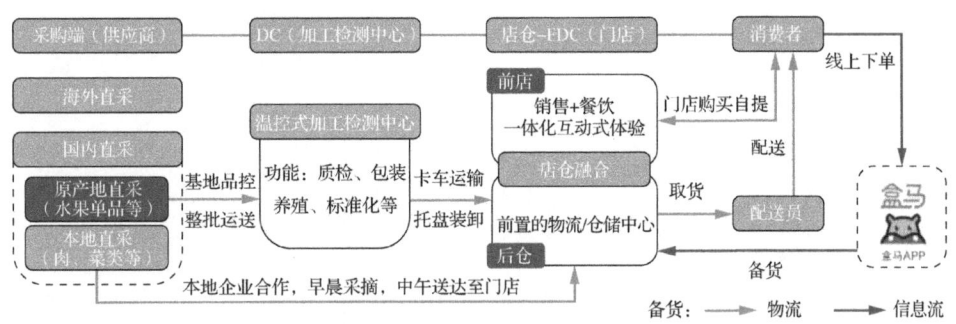

图5-20 盒马鲜生新零售供应链框架示意图

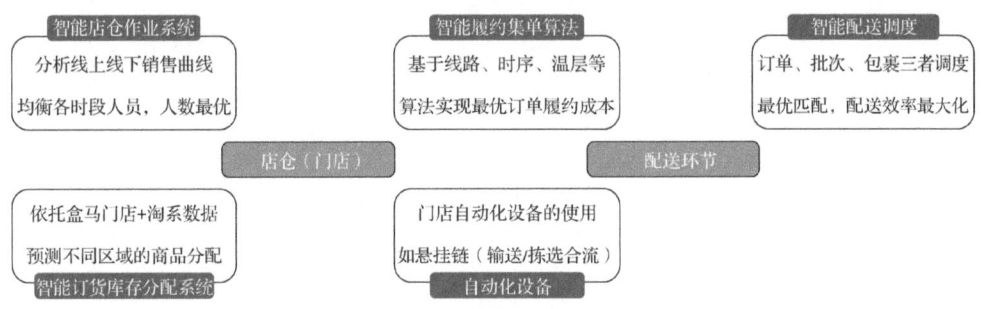

图5-21 盒马鲜生新零售供应链系统及硬件架构示意图

盒马物流的智能化体现在采用智能履约集单算法保证订单串联出最优配送批次；采用智能店仓作业系统确定货位、任务派送、协同工种之间的调动；采用智能配送调度实现人货场调度的最优匹配；采用智能订货分配系统，分析门店历史销量和淘宝数据，对不同区域商品分配作出预测。

（资料来源：https://www.fx361.com/page/2019/1021/5871798.shtml.）

讨论：总结新兴信息技术在盒马鲜生物流方面的应用。

第 6 章

配送和物流客户服务

【学习要点及目标】

- 了解物流配送的概念、类型及作用；客户关系管理的含义和物流客户服务满意度的含义；
- 了解配送中心的含义、类别、职能与布局；核心物流客户服务的管理方法；
- 掌握配送合理化的途径和方式。

【核心概念】

配送　配送模式　无人配送　物流客户服务　物流客户服务基本方法

【引导案例】

"城市100"——物流配送社会服务平台:"城市100"意为"配送最后100m,百姓满意100分",共同配送的基本思路是通过"城市100"的物流配送社会服务平台,以最优的行车线路将货物送入社区或校园,由专门建立的配送末端进行统一配送,从而使末端配送更便利,同时降低各企业的成本。"城市100"实行政府引导、协会协调、企业主推、市场化运作的运营机制,以营业门店为载体,整合上下游供应商、服务商,打造面向公众的末端物流配送及社会服务平台。

6.1 配 送

6.1.1 配送的概念与特点

配送是一种现代的物流方式和新型的流通体制,它融合了商流活动、物流活动和资金流活动,是包含了物流活动中大多数必要因素的一种业务形式。近年来,随着网络信息技术的快速发展,我国的电子商务也得到了迅猛发展,"最后一公里"等有关电子商务物流配送模式问题也引发了人们广泛的探讨。配送中心作为一种新型的物流据点,它通过有效地组织配货和送货作业,从而降低了运输成本,提高了客户的满意度。

1. 配送的概念

国家标准《物流术语》(GB/T 18354—2021)中将配送定义为:根据客户要求,对物品进行分类、拣选、集货、包装、组配等作业,并按时送达指定地点的物流活动。另外一个被广泛认同的定义是:"配送就是根据用户的要求,在物流据点内进行分拣、配货等工作,并将配好的货送交收货人的过程。"

具体来讲,配送包含以下内涵。

(1) 配送的资源配置作用是"最终配置",因而是更接近客户的配置。

(2) 配货的实质是送货,但和一般送货有区别。

(3) 配送是一种"中转"形式。

(4) 配送分为"配"和"送"两部分,配送利用有效的分拣、配货作业,使送货达到一定的规模,并利用规模优势取得较低的送货成本。

(5) 配送以客户需求为出发点,因此必须明确"客户第一""质量第一"的概念。

2. 配送的特点

配送是一项综合性的物流活动,随着现代物流手段和技术的进步以及连锁经营的发展,配送活动的范围有了很大的拓展。从发达国家的配送经验来看,配送有以下几个特点。

1) 配送是特殊送货形式

一般概念的送货是指从起始地到终点地的一般性运送货物的过程,是主要强调送的过程,是一种简单的经济活动。而配送是"配"与"送"的有机结合,它涉及对各类商品的价值、时间、地点的分类管理以及配送成本等的核算。因此，它是依据客户需求进行的特殊送货形式。

2) 配送是末端运输

配送不是单纯的运输问题，而是由运输与其他物流活动共同构成。运输处于配送活动的最末端，配送运输通常距离较短、规模较小、额度较高，一般使用汽车作为运输工具，同时相较于干线运输中只存在"干线"这条唯一的运输线，配送运输由于配送客户多，城市交通路线普遍较复杂，因此配送运输中还要考虑路线选择问题。如何组合出最佳路线，如何使配装和路线有效搭配等，都是配送运输中较棘手的问题。

3) 配送强调满足用户需求

配送是按照用户订货要求，在配送中心或其他物流节点进行货物配备并以最合理方式送交用户的经济活动。它强调从用户利益出发，按用户要求进行配送作业。因此配送企业必须秉持"用户至上""质量为本"的观念。

4) 配送活动以现代化技术和装备做保证

现代化技术和装备的应用使配送在规模、水平、效率、速度、质量等方面远远超过以往的送货形式。发达国家普遍采用诸如自动分拣、光电识别、条形码等先进技术，并建立了配套的体系，配备了先进的设备，如无人搬运车、分拣机等，使配送的准确性和效率得以大大提高。

5) 配送是一种专业化的流动分工方式

一般性的送货只是作为一种营销手段而展开的，其目的仅在于多销售一些商品，而配送是一种专业化的流动分工方式，是大生产、专业化分工在流通领域的反映。

3. 电子商务环境下的配送模式

配送模式是企业对配送所采取的基本战略和方法。根据国内外的发展经验及我国配送理论与实践，目前主要形成了自营配送、共同配送、互用配送、第三方配送等配送模式。

1) 自营配送模式

自营配送模式是指企业物流配送的各个环节由企业自身筹建并组织管理，实现对企业内部及外部货物配送的模式。这种模式有利于企业供应、生产和销售的一体化作业，系统化程度相对较高。既可满足企业内部原材料、半成品及成品的配送需要，又可满足企业对外进行市场拓展的需求。但企业为建立配送体系的投资规模将会大大增加，在企业配送规模较小时，配送的成本和费用也相对较高。

2) 共同配送模式

共同配送模式是指物流配送企业之间为了提高配送效率，以及实现配送合理化所建立的一种功能互补的配送联盟合作方式。进行共同配送的核心在于充实和强化配送的功能，共同配送的优势在于有利于实现配送资源的有效配置，弥补配送企业功能的不足，促使企业配送能力的提高和配送规模的扩大，更好地满足客户需求，提高配送效率，降低配送成本。参与共同配送的物流企业要坚持功能互补、平等自愿、互惠互利、协调一致的原则。

3) 互用配送模式

互用配送模式是指几个企业为了各自利益，以契约的方式达成某种协议，互用对方配送系统而进行的配送模式。其优点在于企业不需要投入较大的资金和人力，就可以扩大自身的配送规模和范围，但需要企业有较高的管理水平以及与相关企业的组织协调能力。

4) 第三方配送模式

第三方配送模式是指交易双方把自己需要完成的配送业务委托给第三方来完成的一种配送运作模式。随着物流产业的不断发展以及第三方配送体系的不断完善,第三方配送模式已成为工商企业和电子商务网站进行货物配送的一种首选模式。

5) 基于合作的配送模式

纯粹的在线电子商务经营者所缺乏的是传统商店的实体,这在随时随地以顾客服务为中心的环境下,仅有在线功能远远不够。在这种情况下,以实物商品交易的电子商务企业可以同拥有实实在在经营场所的企业进行战略联盟,形成"互补",这就是基于合作的配送模式。关于各配送模式的优、缺点,如表6-1所示。

表6-1 各类配送模式的优、缺点

配送模式	优点	缺点	适用范围
自营配送	有利于企业供应、生产和销售的一体化作业,系统化程度相对较高	增加投资负担,抵御市场风险能力弱;配送规模较小,很难实现规模效应,成本较高;专业化程度较低	大型集团公司或连锁企业;物流对企业成功起到关键作用,且企业处理物流能力也高;企业对物流控制能力强;产品线单一的企业
第三方配送	集中精力于核心业务;减少固定资产投资;提供灵活多样的顾客服务	不能直接控制物流;不能保证供货的准确性及时性;难以维护与顾客的长期关系	自身物流业务处理能力较低的企业;物流对企业成功起关键作用
共同配送	提高物流作业效率,降低企业营运成本;企业可以集中精力经营核心业务;可实现社会资源的共享和有效利用	各商品的特点和配送要求不同导致共同配送存在一定的难度;企业间的规模、经营意识、客户圈等存在差异很难协调一致;在配送组织、费用分摊方面存在难度,有泄露商业机密的危险	运输企业和家电连锁店联合;物流企业与中小型连锁公司的合作
互用配送	不需投入较大的资金和人力就可扩大配送规模	需有较高的管理水平及组织协调能力,稳定性较差	电子商务下的B2B交易方式
基于合作的配送	利用各自的业务优势,双方互补、互利、双赢	需明确的合作目标和责任分配,较高的协调管理能力	纯电子商务企业与物流企业的合作

4. 电子商务环境下的配送特点

1) 配送反应速度快

电子商务环境下,物流配送服务提供者对上游、下游的物流配送需求的反应速度越来越快,前置时间越来越短,配送时间越来越短,物流配送速度越来越快,商品周转速度越来越快。

2) 配送功能集成化

在电子商务环境下,物流配送着重于将物流与供应链的其他环节进行集成,包括物流渠道与商流渠道的集成、物流渠道之间的集成、物流功能的集成、物流环节与制造环节的集成等。

3) 配送服务系列化

在电子商务环境下,物流配送除具有传统的储存、运输、包装、流通加工等功能外,还在外延上扩展至市场调查与预测、采购与订单处理,向下延伸至物流配送咨询、物流配送方案的选择与规划、库存控制策略建议、贷款回收与结算、教育培训等增值服务,在内涵上也提高了服务对决策的支持作用,实现配送服务的系列化。

4) 配送作业规范化

电子商务环境下,物流配送强调功能作业流程及运作的标准化和程序化,使复杂的作业变成简单的易于推广和考核的运作。

5) 配送目标系统化

电子商务环境下,物流配送从系统角度统筹规划一个公司整体的各种物流配送活动,处理好物流配送活动与公司目标之间、物流配送活动与物流配送活动之间的关系,不求单个活动的最优化,但求整体活动的最优化。

6) 配送组织网络化

分散的物流配送单体只有形成网络才能满足现代化生产和流通的需要。电子商务环境下,为了保证对产品促销提供快速全方位的物流支持,物流配送要有完善、健全的网络体系,网络上点与点之间的物流配送活动只要保持系统性和一致性,就可以保证整个物流配送网络有最优的库存总水平及库存水平分布,运输与配送快捷、机动,既能铺开又能收拢。

7) 配送手段现代化

电子商务环境下,物流配送使用先进的技术、设备与管理为生产销售提供服务。随着生产和销售规模的越来越大,物流配送技术、设备及管理越来越现代化。

8) 配送经营市场化

电子商务环境下,物流配送的具体经营采用市场机制,无论是企业自己组织物流配送,还是委托社会化物流配送企业承担物流配送任务,都以"服务与成本"的最佳平衡为目标。

6.1.2 配送的功能要素

1. 备货

备货是配送的准备工作或基础工作,备货工作包括筹集货源、订货或购货、集货、进货及有关的质量检查、结算、交接等。配送的优势之一,就是可以集中用户的需求进行一定规模的备货。备货是决定配送成败的初期工作,如果备货成本太高,会大大降低配送的效益。

2. 储存

配送中的储存有储备及暂存两种形态。储备是按一定时期的配送经营要求,形成的对配送的资源保证。这种类型的储备数量较大,储备结构也较完善,视货源及到货情况,可以有计划地确定周转储备及保险储备结构与数量。配送的储备保证有时在配送中心附近单独设库解决。另一种储存形态是暂存,指具体执行日配送时,按分拣配货要求,在理货场地所做的少量储存准备。由于总体储存效益取决于储存总量,所以,这部分暂存数量只会对工作方便与否造成影响,而不会影响储存的总效益,因而在数量上控制得并不严格。还有另一种形式的暂存，是分拣、配货之后，形成的发送货载的暂存，这种暂存主要是调节配货与送货的节奏，暂存的时间不长。

3. 分拣及配货

分拣及配货环节是配送不同于其他物流形式的功能要素，也是配送成败的一项重要支持性工作。分拣及配货是完善送货、支持送货的准备性工作，是不同配送企业在送货时进行竞争和提高自身经济效益的必然延伸，所以，也可以说是送货向高级形式发展的必然要求。有了分拣及配货就会大大提高送货服务水平，所以，分拣及配货是决定整个配送系统水平的关键要素。

4. 配装

在单个用户配送数量不能达到车辆的有效载运负荷时，就存在如何集中不同用户的配送货物，进行搭配装载以充分利用运能、运力的问题，这就需要配装。和一般送货的不同之处在于通过配装送货，可以大大提高送货水平及降低送货成本，所以，配装也是配送系统中有现代特点的功能要素，也是现代配送不同于以往送货的重要区别之处。

5. 配送运输

配送运输属于运输中的末端运输、支线运输，和一般运输形态的主要区别在于配送运输是较短距离、较小规模、额度较高的运输形式，一般使用汽车做运输工具。与干线运输的另一个区别是配送运输的路线选择问题是一般干线运输所没有的，干线运输中的干线是唯一的运输线，而配送运输由于配送用户多，一般城市交通路线又较复杂，如何组合成最佳路线，如何使配装和路线有效搭配等，是配送运输的特点，也是难度较大的工作。

6. 送达服务

将配好的货物运送到用户手中还不算配送工作的完结，这是因为送达服务和用户接货往往还会出现不协调，使配送前功尽弃。因此，要圆满地实现货物的移交，并有效、方便地处理相关手续完成结算，还应讲究卸货地点、卸货方式等。送达服务也是配送独具的特殊性。

7. 配送加工

在配送中，配送加工这一功能要素不具有普遍性，但往往是有重要作用的功能要素。主要原因是通过配送加工，可以大大提高用户的满意程度。配送加工是流通加工的一种，但配送加工有它不同于一般流通加工的特点，即配送加工一般只取决于用户要求，其加工的目的较为单一。

6.1.3 配送的作用

1. 配送有利于促进物流的社会化、合理化

社会化大生产要求社会化大流通与之匹配，商品流通的社会化自然要求物流的社会化。社会化是以行业、技术的分工和全社会的广泛协作为基础的。商品经济的发展和现代化生产的建立，客观上要求社会提高分工协作水平。

2. 配送有利于促进物流设施和装备的技术进步

发展配送有利于促进物流设施和装备的技术进步，具体表现在三个方面：一是促进信息处理技术的进步，随着配送业务的开展，处理的信息量越来越多，原始的手工处理信息的方法，不仅速度慢且容易出差错，已适应不了配送工作的要求，必然需要大量应用电子计算机这一现代化的信息处理技术。二是促进物流处理技术的进步，从而提高物流速度，缩短物流时间，降低物流成本，减少物流损耗，提高物流服务质量。配送业务的发展，必然伴随着自动化立体仓库、自动化分拣装置、无人搬运车、托盘化、集装箱化等现代化物流技术的应用。三是推动物流规划技术的开发和应用。配送业务的开展，配送货主越来越多，随之而来的就是配送路线的合理选择、配送中心的选址、配送车辆的配置和配送效益的技术经济核算等问题，对于这些问题的研究解决，促进了我国物流技术的发展，并使之进入一个新阶段。

3. 配送使仓储的职能发生变化

开展配送业务后，现代仓储的作用已由储存、保管商品的使用价值向着集散、分送商品，加速商品流通速度的方向发展。仓储业将从储存、保管的静态储存转向以保管储存、流通加工、分类、拣选、商品输送等联为一体的动态储存。建立配送中心后，仓储业的经营活动将由原来的储备型转变为流通型。不仅要保证商品的使用价值完好无损，而且要做到货源充足、品种齐全、供应及时、送货上门，其经营方式将从等客上门向主动了解用户的需求状况以满足用户的各种要求的方向转变。

4. 促进商物分离

未开展配送业务之前，各个商店都有自己的仓库，并各自进行物流活动，叫作商物一致。开展配送业务以后，配送中心就可以充分发挥自己网络多、情报快、物流手段先进和物流设施齐全的优势，专门从事物流活动，而各商店可以保持较低水平的库存。这就大大改善了零售企业的外部环境，使零售企业有更多的资金和精力来专心从事商流活动，这就是商物分离。

5. 有利于提高物流的经济效益

通过配送中心，开展"计划配送""共同配送"等活动，能够消除迂回运输、重复运输、交叉运输、空载运输等不合理运输；用大型卡车成批量地送到消费地的配送中心，再用自用小型车从配送中心运给用户的方法，也可以从总体上节省费用；集中配送，又有利于集中库存，维持合理的库存水平，消除了分散库存造成的各种浪费；同时还能减少不必要的中转环节，缩短物流周转时间，减少商品的损耗。因此，配送有利于提高物流综合经济效益。

6.1.4 配送的分类

1. 按配送地点划分

1) 商店配送

商店配送的组织者是商业零售企业。这些企业主要经营零售业务，规模一般不大，但经营品种齐全。除日常零售业务外，还可根据客户的要求将商店经营商品的品种配齐，或代客户外购一部分商店平时不经营的商品，与商店经营的品种一起配齐送给客户。这种配送组织者实力很有限，往往只进行小量、零星商品的配送。对于商品种类繁多且需要量不大，有些商品只是偶尔需要而很难与大型配送中心建立稳定配送关系的客户，可以采用这种配送方式。商店配送半径较短，灵活机动，可承担企业重要货物的配送和消费者个人的配送，对配送系统的完善起着较重要的作用，是配送中心配送的辅助及补充。

2) 配送中心配送

配送中心配送的组织者是专门经营配送业务的配送中心。配送中心配送是配送的重要形式，规模较大，储存量也较大，可按配送需要储存各种商品。配送中心配送专业性强，和客户建立了固定的配送关系，一般实行按计划配送。其配送流程是根据配送需要专门设计的，所以配送能力强，配送距离较远，配送品种多，配送数量大，是工商企业货物配送的主要承担者。

3) 仓库配送

仓库配送是以仓库为据点进行的配送，也可以是以原仓库在保持储存保管功能的前提下，增加一部分配送职能，或经过原仓库的改造，使其成为专业的配送中心。

4) 生产企业配送

生产企业配送以生产企业为组织者，即生产企业直接把其生产的产品配送到零售网点。这类生产企业一般是生产地方性特点较强的产品，如食品、饮料、百货等，同时还拥有较为完善的配送网络和较高的配送管理水平。

2. 按配送商品的数量和种类划分

1) 单(少)品种大批量配送

企业的货物需求量较大，单独一个品种或仅少数品种就可保持较大输送量，可实行整车运输，这种货物往往不需要再与其他商品搭配，可由专业性很强的配送中心实行配送。由于配送量大，可使用大吨位车辆并将车辆满载，配送中心设置也不需要太复杂，配送组织、计划等工作也比较简单，因而配送成本较低。单品种大批量配送的范围较窄，当可用火车、汽车、船舶将商品直接送达客户且不致使客户库存效益变差时，采用直接配送方式往往能获得更好的效益。

2) 多品种少批量配送

多品种少批量配送是按客户要求，将其所需的各种商品(每种需要量不大)配备齐全，凑整装车后由配送据点送达客户。各生产企业所需的重要原材料、零部件一般需要量大，要求较均衡，采取直接或单品种大批量配送方式较为合适。但是，现代企业生产所需的物料，除了少数几种重要货物外，从 ABC 分类方法所体现的重点和非重点种类数来看，处于 B、C 类的货物种类远高于 A 类重要货物。这种品种数量多，但需要量不大，采取直接或大批量配送方式必然会加大一次进货批量，造成客户库存增大，库存周期拉长，占用大量资金。类似问题也出现在向零售商店补充配送和向家庭的配送。多品种少批量配送对配货作业的水平要求很高，要求高水平的组织工作保证和配合。高水平、高技术的配送方式及配送的特殊成效，主要反映在多品种少批量的配送中。这种方式也正切合现代社会"消费多样性""需求多样性"的观念。

3) 配套成套配送

配套成套配送是按企业生产需要，尤其是装配型企业生产需要，将生产所需全部零部件配齐，按生产节奏定时送达生产企业指定地点，生产企业随即可将此成套零部件送入生产线装配产品。采取这种配送方式，配送企业实际承担了生产企业大部分的供应工作，使生产企业能专心于生产。

3. 按配送的时间和数量划分

1) 定时配送

定时配送是指按规定的时间间隔进行配送，每次配送的品种及数量可以事前拟订长期计划，规定某次多大的量，也可以在配送时日之前以商定的联络方式(如电话、计算机终端输入等)通知配送品种及数量。这种方式由于时间固定，易于安排工作计划，对客户来讲，也易于安排接货的人力物力。但由于备货的要求下达较晚，集货、配货、配装难度较大，在要求配送数量变化较大时，也可能会使配送的合理安排出现困难。

2) 定量配送

定量配送是指按规定的批量进行配送，但不严格规定时间，只是规定在一个指定的时间范围内配送。这种方式由于数量固定，备货工作较为简单，不用经常改变配货备货的数量，可以按托盘、集装箱及车辆的装载能力规定配送的定量，这就能有效利用托盘、集装箱等集装方式，也可做到整车配送，所以配送效率较高。由于时间不严格限定，可以将不同客户所需物品凑整车后配送，运力利用也较好。对客户来讲，每次接货都处理同等数量的货物，有利于人力和设备的准备安排。

3) 定时定量配送

定时定量配送是按规定的配送时间和固定的配送数量进行配送。这种方式在客户较为固定，又都有长期的稳定计划时采用有明显优势，综合了定时、定量两种方式的优点。这种方式虽较理想，但特殊性强，计划难度大，适合采用的对象不多，不是普通的配送方式。

4. 按配送的经营权限划分

1) 物流模式

物流模式的配送只进行物流作业，商品经营决策或者说商流的任务由相关部门来完成，如实施自营配送的连锁企业，商流工作由连锁总部的商品部负责，配送中心只负责配送和相关物流作业。

2) 授权模式

授权模式的配送是指一些企业或连锁总部将商品采购权及定价权授予配送中心，企业或连锁总部则保留商品组合、批发销售以及业务监督的权力。配送中心既负责商品配送，也负责配送商品的采购。

3) 配销模式

配销模式的配送是指既负责商品采购，也可以向客户直接批发销售商品的配送。配销模式的配送中心一般是相对独立的利润中心。

5. 按配送的专业化程度划分

1) 综合配送

综合配送所配送的商品种类繁多，且来源渠道不同，是在一个配送据点中组织对客户的配送,因此综合性强。同时,由于这种特性也决定了它可以减轻客户进货的负担,客户只需和少数配送企业联系,便可以满足其多种需求。

2) 专业配送

专业配送按产品性质和状态划分专业领域。这种配送方式可以优化配送设施,合理配备配送机械、车辆,并能制定合理的工艺流程,以提高配送效率。诸如中小杂件配送、金属材料配送、化工产品配送、生鲜食品配送等,都属于专业配送。

6.1.5 配送服务的特点与主要流程

1. 特点

配送是在采用各种运输方式的基础上,综合考虑企业的成本、服务水平所拟定的合理的输送模式,它具有如下特点。

(1) 配送是送货、分货、配货等活动有机结合的整体,同时还与订货系统紧密联系,其功能是多样化的。

(2) 配送的全过程有现代化技术和装备的保证,在规模、水平、效率、速度、质量等方面远远超过以往的送货形式。

(3) 配送是一种专业化的分工方式,是大生产、专业化分工在流通领域的体现。

(4) 配送是按用户需求进行的商品组配与送货活动,用户处于主导地位,配送企业处于服务地位。配送的基本作业流程如图 6-1 所示。

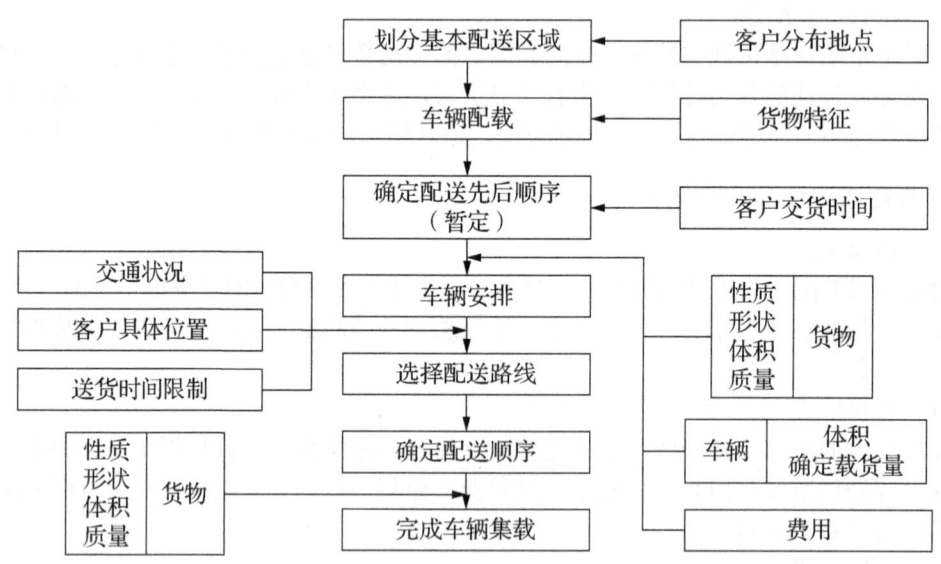

图 6-1 配送的基本作业流程

2. 主要流程

配送服务的主要流程如下所述。

(1) 划分基本配送区域。先将所有客户所在的具体位置进行统计并进行划分,再将每一个客户划分在不同的基本配送区域中。例如,按行政区域或交通条件划分不同的配送区域，再做弹性调整。

(2) 车辆配载。首先对特性差异大的货物进行分类，分别采取不同的配送方式和运输工具，如按冷冻食品、速冻食品分类配载。然后，初步确定哪些货物可配在同一辆车中，并做好车辆的初步配装工作。

(3) 确定配送先后顺序。根据客户订单要求的送货时间将配送的先后作业次序做大致的预计，保证送货时间，提高运作效率。

(4) 车辆安排。它是指安排什么类型和吨位的车辆进行最后的送货，必须考虑车辆的容量和载重量是否满足订单的要求。当企业的车辆无法满足要求时，可使用外雇车辆，也可组建自营车队，选哪种方式，必须视经营成本而定。

(5) 选择配送路线。在考虑车辆安排、交通状况、客户具体位置、送货时间约束等情况时，选择最佳的配送路线，可实现车辆运行效率和效益最大化。

(6) 确定配送顺序。它是在配送路线选择的基础上，根据不同客户的送货时间、客户要求的具体到货时间等要求，确定最佳的配送顺序。

(7) 完成车辆集载。它是根据货物的特点和车辆承受能力，将已装上车的货物合理地、适当地摆放，实现车辆利用率最大化。

6.1.6 配送模式

按照配送服务的提供主体，大致有以下几种配送模式。

1. 配送中心配送

这种配送模式的组织者为专职从事配送业务的配送中心。配送中心配送的货物数量大、品种多，辐射区域的半径大，配送能力强，可以承担企业生产用主要物资的配送以及向商店补充性配送等。它是配送的主体形式，由于需要大规模的配套设施，投资较大，且一旦建成机动性较差，因此也有一定的局限性。

2. 商店配送

商店配送模式的组织者是商业或物资经营网店，主要承担零售业务，规模一般不大，但经营品种齐全，容易组织配送；其实力有限，但网点多，配送半径小，比较机动灵活，可承担生产企业非主要生产用物资的配送，是配送中心配送的辅助及补充形式。

3. 仓库配送

仓库配送是以一般仓库为据点进行的配送，在仓库保持原有功能的前提下，增加配送功能。仓库配送的规模较小，专业化程度低，可以利用仓库的原有资源而不需大量投资，上马较快。

4. 生产企业配送

这种配送的组织者是生产企业，尤其是进行多品种生产的企业，可以直接由企业配送，无需再将产品发运到配送中心进行中转配送。由于避免了一次物流的中转，因此具有一定的优势，但无法像配送中心那样依靠产品凑整运输取得优势。

6.1.7 运输与配送的区别与联系

1. 区别

1) 活动范围不同

配送通常是指短距离的货物转移，通常在同一城市和同一地区。而运输活动则空间较大，可以是不同国家、不同城市和不同地区之间的短距离或长距离的货物转移。

2) 对象和功能不同

配送包括物流环节中的分拣、加工、包装、配送、运输等多个环节，通常是小批量、多批次、多品种的产品转移。对象可以是制造商、中介机构或消费者。生产者可以在生产过程中直接使用其经销的产品，消费者可以直接使用其经销的产品。运输是指大量长途货物的转移，在运输过程中具有仓储功能。

3) 责任不同和客户积极性不同

配送应为客户提供主动服务。在配送过程中，应注意满足顾客的各种需求，提高顾客的满意度。运输是一种被动的服务，只需要按时、按质、按量地将产品运到目的地即可。

4) 运输工具和运输方式不同

配送在运输工具和运输方式的采用方面相对单一。一般来说，它是一种短途运输车辆，多数车辆承载能力小。运输可以采用不同的陆路、海路和航空运输方式，或者多种运输方式的组合。

2. 联系

运输与配送都是线路活动。根据物品是否产生位置移动，物流活动被分为两大类，即线路活动和节点活动。产生位置移动的物流活动称为线路活动，否则称为节点活动。

节点活动是在一个组织内部的场所中进行，不以创造空间效用为目的，主要是创造时间效用或形质效用，如在工厂内、仓库内、物流中心或配送中心内进行的装卸、搬运、包装、储存、流通加工等，这些活动都是节点活动。

线路活动必须通过运输工具在运输线路上移动才能实现物品的位置移动，运输显然是线路活动。配送以送为主，当然产生位置移动，也是线路活动。实际上，配送是运输功能的延伸，是根据用户的需要，在实现物品位置移动的同时增加节点活动的内容。

6.1.8 节约里程法

节约里程法是用来解决运输车辆数目不确定的问题的最有名的启发式算法。又称节约算法或节约法，可以用并行方式和串行方式来优化行车距离。

1. 核心思想

节约里程法核心思想是依次将运输问题中的两个回路合并为一个回路，每次使合并后的总运输距离减小的幅度最大，直到达到一辆车的装载限制时，再进行下一辆车的优化。优化过程可分为并行方式和串行方式两种。

2. 基本规定

利用节约法确定配送路线的主要出发点,即根据配送中心的运输能力和配送中心到各个用户以及各个用户之间的距离来制定使总的车辆运输的吨公里数最小的配送方案。其需要满足以下条件。

(1) 满足所有用户的要求。
(2) 不使任何一辆车超载。
(3) 每辆车每天的总运行时间或行驶里程不超过规定的上限。
(4) 满足用户到货时间的要求。

3. 基本思想

为达到高效率的配送,使配送的时间最小距离最短成本最低,而寻找的最佳配送路线。

4. 典型例题

已知配送中心 P_0 向 5 个用户 P_j 配送货物,其配送路线网络、配送中心与用户的距离以及用户之间的距离如图 6-2 所示,配送中心有 3 台 2t 卡车和 2 台 4t 两种车辆可供使用。利用节约里程法制定最优的配送方案。

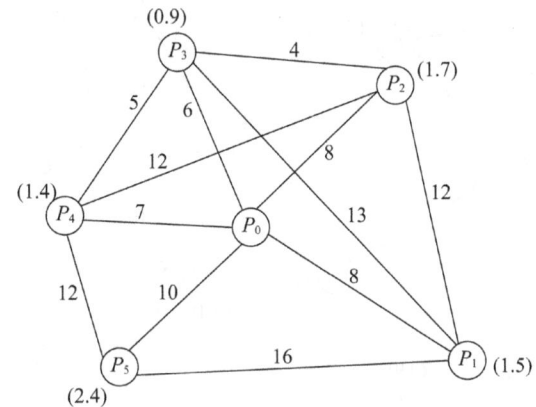

图 6-2 节约里程法例题

思路分析。

(1) 制作运输里程表,列出配送中心到用户及用户间的最短距离,如图 6-3 所示。

	需求量	P_0				
P_1	1.5	8	P_1			
P_2	1.7	8	12	P_2		
P_3	0.9	6	13	4	P_3	
P_4	1.4	7	15	9	5	P_4
P_5	2.4	10	16	18	16	12	P_5

图 6-3 运输里程表

(2) 按节约里程公式求得相应的节约里程数，如图 6-4 所示。

(3) 将节约里程按从大到小顺序排列，如图 6-5 所示。

需求量	P_0				
1.5	8	P_1			
1.7	8	12	P_2		
		4			
0.9	6	13	4	P_3	
		1	10		
1.4	7	15	9	5	P_4
		0	6	8	
2.4	10	16	18	16	12	P_5
		2	0	0	5	

图 6-4 节约里程数表

序号	路线	节约里程
1	P_2P_3	10
2	P_3P_4	8
3	P_2P_4	6
4	P_4P_5	5
5	P_1P_2	4
6	P_1P_5	2
7	P_1P_3	1
8	P_2P_5	0
9	P_3P_5	0
10	P_1P_4	0

图 6-5 节约里程数排序

(4) 根据载重量约束与节约里程大小，顺序连接各客户结点，形成两条配送线，如图 6-6 所示。

$$P_2P_3 - P_3P_4 - P_2P_4 - P_4P_5 - P_1P_2 - P_1P_5 - P_1P_3 - P_2P_5 - P_3P_5 - P_1P_4$$

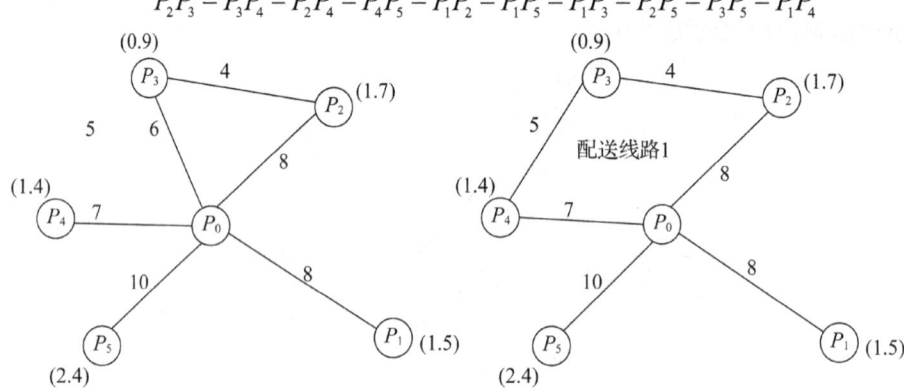

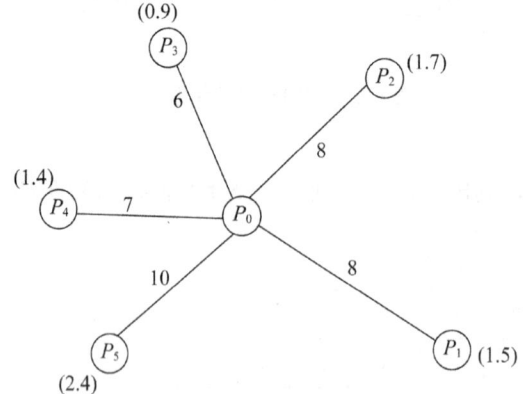

图 6-6 配送路线

得出结果。

配送线路一：运量=1.7t+0.9t+1.4t=4t。运行距离=8km+4km+5km+7km=24km。用一辆 4t 车运送，节约距离为 18km。

配送线路二：运量=2.4t+1.5t=3.9t<4t。运行距离=8km+10km+16km =34km。用一辆 4t 车运送，节约距离为 2km。

初始方案：配送线路 5 条，需要车 5 辆，配送距离=39×2=78km。

优化后的方案：2 条配送路线，2 辆 4t 车，配送距离=24km+34km=58km。

6.1.9 无人配送概述

1. 无人机技术概论

无人机即无人驾驶飞行器，是一种遥控飞行器，在国防和商业领域发挥着重要作用。随着技术的不断发展，无人机的运用从以前的飞行玩具越来越多地用于边境监视，军事演习等军事目的。同时，无人机技术还被用于各种商业应用，例如监测、测绘、精准农业、航空遥感和产品交付。根据有关行业预测，无人机技术的运用在商业上可能有显著增长。在当下，就有许多物流公司正在考虑将无人机用于物流应用。利用无人机提供包裹的行为日益增加，这导致风险资本家在该领域进行了大量投资，如图 6-7 所示。

图 6-7 货运无人机

2. 无人机技术在物流领域的应用

1) 城市交通复杂化使无人机技术应运而生

城市人口的快速增长是近年来的一大发展趋势，并且可以预见这种增长将继续下去。城市扩张导致基础设施项目无法跟上，从而使城市交通效率低下。由于 60% 的政策制定者预计将在未来 15 年内限制私人汽车在城市中的使用，因此无人机可以通过接管小型包裹运输市场来降低路面运输的数量，从而提高物流运送效率。在国外，亚马逊已经为无人机运货对接站创建了一项专利，这些对接站可以放在路灯上，以应对新兴的无人机交付市场，如图 6-8 所示。

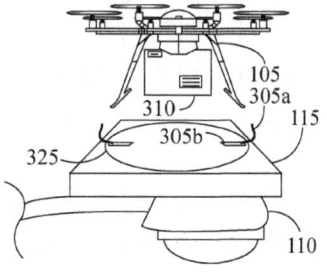

图 6-8 亚马逊的无人机专利

2) 无人机技术能帮助农村地区进行货物配送

农村地区基础设施薄弱，地理条件恶劣。而无人机将能够廉价地将货物运送到农村这个运输历史上以高运输成本为特征的低容量地点，在美国，其快递行业领头公司联邦物流已经开始测试使用无人机在马萨诸塞州农村地区提供应急物资。而在国内，阿里巴巴旗下的菜鸟物流也有意向通过无人机为我国广大农村地区提供配送服务。

3) 无人机技术在物流领域的使用能提高其效率

使用无人机对配送中心进行扫描，对仓库、码头或其他物流设施等基础设施进行信息数据收集有可能提高物流公司的效率。无人机能够比人类更快地验证仓库容量和定位仓库中的物品。例如无人机首次在美国被使用，是为了巡逻他们的阿拉斯加油田和管道，这对于需要几周时间进行工作的人来说是一项危险的任务，而在几分钟内无人机就可以安全地完成这项任务。将无人机的扫描功能提升到更高水平，提高其监控能力，对物流公司而言将会大大提升其运转效率，如图 6-9 所示。

图 6-9　京东 JDX-500 "京蜓" 自转旋翼支线级物流无人机

3. 无人机技术在物流领域的优缺点

现下的无人机技术还不能完全运用于物流行业中，因为无人机技术在物流领域的运用中除了众多的优点外，也存在着相应的缺点，下面将其存在的优缺点进行相应的比较。

1) 无人机技术应用于物流领域的优点

(1) 商品交付更加快捷。物流领域无人机的使用主要用于交付商品。这项功能的实现可以通过编程设备完成，然后通过相应程序将无人机从总部转送到指定区域。这样就使商品的交付能通过空中运输进行，不会因为交通拥堵或者天气恶劣影响转送速度。

(2) 提升物流公司运行效率。物流领域无人机技术的使用可以使工作人员将精力专注于其他同样重要的物流领域，使物流公司能在相同的职员工作范围内完成更大量的工作。

(3) 节约能源。无人机可帮助工作人员进行送货的同时节省其工作量，因此物流公司所在的配送中心内的机械设备可以进行更快速的工作，对比人工拣货送货，利用无人机技术进行物流配送能提升配送中心机械设备使用效率，从而可以最大限度地减少能源的使用风险及节约能源。

(4) 节约人工成本。无人机技术的使用相当于增加了物流领域员工的数量，通过无人机携带物体并通过遥控系统将携带的物品运送到其他地方，可以让物流公司减少用工，降低人工成本。

(5) 保障安全。运用无人机进行送货还能防止事故发生，新闻中时常有报道物流配送员为了进行货物配送出现交通事故。当使用无人机时，工作人员将不再需要冒生命危险进行配送，可以保障安全生产。

(6) 准确性。在向正确的接收者交付产品时，无人机更有效率。与人类相比，无人机发生错误的可能性更少，其进行货物配送的准确率更高，出现错误收件人的事件会大大减少。

2) 无人机技术应用于物流领域的缺点

(1) 无人机用于物流可能导致空中交通堵塞。频繁的无人机运货活动可能会对空中交通造成危害，在 2016 年，成都双流机场就爆发过因为无人机频繁飞行导致民用客机无法起降的恶性事件。无人机和载人飞机在同一地区一起飞行可能会对载人飞机造成不必要的干扰。因此，当前我国的政策对是否需要放开无人机的空中管制还需要进一步讨论。

(2) 无人机用于物流可能会造成更多基础设施的建设。无人机要进行货物配送，就需要有相应的基础设施保障其起落，这对于物流公司来说是一笔不小的支出。此外，这些无人机使用的基础设施的建设是否会对我们现存的设施产生危害也是个未知数。因此，这也是当下无人机技术运用于物流行业中的一个疑点。

(3) 客户安全和隐私得不到保障。几乎可以肯定的是，无人机将需要 GPS 跟踪来准确定位和交付产品。相机也可以成为引导无人机穿越周围环境的绝佳方式。当然，即使无法使用相机，也需要进行其他形式的识别，例如输入二维码或交易码，以确保交付给正确的人。因此，值得关注的是，这些关于消费者身份的机密信息该如何保存和使用。可以预见的是，使用无人机技术进行物流配送对消费者的安全和隐私保护是一大挑战。

(4) 无人机技术应用带来的失业问题。如果无人机接管所有物流需求，可以肯定许多仓库工作岗位将不复存在，虽然该技术有可能创造新的就业机会，但其中许多就业机会肯定需要熟练的劳动力和再培训才能进行使用，因此有很多人不得不失业，这个问题也是无人机技术在物流领域运用中无法避免的。

4. 无人车技术在物流配送中的应用

近年来，随着各类新科技不断发展迭代，"互联网+"与物流行业的深度融合，以及新商业模式的需求与刺激，物流行业已经从劳动密集型向数字智能化转变。基于技术升级的新零售物流体系，智能化技术的发展应用由整体规模化向具体场景的结合越发显著，仓储、运输、配送等众多环节的智能化、数字化升级正成为各家物流企业的重点发展战略，无人技术更是其中重要的一环。尤其过去的两年，物流无人科技从实验室的概念逐步发展成熟并走向了场景应用，无人仓、无人机、无人重卡、无人配送车纷纷进入大众视野，中国物流行业正式进入了全方位无人化的时代。

而相较于无人机在城市空间因为安全性受到的政策限制，无人车的应用空间则有更加广阔的选择，不仅适合开放密集的楼宇、城市 CBD，也可以在居民社区、校园、工业园区等封闭或半封闭的环境内运行。在这个背景下，电商与物流行业巨头纷纷加大了在无人配送车研发方面的投入，最后 1km 无人配送"战场"也变得竞争越来越激烈，如图 6-10 所示。

和易生活在 2018 年提出无人驾驶概念，并开始进行策划与技术研发。在项目设立之初，就以无人车的产品化及商业落地为核心目标，将发展重心放在最后 5km 的短途商用车领域。在技术上，和易生活也有重大突破，制造成本大幅降低。但在现阶段，无人驾驶技术的应用还仅限于低速与限定场景，比如物流、共享出行、公共交通、环卫、零售等领域。和易无人商用车目前主要车型分为配送型、货运型、零售型，并正在向其他行业拓展。

图 6-10　物流无人车

1) 配送型无人驾驶物流车

即时配送，是基于移动互联网渠道打通商家与用户的联系，商家通过配送平台满足用户同城 1～5km 地域范围、0.5～3h 内送达的订单需求。即时配送的应用场景主要分为餐饮、同城物件和快递配送三大类。餐饮涉及正餐、下午茶、夜宵、小吃零食、果蔬生鲜、酒水香烟等；同城物件包括医药品、日用品、鲜花、个人物品、商务文件、家电家具、礼物玩具等；快递是指"最后一公里"的快递配送业务，如图 6-11 和图 6-12 所示。

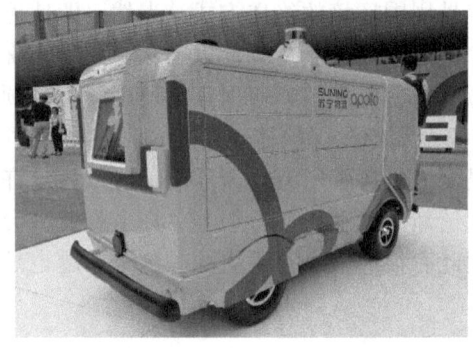

图 6-11　京东无人驾驶快递车

图 6-12　末端配送无人驾驶物流车

2) 货运型无人驾驶货运车

货运车的主要应用场景是仓库搬运，利用无人驾驶技术实现"仓到仓""点到点"的无人驾驶物流场景作业。物流的核心在于调度，中间运输环节的核心则是安全和成本。借助无人驾驶技术，装卸、运输、收货、仓储等物流工作将逐渐实现无人化和机器化，促使货舱调度降本增效。

3) 零售型无人驾驶零售车

有业内人士认为，新零售的下一个"战场"就是移动零售。无人驾驶技术让零售实体店突破了以往的区域限制，打破了线下有形场景与线上无形场景的边界，实现零售业态的全面升级。本质上，无人驾驶零售就是一条渠道，它立足于"让商群无限接近客群"。无人车就是一个移动商店，是扫码购物、拿了就走的无人商店。除此之外，和易生活还为各厂商提供各种领域的无人驾驶技术支持。例如：无人环卫车、无人农用机械等。为各行业领域的不同需求，提供技术支持与定制开发服务，如图 6-13 和图 6-14 所示。

图 6-13 智能快递车

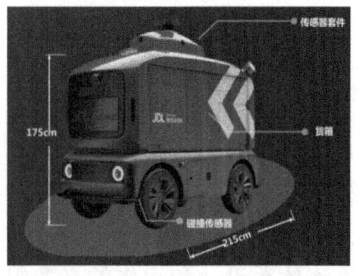

图 6-14 零售型无人驾驶零售车

5. 智能快递车配送业务

1) 智能快递车产品介绍

智能快递车主要应用于城市"最后一公里"配送业务，从站点配送至写字楼、高校园区、居民社区、商业区等地。配送机器人在配送站完成商品装载，根据目的地进行自主路径规划。在行驶过程中遇到行人、车辆等障碍物，能够避障行驶。遇到十字路口时能够识别红绿灯，作出行驶决策。到达指定位置后通过电话、短信方式通知用户收货，支持验证码、人脸识别方式取货。

2) 智能快递车配送流程

(1) 智能快递车完成外卖及其他包裹装载，根据目的地，自主进行路径规划。

(2) 在十字路口能够识别红绿灯，作出行驶决策。

(3) 在行驶过程中遇到行人、宠物、车辆等障碍物，能够自动避障行驶。

(4) 到达取货站点位置后通过短信通知住户收货，验证码或二维码取货，等到一定等待时间后自动返程至配货点。

6. 室内配送机器人

室内配送机器人的产品介绍如下。

①产品功能：楼宇内包裹的无人配送。②货箱特点：模块化可定制组合。③优势技能：自由移动、自主避障、自动回充、智能规划路径、自主上下电梯、自主通过门禁、自主通过闸机等。④业务内容：对接京东商城实现送货上门、楼宇内部文件的传送、对接四通一达实现三方订单的配送、对接外卖订单实现外卖订单的配送。⑤产品特点：无接触配送，安全可靠；乘梯配送，自行上楼；智能识别，自动驾驶；多种模式，多种选择；取货安全便捷；自主建图、自主返航充电。室内配送机器人如图 6-15 所示。

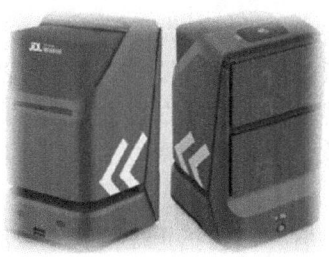

图 6-15 室内配送机器人

6.2 物流客户服务

客户服务是提高竞争优势的重要因素，是物流企业的核心竞争力，它直接影响到企业整体运作水平，已经成为企业提高市场竞争力的重要手段。物流行业是一个依靠服务竞争的行业，加强物流管理、改进客户服务是创造物流企业持久竞争力的有效手段。客户服务是整个物流体系设计和运作的必要组成部分，通过物流活动提供时间与空间效用来满足客户需求，是物流企业功能的产出或最终产品。物流客户服务无论是面向生产的物流，还是面向市场的物流，其最终产品是提供某种满足物流客户需求的服务。因此，物流客户服务战略是物流企业的核心发展战略，对物流企业的发展有着重要的影响和意义。

6.2.1 物流客户概述

1. 客户的内涵

对于客户，一般定义为：客户是购买产品或服务的主体。在现代物流企业中，客户的概念已经更新，它的新特点如下所述。

(1) 客户不完全是产品或服务的最终接受者。处于供应链下游的企业是供应链上游企业的客户，下游企业可能是物流服务的提供者、批发商或零售商，但最终产品或服务的接受者可能是其他个人或法人而不是下游企业。

(2) 客户不一定是用户。供应链下游的批发商与零售商是供应链上游制造商的客户，当他们开始消费这些产品或服务时，才可以把他们叫作用户。

(3) 客户不一定在企业之外。对于产品或服务的提供者而言，企业内部的工作人员和供应链上下游企业都应该被视为内部客户。内部客户越来越受到企业的重视，它是企业服务链条完美结合的纽带，加强对企业内部客户的服务意识，才可以使整个供应链的服务水平得到提高。

综上所述，在供应链环境下，个体的客户和组织的客户都称为客户，因为无论是个体还是组织都是接受物流企业服务的对象，从最终结果来看，"客户"的下游依然是客户。所以说，物流客户是相对于物流服务的提供者而言的，物流客户是所有接受产品或服务的组织和个人的总称。

2. 物流客户的分类

物流客户可以按照以下几种方式进行分类。

(1) 按时间顺序分类，物流客户按时间顺序可以分为以下几类。

第一种类型的客户：过去型客户，它指在过去某个时间点购买过产品或服务的人。这种类型的客户可能只消费过一次，也可能消费过多次，我们将这种曾经参与过消费的人称作过去型客户。

第二种类型的客户：现在型客户，它指正在购买企业的产品或服务的人。不管是第几次参与消费、交易成功与否，我们都将这种消费者称作现在型客户。

第三种类型的客户：未来型客户，它指未来可能购买企业产品或服务的人。这些人包括现在没有消费能力但将来有消费能力的人、现在没有消费需求但将来有消费需求的人。我们将这些潜在的客户称之为未来型客户。

(2) 按所处的地理位置分类，物流客户按照所处的地理位置可以分为内部客户与外部客户。

① 内部客户是指企业内部的股东、管理人员、基层工作者、财务人员、主管等各个岗位的人。他们有两重身份，对于企业来说，他们是企业的内部工作人员，在面对外部客户的时候，他们属于产品或服务的提供者。但是当他们面对企业的产品或服务时，他们也可以是客户。

② 外部客户有显性型客户与隐性型客户之分。二者的区别有以下几点：第一，是否具有足够的消费能力；第二，对某种产品或服务是否有消费需求；第三，是否了解商品的基本信息与购买渠道；第四，是否可以立即为从业人员带来销售收入。

(3) 从市场营销的角度分类，从市场营销角度可以将客户分为以下三类。

① 经济型客户，这种类型的客户主要关心用最少的时间与金钱得到最大化的产品或服务，他们购买产品的动机之一可能只是觉得便宜。

② 个性化客户，这种类型的客户希望自己得到的产品或服务不具有共性，而是具有"个性"，可以区别于同类型的产品，从而提升自身的满足感。

③ 方便型客户，这种类型的客户选择产品或服务的标准在于"方便"，他们希望通过该产品或服务可以为自身节省更多的时间。

(4) 从物流客户的角度进行分类。

从物流客户角度分类是物流领域最常用的一种方法，物流客户一般可分为三个层次，即常规客户、潜力客户和优质客户。

① 常规客户。物流企业通过给所占比重较大的常规客户让利，提高这部分客户的满意度，从而吸引更多的忠实客户，占领更大的市场。虽然这部分客户群体占比较大，但给物流企业创造的利润很少，所以物流企业希望通过让利来继续开发这部分客户的价值。

② 潜力客户。这类客户希望从物流企业手里获取产品或服务附加价值以及额外收益，物流企业为了维护与这部分客户群体的关系，常常与他们结成"战略联盟"的关系，以此来实现双赢的目的。另外，这部分客户群体也有形成物流企业的优质客户的潜力。

③ 优质客户。这类客户群体是物流企业必须与其维护好关系的最重要的客户群体，这部分客户除了希望获得企业的直接利益，还希望获得精神上的满足感。他们所占比重不大，但对企业利润作出的贡献很高，物流企业有必要维护好与他们的关系。

企业的资源是有限的，任何一个企业不会把它拥有的所有资源平分给所有客户。对于物流企业来说，应该把资源合理分配，给优质客户以及潜力客户以较大的比重，从而达到企业利润最大化的目的。另外，物流企业可以合理利用一部分资源，设计出有个性、有针对性的产品或服务，以挖掘常规客户与潜力客户的价值，为物流企业创造更高的价值。

6.2.2 物流客户服务概述

1. 物流客户服务的概念

任何能够提升客户满意度的服务项目，都属于客户服务的范畴。满意程度是客户"期望"的待遇与"获得"的待遇之间的差距。差距的形成有很多原因，包括产品的设计、广告的宣传、企业文化、员工的行为、客户的素质和客户接受服务时的情绪等，这些因素都很重要，但对企业来说很难控制。因此，企业要想控制这些因素，需要恰当的理论方法与技术手段。作为管理理念的客户服务，要求企业把"以产品为中心"的经营理念转变为"以客户为中心"，充分肯定客户至上的理念。

2. 物流客户服务基本理论

客户服务的基本理念，国外倾向于将市场营销理论、客户满意理论、客户关系管理结合起来进行研究。从"4Ps"组合营销理论到"4Cs"客户满意理论再到"4Rs"关系营销理论，企业加强了对客户服务的关注力度，同时重视通过提高客户满意度维护双方良好的合作关系。

1990年，美国学者罗伯特·劳特朋(Robert Lauterborn)教授提出了与传统营销的4Ps相对应的4Cs营销理论。"4Ps"营销组合向"4Cs"营销组合的转变，具体表现在产品向顾客的转变，价格向成本的转变，分销渠道向方便转变，促销向沟通的转变。"4Cs"营销理论主张以客户为导向，对客户的研究更加深入具体，对客户的关注程度进一步提高。

3. 物流客户服务的机制

物流客户服务的展开要求企业能够充分发挥其机制，只有物流客户服务的机制充分发挥出来，其目的才能达到。物流客户服务的机制主要包括沟通机制、可靠机制、反应机制、保障机制和满意机制。

沟通机制是指用顾客能够理解与接受的方法，及时向顾客提供信息，同时收集顾客的需求与反应。可靠机制是指通过提供顾客服务的品质标准，保持顾客服务的内容连贯性和固有的特征即稳定性，从而使顾客对企业产生强烈的信赖感，这就是顾客服务的可靠机制。反应机制是指企业必须迅速对顾客的细微需求和要求作出反应。保障机制是指企业对顾客的承诺和保证，包括品质的保证、使用的安全、价格的合理等。满意机制是指通过使顾客满意的服务活动，提供给顾客最大的利益，从而使顾客对企业产生最大的好感。

以上5个物流客户服务机制的充分发挥，有利于提升客户满意度，提高企业的信誉，提高企业利润，增强企业的综合竞争力。

4. 物流客户服务的基本要素

物流企业的客户服务，根据提供物流服务的流程，可以划分为三个部分，即交易前服务要素、交易服务要素和交易后服务要素。这三类要素属于不同的阶段：了解客户的需求和期望，进行服务涉及的阶段；满足和超越客户需求，提供服务的阶段；确认客户是否满意和弥补不足的阶段。

1) 交易前服务要素

交易前服务要素是一种积极的、超前的客户服务要素，这种要素可以促使客户提前感知企业的服务文化。主要包括客户需求调查、企业政策、组织结构、系统柔性、物流服务的特色设计、客户宣传咨询等。

2) 交易服务要素

物流企业在获得客户订单后，客户服务进入满足和超越客户需求的阶段，开始重点考虑交易服务要素。主要包括订单处理、备货、运输、考虑库存、加工配送、信用等。

3) 交易后服务要素

物流企业与客户的交易结束后，客户服务的第三个阶段开始，即确认客户是否满意和弥补不足的阶段。这个阶段包括发票的准确性、货物的完好性、包装的回收、收集客户的意见等。

6.2.3 物流客户需求分析

1. 物流客户需求的价值种类

物流需求是指在一定时期内的社会经济活动对生产、流通、消费领域的原材料、半成品、成品以及废弃物等的配置作用而产生的对物资在空间、时间和费用方面的要求，涉及运输、存储、库存、包装、流通加工、配送、物流信息处理等物流活动的诸多方面。物流的独特优势在于能够帮助客户获得利润、价格、服务和信息的准确性，使客户的收益最大化。

客户对物流企业的服务需求，按照价值分类可分为以下几种。

1) 关注成本价值

制造业企业希望通过物流企业的帮助来降低成本。原因在于当前市场上的一部分企业已经拥有足够的市场份额，其商业目的不再只是通过销售更多的产品来获得更多的利润，而是希望通过改革企业内部的管理模式与组织架构来降低企业内部的成本，最终达到提高客户服务水平与增加利润的目的。

通过物流服务可以降低企业的各项成本，主要体现在以下几个方面：企业将物流业务外包给物流公司，减少了设备维护、存储和运输、员工薪酬等各项费用的支出，将企业的固定成本转变为可变成本，对于业务量受季节性变化的企业来说，效果更加明显；物流公司可以通过自身广泛的站点网络实施共同配送，集中配载不同客户的货物，大幅度降低单位运输成本；物流公司有足够先进的信息技术，因此，企业不需要物流信息系统方面的投资就可以充分享用更好的信息技术。

2) 关注服务能力价值

一些客户需要通过物流企业的服务，提高自身的服务水平。对于附加值较高的产品或刚进入市场的产品，对服务的需求比较强。服务水平的提高可以帮企业提高客户满意度，增强企业信誉，促进企业的销售，提高企业利润率，继而扩大企业的市场占有率。利用物流服务企业的信息网络和节点网络，能够增强对客户订单的反应能力，从而加快订单的处理速度，缩短交货时间，提高客户满意度。通过物流服务企业先进的信息技术可以加强对在途货物的监控，及时发现和处理运输、配送等各个环节出现的问题，保证货物安全快速地送达客户手中。

3) 关注资金价值

一般情况下,一些客户的资金不够充裕或者对资金的管理比较严格,不希望在物流基础设施等方面投入太多人力和物力。而物流企业可以充分发挥自身的专业化优势和投资潜力,与这类客户达成战略合作伙伴关系,提供可垫付的资金或短期贷款,从而拥有一个长期合作的伙伴。

对于物流服务的需求方来说,可以利用物流企业的运输、配送网络,通过其管理控制能力,提高客户响应速度,加快存货的流通与周转,减少内部的安全库存,降低企业的资金风险。

2. 物流客户需求的层次

物流客户的需求主要分为三个层次。首先是刺激过程,即物流需求的产生源自内在动机和外部激励;其次是客户需求思维,该层次受到思维者各种客观条件的约束;最后是客户需求反应,物流需求者提出对物流服务的各种要求。

1) 客户需求刺激

客户需求刺激过程可分为外部刺激与内部刺激两部分。外部刺激源自物流服务,可以提供科学合理的方案,其中包括库存、保管、配送、运输、包装、装卸等。物流企业提供系统的物流方案充分激活了物流客户的需求。物流需求的内部刺激由基础需求、附加需求和发展需求组成,即首先满足对物流需求者的基本要求,其次附加对物流需求者的特殊性要求,最后提供给物流需求者完整的市场信息、市场准入等延伸服务。

2) 客户需求思维

物流需求者的决策分为三个阶段。首先是需求认识阶段,此阶段物流营销人员的主要任务在于分析物流需求者的各种需求以及判断各种需求产生的内驱力。其次是信息收集阶段,物流需求者在拥有某种需求后会关注这种需求有关的各种产品的信息。信息来源可分为个人来源、商业来源、公共来源和经验来源等。最后一个阶段是可供选择的方案评价阶段。需求者通过对不同物流企业的服务方案属性进行比较并作出综合评价,最后选择合适的方案。

3) 客户需求反应

客户需求反应是其决策的结果,表明物流客户是否接受,又会多大程度地接受物流服务的行为,是物流企业能够根据客户的需求偏好提供合适的物流服务的重要基础。

6.2.4 物流客户的满意度

1. 客户满意的相关概念

菲利普·科特勒(Philip Kotler)认为,客户满意是指一个人通过对一个产品的可感知效果与他的期望值相比较后,所获得的愉悦或失望的感觉状态。亨利·阿塞尔(Henry Assael)也认为,当商品的实际消费效果达到消费者的预期时,就会使消费者获得满意。否则,就会导致客户不满意。西奥多·莱维特(Theodore Levitt)认为,任何企业想要成功,想持续经营,都要改变传统观念,真正地以"客户及其需求为出发点"。真正的以客户为导向的企业所提供的产品不是由企业决定的,而是由客户决定的。

物流服务是一种增值服务，它可以增加客户所获得的空间、时间及产品形状性质转变的效用。物流营销服务可以通过为客户提供产品的附加值，提高客户的满意度。良好的客户服务会提高企业价值，提高客户满意度。因此，客户服务是物流企业的一项重要工作。

2. 客户满意度的衡量标准

客户满意度，也叫客户满意指数，是对服务行业的顾客满意度调查系统的简称，是一个相对的概念。它是客户期望值与客户体验的匹配程度，即客户通过对一种产品或服务的感知效果与期望值相比较后得出的指数。

客户对某项产品或服务满意与否，受到很多因素的影响，比如客户先前的购买经验、口碑、商家的承诺、产品或服务的实用价值等。产品质量的好坏，是客户选择该项产品或服务的关键因素，其次还有服务水平和广告等因素。

客户满意度有很多衡量标准，其中以下几点最为常用：①客户对某项产品或服务的重复购买率。客户对某项产品或服务的购买频率越高，则表示客户对该产品或服务的忠诚度越高。②产品或服务的种类、数量与购买百分比。客户对某种产品或服务的种类、数量和购买百分比越高，客户忠诚度越高。③客户的挑选时间。一般来说，客户对某件产品或服务的关注度越高，挑选时间越久，说明他对该产品或服务的忠诚度越高。④客户对价格的敏感程度。一般情况下，客户对喜欢和值得信赖的产品价格变动的敏感性较低；对于不喜欢和不信赖的产品或服务的价格变动的敏感性较高。⑤客户对竞争产品或服务的态度。如果客户对竞争产品或服务具有较高的兴趣，则很有可能会取代前者，如果对竞争产品没有兴趣，则表明客户忠诚度较高。⑥客户对产品或服务的承受能力。客户对产品或服务质量的一般性或偶然性事故持包容态度，表明客户具有很高的承受能力。

3. 客户满意度分析

客户满意是客户服务的最终目标，客户的满意度和忠诚度是衡量一个企业综合竞争力的重要指标。客户满意是指客户对产品或服务的期望和使用后对产品或服务的感知效果的评价，是感知效果与期望值之间的差异函数。

客户满意受到很多因素的影响，主要包括服务质量、产品质量、产品价格和个人因素等。其中服务质量是由交互过程质量、服务环境质量和服务结果质量决定的。基本的服务质量可以用可靠性、响应度、可信度等来衡量。客户满意度的提高并不意味着企业利润的增加，对稀缺的经营资源进行优化配置，集中加强对高价值客户的满意度的提升，兼顾提升潜力客户满意度与普通客户满意度，有助于加强企业的客户满意度管理。从全部客户满意，到价值客户满意，再到优质客户满意，是一套完整的客户满意度价值回报流程。

6.2.5 物流客户服务的基本方法

1. 缺货的反应调查法

制造商和客户服务战略中最重要的一点就是保证最终客户能够方便及时地了解和购买到所需的产品。所以要加强对零售环节的重视，使制造商调整订货周期、供应比例、运输方式等，尽量避免缺货现象的发生。

制造商的客户包括各种中间商和产品的最终用户，而产品通常是从零售商转销到最终用户手中的。因此，制造商很难判断缺货对最终客户的影响有多大。例如，制造商的产成品仓库中某些产品缺货并不意味着其下游零售商也存在缺货的现象。零售环节的客户服务水平对产品的销售有很大影响，因此，必须了解最终客户对企业的产品或服务的需求水平、必须了解本企业产品以及竞争产品的市场占有率。

因此，企业在制定客户服务策略时，应该切实了解最终消费市场的真实需求，并制定合适的营销战略。企业制造出受市场欢迎的产品，制定出有竞争力的价格，且作出充分的促销策略后，还应该保证产品可以及时地运送给零售商，确保没有缺货的风险。此外，企业在重视客户服务的同时，还要考虑节约成本，保证本企业的利润不受到损失。

2. 成本效益分析法

成本效益分析是通过比较项目的全部成本和效益来评估项目价值的一种方法，成本效益分析作为一种经济决策方法，将其用于政府部门的计划决策之中，可以寻求在投资决策上如何以最小的成本获得最大的收益。该方法也可用于分析物流服务水平与物流成本之间的关系，在提高或保持当前的客户服务水平的同时可以降低物流的总成本，或者是以最低的物流成本实现既定的客户服务水平。

物流的总费用，包括仓储维护费用、运输费用、包装费用、信息或订货处理费用等，这些可以看作是企业在客户服务上的支出，其目标是在这些要素之间实现资源的合理分配，并获取最大的长期收益，即以最低的物流总成本实现既定的客户服务水平。物流成本与物流效益之间是呈现负相关的，物流成本越大，物流效益越低。

虽然存在成本与效益的权衡与费用的预算分配问题，但这种权衡只是短时期内发生的问题。从长期来看，依然可以在多个环节得到改善，企业在降低总成本的同时也可以提高客户服务水平。这种最优的平衡状态是所有物流企业追求的目标。

3. 客户拜访法

对客户拜访的目的是要确定哪些物流服务要素是客户真正重视的，同时了解竞争对手的优势与劣势。企业可以据此进行相应的策略调整，制定相应的客户服务策略。对客户的拜访，通常采用调查问卷的方式。除了物流管理人员与一线人员外，市场部门乃至高层也应该参与到客户的拜访工作中。

首先，物流服务是企业整个市场环节的一部分，市场部门有必要参与此环节的工作。其次，市场营销人员在客户拜访方面最有经验，他们能够帮助物流部门进行问卷调查设计，并对调查结果进行分析。最后，高层对于关键客户的拜访有助于突出企业对于客户服务的重视，更有助于企业高层准确把握市场动态，及时作出相应的战略变化。

通过问卷调查的结果，企业应该加强客户重视的服务要素。企业在把握各个服务要素重要性的同时，也要关注客户对本企业以及竞争对手提供的服务的比较。有了这些信息，企业就可以针对不同的客户对象，制定不同的客户服务策略。除此之外，企业也应该学会与客户进行沟通，以企业自己的方式让客户更好地理解企业的服务，而不是一味地迎合客户需求，导致客户服务成本的增加。

自 测 题

1. 简述物流配送的概念与特点。
2. 对比无人配送在传统配送基础上有哪些改进和提升。
3. 简述物流配送未来的发展趋势。
4. 简述物流客户服务与客户满意的概念。
5. 评价物流客户服务的指标如何选取?评价物流客户服务的方法有哪些?
6. 物流客户服务评价应注意什么?

案 例 分 析

A 物流企业客户服务案例分析

1. A 物流企业的背景

A 物流企业成立于 2003 年 3 月,是一家专业从事国内货物运输、仓储、配送、托运的中小型运输物流企业。自公司成立以来,建立了以铁路运输、公路运输为主,结合包装制作、仓储管理、物流服务一条龙的综合运营体系。公司位于京津塘高速与东五环交界处,交通便利,现分别与全国各大货运单位形成联运的工作方式,每天都有各类型的运输车发往全国各地并且受理全国各地各大、中城市的整车零担、货物托运业务,设有库房,办理中转,可以承接全国大多数大中城市的运输业务。

1) 业务范围

办理北京至全国各地中铁快运、铁路快件、铁路行包等业务;办理北京至全国各地航空普件、航空急件、航空派送、航空异地付款业务;办理北京至上海、广州、成都以及全国各地公路运输业务,大、中、小城市均可到达;办理北京至全国各地长途包车、空车配载业务;办理货物仓储业务并有大量库房出租;办理北京至全国各地的特快专递业务。

2) 专项业务项目

专业为互联网公司服务,如中企动力和天下互联都是该公司的客户;学生行李托运是为了适应市场的发展,也为了给在校大学生提供更多的方便,公司特地开设了为学生提供行李包装托运服务的相关业务;长途搬家业务是为部分公司和个人提供了北京至上海、广州、成都等大城市的长途搬家业务。

2. A 物流企业的客户服务现状

作为一个小规模第三方物流企业,A 物流企业也面临着上述行业困境。具体体现在公司战略上,主要是以产品营销策略为主,通过对运输、储存、装卸、包装、流通加工、配送等基本功能的组织与管理来满足客户物流需求。公司的营销策略为"快递的速度,货运的价格",秉承"安全、准时、快捷、经济"的服务理念,这种对价格营销、对物流过程的重视,在一定程度上提高了物流配送服务的质量,并且从以下三个方面影响客户的满意程度:第一,物流过程通过产品配送提供客户所要求的基本增值服务,包括时间效用与地点效用；第二，物流直接影响其他业务过程中满足客户的能力；第三，配送和其他物流作业经常与客户发生直接联系，影响客户对于产品以及相关服务的感受。

但是这种战略也影响了该公司在相同的成本下进一步提高客户服务水平的能力，这主要体现在以下3个方面。

1) 没有树立正确的物流服务观念

A 物流企业只是把物流服务水平的高低看作是一种销售竞争手段，对物流服务是物流企业核心竞争力的重要组成因素没有引起足够的重视，缺乏整体服务理念和建立稳定的合作关系的意识。第三方物流企业是服务企业，物流服务于从生产到消费的全过程。但很多第三方物流企业仅从自己业务的视角范围内看待自己的服务，而不是从供应链的角度来看待物流服务，因此对服务客户企业的上游、下游了解不够，对他们的战略目标、发展需求了解不够。

2) 没有建立适宜的客户服务目标

A 物流企业在很大程度上以公司内部导向的和竞争对手导向的目标为依据确定他们的客户服务标准，简单地把往年成绩提高一定百分比来作为他们的实施目标，包括发货及时率、到货及时率、客户满意度、订单完成率比上年提高1%，破损率比上年降低25%，这种不明确、不细化的客户服务目标，导致 A 物流企业员工在实际的客户服务过程中可操作性较低。

3) 缺乏完善的服务质量评价指标

基于上述客户服务的目标，A 物流企业也缺乏完善的服务质量评价体系。公司通过对物流服务单据的统计与汇总来进行服务质量评价。每月月底将本月的订单进行汇总，按照订单信息统计出发货及时率、到货及时率、客户满意度、订单完成率以及破损率等数据。在汇总中，对于单据已丢失的服务信息则无法进行统计。这种简单的、不完整的服务质量评价方式，既不能从根本上正确反映 A 物流企业的客户服务水平，也不能得出提高客户服务水平的改进意见，因此极大地制约了 A 物流企业客户服务水平的提高，同时也阻碍了公司的健康发展。

物流服务的信息化，其目的既在于提高物流企业自身的效率，更在于提高物流服务的质量，协助客户随时控制或跟踪物流的节奏。没有业务流程的电子信息化，提供现代第三方物流服务就无从谈起。物流信息建设一直是我国第三方物流企业的薄弱环节，严重影响客户对服务的满意程度。因此，在推进物流企业质量标准化的过程中，服务质量的及时跟踪和有效控制对企业信息系统建设提出了更高的要求，第三方物流企业加快推进信息化建设已迫在眉睫。

(资料来源：https://wenku.baidu.com/view/616c38bba48da0116c175f0e7cd184254b351bf5.html。)

讨论：A 企业在物流客户服务方面还存在哪些有待改进提高的空间？

第 7 章

供应链管理概述

【学习要点及目标】

- 掌握供应链管理的基本概念、理论、类型、原则、基本思想；
- 全面认识供应链管理的策略、供应链合作伙伴选择与评价的方法、供应链的设计与构建；
- 了解当前供应链管理的最新研究方向。

【核心概念】

供应链　供应链管理　QR　ECR　CM　CPFR　绿色供应链　数字供应链　低碳供应链

【引导案例】

知名数据研究机构 Gartner 公布了 2021 年全球供应链 25 强排名，中国仅两家企业上榜，分别是阿里巴巴和联想。阿里巴巴数字供应链再次入选，蝉联中国第一，全球第 10 位。阿里巴巴数字供应链(DChain)是基于 DT 时代的云供应链，目前支持天猫、淘宝、同城零售、天猫国际、淘宝特价版、速卖通、Lazada、盒马、阿里健康、MMC 等多个业务板块的供应链业务，链接了超过 5 万个商家的供给和 6 亿消费者的需求。

7.1 供应链与供应链管理概述

7.1.1 供应链概述

1. 供应链的基本概念

国家标准《物流术语》(GB/T 18354—2021)中将供应链定义为：生产及流通过程中，围绕核心企业的核心产品或服务，由所涉及的原材料供应商、制造商、分销商、零售商直到最终用户等形成的网链结构。

20 世纪 60 年代，彼得·德鲁克提出的"经济链"，这被认为是为供应链起源奠定了基础，此后，迈克尔·波特将"经济链"发展为"价值链"。"价值链"引起了众多学者的重视并在 20 世纪 80 年代左右演变成为"供应链"。但不同时期，学者们从物流、销售、价值增值等多个方面给出了不同的定义，截至目前学者们都没有形成统一的供应链定义，其中贾亚尚卡(Jayashankar)等学者给出的供应链定义得到了业界比较普遍的认可。贾亚尚卡(Jayashankar)等学者认为："供应链是一个独立的或者半独立的实体经济所形成的网络体系，这个体系通过经济实体的企业行为，对一个或多个相关的原材料采购、生产制造和产品的销售发挥重要作用。"

在华中科技大学马士华教授编著的《供应链管理》的书中，对于供应链的定义是："供应链是围绕核心企业，通过对物流、信息流、资金流的控制，从采购原材料开始，制成中间产品以及最终产品，最后通过销售网络把产品送到消费者手中的将供应商、制造商、分销商、零售商，直到最终用户连成一个整体的功能网链结构。"

在研究分析的基础上，本书给出一个关于供应链的定义是："供应链是指产品生产和流通过程中所涉及的原材料供应商、生产商、分销商、零售商以及最终消费者等成员通过与上游、下游成员的连接组成的网络结构。也是由原材料获取、加工、并将产成品送到最终用户手中这一过程所涉及的企业和企业部门组成的一个网络。这不仅仅是一条连接供应商到用户的物流链、信息链、资金链，而且是一条增值链，物料在供应链上因加工、包装、运输等过程而增加其价值，给相关企业都带来收益。"

2. 供应链的特征

供应链并非只是一个简单的单一链状结构，而是交错链状的网络树形结构。供应链之间的竞争并非是简单的企业与企业之间的竞争与合作，而主要是通过这种网络进行的供应链与供应链之间的竞争与合作，通常由一个或若干个核心企业为首的供应链与另一个或若干个核心企业为首的供应链之间的竞争与合作。每个供应链上从上游到下游可能拥有众多不同类别的供应商、制造商、零售商和客户。由此可知，供应链结构异常复杂，致使供应链通常具备层次性、复杂性、动态性、用户需求性、交叉性、创新性及风险性等众多特性。供应链的具体特性如下所述。

(1) 层次性。供应链由不同的企业组成，按照企业在供应链中地位的重要性，可以将其分为核心主体企业、非核心主体企业和非主体企业。主体企业一般拥有较强的综合实力，决定资源的分配，在供应链中起主导作用。主体企业以外的所有企业称为非核心主体企业，在供应链中只是主动响应核心主体企业，对其他企业的带动作用并不突出。

(2) 复杂性。供应链上的各企业所处位置和层次不同，企业之间的关系较为复杂，关系往来和交易也较多，因此，供应链结构较单个企业结构更为复杂。

(3) 动态性。由于供应链上的成员以及成员之间关系的不稳定性，供应链表现出较强的动态性。供应链由于企业战略规划以及适应市场需求变化的需要，要求供应链上各企业动态地更新调整。

(4) 用户需求性。供应链的形成和重构都是基于一定的市场需求而发生的，而在供应链运作过程中，用户需求是驱动供应链上物流、资金流以及信息流等运作的驱动力。

(5) 交叉性。供应链上各个节点企业可以是该供应链上的成员，同时也可以是另外供应链上的成员，具有一定的交叉性。

(6) 创新性。供应链充分考虑了整个物流过程以及影响此过程的各个新旧环节和因素，扩展了原有单个企业的物流渠道。

(7) 风险性。由于市场上消费者需求的不断变化，供应链需求匹配始终是一个难题。一般来说，在实现产品销售的数周或数月之前，生产商必须先确定产品的款式和数量，这一决策直接影响到产品的生产、仓储以及运输等功能。因此，供应链上供需的匹配隐含着巨大的财务和供销风险。

3. 供应链的类型

由于供应链是一个复杂的运作系统，因此必须从不同的角度对其类型进行考察。

1) 根据供应链存在的稳定性，可将其划分为稳定型供应链和动态型供应链

(1) 稳定型供应链。基于相对稳定、单一的市场需求而组成的供应链稳定性较强，即组成供应链的节点企业更新较少。

(2) 动态型供应链。其与稳定的供应链相反，基于相对频繁变化、复杂的需求而组成的供应链动态性较高，即组成供应链的节点企业更新较多。

2) 根据供应链容量与用户需求的关系，可将其划分为平衡型供应链和倾斜型供应链

(1) 平衡型供应链。平衡型供应链容量是恒定的，但用户需求处于不断变化的过程中，当供应链的容量能满足用户需求时，供应链处于平衡状态，此时的供应链称平衡的供应链。

(2) 倾斜型供应链。倾斜型供应链在市场变化加剧时，造成供应链成本增加、库存增加、浪费增加等现象时，企业不是在最优状态下运作，供应链则处于倾斜状态。

3) 根据供应链运作方式不同，可将其划分为推动式供应链和拉动式供应链

有两种不同的供应链运作方式：一种叫作推动式；另一种叫作拉动式，如图7-1所示。

(1) 推动式供应链。推动式供应链对客户订购预期的反应启动推动流程，在推动流程

执行过程中，需求是未知的，因此必须进行预测。推动式供应链的运作方式以制造商为核心，产品生产出来从分销商逐级推向用户。分销商和零售商处于被动接收地位，各个企业之间的集成度较低，通常采取提高安全库存量的办法应对需求变动，因此整个供应链上的库存量较高，对需求变动的响应能力较差。

(2) 拉动式供应链。拉动式供应链的驱动力产生于最终用户，整个供应链的集成度较高，信息交换迅速，可以根据用户的需求实现定制化服务。采取这种运作方式的供应链系统，其库存量较低。对客户订单的反应启动拉动流程，在拉动流程执行过程中，需求是已知的、确定的。

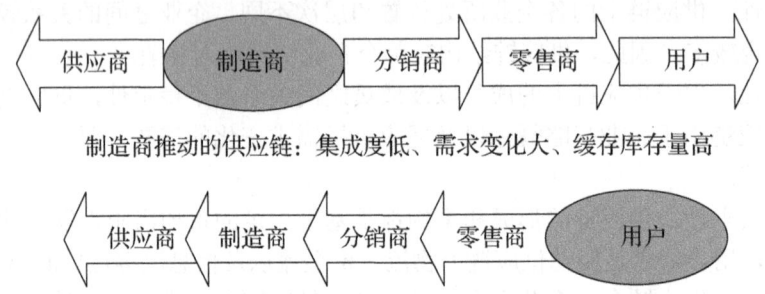

图 7-1　两种不同性质的供应链

推动式供应链虽然整体绩效比较优秀，但对供应链上的所有企业都有较高的要求，对供应链运作的技术基础要求也比较高。而推动式供应链运作方式相对容易实施，但要求其能够把握好终端的需求特征，否则会产生大量的库存。企业采取的供应链运作方式，取决于企业系统的基础管理水平，而非照搬照抄其他企业的运作方式。

4) 根据供应链功能模式可将其划分为有效型供应链和反应型供应链

(1) 有效型供应链。有效型供应链主要体现供应链的物理功能，即以最低的成本将原材料转化成零部件、半成品、产品，以及在供应链中的运输等。

(2) 反应型供应链。反应型供应链主要体现供应链的市场中介的功能，即把产品分配到满足用户需求的市场，对未预知的需求作出快速反应等。

有效型供应链与反应型供应链的比较如表 7-1 所示。

表 7-1　有效型供应链与反应型供应链的比较

内容	有效型供应链	反应型供应链
产品特性	产品技术和市场需求相对稳定	产品技术和市场需求变化很大
基本目标	以最低的成本供应可预测的需求，提高服务水准，减少缺货等	对不可预测的需求作出快速反应，使缺货和库存最小化
产品设计策略	获取规模经济和绩效最大化	模块化设计，尽可能延迟产品差别
提前期	在不增加成本的前提下，缩短提前期	大量投资以缩短提前期
制造策略	保持较高的设备利用率	配置缓冲库存，柔性制造
库存策略	保持合理库存	部署零部件和成品缓冲库存
选择供应商	以成本和质量为核心	以速度、柔性和质量为核心

7.1.2　供应链管理概述

"供应链管理"这一术语起源于 1982 年,由两个咨询顾问奥立弗(Oliver)和韦伯(Webber)提出。维基百科中供应链管理被定义为:"以创造净价值为目标的设计、计划、执行、控制和监控等供应链活动,用以建立具有竞争性的基础平台、协调全球物流的运作、整合供应和需求以及全面测量绩效"。而全球供应链论坛于 1998 年修订了供应链管理的定义:"供应链管理是从最终用户到最初供应商间企业关键流程的集成,为增加客户与涉及企业的价值而提供的产品服务和信息"。由此可知,供应链管理本质上是一种组织形式。这种组织将资源的最初获取到产品最终传递给客户的全部过程看作一个整体。国家标准《物流术语》(GB/T 18354—2021)中将供应链管理定义为:从供应链整体目标出发,对供应链中采购、生产、销售各环节的商流、物流、信息流及资金流进行统一计划、组织、协调、控制的活动和过程。

综上所述,我们得出供应链管理的定义是:为了满足客户需求,用系统的观点对供应链中的物流、信息流和资金流进行设计、规划、控制与优化,即行使通常管理的职能,进行计划、组织、协调与控制,以寻求建立供、产、销以及客户间的战略合作伙伴关系,最大限度地减少内耗和浪费,实现供应链整体效率的最优化,并保证供应链中的成员取得相应的绩效和利益的整个管理过程。如图 7-2 所示,它表示了供应链中产品从生产到消费的全过程,是一个非常复杂的网络模式,覆盖了供应、制造、装配、分销和销售等所有环节。

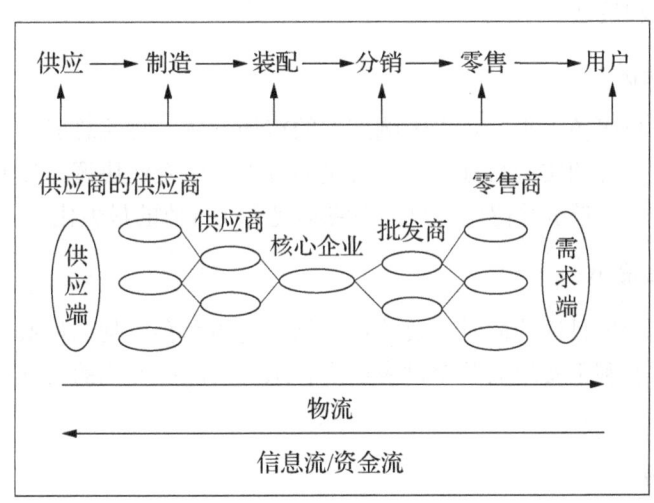

图 7-2　供应链的结构模型

与传统的管理方法相比较,供应链管理主要致力于建立成员之间的合作关系,且主要有以下特点。

(1) 以客户为中心。在供应链管理中,以客户服务为目标的设定优先于其他目标,它以客户满意为最高目标。供应链管理从本质上说是为了满足客户需求,它通过降低供应链成本的战略,实现对客户的快速反应,以此提高客户满意度,获取竞争优势。

(2) 与合作伙伴共享收益和共担风险。供应链管理超越了组织机构的界限,改变了传统的经营意识,建立起新型的客户关系。企业意识到不能仅仅依靠自己的资源来参与市场竞争，而是要通过与供应链参与各方进行跨组织合作，建立共同利益的合作伙伴关系，追求共同的利益，发展企业之间稳定、良好、合作共赢的互助合作关系，建立一种双赢或多赢的关系。

(3) 集成化管理。供应链管理运用网络技术和信息技术，重新组织和安排业务流程，实现集成化管理。信息是供应链管理的核心要素。信息技术的运用提高了事务处理的准确性和速度，减少了工作人员，简化了作业过程，提高了效率。

(4) 供应链管理是对物流的一体化管理。物流一体化是指不同职能部门之间或不同企业之间通过物流合作，达到提高物流效率、降低物流成本的目的。供应链管理把从供应商开始到最终消费者的物流活动作为一个整体进行统一管理，始终从整体和全局上把握物流的各项活动，使整个供应链的库存水平最低，实现供应链整体物流的最优化。

7.1.3 供应链管理的目标

供应链管理的目标是通过调和总成本最低化、客户服务最优化、总库存最少化、总周期最短化以及物流质量最优化等目标之间的冲突，以实现供应链绩效最大化。

1. 总成本最小

为了有效实现供应链管理，必须将供应链各成员企业看作为一个有机整体来考虑，并使实体供应物流、制造装配物流与实体分销物流之间达到高度均衡。使整个供应链运作与管理的所有成本总和最低。

2. 客户服务最优

企业提供的客户服务水平，直接影响到它的市场份额、物流总成本，并且最终影响其整体利润。供应链管理的实施目标之一，就是通过上下游企业协调一致的运作，保证达到客户满意的服务水平，吸引并留住客户，最终实现企业价值的最大化。

3. 总库存成本最小

在实现供应链管理目标的同时，要使整个供应链的库存控制在最低的程度。总库存最小的目标的达成，有利于实现对整个供应链库存水平与库存变化的最优控制，不只是某个节点企业的库存水平最低。

4. 总周期最短

供应链的竞争在本质上就是在时间上的竞争，必须实现快速有效的反应，最大限度地缩短从客户发出订单到获取满意交货的总周期。

5. 物流质量最优

企业的产品或服务的质量高低直接决定了企业的成败，而供应链上企业服务质量的好坏也直接关系到供应链的存亡。如果提供给最终客户的产品或服务存在质量问题，就意味着所有成本的付出将不会得到任何价值补偿，供应链物流的所有业务活动都会变为非增值活动，整个供应链的价值都不会实现。因此，必须从原材料、零部件供应的零缺陷开始，直至实现供应链全过程、全方位质量的最优化。

7.1.4 供应链管理的特征

1. 以客户需求为中心

任何一条供应链的目的都是在满足客户需求的过程中为自己创造利润。供应链管理本身就是以顾客为中心的"拉式"营销推动的结果，其出发点和落脚点，都是为顾客创造更多的价值，都是以市场需求的拉动为原动力。顾客价值是供应链管理的核心，企业则根据顾客的需求来组织生产；以往供应链的起始动力来自制造环节，先生产物品，再推向市场，在消费者购买之前，是不会知道销售效果的。在这种"推式系统"里，存货不足和销售不佳的风险同时存在。现在，产品从设计开始，企业已经让顾客参与，以使产品能真正符合顾客的需求。这种"拉式系统"的供应链是以顾客的需求为原动力的。

2. 强调企业的核心竞争力

在供应链管理中，一个重要的理念就是强调企业的核心业务和竞争力，并为其在供应链上定位，将非核心业务外包。由于企业的资源有限，企业要在各式各样的行业和领域都获得竞争优势是十分困难的，因此它必须集中资源在某个自己所擅长的领域，即核心业务上。这样在供应链上定位，才能成为供应链上一个不可替代的角色。

3. 相互协作的双赢理念

在供应链管理中，不但有双赢理念，更重要的是通过技术手段把理念形态落实到操作实务上。关键在于将企业内部供应链与外部的供应商和用户集成起来，形成一个集成化的供应链。而与主要供应商和用户建立良好的合作伙伴关系，即所谓的供应链合作关系，是集成化供应链管理的关键。此阶段企业要特别注重战略伙伴关系管理，管理的重点是以面向供应商和用户取代面向产品，增加与主要供应商和用户的联系，增进相互之间的了解，相互之间保持一定的一致性，实现信息共享等。

4. 以对信息技术的应用为主要手段

对信息的管理是提升供应链效益和效率的一个关键因素。信息技术在供应链管理中的广泛应用，大大减少了供应链运行中的信息不对称的问题，提高了供应链的运行效率。供应链管理运用网络技术和信息技术，可以重新组织和安排业务流程，进行集成化管理，实现信息共享。只有通过集成化管理，供应链才能实现动态平衡，才能顺利运行。

5. 对非核心业务的外包为主要经营策略

供应链管理是在自己的"核心业务"基础上，通过协作的方式来整合外部资源以获得最佳的总体运营效益。除了核心业务以外，几乎每项业务都可能"外包"，即从公司外部资源整合。企业通过非核心业务外包可以优化各种资源，既可提高企业的核心竞争力，又可参与供应链，依靠建立完善的供应链管理体系，充分发挥供应链上合作伙伴的资源优势。

7.1.5 供应链管理的原则

美国安德森(Andersen)咨询公司提出了供应链管理的 7 项原则。

1. 根据客户所需的服务特性来划分客户群

传统意义上的市场划分基于企业自己的状况如行业、产品、分销渠道等,然后对同一区域的客户提供相同水平的服务;供应链管理则强调根据客户的状况和需求,决定服务方式和服务水平。

2. 根据客户需求和企业可获利情况,设计企业的后勤网络

例如,一家造纸公司发现两个客户群存在截然不同的服务需求,大型印刷企业允许较长的提前期,而小型印刷企业则要求在 24 小时内供货。因此它建立的是三个大型分销中心和 46 个紧缺物品快速反应中心。

3. 收集市场的需求信息

供应链企业需要收集市场的需求信息以应对市场需求波动,尤其是销售和运营部门,必须及时掌握市场的需求信息,并及时发现需求的变化,对企业生产计划做出调整。

4. 时间延迟

由于市场需求的剧烈波动,距离客户接受最终产品和服务的时间越早,需求预测就越不准确,而企业还不得不维持较大的中间库存。例如,一家洗涤用品企业在实施大批量客户化生产的时候,先在企业内将产品加工结束,然后在零售店完成最终的包装。

5. 相互协作

迫使供应商相互压价,固然使企业在价格上受益。但相互协作可以降低整个供应链的成本,企业将会获得更大的收益,而且,这种收益将是长期的。

6. 在整个供应链领域建立信息系统

信息系统首先应该处理日常事务和电子商务,然后支持多层次的决策信息,如需求计划和资源规划,最后根据大部分来自企业之外的信息进行前瞻性的决策分析。

7. 建立整个供应链的绩效考核准则

在建立绩效考核时要注意从整个供应链的角度考虑问题,而不仅仅是局部个别企业的孤立标准,供应链的最终验收标准是客户的满意程度。

7.1.6 供应链管理的实施步骤

1. 制订供应链战略实施计划

实施供应链战略首先应该制订可行的计划,这项工作一般可分为四个步骤实施。

(1) 将企业的业务目标与现有能力及业绩进行比较，发现现有供应链的显著弱点，经过改善，迅速提高企业的竞争力。

(2) 与关键客户和供应商一起探讨，评估全球化、新技术和竞争局势，建立供应链的远景目标。

(3) 制订从现实过渡到理想供应链目标的行动计划，同时评估企业实现这种过渡的现实条件。

(4) 根据优先级安排上述计划，并且承诺相应的资源。

根据实施计划，首先应定义长期的供应链结构，使企业在与正确的客户和供应商建立的正确的供应链中处于正确的位置；然后重组和优化企业内部和外部的产品、信息和资金流；最后在供应链的重要领域如库存、运输等环节提高质量和生产率。

2. 构建供应链

现代供应链的重心已向销售领域倾斜，在市场日益规范、竞争日趋激烈的市场条件下，建立供应链、推行供应链管理是企业必须采取的对策。企业可以采取如下措施建立供应链。

1) 明确自己在供应链中的定位

供应链由原料供应商、制造商、分销商、零售商及消费者组成。一条富有竞争力的供应链要求组成供应链的各成员都具有较强的竞争力，不管每个成员为整个供应链做什么，都应该是专业化的，而专业化就是优势。当然，在供应链中总会有处于从属地位的企业。

2) 建立物流配送网络

企业的产品能否通过供应链快速地分销到目标市场上，这取决于供应链上物流配送网络的健全程度以及市场开发状况等。物流配送网络是供应链存在的基础。一条供应链组建物流配送网络时应该最大限度地谋求专业化。

3) 广泛采用信息技术

目前在我国，少数生产企业处在生产引导消费的阶段，而大量的生产企业则处于由消费引导生产的阶段。无论哪种情况，都应该尽可能全面地收集消费信息，零售店铺的 POS 系统可以收集一部分信息，物流、配送环节的信息就比较难收集，应该通过应用条码及其他一些自动数据采集系统进行采集。供应链的领导者还应该倡导建立整个供应链管理的信息系统。

4) 改造供应链流程

在改造供应链流程的过程中，企业的目标首先是应该考虑在哪些地方需要改造并投入努力。企业供应链流程可从范畴(广度)和深度两个角度来思考，企业供应链流程改造其本质上是从使命导向，或问题导向来衡量的。使命导向追求差异化，问题导向追求效率化。因此，前者的流程范围必须根据使命重新厘清，后者的流程范围则相当清楚而且容易确认。企业流程改造必须考虑策略、基础架构、流程、信息科技、变革等几项要素所形成的基本架构。

5) 评估供应链管理绩效

评价指标应该是基于业务流程的绩效评价指标，它能够恰当地反映供应链整体运营状况以及上、下节点企业之间的运营关系，而不是孤立地评价某一供应商的运营状况。供应商的平衡指标应包括循环期、准时交货、产品质量等；制造商的平衡指标包括循环期、交货可靠性、产品质量等；而分销商的平衡指标则包括循环期、订单完成情况等。

7.1.7 供应链管理与物流管理的区别与联系

一般而言，供应链管理涉及制造问题和物流问题。物流管理涉及的是企业的非制造领域问题。具体来看，供应链管理与物流管理之间的区别表现在以下几个方面。

1. 范围不同

从范围来看，供应链管理将许多物流以外的功能打破企业之间的界限整合起来，其功能超越了企业物流的范围。众所周知，强大的产品开发能力可以成为企业有别于其他对手的竞争优势，乃至成为促使其长期发展的核心竞争能力。而在产品开发过程中，需要涉及方方面面的业务关系，包括营销理念、研发组织形式、制造能力、物流能力、筹资能力等。这些业务关系不仅仅是一个企业内部的，往往还涉及企业的众多供应商或经销商，以便缩短新产品进入市场的周期。而这些都是供应链管理要整合的内容。显然，单从一个企业的物流管理的角度来考虑，很难想象会将这么多的业务关系联系在一起。

2. 对一体化的理解不同

从学科发展角度来看，供应链管理也不能简单地理解为一体化的物流管理。一体化的物流管理分为内部一体化和外部一体化两个阶段。目前，即使是在物流管理发展较早的国家，许多企业也仅仅处于内部一体化的阶段，或者刚刚认识到结合企业外部力量的重要性。也正因为这样，一些学者才提出"供应链管理"这一概念，以使那些领导管理方法先进的企业率先实施的外部一体化战略区别于传统企业内部的物流管理。

3. 研究者的范围不同

供应链管理的研究者范围也比物流管理更为广泛。除了物流管理领域的研究者外，还有许多制造与运作管理的研究者也使用和研究供应链管理。他们对供应链管理研究的推进和重视绝不亚于物流管理的研究者们。

4. 学科体系的基础不同

供应链管理思想的形成和发展，是建立在多个学科体系(系统论、企业管理等)基础上的。其理论根基远远超越了传统物流管理的范围。正因为如此，供应链管理还涉及许多制造管理的理论和内容。它的内涵比传统的物流管理更丰富，覆盖面更加宽泛，而对企业内部单个物流环节的注意就不如传统物流管理那么集中，考虑那么细致了。

5. 优化的范围不同

供应链管理把对成本有影响和在产品满足顾客需求的过程中起作用的每一方都考虑在内，从供应商的供应商和制造工厂经过仓库和配送中心到零售商和商店及顾客的顾客；而物流管理则只考虑自己的路径范围的业务。物流管理主要涉及组织内部商品流动的最优化，而供应链管理强调仅有组织内部的合作和最优化是不够的。

6. 管理的角度不同

首先，物流管理主要从一个企业的角度考虑供应、存储和分销，把其他企业当作一种接口关系处理，没有深层次理解其他企业内的操作，企业之间只是简单的业务合作关系。而供应链管理的节点企业之间是一种战略合作伙伴关系，要求对供应链所有节点企业的活动进行紧密的协作控制，它们形成了一个动态联盟，具有"双赢"关系。其次，物流管理强调一个企业的局部性能优先，并且采用运筹学的方法分别独立研究相关的问题。通常，这些问题被独立地从它们的环境中分离出来，不考虑与其他企业功能的关系。而供应链管理将每个企业当作供应网络中的节点，在信息技术支持下，采用综合的方法研究相关的问题，通过紧密的功能协调追求多个企业的全局性能优化。最后，物流管理经常是面向操作层次的，而供应链管理更关心战略性的问题，侧重于解决全局模型、信息集成、组织结构和战略联盟等方面的问题。

7.2 供应链管理策略

供应链管理在不同的功能结构与运作方式上有不同的管理策略，这里主要介绍 QR、ECR、CM 三种管理策略。

7.2.1 QR 方法

1. QR 方法的概念

快速反应(Quick Response，QR)是供应链管理中的术语。指通过共享信息资源建立一个快速供应体系，以实现销售额增长，并实现顾客服务的最大化及库存量、商品缺货、商品风险和减价最小化的目的。QR 方法的目的在于减少产品在整个供应链上完成业务流程的时间，尽可能减少库存，最大限度地提高供应链管理的运作效率。美国纺织服装联合会在 1988 年对定义为："QR 是一种响应状态，即能够在合适的时间向客户提供合适的数量、合适的价格和高质量的产品，而在这一过程中能充分利用各种资源并减少库存，重点在于增强企业生产的灵活性。"

国家标准《物流术语》(GB/T 18354—2021)中将 QR 定义为：供应链成员企业之间建立战略合作伙伴关系，利用电子数据交换(EDI)等信息技术进行信息交换与信息共享，用高频率小批量配送方式补货，以实现缩短交货周期，减少库存，提高顾客服务水平和企业竞争力为目的的一种供应链管理策略。

2. QR 方法的实施步骤

QR 方法的实施需要 6 个步骤，每一个步骤都需要以前一个步骤为基础，并比前一个步骤有更高的回报，但同时也需要有更高的投资。

1) 运用条形码和 EDI

零售商首先必须安装条形码、POS 扫描和 EDI 等技术设备，以加快 POS 机的收款速度，获得更准确的销售数据并使信息沟通更加流畅。POS 扫描用于输入和采集数据，即在收款检查时用光学方式阅读条形码，然后将条形码转换成相应的商品代码。通过实施 EDI 以及 EDI 系统将制造商和零售商现有的内部系统集成起来，可以有效地加快信息流的速度，并提高通信数据的准确性，使贸易伙伴之间及时顺利地进行信息沟通。

    2) 建立固定周期自动补货系统

自动补货是指基本商品销售预测的自动化，由供应商和零售商在基于过去和目前销售数据及在其可能变化的基础上利用软件进行定期预测，同时考虑目前的存货情况和其他因素，以确定订货数量，在仓库或店内自行补货以保证销售的连续性。通过对商品实施快速反应，合作伙伴企业间能够保证所需商品敞开供应，从而使零售商的商品周转速度更快，消费者可以选择的品种更多。

    3) 建立先进的预测和补货联盟

为了保证补货业务的流畅，零售商和制造商可以联合起来检查销售数据，制订关于未来的需求计划并预测，在保证有货和减少缺货的情况下降低库存水平。还可以进一步由制造商来管理零售商的存货和补货，以加快库存周转速度。

    4) 进行零售空间管理

这种管理就是根据每个店铺的需求模式来规定其经营商品的品种和补货业务。一般来说，对于品种、数量、店内陈列和培训以及激励销售人员等决策，制造商也可以参与制订。

    5) 联合开发产品

联合开发的产品主要是生命周期很短的商品。制造商和零售商联合开发新产品，其关系的密切超过了购买与销售的业务关系，缩短了从新产品概念到新品上市的时间，而且经常在店内对新产品进行试销，准确把握消费动态，根据消费者的需要及时调整设计和生产。

    6) 快速反应的集成

以消费者为中心，零售商和制造商重新设计其整个组织、业绩评估业务、业务流程和信息系统，通过重新设计业务流程，将前 5 步的工作和企业的整体业务集成起来，以支持供应链的整体战略。通过集成的信息技术，使零售商和制造商密切合作，加快完成产品从设计、生产、补货、采购到销售的整个业务流程。

7.2.2　ECR 方法

1. ECR 的概念

有效客户反应(Efficient Consumer Response，ECR)是指为了给消费者提供更高利益，以提高商品供应效率为目标，广泛应用信息技术和沟通工具，在生产厂商、批发商、零售商相互协作的基础上而形成的一种新型流通体制。由于 ECR 系统是通过生产厂商、批发商、零售商的联盟来提高商品供应效率，因而又可以称为连锁供应系统。ECR 的最终目标是建立一个具有高反应能力的以客户需求为基础的系统，使零售商和供应商以业务伙伴方式合作，提高整个供应链的效率，而不是仅仅提高单个环节的效率，从而降低整个系统的成本、库存和物资准备，为客户提供更好的服务。

ECR 是在食品杂货分销系统中，分销商和供应商为消除系统中不必要的成本和费用，给客户带来更大效益而进行密切合作的一种供应链管理策略。主要是以满足客户要求和最大限度降低物流过程费用为目标，通过制造商、批发商和零售商等供应链组成各方之间的相互合作与协调，对市场需求及时作出准确反应，为消费者更好、更快、低成本地提供满意商品，从而达到商品供应和服务流程的最优化。

2. ECR 的实施原则和条件

1) ECR 的实施原则

(1) ECR 以低成本向消费者提供高价值服务。这种高价值服务表现在向供应链客户提供更优质的产品、更高的质量、更好的分类、更好的库存服务和更多的便利服务等。

(2) ECR 要求供需的关系必须从传统的双边交易关系向双赢合作伙伴关系转化，需要企业的最高管理层对本企业的组织文化和经营习惯进行改革。

(3) 及时准确的信息在有效地进行市场营销、生产制造和物流运送等决策方面起着重要作用。ECR 要求利用行业 DEI 系统在组成供应链的企业间交换和分享信息。

(4) ECR 要求从生产线末端的包装作业开始到消费者获得商品为止的整个商品移动过程中产生最大的附加值，使消费者在需要的时间及时获得所需的商品。

(5) ECR 为了提高供应链整体的效率，要求建立共同的成果评价系统，该系统注重整个系统的有效性，即通过降低成本与库存以及更好的资产利用，实现更优价值，清晰地标识出潜在的回报，并要求在供应链范围内进行公平的利益分配。

2) ECR 的实施条件

(1) 良好的合作意愿。对于大多数企业而言，改变对供应商或客户的内部认知，即从竞争状态转变为将其视为合作伙伴，将比 ECR 的其他相关步骤更困难，时间花费更长。必须明确 ECR 是建立在交易各方的合作基础之上的，对 ECR 树立明确的信心。

(2) 初期的 ECR 合作伙伴。大多数刚实施 ECR 的企业应该至少有 2~4 个初期合作伙伴，并在各个职能领域的高级合作伙伴之间就 ECR 本身及怎样启动 ECR 进行讨论，通过联合任务组，专心致力于已证明可取得巨大效益的项目。

(3) 必要的技术支持。必要的信息技术支持可以充分发挥 ECR 的优势，这些技术包括支持商品类别管理、计算机辅助订货、接驳式转换配送、实施连续补货的 POS 系统、EDI 系统和条形码技术等。

7.2.3 CM 方法

1. CM 的含义及作用

商品分类管理(Category Management，CM)又称为品类管理或店铺货架管理，是一种重要的供应链管理方法，也可以看作是 ECR 的核心组成部分，其具体运作是将所有商品按照不同的类别进行划分，然后对各类品种有针对性地进行组织、运作、评价等全方位的管理。

CM 的参与者主要是批发商、零售商和制造商等，CM 的作用主要可以分为以下几点。

(1) 可获得更多的经营品种，提高品牌市场份额，加强商店特许经营权和品牌特许经营权，提高消费者对商店和品牌的忠诚度。

(2) 有利于提高供应链系统的总效率，加快库存周转，减少缺货问题的发生，提高供货服务质量。

(3) 通过成功的促销提高营销效率和广告效率，提高营销活动的投资回报率，尤其有助于提高新产品的客户价值。

(4) 通过强化分销商与供应商的合作关系，关注客户价值的传递，从而减少冲突，可尽早发现问题并以最低成本解决这些问题，受益于改进的货架展示，提高资产收益率。

2. 实施 CM 的流程

CM 的流程主要包括 8 个步骤，即品类定义、品类角色、品类评估、品类评分表、品类策略、品类战术、品类计划实施和品类回顾。CM 的流程图如图 7-3 所示。

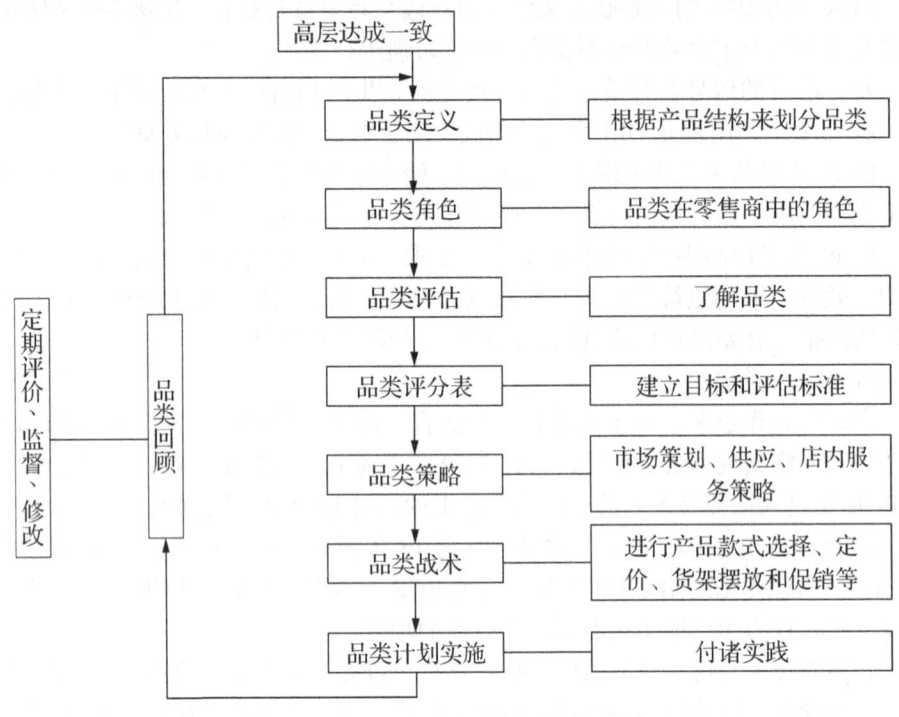

图 7-3　实施 CM 的流程

7.3　供应链的设计与构建

7.3.1　供应链设计的内容、步骤与原则

1. 供应链设计的内容

战略层面的供应链设计其主要内容包括供应链网络结构设计、供应链成员选择和供应链基本规则设计等。

1) 供应链网络结构设计

供应链的网络结构是以核心企业为中心，连接其他成员的组织结构框架，主要由供应链成员、网络结构变量和供应链流程连接方式三个方面组成。为了使非常复杂的网络更易于设计和合理分配资源，有必要从整体出发进行网络结构设计。

2) 供应链成员选择

一条供应链是由多个供应链成员组成的，包括为满足客户需求，从生产者到消费者、供应商或客户直接或间接相互作用的所有企业和组织。供应链成员企业的数量可能会非常多，这样的供应链是复杂的，供应链成员的选择主要是由核心企业对主要的合作伙伴进行选择。

3) 供应链运行基本规则

供应链上节点企业之间的合作是以信任为基础的，信任关系的建立和维系除了各个节点企业的真诚之外，必须构建一个共同平台，即供应链运行的基本规则。其主要内容包括协调机制、生产物流的计划与控制体系、库存的总体布局、资金结算方式、争议解决机制、信息开放与交互方式等。

2. 供应链设计的步骤

1) 分析市场竞争环境

分析市场竞争环境的目的在于找到针对哪些产品市场开发供应链才有效，必须知道现在的产品需求是什么，产品的类型和特征是什么。分析市场特征的过程要向卖主、用户和竞争者进行调查，提出"用户想要什么"和"他们在市场中的分量有多大"之类的问题，以确认用户的需求和用户、竞争者产生的压力。

2) 分析、总结企业现状

分析、总结企业现状主要是分析企业供需管理的现状，其目的不在于评价供应链设计策略的重要性和合适性，而是着重于研究供应链开发的方向，分析、寻找、总结企业存在的问题及影响供应链设计的阻力等因素，最后分析得出供应链设计的必要性。

3) 提出供应链设计项目，确立供应链设计目标

主要目标在于针对存在的问题提出供应链设计项目，分析其必要性并获得较高的用户服务水平和低库存投资、低单位成本两个目标之间的平衡。

4) 分析供应链的组成，提出组成供应链的基本框架

供应链中的成员组成分析主要包括制造工厂、设备、工艺和供应商、制造商、分销商、零售商及用户的选择及其定位，并确定选择与评价的标准。

5) 分析和评价供应链设计的技术可靠性

这不仅仅是策略或改善技术的推荐清单，而且也是开发和实现供应链管理的第一步，它在可行性分析的基础上，结合本企业的实际情况为开发供应链提出技术选择建议和支持。这也是一个决策的过程，如果认为方案可行，就可进行下面的设计，否则需要重新设计。

6) 设计供应链

这一步骤主要解决以下问题。

(1) 供应链的成员组成(供应商、设备、工厂、分销中心的选择与定位、计划与控制)。

(2) 原材料的来源(包括供应商、流量、价格、运输等问题)。

(3) 生产设计(需求预测、生产什么产品、生产能力、供应给哪些分销中心、价格生产计划、生产作业计划和跟踪控制、库存管理等问题)。

(4) 分销任务与能力设计(产品服务于哪些市场、运输、价格等问题)。

(5) 信息管理系统设计。

(6) 物流管理系统设计。

在供应链设计中,要用到许多工具和技术,包括归纳法、解决问题讨论法、流程图、模拟和软件设计等。

7) 检验供应链

供应链设计完成后,应通过一定的方法、继续进行测试检验或试运行,如果存在问题,则需返回重新进行设计。如果没有什么问题,就可实施供应链管理了。

3. 供应链设计的基本原则

1) 战略性原则

供应链管理是一种战略管理,供应链设计对企业的影响是长期的、全面的、深远的,应遵循战略性原则,通过战略的观点考虑减少不确定性的影响。供应链设计的战略性原则主要体现在供应链发展的长远规划与预见性上,供应链的系统结构应与企业的战略相一致,并在企业战略指导下进行。

2) 自上而下和自下而上相结合的设计原则

在系统建模设计方法中,存在两种设计方法:自上而下的设计方法和自下而上的设计方法。所谓自上而下的设计方法是指从全局走向局部的方法,自下而上则反之。自上而下是系统分解的过程,而自下而上则是一种集成的过程。在设计一个供应链系统时,往往是先由高层依据市场需求与企业发展规划作出战略规划与决策,然后由下层部门实施方案,因此供应链的设计是自上而下和自下而上的综合设计。

3) 简洁性原则

为了能使供应链具有快速响应市场的能力,供应链上的每个节点都应简洁而有活力,能实现业务流程的快速整合。比如供应商的选择就应遵循少而精的原则,同少数供应商建立战略伙伴关系,以有利于减少采购成本,实施 JIT 采购和 JIT 生产。生产系统的设计更是应以精益思想(Lean Thinking)为指导,从精益的制造模式到精益的供应链是企业努力追求的目标。

4) 集优原则(互补性原则)

供应链的各个节点的选择应遵循强强联合的原则,以更好地利用外部资源。每个企业都应集中精力于其核心业务与核心能力,就像一个独立的制造单元(独立制造岛)。这些所谓单元化企业具有自我组织、自我优化、面向目标、动态运行和充满活力的特点,能够实现供应链业务的快速重组,从而大大提升整条供应链的竞争优势。

5) 协调性原则

供应链业绩的好坏在很大程度上取决于供应链合作伙伴关系是否和谐。因此,建立战略伙伴关系的合作企业关系模式是实现供应链最佳效能的保证。专家认为和谐是描述系统是否形成了充分发挥系统成员和子系统的能动性、创造性及系统与环境的总体协调性的。只有和谐、协调的系统才能发挥最佳的效能。

6) 动态性(不确定性)原则

动态性或不确定性是供应链系统的基本特征。它往往导致需求信息的扭曲和库存上的"冲动效应"。因此,需要预见各种不确定因素对供应链运作的影响,减少信息传递过程中的信息延迟和失真,增加透明度,减少不必要的中间环节,提高预测精度与时效性对降低不确定性是极为重要的。

7) 创新性原则

创新设计是系统设计的重要原则，没有创新性思维，就不可能有创新的管理模式。因此，在供应链的设计过程中，创新性是很重要的一个原则。要构建一个创新的系统，就要敢于打破各种陈旧的思维框架，用新的角度新的视野审视原有的管理模式和体系，进行大胆的创新设计。

7.3.2 供应链设计应考虑的因素

企业在进行供应链设计时，必须综合考虑多方面的因素，包括环境因素、客户特征与客户服务目标、产品的特性、分销渠道策略等。

1. 环境因素

一条设计精良的供应链在实际运行中并不一定能按照预想的那样运行，甚至无法达到设想的要求，这是主观设想与实际效果的差距，原因并不一定是设计或构想的不完美，而是环境因素在起作用。因此，设计一条供应链，一方面要考虑供应链的运行环境(政治与法律、经济、科学技术、社会文化、自然等环境因素)，另一方面还应考虑未来环境的变化对实施供应链的影响。因此，我们要用发展的、变化的眼光来设计供应链，无论是信息系统的构建还是物流系统的设计都应具有较高的柔性，以提高供应链对环境的适应能力。

2. 客户特征与客户服务目标

在买方市场条件下，企业的供应链设计必须以如何更好地满足客户需求为核心。为了设计一个能够高效运作的供应链，必须了解现有和潜在客户的特征及为其服务的目标。

1) 客户特征

供应链设计受客户数量、地理分布、购买频率、平均购买数量、购买动机及对不同营销方式的敏感性等因素的影响。如果是消费品市场的客户，还可能受到客户的年龄、性别、职业、收入、家庭状况等因素的影响；如果是产业市场的客户，则会受到客户的规模、所有制性质等因素的影响。

2) 客户服务目标

通常可以从产品的可得性、客户订货提前期及销售方和客户之间的信息沟通来评价客户服务水平。在设计供应链时，应该在仔细研究客户需求的基础上确定合适的客户服务目标。

3. 产品的特性

在设计供应链时，不仅要考虑客户特征与客户的需求，还要考虑产品的特性，如产品的价值、技术性、市场接受程度、可替代程度等因素，因为这些因素会对供应链的结构产生直接的影响，并对运输和库存成本产生影响。

1) 产品价值

生产经营单位价值很高的产品的企业资金实力比较雄厚，且对产品的获利性有更高的要求。因此，高价值产品往往要求更短的供应链(更少的节点企业)。相反，单位价值较低的产品，通常要求较长的供应链。

2) 产品的技术性

技术含量较高的产品通常需要由销售人员进行产品的演示，还需要提供较多的售前和售后服务。一般来讲，这类产品通常采用直接渠道和选择性或独家分销策略，这也有利于技术的保密。

3) 产品的市场接受程度

产品的市场接受程度决定了所需投入的市场推广力量。市场接受程度和品牌知名度的相关度是比较高的，品牌知名度高则市场接受程度也会较高，中间商当然希望经销该产品。反之，无论是制造商还是中间商都需要进行大量的市场推广工作，中间商加入到供应链的意愿就比较低。

4) 产品的可替代程度

产品的可替代程度与品牌忠诚度密切相关。当品牌忠诚度低时，产品替代是很有可能发生的，适合采用密集分销策略。此外，为了获得批发商或零售商的支持，制造商通常会提供更多的优惠。

5) 产品的大小

考虑到运输费用等因素，价值低、体积大、重量大的产品的销售市场比较有限，通常被局限在原产地附近的市场，供应链的设计也就被局限在一定的区域范围内。相反，对于价值高、体积小、重量小的产品，由于单位产品分摊的运输成本较低，供应链的设计可以不受区域范围的限制，甚至可以设计构建跨国的供应链。

6) 产品的易变质性

易变质性是指物质的变质或者指由于客户需求或技术的变化而造成的产品过期。易变质的产品通常要求较短的销售周期，要求供应链具有比较快的反应速度，宜采用直接的方式销售，以使产品更加快速地通过供应链，并减少潜在的库存损失。

7) 产品的市场集中程度

当市场集中在某个地理区域时，短供应链更有效率和竞争力。不过在市场广且分散的情况下，通过中间商可以更有效地开发市场。例如，在食品加工行业，许多企业通过中间商来销售产品。

8) 产品的季节性

产品的季节性可分为生产的季节性(如新鲜水果)和销售的季节性(如御寒的衣物)。生产和销售的不均衡性导致了季节性的库存。制造商和中间商或者需要投资建设仓库，或者需要使用第三方企业的仓储设施。

9) 产品的生命周期

典型的产品生命周期可分为导入期、成长期、成熟期和衰退期 4 个阶段。在产品生命周期的各个阶段，产品有其明显区别于其他阶段的特征，供应链节点企业的数量和合作模式也应有所不同。

4. 分销渠道策略

分销渠道策略主要涉及两方面的问题，即分销渠道的层次与分销渠道的宽度。

1) 分销渠道的层次

产品在其从生产者向消费者或用户的转移过程中，每经过一个对产品拥有所有权或负有销售责任的机构，就可称其为一个"层次"。由于产品的购买特点与消费目的等具有差异性，形成了消费品市场的分销渠道和产业市场的分销渠道。通常以中间机构层次的数目确定分销渠道的层次，分销渠道层次的多少决定了分销渠道的具体模式。

2) 分销渠道的宽度

分销渠道的宽度是指渠道的每个层次使用同种类型中间商数目的多少。它与企业的分销策略密切相关，通常可分为三种，即密集分销、选择分销和独家分销。

密集分销是指制造商尽可能多地通过许多负责任的、适当的批发商、零售商推销其产品，只要符合企业最低要求的中间商均可参与的分销；选择分销是指制造商在某一地区仅仅通过少数几个精心挑选的、最合适的中间商推销其产品；独家分销是指制造商在某一地区仅选择一家中间商推销其产品，通常双方协商签订独家经销合同，规定经销商不得经营竞争者的产品，以便控制经销商的业务经营，调动其经营积极性，占领市场。

除了以上的因素之外，在进行供应链设计时，还需要考虑到竞争对手的供应链情况、企业需要对供应链的其他节点企业的控制程度等因素。

7.3.3 供应链的构建

在确定了供应链的设计策略之后，就要构建供应链，这是供应链战略决策的关键内容，包括以企业组织为网点的供应链网络结构设计和以设施、供应链布局的区域范围和地点的选择以及供应链成员的选择等。其中供应链的网络结构设计又是较为重要的步骤，主要包括确定核心企业的地位、确定关键性供应链成员、确定供应链网络结构的纬度、确定成员间的业务流程和连接程度等步骤。

1. 确定核心企业的地位

实践证明，供应链设计与运作的成功与否及整条供应链竞争力的强弱，在很大程度上取决于供应链上核心企业的供应链设计与管理能力。供应链上的核心企业，即供应链领导者，它应该具备如下几种特征。

(1) 在行业中具有相当的规模和影响力。

(2) 具有良好的商业信誉。

(3) 具有优化整合和配置资源的能力。

(4) 具有协调供应链上各方关系的能力。

(5) 具有强大的信息技术。

根据以上的条件，制造商、批发商和零售商都有可能成为供应链上的核心企业，主导供应链的设计和管理。以制造商为核心企业的供应链在早期是较为普遍的，这是因为当时的经济运行在以生产为主导的背景下，生产企业形成了较大的规模，具有良好的管理基础和充足的资本。

核心企业在整个供应链管理中需要体现两个方面的作用。

1) 核心企业是供应链的信息交换中心

来自下游的需求信息和来自上游的供给信息都将汇总到核心企业。核心企业经过处理生成各类信息再传送到供应链的相关节点。由于供应链的运作效果在很大程度上依赖于链条上的信息交换质量，要想通过信息共享达到物流顺畅、产品增值的目的，就必须提高供应链上的信息传递质量。在这方面，核心企业所发挥的作用至关重要。

2) 核心企业是供应链上物流集散的"调度中心"

供应物流从各个供应商流向核心企业，销售物流从核心企业流向各个客户，这就形成了以核心企业为集散中心的物料流。在这里，核心企业扮演了对物流集散、配送进行"调度"的角色，以保证各个节点都能在正确的时间得到正确品种和正确数量的产品，既不造成缺货，又不造成库存积压，把供应链的总成本减至最低限度。

2. 确定关键型供应链成员

供应链上的成员包括从原材料的初级供应商至最后的零售商及其他的服务提供商。在供应链设计中，要想将所有的经济主体都包括在供应链的网络中，并且集成管理所有成员间的业务流程，将是十分复杂的，也是没有必要的。因此，为了更有效地设计供应链，需要首先确定供应链上的关键型成员。关键型成员是指那些与核心企业结成战略合作伙伴关系，在为特定的客户和市场产生特定输出的业务流程中，能够自行运营和管理，带来高增值的企业。

3. 确定供应链网络结构的维度

供应链网络结构的维度包括横向结构维度和纵向结构维度。横向结构维度是指跨越供应、生产及销售环节的供应链层次的数目；纵向结构维度是指每一个层次上的节点企业的数目。这些结构变量有不同的组合，横向结构可以很长，也可以很短；纵向结构可以很宽也可以很窄。横向结构越长，则供应链的供应周期越长，敏捷性越差；纵向结构变宽将导致企业资源分散，削弱其管理能力。反之，横向结构越短，则需要每一层节点企业承担越多的职能；纵向结构变窄将导致上游企业对于下游企业的依赖性越大，削弱其控制能力。

4. 确定成员间的业务流程连接程度

确定供应链成员间的业务流程连接程度，有助于在供应链上的节点企业对相互之间的合作关系准确定位，在不同业务流程中合理分配稀缺资源。在供应链的成员之间可以识别出4种基本的业务流程连接类型，分别是管理型的业务流程连接、监控型的业务流程连接、非管理型的业务流程连接、非成员型的业务流程连接。

1) 管理型的业务流程连接

管理型的业务流程连接是指核心企业认为是重要的、需要进行集成和管理的连接。通常是核心企业与其有直接贸易关系的上下游企业和服务商之间的流程连接。例如，制造企业与一级供应商和一级经销商之间的流程连接。但值得注意的是，核心企业还需要识别一级供应商之外的关键连接。

2) 监控型的业务流程连接

与管理型的业务流程连接相比，监控型的业务流程连接对核心企业而言，并不是十分关键的。但是，这些流程需要在其他供应链成员的组织间很好地整合和管理，即对核心企业的业务有间接的影响，因此核心企业有必要监督这些流程是如何连接和管理的。

3) 非管理型的业务流程连接

非管理型的业务流程连接是指其重要性不足以让核心企业花费资源积极参与或进行监控的那些连接。核心企业要么完全信赖其他成员能够妥善管理这些流程连接，要么听任其自身发展。

4) 非成员型的业务流程连接

非成员型的业务流程连接是指核心企业的供应链成员和非成员之间的流程连接。尽管核心企业不参与和监控非成员型的业务流程连接,但是需要了解相关的信息,防止其影响供应链的绩效表现。

5. 供应链布局的区域范围和地点的选择

构建出供应链的网络结构后,核心企业就需要选择供应链布局的区域范围和合适的地点。影响供应链布局的因素有很多,尤其是在跨国甚至是全球的供应链构建中,要综合考虑政策与制度环境及区位条件等因素。

1) 政策与制度环境

相关法律体系与政策环境及政府公共服务水平等政策与制度环境因素对供应链布局的影响是长远的,直接影响到供应链的稳定性与发展潜力。其具体内容包括市场准入条件;外汇进出限制;税收政策;法律、司法体系;政府服务;人员出入境、货物进出口;等等。

2) 区位条件

区位条件即区位(场所)所特有的属性或资质。在选择节点企业时,运输费用、劳动力成本、市场需求、资源禀赋因素、集聚因素、基础设施及产品生命周期等是主要的区位条件。除了以上的因素,在进行供应链布局时,还要考虑其他因素,如政治因素、科学技术因素、社会文化因素及自然因素等。

7.4 供应链中的关系管理

供应链是在生产和流通过程中,涉及将产品或服务提供给最终客户的上游或下游企业所形成的网链结构。而供应链管理则是通过建立并协调管理供、产、销企业和客户之间的关系,对供应链中的物流、信息流和资金流进行设计、规划、协调与控制,以最大限度地减少内耗与浪费,实现供应链整体效率的最优化,并保证供应链中的成员获得相应的绩效和利益。因此,供应链中的关系属于企业外部的关系,供应链关系管理对于供应链上的每一个节点企业和整条供应链来说都是至关重要的。

7.4.1 供应链管理中的合作伙伴关系

在目前的竞争环境中,先进制造技术的发展要求企业将自身业务与合作伙伴业务集成在一起,缩短相互之间的距离,运用整个供应链的观点考虑增值问题,所以许多成功的企业都开始与合作伙伴建立联盟的战略合作伙伴关系。供应链管理的精髓就在于企业间的合作,没有合作就谈不上供应链管理。

所谓供应链的合作伙伴关系,就是供应链中各节点企业之间,在一定时期内共享信息、共担风险、共同获利的协议关系。马罗尼·本顿(Maloni Benton)对供应链合作伙伴关系(Supply Chain Partnership,SCP)的定义是:在供应链内部两个或两个以独立的成员之间形成的一种协调关系,以保证实现某个特定的目标或效益。它既是供应商——制造商关系,又是供应商——买主、供应商关系。

供应链合作伙伴关系形成于供应链中有特定的目标和利益的企业之间，是经济全球化的产物，其形成的目的通常在于降低整个供应链的总成本、降低库存水平、提高信息共享水平、改善相互之间的交流关系、获得更大的竞争优势，以实现供应链节点企业的财务状况、质量、产量、交货、用户满意度和业绩的改善和提高。

供应链合作伙伴关系的潜在效益，往往在其建立后 3 年左右甚至于更长的时间，才能转化成实际利润或效益。企业应以战略的眼光看待供应链合作带来的整体竞争优势。

7.4.2 供应链合作伙伴关系的建立

1. 供应链合作伙伴选择的原则和标准

供应链合作伙伴的选择是建立战略合作伙伴关系的基础，也是实施供应链管理的前提。合作伙伴的能力、产品质量和服务质量对企业的交货期、提前期、产品质量、库存水平、产品设计开发能力都有着直接的影响。在当今日益激烈的市场竞争环境下，企业为了实现低成本、高质量、柔性生产、快速反应，获得企业核心竞争力的提高，就必须重视合作伙伴的选择。可以说，合作伙伴的选择成功与否已经成为企业供应链运作成功的关键。

1) 供应链合作伙伴选择的原则

合作伙伴的选择对企业的重要性不言而喻，特别是对于制造型企业来说，要想在竞争日益激烈的市场中求得生存和发展，必须有实力强大，且与自己有良好合作关系的供应商作为后盾。合作伙伴的选择是一项复杂的系统工程，如同其他系统性的工作一样，在进行合作伙伴的选择时必须遵循一定的原则。

(1) 系统全面性原则。在合作伙伴选择过程中必须建立全面的合作伙伴评价体系。

(2) 简明科学性原则。合作伙伴评价和选择步骤、选择过程透明化、制度化和科学化。

(3) 稳定可比性原则。合作伙伴评价选择体系应该稳定运作，标准统一，减少主观因素。

(4) 灵活可操作性原则。不同行业、企业、产品需求、不同环境下的合作伙伴评价是不一样的，应保持一定的灵活操作性。

2) 供应链合作伙伴选择的标准

供应链合作伙伴的选择是企业间进行合作的第一步，也是关键的一步。选择良好的合作伙伴是建立供应链合作关系的重要条件。合作伙伴的评价选择是供应链合作关系运行的基础，所选企业是否能和整个供应链的步调保持一致、增强整个供应链的竞争力，是供应链上每个企业所关注的问题。当今，合作伙伴的业绩对企业的影响越来越大，单个企业的业绩要依靠所有合作伙伴的精诚合作才能提高。所以，合作伙伴的选择是企业和供应链提高业绩的首要和基本问题。

2. 供应链合作伙伴选择的方法

企业选择供应链合作伙伴的方法主要有以下几种。

1) 直观判断法

直观判断法属于定性方法，它是根据征询和调查所得的资料并结合决策人的分析判断，对合作伙伴进行分析、评价的一种方法。这种方法主要是倾听和采纳有经验的采购人员意见，或者直接由采购人员凭经验作出判断。常用于选择企业非主要原材料供应的合作伙伴。

2) 招标法

招标法是早期应用较为广泛的一种合作伙伴选择方法。当订购数量大、合作伙伴竞争激烈时，可采用招标法来选择适当的合作伙伴。它是由企业提出招标条件，各招标合作伙伴进行竞标，然后由企业决标，与提出最有利条件的合作伙伴签订合同或协议。招标法可以是公开招标，也可以是指定竞标。公开招标对投标者的资格不予限制；指定竞标则由企业预先选择若干个候选的合作伙伴，再进行竞标和决标。

3) 协商选择法

在供货方较多、企业难以抉择时，也可以采用协商选择的方法，即由企业先选出供应条件较为有利的几个合作伙伴，同他们分别进行协商，再确定适当的合作伙伴。与招标法相比，协商方法由于供需双方能充分协商，在采购物资质量、交货日期和售后服务等方面较有保证。但由于选择范围有限，不一定能得到价格最合理、供应条件最有利的供应来源。当采购时间紧迫、投标单位少、竞争程度小、订购物资规格和技术条件复杂时，协商选择方法比招标法更为合适。

4) 采购成本比较法

对质量和交货期都能满足要求的合作伙伴，则需要通过计算采购成本来进行比较分析。采购成本一般包括售价、采购费用、运输费用等各项支出的总和。采购成本比较法是通过计算分析针对各个不同合作伙伴的采购成本，选择采购成本较低的合作伙伴的一种方法。

5) ABC 成本法

鲁德霍夫(Roodhooft)和科林斯(Jozef Konings)在 1996 年提出基于活动的成本(Activity Based Costing，ABC)分析法，通过计算合作伙伴的总成本来选择合作伙伴，他们提出的总成本模型为

$$S_i^B = (P_i - P_{\min}) \times q + \sum_j c_j^B \times D_{ij}^B$$

其中：A——表示"实际"成本；

B——表示"预算"成本；

S_i^B——第 i 个合作伙伴的成本值；

P_i——第 i 个合作伙伴的单位销售价格；

$P_{\min}$——合作伙伴中单位销售价格的最小值；

q——采购量；

c_j^B——因企业采购相关活动导致的成本因子 j 的单位成本；

D_{ij}^B——因合作伙伴 i 导致的采购企业内部的成本因子 j 的单位成本。

这个成本模型可用于分析企业因采购活动而产生的直接和间接的成本的大小。企业将选择 S_i^B 值最小的合作伙伴。

6) 层次分析法

层次分析法是当今应用最多、最成熟的一种供应商选择方法。该方法是 20 世纪 70 年代由著名运筹学家赛惕(T.L Satt)提出的，韦伯(Weber)等将层次分析法用于合作伙伴的选择。它的基本原理是根据具有递阶结构的目标、子目标(准则)、约束条件、部门等来评价方案，采用两两比较的方法确定判断矩阵，然后把与判断矩阵最大特征相对应的特征向量的分量作为相应的系数，最后综合给出各方案的权重。

由于层次分析法让评价者对照相对重要性函数表，给出因素两两比较的重要性等级，

因而可靠性高、误差小，不足之处是遇到因素众多、规模较大的问题时，该方法容易出现问题，如判断矩阵难以满足一致性要求，往往难以进一步对其分组。它作为一种定性和定量相结合的工具，目前已在许多领域得到了广泛的应用。

7) 多目标数学规划法

多目标数学规划法是一种定量化的方法，其基本思想是确定供应商评价指标的权重，将多目标规划问题转化为单目标规划问题，在各目标权重非负的前提下，所转化的单目标优化问题的最优解是原多目标优化问题的非劣解，也即供应商选择的结果。多目标数学规划法包括多目标线性规划和整数规划等算法。随着运筹学等相关理论的不断发展和完善，多目标数学规划法在实际中也得到了越来越多的应用。

8) 数据包络分析法

数据包络分析法(Data Envelope Analysis，DEA)是在相对效率评价概念的基础上建立起来的一种新的系统分析方法，它适用于具有多输入输出相同类型单位(如供应商)的有效性评价。被评价的单元称为决策单元，DEA 模型假设有 n 个供应商决策单元(DMU)，每个决策单元都有 m 种类型的输入，s 种类型的输出。

在进行供应商选择时，为了把已确定的选择准则转化为数据包络分析模型的形式，首先需要将它们划分为输入变量和输出变量；然后建立数据包络分析模型，计算各个候选供应商的相对效率，根据计算结果，选择适当的供应商。DEA 方法在解决供应商选择时具有突出的优点，通过选取合适的供应商输入输出指标，去除所有劣解，构造有效性 DEA 模型解决供应商的评价问题。

3. 供应链合作伙伴选择的步骤

供应链合作伙伴关系的风险在于一个伙伴的失败或不合作可能导致整个供应链处于无效的运作状态，会给企业带来巨大的损失。对合作伙伴的选择，应该分步骤、综合地考虑多种因素，企业必须确定各个步骤的开始时间，每一个步骤对企业来说都是动态的，并且每一个步骤对于企业来说都是一次改善业务的过程。合作伙伴的综合评价选择过程，如图 7-4 所示。

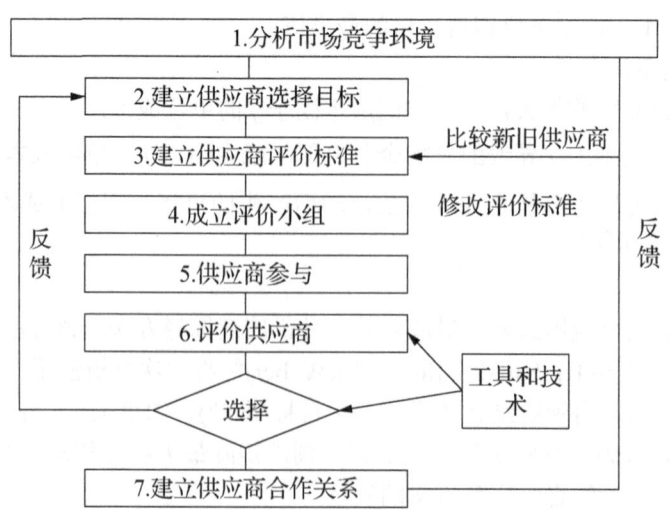

图 7-4 供应链合作伙伴选择过程

1) 分析市场需求和竞争环境

市场需求是企业一切活动的驱动源。分析市场需求的目的在于找到针对哪些产品市场开发供应链合作伙伴关系才有效，必须知道现在的产品需求是什么，产品的类型和特征是什么，确认用户的需求，确认建立供应链合作伙伴关系的必要性。如果已建立供应链合作伙伴关系，则应根据需求的变化确认供应链合作关系变化的必要性，从而确认合作伙伴评价选择的必要性。同时分析现有合作伙伴的状况，分析、总结企业存在的问题。

2) 确立合作伙伴的选择目标

企业必须明确需要什么样的合作伙伴，合作伙伴评价程序如何实施、信息流程如何运作、谁负责等问题，必须建立实质性和实际的目标。其中，降低成本是主要目标之一。合作伙伴的评价、选择不仅仅只是一个简单的评价、选择过程，它本身也是企业自身及企业与企业之间的一次业务流程重构过程，实施得好，它本身就可带来一系列的利益。

3) 制定合作伙伴评价标准

合作伙伴综合评价的指标体系是企业对合作伙伴进行综合评价的依据和标准，是反映企业本身和环境所构成的复杂系统不同属性的指标，是按隶属关系、层次结构有序组成的集合。可以根据系统全面性、简明科学性、稳定可比性、灵活可操作性的原则，建立集成化供应链环境下合作伙伴的综合评价指标体系。不同行业、企业、产品需求、环境下的合作伙伴评价应是不一样的。但都不外乎涉及合作伙伴的业绩、设备管理、人力资源开发、质量控制、成本控制、技术开发、用户满意度、交货协议等可能影响供应链合作伙伴关系的方面。

4) 建立评价组织

企业必须建立一个小组以控制和实施合作伙伴评价。组员以来自采购、质量、生产、工程等与供应链合作伙伴关系密切的部门为主，组员必须有团队合作精神，具有一定的专业技能。评价小组必须同时得到制造商企业和合作伙伴企业最高领导层的支持。

5) 合作伙伴参与

一旦企业决定进行合作伙伴评价，评价小组必须与初步选定的合作伙伴取得联系，以确认它们是否愿意与本企业建立供应链合作伙伴关系，并尽早让合作伙伴参与到评价设计的过程中。

6) 评价合作伙伴

评价合作伙伴的一项主要工作是调查、收集有关合作伙伴的生产运作等全方位的信息。在收集合作伙伴信息的基础上，确定和运用一定的工具和技术方法进行合作伙伴评价。

7) 决定合作伙伴

根据评价结果确定合作伙伴，如果选择成功，则可开始实施供应链合作关系，如果没有合适的合作伙伴可选，则返回步骤2重新开始评价选择。

8) 实施供应链合作关系

在实施供应链合作关系的过程中，市场需求将不断变化，可以根据实际情况的需要及时修改合作伙伴评价标准，或重新开始合作伙伴评价选择。在重新选择合作伙伴的时候，应给合作伙伴以足够的时间适应变化。

4. 建立供应链合作伙伴关系的意义

(1) 可以减少不确定因素，降低库存。所面对的供需关系上的不确定因素可以通过相互之间的合作消除。通过合作，可以共享需求与供给信息，能使许多不确定因素明确。

(2) 可以快速响应市场，集中力量于自身的核心竞争优势，能充分发挥各方的优势，并能迅速开展新产品的设计和制造，从而使新产品响应市场的时间明显缩短。

(3) 可以加强企业的核心竞争力。以战略合作关系为基础的供应链管理，能发挥企业的核心竞争优势，获得竞争地位。

(4) 可以使用户满意度得到提升。主要在产品设计、产品制造、售后服务这三个环节中实现。制造商帮助供应商更新生产和配送设备，加大对技术改造的投入，提高产品和服务质量，可以提升用户满意度。

7.5 供应链管理新研究方向

7.5.1 绿色供应链

1. 绿色供应链的概念

绿色供应链的概念最早由美国密歇根州立大学的制造研究协会在 1996 年进行一项"环境负责制造(ERM)"的研究中首次提出，又称环境意识供应链(Environmentally Conscious Supply Chain，ECSC)或环境供应链(Environmentally Supply Chain，ESC)，是一种在整个供应链中综合考虑环境影响和资源效率的现代管理模式，它以绿色制造理论和供应链管理技术为基础，涉及供应商、制造商、销售商和用户，其目的是使产品从物料获取、加工、包装、仓储、运输、使用到报废处理的整个过程中，对环境的影响(副作用)最小，资源效率最高。

目前大家所谓的绿色供应链，则大都指进入 21 世纪后，欧盟所倡议绿色产品所造成的供应链效应。欧盟的发达国家看准供应链间环环相扣的利益关系，积极将一些环保诉求独立于过去道德劝说的层面而开始立法，并且制定时间和里程确定要执行，希望以欧盟庞大的商业市场为后盾，带领全世界制造业进入一个对环境更友善的新纪元。欧盟于 2002 年 11 月通过 WEEE 及 RoHS 指令，并于 2003 年 2 月 13 日正式公告十大类电机电子设备之回收标准，并要求 2006 年 7 月 1 日十大类电机电子设备中不得含有铅(Lead)、镉(Cadmium)、汞(Mercury)、六价铬(Hexavalent chromium)、多溴联苯(Polybrominated biphenyls)和多溴联苯醚(Polybrominated diphenyl ethers)等六种物质。随着指令的正式公布，各项电机电子产品中含有上述 5 种禁用物质及其化合物的电子产品均必须使用替代材质来代替被管制的材质，而此一指标性规定，已演变成全球性环保要求，也成为资讯电子产业基本技术门槛。

2. 实现绿色供应链的基本途径

1) 加强企业内部管理

由于企业的情况千差万别，绿色供应链管理的模式也是多种多样的。因此，企业在决定实施绿色供应链管理时，应仔细分析自身的状况，要从承载能力和实际出发，既能解决企业急需的问题，又能以见效较快的环节作为突破口，明确认识实施目标，确保成功。

(1) 加强企业内部管理，重新思考、设计和改变在旧的环境下形成的按职能部门进行运作和考核的机制，有效地建立跨越职能部门的业务流程，以减少生产过程中的资源浪费、节约能源和减少环境污染。

(2) 强化企业领导和员工的环境意识，企业高层领导转变观念，积极地把经济目标、环境目标和社会目标恰如其分地与供应链联系在一起考虑，通过学习和培训，强化企业各个层次员工的环境意识，让员工了解企业本身对环保的重视。

(3) 实施绿色采购。尽量根据企业的需求，采购原材料和零部件，减少原材料和零部件库存量，对有害材料，尽量寻找替代物，对企业的多余设备和材料要充分利用。

2) 加强供应商的环境管理

绿色供应过程对供应商提出了更高的要求。首先，要根据制造商本身的资源与能力、战略目标对评价指标加以适当调整，设置的指标要能充分反映制造商的战略意图；其次，强调供应商与制造商在企业文化与经营理念上对环境保护的认同，这是实现供应链成员间战略伙伴关系形成的基础；再次，供应链成员具有可持续的竞争力与创新能力；最后，在供应商之间具有可比性，这样有利于在多个潜在的供应商之间择优比较。

3) 加强用户环境消费意识

要从中国人均资源占有水平低、资源负荷重、压力大的角度出发，充分认识绿色消费对可持续发展的重要性。发展绿色消费可以从消费终端减少消费行为对环境的破坏，遏制生产者粗放式的经营，从而有利于实现中国社会经济可持续发展目标。同时，发展绿色消费不仅可以从优质无污染的消费对象来改善人们的消费质量和身体健康，而且在消费过程中通过观念的转化、行为的转变，提高广大群众对环保、绿色消费与可持续发展的认识。

4) 加强管理部门环境执法

由于一个企业的技术水平和资金是相对有限的，企业的生产过程是否最节约资源、能源和减少环境污染就不能确定。企业为了节约成本，会对生产过程进行适当的调整，但由于习惯、经验、技术、设备和资金的影响，大多数企业生产方式的调整是有限的，效果怎样也不能很好地考察。有些企业为了追求短期效益，甚至不顾环境污染。这时需要全社会的力量参与进行。执法部门应广泛深入地宣传环保政策，既向各企业决策者宣传绿色市场营销观念，又向广大消费者宣传生态环境的重要意义，针对不同对象，采取不同方式进行教育培训。

7.5.2 数字化供应链

近年来，以云计算、大数据、物联网、移动互联、人工智能等为代表的新一代信息技术蓬勃发展，不仅深刻地影响着社会经济结构，而且作为先进生产力的代表，开创了信息化发展的新局面。信息的收集、存储、处理、分发达到了前所未有的效率，推动企业由业务驱动向数据驱动转型。

1. 数字化供应链的概念

数字化供应链是指基于收集的大数据，利用各种 AI 人工智能的算法指导供应链预测、计划、执行、决策等活动。在国务院办公厅发布的《关于积极推进供应链创新与应用的指导意见》(国办发〔2017〕84 号)中，明确提出"供应链是以客户需求为导向，以提高质量和效率为目标,以整合资源为手段,实现产品设计、采购、生产、销售、服务等全过程高效协同的组织形态"。

数字化供应链实际由两部分构成,一部分是基础供应链管理,按照 APICS(美国生产与库存控制学会)的 SCOR(供应链运作参与模型)供应链模型,供应链活动可分为研究与计划、寻源采购、生产制造、物流交付(仓储与运输)、售后与支持,其中被广大企业狭义提及的供应链为物流交付这段;另一部分是指数字化,基于供应链各个运作环节,所有作业数据被量化和数字化,充分验证、收集和优化,结合大数据技术与 AI 人工智能技术,对供应链数据进行切片可视化、分析、优化、KPI 化、预测,甚至基于该平台进行模型格式化,利用 RPA 机器人技术进行智能调度,代替人工作业。

2. 数字化供应链的应用

全球各地的公司都找到了通过供应链数字化转型来增加收入(而不仅仅是削减成本)的方法。客户对交付的准确性、个性化和时间的要求更高,期望也更高。日常任务的自动化已经司空见惯,新的技术,如人工智能/机器学习(AI/ML)和区块链得到应用。

1) 在需求预测方面

供应链需求预测和计划的目标是形成一个精确可靠的关于市场需求的认识。在数字化供应链中,采用大数据预测和智能算法模型,通过趋势结合动态实时需求感知、预测市场和重塑市场,从而主动掌控洞察需求。通过产品价值引导和有竞争力的订单响应周期承诺,完善企业的产销协同计划(Sales and Operation Dlan,S&OP)系统提供支持,使管理层能够从长远全局战略洞察产销平衡,也能短期柔性应变产销的波动。同时通过制造大数据部署预计库存计划,实时监控智能供应链过程中的差异,应对不确定性。

2) 在智能采购方面

在数字化采购中,要求所有的流程必须连通,其运作战略是基于高度认同的一个供应链战略协同下开展,各个部门和环节的指标也是基于供应链战略绩效的协同和分解而来。因此,所有的参数和指标都在同一个逻辑下展开,形成数字化的作业单元,由于有了数字化供应链协同中心,得以将所有环节串联起来,形成端到端的纵向管理体系。此外,供应链运作部门还需要将不同运作逻辑的物料和订单横向协同起来,最终形成互联互通的供应链体系。

3) 在数字物流方面

企业需要以数字物流作为前提和基础,通过库存资源的可视化,调拨供需智能匹配,应急物资快速查询、提报、协调、过程监控,基于大数据分析下的供应链数据优化,库存定额智能分析优化,成为流水线化物流系统的一个不可缺少的环节,从而实现有效运营过程中的无缝对接和联动。

4) 在预警管理方面

在传统供应链管理过程中,可能有偏差数据的统计和可视化通知,通知的对象是操作团队或者监控团队,但往往不能保证偏差数据抓取、通知的实时性和真实性,从而难以保证应对的及时性和有效性,导致供应链系统的累积误差。在数字化供应链的预警管理中,是采用智能化的数据抓取方式,直接通过系统传递给关联系统或者智能设施,"看"偏差数据的可能不是人,而是整个供应链系统,实时进行有效反馈和处理。

7.5.3 低碳供应链

1. 低碳供应链的内涵

"低碳"是继"绿色"后提出的一个新理念,该理念一经提出就得到了广泛认同。低碳的概念用在生产中,是指低能耗、低排放、低污染的运作模式,即将能耗、碳排放和污染量尽可能减少到最低限度,以获得最大的生态经济效益的方式。低碳的实质是提高能源利用率,核心是能源技术创新和制度创新。它涉及国民经济多个领域,特别是冶金、化工、石化等部门以及再生能源等领域,从高碳粗放型方式向低碳经济转型的转变已是发展的大趋势。

根据供应链和低碳的含义,可以得出低碳供应链的基本概念。可以这样认为:把低碳、环保的意识植入整个供应链的构建与运行,从对原材料等资源的计划、采购、到生产制造、物质配送、市场营销、交付使用和回收这一完整的运作过程中,综合考虑链中企业进行资源整合时对环境的影响。供应链的低碳运行,就是要求供应链中各成员企业的运作、应对环境产生的负面影响尽可能小,而资源利用率尽可能高,以达到供应链的整体经济效益和社会效益的协调优化,以及链中企业与社会的"双赢"。

2. 低碳供应链的基本特征

1) 资源的主导性

供应链环境问题的根源是资源使用中的消耗及使用后的废弃物等,主要表现在制造和回收两个基本流程中。供应链成员企业低碳运作活动主要围绕资源的使用和回收展开。在当前需求增加、能源价格上升、环境压力逐渐加大的环境下,供应链上企业的持续发展很大程度上表现为资源的利用效果,而资源高效与低碳利用的根本途径是资源在链上各企业的流动过程中强调对环境的影响,即应以资源为主导要素,提高供应链成员企业低碳运行的环境友好属性和可持续性。

2) 流程的低碳性

供应链的4个基本流程(计划、采购、制造、交付和回收)各自的低碳运作是保证供应链整体的低碳性和效益性的基础。首先低碳供应链应有总的运作规划,以保证各基本流程运作的同步与集成;第二,目前全球化采购正在蔓延世界的每一角落,该方式可减少寻找货物的环节,降低采购成本,获得减少耗费的低碳效果;第三,当前世界经济活动出现了前所未有的全球一体化特征,现代企业的传统生产制造方式显然已不适应当前的环境变化,即一切都要求能够快速响应用户需求,仅靠制造这一流程中的企业所拥有的资源是不够的,这就要求供应链上、下游相关企业通力合作,提高运作效率,这就是低碳供应链生产的优越性;第四,在交付使用环节,链中企业要从消费者的角度,努力提高客户的满意度。客户是否满意,取决于企业提供的产品或服务。因此,链中企业只有连续跟踪客户不断变化的需求,改进并提供给客户满意的产品,才是低碳的、优良的供应链。

3) 多生命周期性

其一,这是低碳供应链系统的又一大特征。它是指产品的多生命周期。即不仅包括本代产品的生命周期,还包括本代产品报废后,部分资源在后代产品的循环使用,使资源得到更充分的利用；其二，是指供应链中企业活动的多生命周期性，即供应链中企业的制造活动和能力持续时间将随着本代产品和后代产品的循环使用而不断延长。

4) 拓展性

其一，拓展性是指低碳供应链系统的空间已经远远突破企业界限。通过网上供应链、虚拟供应链、战略联盟等新的运作模式向更大空间拓展，低碳的供应链系统的资源利用范围更加扩大；其二，由于供应链各环节企业主体之间相互依托，影响供应链运行的环境因素范围扩大，而环境污染往往没有明显的界限，所以低碳的供应链系统运作必须在更大的范围内制定整体战略、规划制造活动；其三，低碳供应链的闭环性和时间外延性，导致产品的物流链的闭环及其循环流动的时间外延，使企业、产品和消费者之间形成了新型的集成关系。

3. 低碳供应链的评价指标

1) 低碳度

低碳供应链是一个复杂的系统，对其低碳性评价主要是针对链条运行对环境影响的评价。可以用"低碳度"来衡量供应链运行时低碳程度的综合效果。这是一个融经济、社会、技术、环境于一体的综合指标，它决定于供应链成员企业在采购、制造、质量、回收废弃物、深加工和再利用的生产运作循环过程中，对资源的使用、对环境的污染、治理，和对社会发展情况影响等多方面的众多因素。对"低碳度"评价需要用众多评价指标集成，它是一个多因素、多目标、多层次的综合评价体系。

2) 低碳供应链的其他评价指标

评价供应链的"低碳度"需要有多个指标，并根据其多个指标的重要性、关联性的选择，指标体系中包含如下指标：①供应链低碳运行的规划指标；②供应链物质流动的时间指标；③供应链企业资源布置；④废弃物回收指标；⑤环境属性指标；⑥社会的认可程度指标；⑦供应链效益指标。用这 7 个指标衡量供应链低碳程度，可以大致了解该供应链低碳性的基本情况。

自 测 题

1. 供应链有哪些类型？请举例进行说明。
2. 你认为供应链管理有哪些新的研究方向？
3. 请阐述推动式和拉动式供应链的区别。
4. 如何进行供应链合作伙伴关系管理？
5. 供应链管理的策略有哪些？

案 例 分 析

良品铺子的供应链管理模式

1. 良品铺子概况

湖北良品铺子食品有限公司是一家致力于休闲食品研发与零售服务的专业品牌连锁运

营公司。2006年8月28日在湖北省武汉市武汉广场对面开立第一家门店，现已拥有门店1 000多家，遍布湖北、湖南、江西、四川四省。良品铺子作为时尚休闲食品的品牌企业，在行业内享有良好的商誉，得到了广大消费者的认同。

公司目前销售的产品主要有炒货类、糖果类、坚果类、果干类、蜜饯类、鱼肉类、素食类、糕点类8个大类食品，单品达400多种，产品供应商有200多家，所销售的产品大部分是在国内生产的，也有部分产品直接从海外引进。

2. 良品铺子的供应链结构

在当今市场环境下，企业与企业的竞争已经转为供应链与供应链之间的竞争，每个企业的运作都隶属于某一个供应链运作的环节中。因此，良品铺子也十分清楚，它的快速发展得益于供应链管理上的努力，它的未来成长也取决于对其供应链的深入掌控和优化。所以，我们可以深入地分析良品铺子的整个供应链运作特点，从而发现其内在价值。

良品铺子的日常运作所处的供应链共有4个层次。从下游至上游，依次为零售层、核心企业层、产品供应层以及原材料供应层。

零售层主要体现了良品铺子的销售渠道，包括电子商务中心负责的线上客户、团购部负责的酒店等大批量订单客户，以及营运部负责的直营门店和加盟门店。

核心企业层即良品铺子有限公司所在层，该层次对整个供应链的运作起到有效连接上、下游的枢纽作用，不仅包括汉口总部的商品中心这个信息枢纽，还包括位于武汉东西湖区的总仓物流枢纽。

产品供应层决定了整个供应链能够提供给消费者的产品的种类以及数量，该层次由大量的食品加工工厂组成，包括国内和国外的生产厂。

原材料供应层决定了供应链提供给消费者的产品本质的优劣，主要包括产品加工的原料和产成品封装需要的原材料供应商，其中产成品封装供应商仅限于国内，而原材料的供应商则涉及国内和国外的不同厂商。

整个供应链结构层次特点也存在特殊的情况，如国外成品零食的供应商同时存在于上游的两个层面，这是由国内、国外贸易的复杂性造成的，有时需要第三方经销商的介入，因此增加了供应链结构的复杂性。

最后，从集中与分散的程度看，可以看出整个供应链结构下游的集中化程度较高，而上游的分散程度较高，因此下游更易于实现集中化管理，这主要是因为良品铺子整个核心企业位于下游。而上游较高的分散程度无疑给整个供应链的协同管理带来困难，因此作为核心企业，应该考虑如何逐步加大上游的集中程度，以促进整个供应链的协同化。

3. 良品铺子供应链合作伙伴的管理

从良品铺子供应链的各个层面涉及的合作伙伴企业来看，除了良品铺子所在层，其余各层均涉及很多个体成员，且种类繁多。

由于良品铺子的核心竞争力在于提供多品种的休闲零食，因此注定其上游涉及多种多样的供应商，这也增加了其对供应端的管控难度。在以良品铺子为核心企业的供应链的上游有各种类型的供应商，大部分供应商都是产品生产企业，只有部分进口产品的供应商是代理商。在采购计划上，良品铺子利用先进的信息化系统以电子商务(EC)平台的形式与供应商共享销售和库存信息，并提前向供应商下达每月的预估采购量，在双方提前约定的固定的采购周期和到货天数下，保证有效的采购合作。良品铺子视优秀的产品品质为其核心竞争力之一，因此特别注重培养供应商的质量控制意识，并主动给予指导和相关培训。依靠良品铺子的凝聚力，可以为供应商提供互相交流的平台，如定期的供应商大会，帮助供应商共同成长、共同进步，同时也有利于良品铺子宣传自身的发展目标和经营理念。

(资料来源：https://wenku.baidu.com/view/e38443f9cc2f0066f5335a8102d276a2002960f6.html.)

讨论：你认为该公司的供应链结构还有改进的余地吗？

第 8 章

供应链环境下的采购管理

【学习要点及目标】

- 了解采购的目标、过程、分类,采购管理的概念和目标;
- 全面掌握供应链环境下采购管理的概念及其采购策略;
- 了解供应链环境下采购质量管理与控制的概念和建立以及全球采购的概念。

【核心概念】

采购　采购管理　供应链环境下的采购管理　准时化采购　采购质量

【引导案例】

科学有效的采购管理能达到"双赢"的目的,A 企业采取的采购策略是利用全球化网络、集中购买、以规模优势降低采购成本,同时精简供应商队伍。对于 A 企业来说,这样可以降低采购成本,在获得稳定且具有竞争力的价格的同时,提高产品质量和降低库存水平,通过与供应商的合作,还能取得更好的产品设计和对产品变化更快的反应速度;对于供应方来说,在保证有稳定的市场需求的同时,由于同 A 企业的长期合作伙伴关系,能更好地了解需求,改善产品生产流程,提高运作质量,降低生产成本,获得比传统采购模式下更高的利润。

8.1 采购概述

采购,是指企业在一定的条件下从供应市场获取产品或服务作为企业资源,以保证企业生产及经营活动正常开展的一项企业经营活动。是个人或单位在一定的条件下从供应市场获取产品或服务作为自己的资源,为满足自身需要或保证生产、经营活动正常开展进行的一项经营活动。

8.1.1 采购的重要性

采购对于组织的重要性体现在两个方面:其一,费用效益和作业效力。具有采购谈判技巧和良好供应商关系的经理会为他们的组织节省大量的资金。如果能够识别适用的生产设备并且以优惠的价格购买它,那就可以对以后若干年的竞争优势产生积极影响。其二,良好的采购实践可以有效避免企业在生产和销售过程中出现问题。如果重要的生产设备不能按时到达,工厂就要关闭了。如果购买的原材料不符合生产标准,制造的产品就不可能符合客户要求的标准。虽然避免了这些问题一定能实施有效的作业,但是,如果存在这些问题,则有效的作业就是不可能的。

当前人们倾向于认为高级管理人员在采购中应考虑长远的利益,而不是钟情于低廉的价格,避免以后出现问题。采购应保障供给以产生利润,而不仅仅是减少费用。高级管理涉及采购,这一事实强调了其日益增加的重要性,尤其是与组织的战略目标息息相关。

8.1.2 采购的目标

更明确地说,采购所要实现以下目标,如图 8-1 所示。

1. 提供一个不中断的原料流、供给流和服务流

原材料和元器件应该及时到达,这是公司作业所需要的。关闭生产线会损害雇员和客户的利益,同时也增加了成本。

2. 使库存投资和损失达到最小

库存费用已经占到产品价值的 50%。库存的保管费用则占到产品价值的 20%~30%。

假设一家公司的年平均库存投入为 5 000 万美元,而保管费用占 25%,如果能把库存量减少到 4 000 万美元,则可以节约 250 万美元。这个结果是可以而且应该达到的。

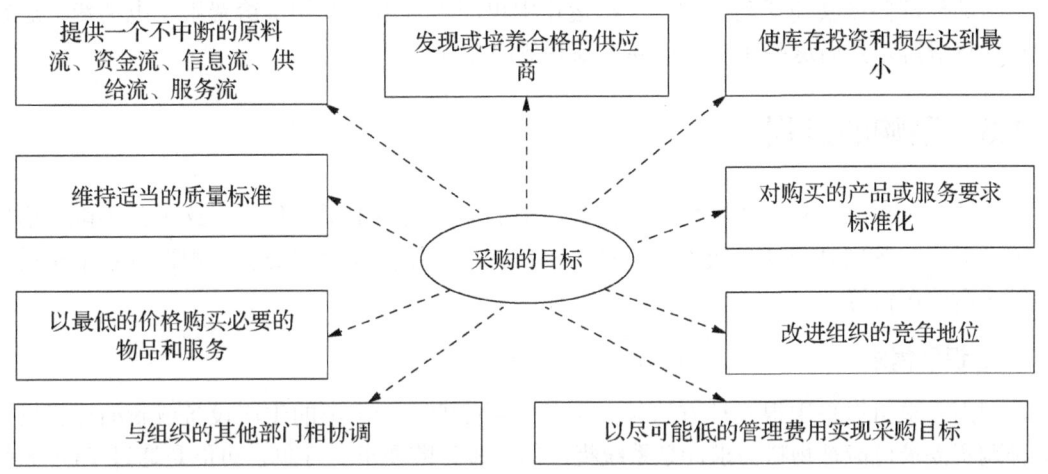

图 8-1　采购的目标

3. 维持适当的质量标准

产品的质量受到购买的原材料质量的限制。企图控制采购的成本时很容易忽视质量。因而,在追求较低的价格时不要在质量标准上妥协,这点无论怎样强调都不为过。

4. 发现或培养合格的供应商

货物供应商可以协助生产厂家解决许多采购问题,与高品质的供应商签约是采购经理的主要任务。

5. 对购买的东西要求标准化

无论什么地方、什么时候,只要可能,就应对购买的东西要求标准化。标准的原材料可以减少库存量(零件较少)和保管费用,同时可以因大量购进而获得价格折扣。

6. 以最低的价格购买必要的物品和服务

这并不意味着自动接受较低的价格。价格应该被定义为:要得到物品所花费的时间、工作量之和。货币之外的费用依赖于服务、原材料的质量、需要的数量以及交货的条款等。

7. 改进组织的竞争地位

以较低的最后定价购买合适的原料可以提升公司的竞争地位。这不仅控制了支出,而且保证了原材料随时可用。通过采购还可以发展与供应商的关系,保证原材料源源不断地流动,即使竞争对手的供给受到了负面的影响也不为所动。

8. 与组织的其他部门相协调

采购工作应该与组织的其他部门相协调。采购不是孤立的,它几乎影响公司运作的各个方面。因此,采购部门与公司的其他部门进行有效的交流是极其重要的,通过互相合作解决共同面临的各种问题。

9. 以尽可能低的管理费用实现采购的目标

与其他部门或其他活动一样，采购运作中也产生费用，例如供给费用、电话费、旅行费和计算费等。然而这些作业费用要得到有效地控制。

8.1.3 采购的过程

虽然各种采购各有其特殊性，但是都应遵循通用的基本采购程序。这个程序可以描述为识别需求、鉴别供应商和货物的质量、签署订单、监控和管理交货过程以及对采购活动和供应商的评价等。

1. 识别需求

识别需求可以采用很多种方法。一个部门可能购买一个新的生产设备或新的计算机。这种购买需求可能是物料需求计划系统提出的设备订购要求。订单也可能是通过 EDI 系统签订的，并经过了供需系统的评价。这些方法都在一定程度上启动了采购过程。一旦认识到有这种需求，采购的其他步骤就应紧随其后。

2. 鉴别供应商

鉴别供应商可以简单到就像核实电子订单的电邮地址一样，但也可以很复杂，例如，邀请大宗设备的预投标建议，召开一次投标会，或者评价许多详细的标书。在一定程度上，复杂性依赖于采购的类型，也依赖于购买的产品和服务。一旦潜在的供应商被确定，就可以选择一家或几家来提供货物。

3. 鉴定和签署订单

一旦确定了供应商，就可以起草订货单并签署合同，或者采取其他步骤向着实际提交货物或服务迈进。这一阶段的工作要求是确定订货单是否填写正确，是否满足合同条款，货物是否符合标准，供应商的工作是否令人满意等。

4. 监视和管理交货过程

从根本上说，采购活动就是要保证以正确的价格和正确的数量得到正确的货物。如果不是，就要采取某些措施以弥补缺陷。

5. 评价采购活动和供应商

这是一个两阶段的过程。一次具体的采购活动可能很好或者很糟。大部分采购组织都通过与供应商的多次交易和采购活动总结和积累经验。当某次采购交易活动出现问题时，采购者应及时与供应商协商解决并避免以后出现同样的问题。当多次交易不能满足要求时，采购者应该寻求新的供应商。

8.1.4 采购的分类

依据不同的划分标准可以对采购进行不同的分类。针对不同的类别，实施不同的采购策略。

1. 按采购的主体不同分类

根据采购主体的不同，可以将采购分为以下几种类型：①企业采购；②政府采购；③事业单位采购；④军队采购；⑤其他社会团体采购。在这些采购主体中，需要进行深入研究的是企业采购和政府采购，因为这两类采购占了全社会采购总额的绝大部分，对社会经济生活影响巨大。

2. 按采购的科学化程度分类

1) 传统采购

所谓传统采购就是议价采购。即采购者根据采购品种、数量、质量等方面的要求，货比三家，通过谈判，最后达成一致，得以成交的采购形式。传统采购方式主要包括询价采购、比价采购、议价采购。

(1) 询价采购。询价采购是采购人员询问信用可靠的厂商，将采购条件讲明，通过电话或寄发询价单的方式，询问价格，经过比较后，现价采购。

(2) 比价采购。采购人员请数家厂商报价，经过比较后，决定向哪家采购。

(3) 议价采购。采购人员与厂家谈判，讨价还价，谈定价格后决定购货。

实际采购中，很少是以一种方式单独进行的，通常是几种方式结合起来进行采购。

2) 科学采购

所谓科学采购，就是在科学理论的指导下，采用科学的方法和现代科技手段实施的采购活动。科学采购根据指导理论和采取的方式方法的不同，可划分为订货点采购、JIT 采购、MRP 采购、供应链采购、招标采购和电子商务采购。

(1) 订货点采购。订货点采购已有半个世纪的历史，无论从理论上还是实践上都比较成熟。订货定点采购的原理是当库存降低到一定水平时，按规定的量组织订货。订货点采购还可细分为定量订货法、定期订货法。订货点采购在现实中有着广泛应用。

(2) JIT 采购。JIT 采购是由 JIT 生产发展而来的，有时又把它称为准时制供应、零库存供应。JIT 采购的基本思想是追求零库存，彻底"杜绝一切浪费"。具体做法是在需要的时候，将合适的品种、合适的数量、合适的质量的物料送达合适的地点。这种即时送达，要做到既不早又不晚，既不多又不少，既保证需要又不增加库存。

(3) MRP 采购。MRP 采购是一种解决相关需求问题的采购方式，主要应用于生产企业的物料采购。生产企业的主产品，有时又被称为主机，是由许多部件构成的，部件是由组件构成的，而组件又是由零件构成的。这种从主机到零件的树形图构成了主产品结构文件。在 MRP 计算机系统中，输入主产品数量、主产品结构文件和载明库存量的库存文件，系统就可输出何时采购，采购多少原材料、零部件的指导文件。按此文件采购，既可满足生产需求，又能实现最小量库存。

(4) 供应链采购。供应链采购就是在供应链条件下的采购。这是供应方积极主动向采购方提供其所需物料的采购。在供应链的条件下，供应方遵循供应链的宗旨，在利益共享原则的基础上，依据采购方提供的信息，及时满足采购方对原材料和产成品的需求。

(5) 招标采购。招标采购一般是大宗物品和工程材料的采购。采购方为了寻求最好的供应商，通过发布标书的形式，向特定或非特定的潜在供应商提出采购物资或工程材料的条件。由于众多的供应商参与竞标，采购方可以在更广泛的范围内寻求最优合作伙伴，达到价格最低、服务最优。

(6) 电子商务采购。电子商务采购是在计算机技术、通信技术和网络技术高度发展条件下的科学采购方式。这种采购方式，可以在全球范围内，寻求最好的供应商，而且速度快、费用低、操作简单、效率高。这种采购方式通常适于标准或不太复杂产品的采购。

3. 按采购的范围分类

1) 国内采购

所谓国内采购，是指企业以本币向国内供应商采购所需物资的活动。例如，国内机械制造企业向国内钢铁企业采购钢材；国内服装厂向国内纺织厂采购布料等。国内采购主要是指在国内市场采购，但采购的物资并不一定是本国生产的。例如，外资企业在中国境内生产的产品，国外企业生产在中国市场上销售的产品。这些产品的采购都是以本币支付货款。

2) 国际采购

所谓国际采购，是指国内企业直接向国外企业采购。当国外材料价格低，品质高，性能好，综合成本低时，可考虑国际采购。国际采购一般直接向国外企业咨询，同国外企业谈判采购，或者向国外生产企业设在本地或国内的代理商咨询采购。国际采购的范围很广，包括高新技术产品、成套技术设备、必须进口的原材料等。

4. 按采购的权限分类

1) 集中采购

所谓集中采购，是指由企业的采购部门全权负责企业的采购工作。即企业生产所需的物资，都由一个部门负责，其他部门，包括分厂、分公司均无采购职权。

集中采购主要有以下优点：①集中采购，可以减少订货次数，从而减少订货费用。②获得供应商的批量价格优惠。③可统一组织供应，合理配置资源，最大限度降低库存。

集中采购的不足主要表现为以下几点：①采购过程复杂，时效性差。要将下属各单位的需求集中起来，到实地采购，再将采购到的物资分发到需求单位，要增加多道手续，往往还要增加多道运输环节，费时、费力，增加采购成本。②非共用性的物资实行集中采购，难以获得价格优惠。对于一个大型企业，通常生产多种产品，需要许多种不同的原材料和零部件，勉强实行集中采购，往往不能达到批量优惠的目的。③采购与使用分离，缺乏激励因素，采购绩效差。由于实行集中采购，采购者与使用者相分离，导致采购成本的高低、质量的好坏、对未来生产经营带来何种影响，都不与采购者产生直接的经济利害关系，采购者从而对采购绩效关心度下降。从采购的实践看，集中采购更容易出现品种规格不相符、价格偏高、供货不及时等问题，影响企业效益。

集中采购的适用范围如下所述。

(1) 集团实施的采购活动。作为大型企业集团，生产的产品多为系列产品，虽然产品规格型号多达千百种，但许多原材料、零部件是通用的。实行集中采购，可以充分享用集中采购带来的好处。

(2) 跨国公司的采购。随着经济的发展，企业经济实力的增强，不少企业走出国门，纷纷在国外不同地域投资建厂。由于区域经济发展的不平衡，原材料、零部件在价格上会产生不同程度的差异。实行跨国跨地区集中采购，不仅可以享受批量采购带来的优惠，更能获得价差所带来的产品成本优势。

(3) 不同企业之间的联合采购。同城企业或邻近地区的企业，在产品相同或相近的情况下，在采购相同原材料或零部件时，为了共同的利益，可以实施联合采购。

(4) 商贸企业的联合采购。随着经济的发展，人们生活水平的提高，连锁零售企业蓬勃发展。不仅美国的沃尔玛、法国的家乐福等零售连锁企业登陆我国，迅速拓展，就是本土的连锁零售企业，也在以每年 20%左右的速度增长。毫无疑义，这些为数众多的企业连锁店，更应以联合采购的形式组织进货。

2) 分散采购

所谓分散采购，是指按照需要，由单位设立的部门自行组织采购，以满足生产经营的需要。

分散采购主要存在以下优点：①针对性强，生产企业或商贸企业，可以针对企业自身的需求，采购规格品种最合适，价格最合理的原材料、零部件或产成品；②决策快，效率高，分散采购，减少了集中汇总、层层审批的烦琐程序，可以很快作出采购决策，并立即组织实施，减少了时间上的延迟，提高了工作效率；③有利于激励机制的贯彻实施，分散采购的采购人员，为本企业的职工，其收益与企业的经营成果密切相关，采购绩效如何不仅关系到企业的经济效益，也关系到职工的切身利益，可根据采购工作的业绩，给予奖励或惩罚，则会进一步调动采购人员的工作积极性。

分散采购的实施范围主要有以下几点：①分散采购适用于小批量价格低的物资采购；②市场资源有保证，运输费用低的物资采购；③各基层单位具有检测能力的物资采购；④产品研制开发阶段所需的物资采购；⑤分散采购成本低于集中采购时成本的物资采购。

8.2 采购管理概述

8.2.1 采购管理的概念

所谓采购管理，就是为保障企业物资供应，对采购活动进行计划、组织、协调和控制的活动，保证采购计划完成。它不仅面向全体采购人员，而且面向企业组织的其他人员进行有关采购的协调配合工作，其任务是调动整个企业的资源，满足企业的物资供应，确保企业经营战略目标的实现。

采购管理和采购并不完全是一回事，两者之间既有区别又有联系。采购是按采购订单规定指标，去资源市场完成采购任务，它本身也有自己的管理工作，即采购的具体业务管理，如与供应商谈判、签订合同、组织进货等。如果将这些工作的管理称为采购管理的话，只能是狭义的采购管理。本书所讨论的采购管理，不仅包括具体采购过程中的业务管理，而且涵盖了与采购业务有关的其他方面的管理，是广义的采购管理。

8.2.2 采购管理的主要方面

采购管理的内容概括起来包括三个方面：一是与采购需求有关的企业内部管理；二是企业外部市场和供应商的管理；三是采购过程本身的管理。

1. 采购需求管理

企业采购计划的形成主要来自生产部门。生产部门根据年度生产计划，提出该年度的原材料、零部件、辅助材料等的需求计划；其次是销售部门根据年度销售情况，提出的本厂生产的成品需求计划；此外，还有固定资产管理部门提出的设备添置、维修需求计划及技术、科研开发部门提出的新产品开发需求计划、后勤保障等部门提出的物资保障需求计划。采购管理要对这些计划进行审查、汇总，并就采购的品种、规格、数量、质量、进货时间等，与各部门研究协商，综合平衡，制订出切实可行的采购计划。

2. 市场和供应商管理

市场是提供资源的外部环境。采购管理要了解外部资源市场是买方市场还是卖方市场，是垄断市场还是竞争市场，是卖方完全垄断的市场还是垄断竞争的市场，又或是寡头垄断的竞争市场。不但要了解地区市场、国内市场，还要了解国际市场，针对不同的市场采取不同的应对策略。毫无疑问，良好的供应商群体，是实现采购目标的基础。为此，必须下大力气做好供应商管理工作。其中的必要环节，包括供应商调查、供应商的审核认证、供应商的选择、供应商的使用、供应商的考核、供应商的激励与控制，以及必要时终止与供应商的合作等。

3. 具体采购业务的管理

采购管理系统是企业管理系统的一个重要子系统，是企业战略管理的重要组成部分。管理群体一般由中层管理人员组成。这些管理人员，不仅对与采购有关的事务负有管理责任，更重要的是要对具体的采购业务实施管理。具体采购业务，包括采购谈判、签订合同、安排催货、组织运输、验收入库、支付货款等一系列工作。管理人员除了指挥业务人员尽职尽责做好本职工作外，还要取得企业内部各部门、外部供应商等有关部门的支持与配合。唯有如此，才能确保采购任务的完成。

8.2.3 采购管理的目标

采购管理的总目标是确保企业生产经营中的物资供应，具体有以下 4 点。

1. 确保供应物资的质量

质量是产品的生命。唯有质量合格的原材料、外协件，才能生产出合格的产品。如果原材料、外协件不合格，入库前作退货处理，将造成采购过程中人力、财力的浪费；如果制造出成品以后推向市场，因质量问题造成退货，会进一步增加生产过程中各种资源的浪费。

此外，发生产品的质量问题，会损害消费者的利益，进而影响企业的声誉，不利于企业的长远发展。当然，外购产品的质量也不可要求过高，只要合格、够用就可以了。否则，会增加产品的质量成本。

2. 确保供应物资的供货时间

目前，企业为了加速资金周转，减少资金占用时间，备料的提前周期大大缩短。通常根据市场的需求组织生产，安排原材料供应，对于到货准时性的要求越来越高。时间上的延误，将影响企业的生产经营，对企业造成经济损失。

3. 确保供应物资的数量

企业生产经营中总需要准备一定的原材料、产成品。但是，这种准备不是越多越好，也不是越少越好，应维持在适当的水平。库存量过大，一段时间内生产消耗用不完的话，必然会造成原材料的积压，不仅占用了资金，减缓了流动资金的周转速度，而且长期积压还会导致物资报废。当然，库存量也不能过低。库存量过低，往往导致原材料供不应求，停工待料，影响企业生产经营，这也是必须避免的。

4. 采购应实现合理的价格

采购价格是影响采购成本的重要因素。因此，采购中能以适当的价格完成采购任务，是采购管理的主要目标之一。在全球范围内的工业产品成本构成中，采购的原材料及零部件成本占企业总成本的 30%～90%，平均在 60%左右。因此，采购物资的价格在总成本中的作用不可忽视。

8.3 供应链环境下的采购管理与相关策略及措施

8.3.1 供应链环境下的采购管理概述

采购是企业运营中的重要环节，在业界和学术界受到广泛关注。随着中国工业互联网的飞速发展，传统的采购方式已经不能满足企业最基本的需求。新的采购方式应运而生，出现了一种叫作供应链下的采购管理的方式。采购管理是现代企业经营活动的重要部分，企业想要更好地发展，就需要进行改革，从供应链的角度进行的采购管理。

1. 供应链环境下的采购及其特点

国外在对采购的研究中，列出了几乎所有工业买家都需要采购的 6 种主要产品，即零部件、原材料、运行物品、支持设备、工艺设备和服务等。每种产品可能在以下 4 种情况下实施采购：①例行性订单情况。包括以前产品已经订购了多次，订单的程序已经基本确定。②程序性问题情况，包括非例行性采购和可能需要员工学习如何使用产品的情况。③绩效问题情况，包括设计用来替代目前产品的非例行性采购，但必须进行绩效测试的情况。④政策问题的情况，包括设计产品的使用可能会影响公司许多部门的非例行性采购的情况。因此，整个企业的许多人可能会参与到决策制定过程中。

在供应链环境下，供应链采购的观念和操作方式与传统的采购有很大的区别，如表 8-1 所示。

表 8-1 供应链采购与传统采购的区别

项 目	传统采购	供应链采购
基本性质	基于库存的采购，需求方进行采购操作的方式是一种对抗性采购	基于需求的采购，供应方主动型，需求方采购方式是一种合作型采购

续表

项　目	传统采购	供应链采购
信息环境	信息不畅且保密	信息共享
库存关系	需求方掌握库存、设立仓库，库存量较多	供应商主管库存，需求方也可以不设仓库
送货方式	大批量少频次送货	供应商多频次小批量连续补充货物
双方关系	供需双方零和博弈，责任自负，利益独享	责任共担、利益共享，协调性配合
货检工作	严格检查	对获得购买方免检证书的供应商免检货物

供应链环境下的采购管理呈现出3大基本特点。

1) 基于需求的采购

供应链采购是由客户订单驱动的，在供应链管理模式下，客户需求产生订单，订单驱动生产，生产驱动原材料采购，产品满足客户需求。这样，采购本身就成了满足客户订单需求的过程。

2) 主动的供应商采购

需求者将需求信息及时传递给供应商，供应商则根据需求状况和变化趋势，及时调整生产计划，主动跟踪用户需求，适时适量地满足用户的需求。

3) 协同采购

供应链采购的双方为了能获得更大的经济利益，从不同角度相互配合，各尽其力。在采购过程中相互配合，提高采购效率，最大限度地降低成本。

2. 供应链环境下采购的战略作用

传统的采购活动被赋予服务于生产的职能，企业管理者对采购的关注程度有限。然而，随着全球竞争的不断深化，管理者认识到大批量的原材料采购和在制品库存对生产成本、质量、新产品开发和运送时间等有着显著的影响。明智的管理者们开始从供应链的视角将采购作为关键战略业务流程加以重视，而不仅仅是将其作为辅助支持职能来对待。

在供应链环境下，采购的战略作用日益显现。采购可使公司把资源解放出来投入到销售、营销、分销，以及利润更高的产品上，从而改善公司的资产负债表。采购职能一直是影响公司盈利能力的关键因素，并直接影响到供应链的利润水平。采购对企业和供应链利润具有很大的杠杆作用。对大多数企业而言，外部采购占据了公司费用的最大部分。从这个意义上来说，采购管理是降低成本最直接的方法。

从供应链整体目标最优来看，供应链采购是一种战略性活动。首先，供应链采购可以帮助企业重新修订经营战略。通过传递需求信息与竞争者的信息，供应链采购可以帮助企业重新修订企业战略，以充分利用市场机会。其次，供应链采购支持企业引领或创新市场。供应链采购能通过识别和开发新的和已存在的供应商来帮助支持企业战略的成功。最后，供应链采购可以为其他职能提供价值，供应链采购的作用范围包括从支持作用到战略作用。企业在认识到供应链采购的重要性后，在供应链管理的重要决策中会同时考虑供应链采购的影响，从供应链采购方面获得更多的信息并基于这些信息进行前瞻性预测，以满足其他职能部门的需要。

3. 供应链环境下采购管理的目标

供应链采购管理的主要目标是在总成本最低的前提下，保证原材料的供应不会中断，提高成品生产的质量，保证客户满意度最大化。供应链环境下采购管理的目标可以细分为以下几个方面。

① 为企业的运作提供所需的不间断的原材料、物品和服务。
② 将存货投资和损失降到最低的程度。
③ 保持和提高质量。
④ 寻找或开发具有竞争优势的供应商。
⑤ 尽可能使采购的产品标准化。
⑥ 以最低的总成本采购所需的产品和服务。
⑦ 提高企业的竞争地位。
⑧ 与企业内其他职能部门建立融洽的、有利于提高估产效率的关系。
⑨ 以尽可能低的管理成本实现采购的目标。

此外，供应链采购中需要关注5个恰当。

① 恰当的数量。实现采购的经济批量，既不积压又不造成短缺。
② 恰当的时间。实现及时化采购，既不能提前，给库存带来压力，也不能滞后，给生产带来停顿。
③ 恰当的地点。实现最佳的物流效率，尽可能解决供应链采购成本。
④ 恰当的价格。实现供应链采购价格的合理化，价格过高会造成浪费，价格过低会导致产品质量难以保证。
⑤ 恰当的来源。力争实现供需双方间的合作与协调，达到双赢的结果。

4. 供应链环境下采购的基本流程

在基于相应的采购管理机构和管理机制，以及自制与外包决策既定的基础上，供应链环境下采购的基本流程由以下几个方面组成。

(1) 采购需求分析。弄清楚企业希望采购一些什么物资，采购数量为多少，什么时候需要什么样的物资等。掌握企业全面的物资需求，为制订科学合理的采购订货计划做准备。

(2) 资源市场分析。即根据企业所需要的物资品种和采购类型分析资源市场情况，包括资源分布情况、供应商情况、品种质量、价格情况和交通运输情况等。

(3) 制订采购计划。根据企业物料需求种类、采购类型、资源市场状况，制订出切实可行的采购订货计划，包括对供应商的要求、供应品种、具体的订货策略、运输策略和具体的实施进度计划等。

(4) 供应商选择。根据采购计划和前几个步骤的分析，决定供应商选择的标准和数量。

(5) 采购计划的实施。依据具体的采购计划执行实施，包括联系指定的供应商、贸易洽谈、签订购货合同、运输进货、到货验收和支付货款等。

(6) 采购过程监控。在整个采购过程中需要进行相应的监控工作，包括采购流程、效率和效能、采购资金的支付情况等。

(7) 采购评价。在一次采购完成后应对本次采购进行评价，主要评估采购活动的效果，总结经验教训，寻找问题，提出改进意见等。

8.3.2 供应链环境下的准时化采购策略

1. 准时化采购的概念

准时化采购又称 JIT 采购，它是由准时化生产管理思想演化而来的。其核心思想是在恰当的时间和恰当的地点，以恰当的数量和恰当的质量提供恰当的物品，最好地满足用户需要。这种生产方式的核心是追求一种无库存生产系统或是库存量最小的生产系统。这种管理思想已经被应用到采购、运输、储存以及预测等众多领域。

准时化采购与传统的采购方法在质量管理与控制、供需关系、供应商的数量、交货期的管理等方面有很多不同，供应商的选择和质量控制是其核心内容。

在传统采购模式下，采购的目的是为了补充库存，也就是为了库存而采购。在这个过程中，要经过洽谈、下达采购订单、安排和协调生产计划、产品生产跟踪与质量检验、入库以及二次检验等众多复杂工序。

在准时化采购的模式下，供需双方是供应链上的合作伙伴，双方已建立起信任和可靠的合作关系，其中包括供应商的资格认证、产品质量、信用度等诸多方面。采购作业通过电子商务把需求订单转化为供应商的生产订单，产品的质量不需要进行多次重复的检验。准时化采购的订单驱动模式减少了需求方的订单下达、接收转换、生产跟踪、质量检验、出入库、存货积压等环节，企业采购的目的是为了生产线上的需要，同时可以降低采购成本、库存成本。

2. 准时化采购的特点

1) 采用较少的供应商

单源供应指的是对某一种原材料或外购件只从一个供应商那里采购；或者说，对某一种原材料或外购件的需求，仅由一个供应商供货。准时化采购认为，最理想的供应商数目是对每一种原材料或外购件，只有一个供应商。因此，单源供应是准时化采购的基本特征之一。传统的采购模式一般是多头采购，供应商的数目相对较多。从理论上讲，采取单源供应比多头供应好，一方面，对供应商的管理比较方便，且可以使供应商获得内部规模效益和长期订货，从而使购买原材料和外购件的价格降低，有利于降低采购成本；另一方面，单源供应可以使制造商成为供应商的一个非常重要的客户，因而强化了制造商与供应商之间的相互依赖关系，有利于供需之间建立长期稳定的合作关系，质量上比较容易保证。

2) 采取小批量采购的策略

小批量采购是准时化采购的一个基本特征。准时化采购和传统采购模式的一个重要不同之处在于准时生产需要减小批量，甚至实现"一个流生产"。因此，采购物资也应采用小批量办法。从另一个角度看，由于企业生产对原材料和外购件的需求是不确定的，而准时化采购又旨在消除原材料和外购件库存，为了保证准时、按质按量供应所需的原材料和外购件，采购必然是小批量的。但是，小批量采购必然增加运输次数和运输成本，对供应商来说，这点是很为难的事情，特别是当某些供应商在远距离的情形下，实施准时化采购的难度就很大。

通常情况下，解决这一问题的方法主要有 4 种：一是供应商在地理位置上靠近制造商，如日本汽车制造商扩展到哪里，其供应商就跟到哪里；二是供应商在制造商附近建立临时仓库，实质上，这只是将负担转嫁给了供应商，而未从根本上解决问题；三是由一个专门的承包运输商或第三方物流企业负责送货，按照事先达成的协议，收集分布在不同地方的供应商的小批量物料，准时按量送到制造商的生产线上；四是让一个供应商负责供应多种原材料和外购件。

3) 对供应商选择的标准发生变化

由于准时化采购采取单源供应方式，因而对供应商的合理选择就显得尤为重要。可以说，能否选择到合格的供应商是准时化采购能否成功实施的关键。合格的供应商应具有较好的技术、设备条件和较高的管理水平，可以保障采购的原材料和外购件的质量，保证准时按量供货。在传统的采购模式中，供应商是通过价格竞争而选择的，供应商与用户的关系是短期合作的关系，当发现供应商不合适时，可以通过市场竞标的方式重新选择供应商。但在准时化采购模式中，由于供应商和用户是长期的合作关系，供应商的合作能力将影响到企业长期经济利益，因此，对供应商的要求就比较高。在选择供应商时，需要对供应商按照一定标准进行综合评价，这些标准应包括产品质量、交货期、价格、技术能力、应变能力、批量柔性、交货期与价格的均衡、价格与批量的均衡、地理位置等，而不像传统采购那样主要依靠价格标准。

4) 对交货的准时性要求更加严格

准时化采购的一个重要特点是要求交货准时，这是实施准时化生产的前提条件。交货准时取决于供应商的生产与运输条件。作为供应商来说，要使交货准时，可以从以下方面着手：一是不断改善企业的生产条件，提高生产的连续性和稳定性，减少由于生产过程的不稳定导致延迟交货或误点现象。作为准时化供应链管理的一部分，供应商同样应采用准时化的生产管理模式，以提高生产过程的准时性。此外，为了提高交货准时性，运输问题不可忽视。在物流管理中，运输问题是一个很重要的问题，它决定着准时交货的可能性。因此，就要求用户企业和供应企业都应着重考虑好这一方面的问题，并进行有效的计划和管理，使运输过程准确无误。

5) 从根源上保障采购质量

实施准时化采购后，企业的原材料和外购件的库存很少以至为零。因此，为了保障企业生产经营的顺利进行，采购物资的质量必须从根源上抓起，也就是说，质量问题应由供应商负责，而不是企业的物资采购部门。准时化采购就是要把质量责任返回给供应商，从根源上保证采购质量。为此，供应商必须参与制造商的产品设计过程，制造商也应帮助供应商提高技术能力和管理水平。美国IBM公司企业战略中的重要一环就是帮助供应商建立供应体系，以实现真正的本地化采购供应。这不仅对供应商有利，对IBM也很有帮助。为此，IBM建立了一个开放、兼容的信息平台，在此基础上，IBM可以详细地了解供应商的生产流程、介入产品设计、生产、质量控制等过程，为其产品线找出竞争优势。

6) 对信息交流的需求加强

准时化采购要求供应与需求双方信息高度共享，保证供应与需求信息的准确性和实时性。由于双方的战略合作关系，企业在生产计划、库存、质量等各方面的信息都可以与供应商及时进行交流，以便出现问题时能够及时处理。只有供需双方进行可靠而快速的双向信息交流，才能保证所需的原材料和外购件的准时按量供应。同时，充分的信息交流可以增强供应商的应变能力。所以实施准时化采购，就要求供应商和制造商之间进行有效的信息交流。信息内容包括生产作业计划、产品设计、工程数据、质量、成本、交货期等。全球知名的沃尔玛公司和宝洁公司合作后，双方成立了一个协作团队，共同控制商品的质量。双方以结盟的方式，通过计算机实现数据共享。

7) 可靠的送货和特定的包装要求

由于准时化采购消除了原材料和外购件的缓冲库存，供应商交货的失误和送货的延迟必将导致企业全线停工待料。因此，可靠送货是实施准时化采购的前提条件。而送货的可靠性，常取决于供应商的生产能力和运输条件，一些不可预料的因素，如恶劣的气候条件、交通堵塞、运输工具故障等，都可能引起送货延迟。此外准时化采购对原材料和外购件的包装也提出了特定的要求。最理想的状态是对每一种原材料和外购件，采用标准规格且可重复使用的容器包装，既可提高运输效率，又能保证交货的准确性。

3. 准时化采购的实施

企业在实施准时化采购时，可以采用以下步骤。

(1) 创建准时化采购班组。专业采购人员有三个责任，即寻找货源、商定价格、发展与供应商的协作关系并不断改进。首先，应成立两个班组，一个班组是专门处理供应商事务的班组，另一个班组是专门从事消除采购过程中浪费现象的班组。这些班组人员对即时化采购的方法应有充分的了解和认识，必要时应进行培训。

(2) 制订计划，确保即时化采购策略有计划、有步骤地实施。包括制定采购策略；改进当前的采购方式；减少供应商的数量；正确评价供应商，向供应商发放签证。在这个过程中，要与供应商一起商定即时化采购的目标和有关措施，保持经常性的信息沟通。

(3) 精选供应商，建立伙伴关系。选择供应商应从产品质量、供货情况、应变能力、地理位置、企业规模、财务状况、技术能力、价格、与其他供应商的可替代性等几个方面考虑。

(4) 进行试点工作。先从某种产品或某条生产线开始，进行零部件或原材料的即时化供应试点。在试点过程中，取得企业各个部门的支持是很重要的，特别是生产部门的支持。通过试点，总结经验，为正式实施即时化采购打下基础。

(5) 搞好供应商的培训。确定共同目标。即时化采购是供需双方共同的业务活动，单靠采购部门的努力是不够的，需要供应商的配合。只有供应商也对即时化采购策略和运作方法有了认识和了解，才能获得供应商的支持和配合，因此需要对供应商进行教育培训。通过培训，取得一致的目标，相互之间就能够很好地协调，做好采购的即时化工作。

(6) 向供应商颁发产品免检合格证书。即时化采购和传统采购方式的不同之处，在于买方不需要对采购产品进行比较多的检验。要做到这一点，需要供应商提供完全合格的产品。当其达到这一目标要求时，即发给免检合格证书。

(7) 实现配合准时化生产的交货方式。即时化采购的最终目标是实现企业的生产即时化，为此，要实现从预测交货方式向即时化实时交货方式转变。

(8) 继续改进、扩大成果。即时化采购是一个不断完善和改进的过程，需要在实施过程中不断总结经验教训，从降低运输成本、提高交货的准时性和产品质量、降低供应商库存等各个方面进行改进，不断提高即时化采购的运作效果。

8.3.3　准时化采购中供应商的采购质量管理

供应链环境下的采购模式和传统采购模式的不同之处，在于采用订单驱动的方式。订单驱动可使供应与需求双方都围绕订单运作，也就实现了准时化、同步化运作。要实现同步化运作，采购方式就必须是并行的，当采购部门产生一个订单时，供应商即开始着手物品的准备工作。与此同时，采购部门应编制详细的采购计划，制造部门也进行生产的准备过程，当采购部门把详细的采购单提供给供应商时，供应商就能很快地将物资在较短的时间内交给用户。

1. 准时化模式中的采购质量管理

质量管理就是对有关质量的方针和目标建立、策划、控制、保障及改进等各种活动的控制与管理。国际标准 ISO 9000:2005《质量管理体系　基础和术语》中将质量管理定义为："质量管理是在质量方面指挥和控制组织的协调的活动。"采购质量包括采购产品过程中所涉及的任何一个方面。这个定义要求采购企业认真制定所购产品的设计和制造规格，这包括定义产品应符合的指标，明确检测要求，确定产品的可靠性和可维护性，满足交付和包装的要求，解决相关责任和环保方面的问题等。采购质量管理就是上述采购质量指挥和控制组织的协调的活动。准时化模式中的采购质量管理是满足准时化模式的采购质量管理，一般需具备下述条件。

1) 采购人员需要建立有效的准时化信息源

信息获得的方法有很多，如期刊上的采购指南、工业刊物、采购目录、广告等。这些信息可以告诉采购人员市场上有什么样的产品，或者供应商现在最急于出售的产品是什么。此外，通过与推销员的面谈也可以额外获得一些有效的准时化信息，例如竞争对手的信息，其他相关供应商的信息以及一些独立机构对市场所作的分析研究等。

2) 进行准时化现场检验

准时化现场检验能够使采购人员确定供应商提供产品的能力，同时表明企业正在认真地考虑与供应商合作的可能性。通过准时化现场检验，供应商会感到采购企业希望他能够提供满足企业需求的产品。

3) 建立保证客观地评估供应商的准时化程序

采购人员应及时客观地评估供应商，任何评估系统的目的都是按照对采购企业来说重要的标准，考察所有的供应商。采购人员将从中及时准确地选择最好的 3~4 个供应商进行更深入的评估，这样做的目的是及时准确地确定每个候选者的强项和弱点，使企业确定哪个供应商最有希望提供需要的产品。

4) 及时选择最好的候选者提供产品

在选择过程中，价格并不是唯一考虑的因素，其他因素如技术能力、交付表现、信誉、财务前景以及生产能力等也是非常重要的。并且只要是能收集到的信息都必须重新检查，必须得到所有证明人的相关的意见。这样做的目的就是得到一个能够在指定时间，以合理的价格提供规定质量的供应商。

2. 准时化采购活动对采购质量管理的影响

传统制造业正在向准时化模式转变,质量管理也受到巨大的影响。在传统的大批量生产经营模式下,企业和顾客主要关注的是产品的可靠性,以及质量水平与成本的权衡。产品的成本越低质量越高,顾客也就越满意。但是在准时化环境下,可靠性已经成为产品不可或缺的基本条件,不同企业产品的质量水平差距不是很大,仅凭可靠性已经很难令顾客满意了。作为一种新型的经营战略,准时化非常重视为应对新的竞争环境所应当具有的质量管理能力,其中一些基本的准时化质量管理要素,如表8-2所示。

表8-2 准时化质量管理要素

快速反应	采取相应的质量管理措施,保证企业对市场需求变化作出迅速准确的反应
供应商与顾客支持	与供应商建立长期的协作伙伴关系,共同为顾客提供令顾客满意的产品和服务,深入顾客经营过程,增强顾客的增值能力
工作环境的改善与强化	领导的责任在于创造适合的团队,体现员工价值,激发员工创造力,在企业范围内创造开放的、并行的、相互协作的工作环境
质量改进与创新	坚持持续改进的原则,勇于创新,不断使企业的质量管理水平得到提升
企业的全面集成	全面集成成员企业的核心能力和质量管理能力,增强企业产品和服务的竞争优势

在准时化模式下,企业应充分利用各种管理理论,将质量管理与准时化模式相结合,建立面向准时化模式的质量管理体系。准时化模式下的质量管理与传统的质量管理体系系统在管理理念、体系结构、运作机制、作用范围、实现目标等方面具有很大的不同。它必须突破传统模式下的流程式的管理方式,针对虚拟企业的合作特点,将传统的企业质量管理变为质量合作,要求跨地区的合作成员间产生的质量活动符合公认的标准,以便在合作的过程中始终贯彻统一的质量管理标准。要实现上述的质量管理要求,首先在企业内部要进行一系列的基础性准备工作,包括质量观念的转变、质量管理组织重构等,具体如下所述。

1) 准时化模式下的质量文化

质量文化是供应链企业在长期的经营活动中形成并共同遵循的核心质量价值观,是供应链企业处理供应链企业内部员工、供应链企业与社会、供应链企业与顾客之间涉及质量问题的行为规范的总和,也是实现最高质量目标的质量观念。准时化环境下,顾客的个体化需求,质量管理从以前的以产品为中心向以顾客为中心转变。供应链企业间的协同合作关系也导致了质量管理观念和具体措施发生变化。传统的质量管理控制以变异的流程式控制为主,知识经济时代则注重服务、个性化生产,强调多元经济,不同供应链企业的协同集成化生产。质量管理面对的将是单件、小批量和分散网络化的研发生产过程,供应链企业要认识到这种变化及时转变质量观念,建立适应新竞争模式的质量文化。

2) 准时化模式下供应链企业的质量形成过程

为了提高供应链企业应对市场机会的准时性和有效性,供应链企业必须对传统的质量实现过程进行结构的优化和再设计。首先,应当分析产品质量形成过程,研究确定全过程每个阶段的质量职能。然后,根据目前竞争环境的需要,识别质量形成过程中有待改进的环节进行改进。在传统的流程式生产过程中，质量的形成过程往往受各种因素的干扰，以及包含由于认识角度的不同形成的各种认识差异，最终产品的质量很难真正满足顾客需求。

3) 质量与速度的统一

一种常见的传统质量观念是"欲速则不达"，即认为缩短每个工序的执行时间，加快工作进度，往往会导致过程出错的概率增大，进而造成质量下降或是返工成本的增加。但是在准时化模式中，速度往往会成为决定供应链企业成败的关键因素，快速响应顾客需求并进入市场往往意味着能够获取丰厚的利润，行动迟缓则意味着利润降低甚至失去盈利的机会。如果速度和质量是对立的关系，那么这种没有质量保证的"准时化"是没有任何意义的，准时化实现的前提是必须保证产品的质量。因此，准时化必须将速度与质量统一起来。

4) 准时化模式下的质量组织变革

适应准时化模式的质量管理组织应该是具有高度柔性和学习能力的单元化组织，例如以项目质量小组为基本单元单位。这类质量小组不是固定的组织结构，而是根据不同的项目要求精心组建，随着项目的更替进行调整和重组。供应链企业的质量管理组织不仅要具有自适应性，还应具有基于虚拟供应链企业的多供应链企业间的动态协调性，与其他供应链企业的质量管理组织建立互补、高效的连接关系，构建更大范围的质量控制体系；科学利用分散的管理和信息资源，发挥更优的质量管理效能。

自 测 题

1. 如何理解采购的定义？请举例描述采购的过程。
2. 简述准时化采购的意义和特点。
3. 如何理解供应链环境下的采购管理？
4. 如何建立采购质量控制方案？

案 例 分 析

供应链管理模式下的采购策略——以小米科技为例

1. 小米公司简介

小米公司正式成立于 2010 年 4 月，是中国著名的一家专注于智能手机自主研发的移动互联网公司，定位于高性能发烧手机。小米手机、MIUI、米聊是小米公司旗下三大核心业务。小米公司首创了用互联网模式开发手机操作系统、发烧友参与开发改进的模式。

2. 营销模式

小米科技的营销模式：清晰的时间表、产品人格化、在线预订、个人品牌植入。

1) 清晰的时间表

小米营销模式在于上市销售的时间每次都会在小米发布会结束后及时公布；并且预定结束之后，小米按预定号给出详细的时间表，给顾客稳定的等待预期。

2) 产品人格化

产品人格化是指将小米手机打造成与发烧友密切交流的人性设备，从而与目标消费者建立密切的联系。

3) 在线预订获得主动性

小米科技通过预订为生产计划获得了重要的信息参考，从而在元器件采购、生产和供货上赢得了更多主动权。

4) 个人品牌植入

雷军作为小米手机的产品代言人，其身份和成功的互联网人士、天使投资人的形象，对年轻人具有感召的力量，小米公司将这些形象化的价值直接转移到小米手机上。

3. 小米的产业链状况

1) 采购

原材料来源的单一和不成熟导致小米在销售的过程中存在问题。小米公司供应链的中MOS管和来电显示彩灯由泰国供应商提供，零件的组装由韩国LG公司提供，这就造成了供应链的疲软。小米公司对供应商的供应出现问题之后缺乏前瞻性和预测性。问题出现之后也未进行妥善处理，最终导致小米手机的订购和供应都处于停滞状态。

2) 生产

小米手机的生产模式被称之为"类PC生产"模式。这是一种"按需定制"的生产模式。小米手机用户通过网络下单，获得市场需求，然后通过供应链环境下的采购零部件。比如，向夏普采购屏幕、向高通采购芯片、向索尼采购摄像头，再通过其他厂商采购其他非关键零部件。目前，由于小米手机的市场供不应求，处于"饥渴"状态，供需尚不需要完全对接。在供需相对平衡的情况下，如能打通供、需两端，就能实现真正的"按需定制"。

3) 库存管理模式

对制造业企业而言，降低物料的储存和采购成本也很重要。借鉴戴尔的成功经验，小米实现了零库存采购。首先，小米手机用户通过网络下单，形成确定的市场需求量，然后小米科技根据这个确定的需求量采购零部件。由于是按需采购，零部件等物料的储存和采购成本实现了最低化。

4. 小米供应链管理模式下的采购优化

小米科技就是通过价值链分析和成本动因分析，将大部分具有成本风险的业务环节，如仓储生产营销等外包或者代之以创新的方式，而自身专注于市场需求、引导产品设计这两个领域。小米供应链管理模式下的采购优化分为以下几点。

1) 对企业采购的零部件分类管理

小米可以按照以下因素将所采购的零部件分类：零部件对企业的重要程度；零部件获得的难易程度和可靠程度；供应市场的风险程度；企业与供应商的相对优劣势。根据这些因素，企业可以考虑用不同的管理模式同这些零部件的供应商发展关系。

2) 选择合适的供应商

供应链模式下，小米与小米供应商是有着共同目标和利益、共担风险、全面配合的战略联盟的关系。小米在选择供应商时，不仅需要评价供应商的服务质量、供应价格，更重要的是要评价其拥有的信息、技术、人才、获得资源的能力、企业的战略目标、企业文化、企业信誉等能影响长期经济利益和协调机制的综合能力。

3) 代加工企业实施严格监督管理

小米手机将生产的业务外包给了英华达南京科技有限公司,这种生产模式属于外包的形式,但是小米要对代工企业在生产到物流进行严格的监管。小米手机生产过程没有进行严格的把关,导致小米手机存在一些质量问题,从而严重影响到小米手机的品牌形象。

(资料来源:https://kns.cnki.net/kns8/defaultresult/index.)

讨论:小米科技是如何实现供应链采购的最优化的?

第 9 章

供应链环境下的生产管理

【学习要点及目标】

- 了解生产管理，供应链环境下生产管理的概念以及特点；
- 掌握供应链环境下生产计划与控制的基本方法和总体模型；
- 了解大量定制、延迟制造等新的供应链生产组织模式。

【核心概念】

精益生产　敏捷制造　大量定制　延迟制造　供应链同步化计划

【引导案例】

近年来，在全球计算机市场低迷的环境下，戴尔始终保持着较高的营收，并不断提高市场占有率。戴尔的成功得益于其先进的管理理念在企业信息化中的实现。工厂生产计划在供应链管理中起着重要的作用。它使戴尔的市场反应非常迅速，每三天制订一个计划，并能在直销的基础上实现自己的准时制。戴尔在供应链管理中体现了协调与合作的理念。他们几乎每天都与主要的上游供应商进行一次或多次互动。在生产运营中，当客户的需求有所变动时，戴尔也能快速反应，通过与供应商的协调合作进行调整。

9.1 生产与生产管理概述

9.1.1 生产概述

生产活动是人类最基本的活动，是创造社会财富的主要来源。生产运作作为供应链中的关键环节，为企业创造价值，从而获取利润。企业生产运作管理的主要目标是质量、成本、时间和灵活性。现代信息技术的飞速发展为生产运作管理增添了新的工具，也是新世纪企业竞争的关键环节。

生产在管理学中的定义是：一切社会组织将它的输入转化为输出的过程。从抽象意义上说，生产是在特定的技术条件下，通过将人的劳动作用于劳动对象和劳动资料，生产人类所需要的各种物品或服务的过程。在这一过程中，人们会运用整个人类在改造自然和利用自然的过程中积累起来的各种经验、知识和操作技巧来改造自然物质。这里的生产具有一般的技术属性，反映了人与自然的相互关系，是作为人类生存的永恒的自然条件而存在的。

生产类型是指根据生产过程的不同特点划分的类别。根据不同的划分标准，可以划分为不同的生产类型。

1) 按生产计划的来源划分，可分为订货型生产和备货型生产。

订货型生产是根据用户在生产前提出的具体订单要求组织生产，如造船、建筑等。备货型生产是基于市场需求预测的计划生产。备货型生产的产品一般为标准产品或定型产品，如电视机、小型机床、电机等。

2) 按生产的连续程度划分，可分为连续生产和间断生产。

连续生产的产品，工序和生产设备的使用都是固定的、标准化的，工序之间没有在制品的存放。例如，油田的石油生产作业。间断生产是生产过程中各种要素的投入，即间歇投入。如机床制造、机车制造等。

3) 按产品和工作的专业化程度划分，可分为大量生产、成批生产和单件生产。

根据批量大小，成批生产类型又可分为大批、中批和小批生产。由于大批和大量生产特点相近，所以习惯上合称为大量大批生产；单件和小批生产特点相近，习惯上合称为单件小批生产。

9.1.2 生产管理概述

生产管理(Production Management)是计划、组织、协调、控制生产活动的综合管理活动。内容包括生产组织、生产计划以及生产控制。通过合理组织生产过程，有效利用生产资源，经济合理地进行生产活动，可以实现预期的生产目标。

生产管理的内容包括：①生产组织工作。即选择厂址，布置工厂，组织生产线，实行劳动定额和劳动组织，设置生产管理系统等。②生产计划工作。即编制生产计划、生产技术准备计划和生产作业计划等。③生产控制工作。即控制生产进度、生产库存、生产质量和生产成本等。④保证按期交付使用。即根据生产计划安排，保证客户产品交付使用。

生产管理的任务包括：①及时有效地处理客户产品交付的异常问题。通过生产组织工作，根据企业目标要求，建立技术可行、经济划算、物质技术条件和环境条件许可的生产体系。②通过生产计划工作，制订生产系统优化运行计划。③通过生产控制工作，及时有效地调整企业生产过程中内外的各种关系，使生产系统的运行符合既定生产计划的要求，获得预期的生产品种、质量、产量、生产周期和生产成本。生产管理的目的是实现少投入、多产出和最佳经济效益。使用生产管理软件的目的是为了提高生产管理的效率，有效地管理生产过程中的信息，从而提高企业的整体竞争力。

9.2 供应链环境下生产管理概述

9.2.1 供应链环境下生产管理的特点

1. 决策信息多元化

生产计划的制订应以一定的决策信息为基础，即基础数据。在传统的生产计划决策模型中，计划决策的信息来源于两个方面，一是需求信息，二是资源信息。需求信息来自两个方面，一个是用户订单，另一个是需求预测。通过这两方面信息的综合，可以得到制订生产计划所需的需求信息。资源信息是指生产计划决策的约束条件。信息多源化是供应链环境的主要特征，多源信息是供应链环境下生产计划的特征。另外，在供应链环境下，资源信息不仅来自企业内部，还来自供应商、分销商和用户。约束的放松和资源的扩张拓展了生产计划的优化空间。

2. 群体决策

传统的生产计划决策模式是一种集中式决策模式，而供应链环境下的决策模式是分布式的群体决策过程。基于多代理的供应链系统是立体的网络，各个节点企业具有相同的地位，本地数据库和领域知识库在形成供应链时，各节点企业拥有暂时性的监视权和决策权，每个节点企业的生产计划决策都受到其他企业生产计划决策的影响，需要一种协调机制和冲突解决机制。当一个企业的生产计划发生变化时需要其他企业的计划也进行相应的调整，这样供应链才能获得同步化的响应。

3. 信息反馈机制多样性

企业生产计划能否顺利实施，需要有效的监督控制机制作为保障。为了进行有效的监督和控制，必须建立信息反馈机制。传统生产计划的信息反馈机制是一种链式反馈机制，即信息反馈是企业内部从一个部门到另一个部门的线性传递。由于层级组织结构的特点，信息一般是从底层传递到高层的信息处理中心，形成与组织结构平行的信息递阶的传递模式。

供应链环境下的信息传递方式不同于传统的信息传递方式。以团队合作为特征的多代理组织模式使供应链具备了网络结构的特点，因此供应链管理模式不是层次管理，也不是矩阵管理，而是网络化管理。生产计划信息的传递不是沿着企业内部的层次结构，而是沿着供应链的不同节点方向传递。为了实现供应链的同步运行，供应链中企业间的信息交换频率远高于传统的企业信息传递频率，因此应采用并行信息传递模式。

4. 计划运行的动态环境

供应链管理的目的是使企业能够适应激烈多变的市场环境。复杂多变的生产环境增加了生产计划的不确定性和动态性。供应链环境下的生产计划是在不稳定的运行环境下制订的，因此对生产计划与控制系统提出了更高的灵活性和敏捷性要求，如提前期的灵活性、生产批次的灵活性、生产周期的灵活性等，供应链环境下的生产计划大多涉及订单生产，更具动态性。因此，生产计划与控制应考虑更多的不确定性和动态性因素，使生产计划更加灵活、敏捷，使企业能够对市场变化作出快速反应。

9.2.2 供应链管理模式下的生产策略

1. 精益生产

精益生产(Lean Production)源于日本的丰田准时生产制(Just in Time，JIT)，经美国学者与制造商全力研究，于20世纪90年代形成一套新的生产方式理论方法体系。

1) 精益思想的总结

精益思想的核心就是以越来越少的投入(较少的人力、较少的设备、较短的时间和较小的场地)创造出尽可能多的价值；同时也越来越接近用户，提供他们确实需要的商品。因此，有必要确定每个产品(或某些情况下，每个产品系列)的整个价值流，并将创造价值的剩余步骤付诸实施，使几天才能完成的订购程序可以在几个小时内完成。而传统的生产完成时间要从几个月或几周缩短到几天或几分钟，那么就必须及时跟上客户不断变化的需求。因此，一旦我们有能力在用户真正需要的时候设计、安排、制造出用户真正需要的产品，就意味着我们可以抛开销售，直接按照用户告知的实际需求进行生产，也就是根据用户的需求拉动产品，而不是把用户不想要的产品推给用户。

2) 精益生产的目标体系

制造企业的基本目标是利润最大化。精益生产是采取灵活的生产组织形式，根据市场需求的变化及时、快速地调整生产，依靠严格、细致的管理，通过彻底杜绝浪费、防止过度生产，努力实现企业的盈利目标。因此，精益生产的根本目的是在企业中获得较高的生产率、优良的产品质量和较大的生产柔性。为了实现这一基本目标，精益生产必须很好地实现3个子目标，即零库存、高柔性、无缺陷。

(1) 零库存。在传统的生产系统中，在制品库存和产成品库存被视为资产。期末存货与期初存货的差额，代表本周期流动资产的增量，表明部门效率的提高。当不确定供应商供应原材料和外购件时，原材料和外购件的库存可以作为缓冲器。因此，原材料、外购件和产成品的库存可以作为供应商不按期交货或客户增加订单的缓冲。工厂的效率是用车间设备的利用率来考核满负荷工作。即使设备加工的零件不是当前订单所需要的，也会毫不犹豫地继续生产，增加库存。库存往往是生产系统设计不合理、生产过程不协调、生产操作不力的证明。

(2) 高柔性。高柔性是指企业的生产组织是灵活多变的，能够适应市场需求多样化的要求，并及时组织多品种的生产，从而提高企业的竞争力。在大量的生产方式中，高柔性与生产率是矛盾的。精益生产以高柔性为目标，实现高柔性与高生产率的统一。因此，必须在组织、人力、设备三个方面表现出较高的柔性特点：①组织灵活性。在精益生产模式下，决策权是分散的，而不是集中在指挥环节。它不采用基于职能部门的静态组织结构，而是采用基于项目团队的动态组织结构。②人力柔性。当市场需求波动时，需要人力进行相应的调整。精益生产模式的劳动力是具有多种技能的操作人员。当需求发生变化时，可以通过调整操作人员的操作来适应短期的变化。③设备柔性。精益生产采用适当的柔性自动化技术和流程相对集中、无固定节拍、无顺序交货的生产组织模式，使精益生产在中小批量生产条件下接近于大批量生产模式。

(3) 无缺陷。精益生产的目标是消除引起产品不合格的各种原因，并在每一个过程中达到最佳水平。产品出现缺陷，维修要花费更多的金钱、时间和精力，所以追求产品质量要有防伪的观念，一切第一时间做好，建立无缺陷的质量控制体系。以往一般企业预防缺陷的成本是可以节约的，但造成了材料、加工、检验、维修等诸多浪费。

必须认识到，事后检查是被动的、滞后的，由于各种差错造成的返工成本往往是预防成本的几十倍。精益生产的目标不是"尽可能好"，而是"零缺陷"，即成本最低，质量最好。一个企业对这一目标的不懈追求，会给企业带来惊人的变化，这是支撑个人和企业生命的精神力量。

综上所述，精益生产的特征可以总结为以用户为导向，以人员为本位，以精简生产过程为手段，以产品零缺陷为最终目标。

第一，以用户为导向是指不仅要向用户提供服务，还要了解用户的要求，以最快的速度和适宜的价格，以高质量的适销新产品去抢占市场。

第二，以人员为本位是指现代企业在不断技术进步的过程中，以人员为本位，大力推行更适应市场竞争的小组工作方式。让每一个人在工作中都有一定程度的制订计划、判断决策、分析复杂问题的权利，都有不断学习新的生产技术的机会，培养职工相互合作的团队品质。同时，对职工素质的提高不断进行投资，提高职工的技能水平，充分发挥他们的积极性与创造性。此外，企业一方面要为职工创造工作条件和晋升途径，另一方面又要给予一定的工作压力和自主权，以同时满足人们学习新知识和实现自我价值的愿望，从而形成独特的、有竞争意识的企业文化。

第三，以精简生产过程为手段意味着精益生产将消除生产过程中的所有冗余环节，实行精细化、简单化操作。在组织结构上，要纵向降低层级，横向打破部门壁垒，将多层次、细化分工的管理模式转变为分布式并行网络管理结构。在生产过程中，应采用先进的设备(如采用加工中心，实行集中加工，尽可能在一个零件上完成加工)，减少间接生产的工人，使每个工人的工作真正对产品进行增值。精简还包括降低产品的复杂性，同时提供范围广泛的产品。采用成组技术是实现精细化、简单化和提高柔性双重目标的关键。

第四，以产品零缺陷为最终目标。精益生产所追求的目标不是"尽可能好一些"，而是"零缺陷"，即以最低的成本，获得最好的质量。一个企业对这一目标的不懈追求，会给企业带来惊人的变化和可喜的成就。

2. 敏捷制造

敏捷制造的内涵，敏捷性是指企业适应不断变化和不可预测的业务环境的能力。它是企业在市场中生存和领导能力的综合表现。敏捷制造是指制造企业采用现代通信手段，快速配置各种资源(包括技术、管理和人员)，有效、协调地响应用户需求，实现制造敏捷化。敏捷制造依赖多种现代技术和方法，其中最具代表性的是敏捷虚拟企业(简称虚拟企业)的组织方式和拟实制造的开发手段。

(1) 虚拟企业(也叫动态联盟)。竞争环境的快速变化要求快速反应，但是现在的产品越来越复杂。对于某些产品，一个企业不可能快速、经济地开发和生产全部产品。因此，根据任务，一个公司内的一些部门或不同的公司可以根据资源、技术和人员的优化配置，迅速形成一个临时企业，即虚拟企业，从而快速实现既定目标。这种动态联盟的虚拟企业组织模式可以降低企业风险，空前地提高生产能力，缩短产品上市时间，减少相关开发工作量，降低生产成本。形成虚拟企业，利用各方资源优势，快速响应用户需求，是 21 世纪社会融合的具体体现，是 21 世纪的生产方式。事实上，敏捷虚拟企业并不局限于制造领域，但制造领域是最令人感兴趣又是最困难的领域，它清楚地体现了过程集成，而控制理念在企业的运作结构中起着重要的作用，这使虚拟企业的形成更具挑战性。

(2) 拟实制造。拟实制造又称拟实产品开发。它利用仿真、建模、虚拟现实等技术，提供一个三维可视化交互环境，模拟产品从概念生成、设计到制造的全过程，从而在实际制造之前对产品的功能和可制造性进行估计，得到产品的实现方法，可以大大缩短产品的上市时间，降低产品开发和制造成本。其组织是由从事产品设计、分析、仿真、制造和支持人员组成的"虚拟"产品设计小组，通过网络协作并行工作；第一次模拟考试是用数字形式创建虚拟形式的产品，即在计算机上完整地建立产品的数字模型，并在计算机上对模型的形式、功能进行评审和修改。这通常只需要一个最终的物理原型，并将促使新产品开发成功。

可以说，以上两项方法和技术是敏捷制造区别于其他生产方式的显著特征。但敏捷制造的精髓在于提高企业的应变能力，所以对于一个具体的应用，并不是说必须具备这两方面内容才算实施敏捷制造，而应理解为通过各种途径提高企业响应能力都是在向敏捷制造前进。

3. 大量定制

网络技术的广泛应用，为社会经济模式从大量生产(Mass Production)转变为大量定制(Mass Customization)的核心过程奠定了生产商与用户之间沟通的基础，从而保持了大量生产和大量销售带来的规模效应。大量定制生产模式是指个体化大规模生产定制的产品和服务。它结合了批量生产和定制化生产的优势,在不牺牲企业经济效益的前提下,了解和满足个别客户的需求。为了实现大量定制,需要对企业产品中的各种零件进行分类,一种是通用零件,另一种是定制零件。产品优化的方向是减少定制件的数量。还需要将生产过程分为两部分,一部分是大量生产环节,另一部分是定制环节。工艺优化的方向是减少定制次数。

大量定制的基本思想是通过产品重组和工艺重组,将手工定制的生产问题转化为或部分转化为大规模生产问题。对客户而言,产品是定制化、个性化的;对于制造商来说,定制产品主要是批量生产。手工定制根据客户的具体需求生产产品或提供服务;大量定制是以经济的方式实现的。企业以客户为中心,在预先设计好的模块基础上设计制造新的零部件。

大量定制的具体内容是根据市场预测,企业按照大量生产模式生产没有个性特征的通用产品。在此基础上,根据客户订单的实际需求,通过基因产品的重构和变型设计,为客户提供个性化定制产品,实现定制生产与量产的有机结合。

大量定制的关键是实现产品标准化和制造柔性化之间的平衡。大量定制是一对矛盾的统一体。大量生产可使企业获得低成本产出,但不能实现多样化;完全定制可以最大限度地满足客户的个性化需求,但可能会导致成本高、交货晚。这是两种完全不同的管理模式和组织模式,而大量定制是两者的有机统一。

大量生产和大量定制之间有很多区别。传统的大量生产系统具有层次化的组织结构,更多的重复性劳动,提供低成本、标准化的产品和服务。大量定制强调在可配置的环境、人员、工艺和技术下的灵活性和快速响应的基础上,以低价格满足客户的需求。管理系统具有有效的联系机制。

9.2.3 基于延迟制造的供应链生产组织

1. 延迟制造的思想

延迟制造的核心思想是制造商只生产通用化、模块化的产品,尽量使产品保持中间状态,以实现规模化生产,并且通过集中库存减少库存成本,从而缩短提前期,使顾客化活动更接近顾客,增强了应对个性化需求的灵活性。其目标是使恰当的产品在恰当的时间到达恰当的位置。

具体而言,延期制造是生产包装的最后阶段,是在最终用户对产品的功能、外观、数量等提出具体要求后,由制造商仅生产中间产品或模块化部件等完成。例如 IBM 公司事先生产不同类型的硬盘、键盘等计算机配件,在接到订单后根据客户的要求进行组装。在许多企业中,最终制造活动是在离客户较近的地方进行的,如通过配送中心或第三方物流中心,在时间和地点上与中间产品或零部件的大规模生产分离,使企业能够以最快的响应速度满足客户的需求。

2. 延迟制造的分界点

我们通常可将供应链结构划分为推动式和拉动式两种类型。延迟制造是上述两种供应链模式的集成。通过两种模式的结合,可以达到扬长避短的目的。延期制造的生产过程可分为推动阶段和拉动阶段。通过在产品设计和生产中采用标准化的模块化和通用技术，产品可以由不同的模块兼容统一组成。在推动阶段，制造商可以根据半成品或各种通用模块的量产预测，获得量产的规模效应。在拉动阶段，产品可以差异化。根据订单需求，可将各种模块有效组合，或根据要求对一般半成品进行进一步加工，从而实现定制化服务。

我们将推动阶段和拉动阶段的分界点作为顾客需求切入点(the Customer Order Decoupling Point，CODP)，如图 9-1 所示。在 CODP 之前，是由需求预测驱动的推动式的大规模的活动，一般面向全球性市场，产品标准化、中性化，实行大批量、规模化生产，生产效率高。分离点之后的活动由顾客订单驱动，一般面向地区性市场，且产品具有个性化、柔性化的特点，实行小批量加工处理，单位产品的加工成本较高。

图 9-1　分离点的概念

分离点的定位与延迟活动的规模、延迟类型、顾客化方式均有密切关系，如表 9-1 所示，可以看出分离点离客户越近，延迟活动的规模越小，顾客化活动的复杂性越低，快速响应能力就越高(在现有产品品种范围内)。但由于顾客化程度低，产品种类少，企业灵活性差，所以处理个性化需求的能力不强。然而，随着需求多元化趋势的不断增加，产品柔性已成为决定企业生存和发展的关键因素。因此，分离点和延迟战略定位必须把企业的灵活性放在极其重要的位置。

表 9-1　分离点的影响

分离点位置相关因素	延迟活动规模	延迟类型	顾客化方式
制造商	大	延迟制造，延迟组装	通用件顾客化
分销商	中	延迟包装	配送服务顾客化
零售商	小	时间延迟	零售渠道调整

3. 延迟制造的实施条件

延迟制造生产模式虽然有诸多优势，但它并不适用于所有行业，有些产品的生产过程决定了它不可能采用延迟制造这种生产模式，还有些产品的特点使其采用延迟制造生产模式带来的收益不能弥补生产过程复杂化增加的成本。一般来说，生产与制造过程应当具有下述各种条件。

1) 可分离性

制造过程可分为两个阶段，即中间产品的生产和最终产品的加工。产品的加工阶段进行延迟。

2) 可模块化

这样就有可能将最终产品分解成有限的模块，组合后形成多样化的最终产品，也有可能将产品由一般的基础产品组成，经过加工后为客户提供更多的选择。

3) 最终加工过程易于执行

延期生产将最终产品的生产与中间产品的生产分开。最终产品的生产很可能是在靠近客户的地点进行的,这就要求最终加工过程的技术复杂性和加工范围要有限,易于实现,加工时间短,不需要过多的人力消耗。

4) 产品的重量、体积和品种在最终加工中的增加程度大

延期制造会增加产品的制造成本,除非延期制造的收益可以弥补增加的成本,否则就没有必要延期制造。如果重量、体积和各种各样的产品在最终加工中增加很多,很可能拖延最终产品的加工和成形。可以节省大量的运输成本和降低库存成本的产品,简化管理工作,减少物流环节,将有利于延迟生产。

5) 适当的交货提前期

通常来说,过短的提前期不利于延迟制造,因为延迟制造要求给最终的生产与加工过程留有一定的时间余地,过长的提前期则无需延迟制造。

6) 市场的不确定性程度高

市场的不确定性程度高,细分市场多,顾客的需求难以预测,产品的销售量、配置、规格、包装尺寸不能事先确定,有利于采用延迟制造来减少市场风险。

9.3 供应链环境下的生产计划和控制

9.3.1 供应链同步化计划的提出

在客户驱动的买方市场环境下,制造商必须具备面对不确定事件并不断修改计划的能力。为此,企业的制造过程、数据模型、信息系统和通信基础设施必须实现无缝连接和实时运行,因此,供应链同步化计划的提出是企业实现敏捷供应链管理的必然选择。供应链企业的同步化计划可以使计划的修改或实施在整个供应链中实现共享。对物资等资源的管理是在实时牵引模式下进行的,而不是无限容量的驱动过程。

针对供应链运行的约束条件,人们提出了供应链同步化计划。供应链运行的约束来自于采购、生产和销售的约束。这些约束的不利后果将导致"组合约束爆炸"。因此,要实现供应链企业的同步计划,一方面需要在不同的供应链系统之间建立有效的通信标准,如CORBA规范、基于Internet的TCP/IP协议等,以规范信息交换与合作;另一方面,应建立协调机制和冲突管理服务机制。当整个供应链的利益与每个代理的个体利益发生冲突时,必须通过协商快速解决,才能实现供应链的同步。

9.3.2 供应链环境下生产计划的特点

一般而言,供应链环境下的生产计划具有开放性、动态性、集成性、群体性等信息组织与决策特征。

1. 开放性

经济全球化使企业能够进入全球市场，无论是基于虚拟企业的供应链，还是基于供应链的虚拟企业，开放性都是企业组织发展的大趋势。供应链是一种网络组织，在供应链环境下，企业生产计划信息跨越了企业组织的边界，形成了一个开放的信息系统。决策信息资源来自企业内部和外部，可与其他企业共享。

2. 动态性

供应链环境下的生产计划信息具有动态性，这是市场经济发展的必然结果。为了适应客户不断变化的需求，企业必须灵活多变，生产计划信息必须随着市场需求的变化而更新。模糊提前期和模糊需求对生产计划的灵活性提出了更高的要求。

3. 集成性

在某种意义上供应链可以被看成一个完整的企业集团，是一种扩展的企业模式。因此，供应链环境下的企业生产计划信息是不同信息源的集成。它集成了供应商、分销商，甚至消费者和竞争对手的信息。

4. 群体性

由于供应链是一个具有网络管理特点的分布式网络组织，因此供应链环境下的生产计划决策过程具有群体特征。供应链企业生产计划的决策过程是一个群体协商的过程。企业在制订生产计划时，不仅要考虑自身的能力和利益，还要考虑合作企业的需要和利益。

9.3.3 供应链环境下生产计划面临的问题

供应链环境下的生产计划面临柔性约束、生产进度、生产能力等方面的问题。

1. 柔性约束

柔性实际上是一种完善的承诺。承诺是企业对合作伙伴的保证。只有在此基础上，企业才能拥有基本的信任，合作伙伴才能获得相对稳定的需求信息。但是，由于承诺是先于承诺本身的履行而发出的，虽然承诺方一般都会尽最大努力使承诺贴近现实，但错误在所难免。柔性的提出为承诺方缓和了这一矛盾，使承诺方有可能修改原承诺。由此可见，承诺和柔性是供应合同签订的关键要素。对生产计划而言，柔性具有多重含义。

(1) 柔性是合同双方共同订立的合同要素。对于需求方来说，它代表了对未来变化的预期；对供应商来说，这是对他们能够承受的需求波动的估计。本质上，供应合同使用有限的可预测需求波动，而不是可预测但不可控的需求波动。

(2) 下游企业的柔性对企业的计划产出有影响，企业必须在已知需求波动的前提下选择最合理的产出。企业的产出不能覆盖整个需求变化区域，否则必然产生库存成本。库存成本和缺货成本之间的平衡点是确定产量的标准。

(3) 供应链是端到端连接的，企业在确定生产计划时必须考虑上游企业的利益。在与上游企业签订的供应合同中，上游企业不仅表达了对自身所能承受的需求波动的估计，还表达了对自身生产能力的权衡。因此，可以认为，上游企业契约反映了相对于下游企业的最优产出。之所以提出"相对于下游企业"，是因为上游企业可以同时为多个上游企业提供产品。因此，下游企业在制订生产计划时应尽量使需求接近合同承诺，以帮助供应企业实现最优产量。

2. 生产进度

生产进度信息是企业检查生产计划执行状况的重要依据，也是制订生产计划过程中用于修正原有计划和制订新计划的重要参考信息。在供应链环境下，生产进度计划属于可共享的信息。这一信息的作用在于以下两方面。

(1) 供应链上游企业通过了解需求方的生产进度，可以实现准时供应。企业的生产计划是在预测未来需求的基础上制订的，一般与生产过程的实际进度不同。生产计划信息不能实时反映物流的运行状态。借助现代网络技术，供应链企业可以与合作伙伴共享实时的生产进度信息。上游企业可以通过网络和通用软件了解下游企业的真实需求信息，及时提供物资。在这种供应条件下，下游企业可以避免不必要的库存，而上游企业可以灵活、主动地安排生产和调拨物资。

(2) 原材料和零部件的供应是企业进行生产的首要条件之一。供应链上游企业在修改原计划时，应考虑下游企业的生产状况。在供应链环境下，企业可以了解上游企业的生产进度，然后适当调整生产计划，使供应链的各个环节紧密联系在一起。其意义在于避免企业之间的供需脱节现象，从而保证供应链的整体利益。

3. 生产能力

没有上游企业的支持，下游企业无法完成订单任务。因此，在借助外部资源制订生产计划时，有必要考虑如何利用上游企业的生产能力。任何企业在现有的技术水平和组织条件下都有最大的生产能力，但最大的生产能力并不等于最优的生产负荷。在上下游企业形成稳定的供给关系后，上游企业从自身利益出发，希望与之相关的所有下游企业的总需求与同期自身的生产能力匹配。上游企业对生产负荷的预期可以通过合同、协议等形式体现，即上游企业为各相关下游企业提供一定的生产能力，并允许一定程度的浮动。这样，下游企业在制订生产计划时就必须考虑到上游企业的产能约束因素。

9.3.4　供应链环境下生产控制的特点

供应链环境下的企业生产控制和传统的企业生产控制模式不同。前者需要更多的协调机制(企业内部和企业之间的协调)，体现了供应链的战略伙伴关系原则。供应链环境下的生产协调控制包括以下几个方面的内容。

1. 生产进度控制

生产进度控制的目的是根据生产作业计划，对零件的投入和生产数量、生产时间和匹配情况进行检查，以确保产品能够按时装配和交付。供应链环境下的进度控制不同于传统的生产模式，因为许多产品都是合作生产和分包业务。与传统的企业内部进度控制相比，其控制难度更大。因此，必须建立有效的跟踪机制，对生产进度信息进行跟踪和反馈。生产进度控制在供应链管理中占有重要地位，因此必须研究和解决供应链企业之间的信息跟踪机制和快速反应机制问题。

2. 供应链的生产节奏控制

供应链的同步化计划需要解决供应链企业之间的生产同步问题。只有供应链中的企业和企业中的部门保持同步，才能实现供应链的同步。供应链形成的准时制生产体系要求上游企业按时向下游企业提供所需的零部件。如果供应链中的任何企业不能按时交货，都会导致供应链的不稳定或中断，使供应链对用户的响应能力下降。因此，严格控制供应链的生产节奏对供应链的敏捷性至关重要。

3. 提前期管理

基于时间的竞争是 20 世纪 90 年代出现的一种新的竞争战略。在供应链环境下的生产控制过程中，提前期管理是实现对用户需求快速响应的有效途径。缩短提前期和提高交货准时率是确保供应链柔性和敏捷性的关键。缺乏对供应商不确定性的有效控制是供应链提前期管理的一大难点。因此，在供应链提前期管理中，建立一种有效的供应链提前期管理模式和交货期设置体系是一个值得研究的问题。

4. 库存控制和在制品管理

库存在应对不确定需求方面可以发挥积极的作用，但同时也是资源的浪费。在供应链管理模式下，实施多极、多点、多方的库存管理策略，对于提高供应链环境下的库存管理水平、降低制造成本具有重要意义。这种库存管理模式涉及企业内部各部门。基于 JIT 的供应与采购、供应商管理库存(VMI)、协同计划、预测与补货(CPFR)是供应链库存管理的新方法，对降低库存起着重要作用。因此，建立供应链环境下的库存控制体系和运作模式对提高供应链库存管理水平具有重要作用，是供应链企业生产控制的重要手段。

9.3.5 供应链环境下的生产计划与基本控制方法

企业生产计划与控制通常有两种基本方法，即准时生产方式(JIT)和物料需求计划(MRP)。JIT 被视为拉式生产系统，而 MRP 则被认为是推式生产系统。然而，有时它们可被用于类似情形，但这两个系统的功能确实有点差异。MRP 系统比较复杂，需要广泛细致的车间控制，JIT 系统则简单得多，只需要最低限度的车间控制。另外，MRP 依靠基于计算机的进度安排系统触发生产和运送，而 JIT 则靠可视或可听信号触发生产和运送。

1. JIT 生产运作系统

1) JIT 的内涵

JIT(Just in time)生产模式始于 20 世纪 70 年代的日本，后来在欧美国家得到广泛应用。准时生产模式的基本思想是通过消除浪费来降低企业的成本，防止生产过剩，使上下工序顺利衔接，使企业只在必要的时间和地点生产必要的产品。JIT 有两个战略目标：增加利润和提高公司的竞争地位。实现这两个战略目标的手段包括：①控制成本，形成价格优势，增加利润；②改善配送服务；③提高产品质量。

对 JIT 的广泛理解，它只是一个生产调度系统，可以降低在制品和库存的水平。但在某种意义上，JIT 代表了一种理念，它涉及生产过程的各个方面，从产品设计到售后服务。在这一理念的指导下，系统以最低的库存水平、最少的浪费、最少的空间占用和最少的交易量运行。它必须是一个没有中断趋势的系统，根据所能控制的产品种类和数量范围而灵活调节，其最终目标是实现一个使物料在整个系统中平稳快速流动的和谐系统。

2) JIT 生产的特点

与传统的生产系统相比，JIT 生产系统看起来似乎只是生产组织程序的改变，但实质上这是一种管理方式的创新，两者存在着很大的区别。JIT 要求企业具备严密科学的组织规划，拥有掌握多种技能的高素质员工队伍，要求企业实施严格的质量控制。JIT 生产的特点可概括为下述几点。

(1) 按制造单位组织生产活动。在传统生产系统中，机器设备按功能设置，完成相同任务的机器设备集中于一个地点或一个部门；而 JIT 则是以产品为中心设置制造单元，一个制造单元内配备生产一种产品或一类产品的各种机器设备。材料或零部件在制造单元内按加工工序从一种设备向另一种设备转移。制造单元之间距离很近，进入制造单元和离开制造单元的材料或半成品、零部件只经过两个制造单元之间的库存点，而非传统生产系统下的中心仓库。这样就大大节约了材料、零部件的处理成本和转运成本。

(2) 多技能的技术工人。在 JIT 生产管理模式下，由于是以产品为中心组织生产、设置制造单元，而非传统生产系统下以功能为中心确立不同工序，因此在制造单元内工作的工人需要掌握多种不同的操作技术，会使用制造单元内的不同机器和设备，还要掌握机器和设备的维修保养技术，能够进行机器设备的调整准备工作和其他辅助性工作。而且，制造单元内的工人还必须负责产品质量的检验检测，所以需要高素质的工人，他们必须掌握多种技能、具备高度的灵活性和适应性，以保证 JIT 系统的柔性。

(3) 实施全面质量管理。JIT 生产系统必须实施全面质量管理(TQM)。全面质量管理是指一个组织以质量为中心，以全员参与为基础，通过使顾客满意从而使组织所有成员受益的管理方式。全面质量管理的对象既包括产品质量，又包括工作质量；管理范围包括设计过程、制造过程、辅助生产过程、使用过程；参加的人员包括各业务部门、各环节的全体员工，他们都要参与到全面质量管理过程中来。

TQM 与传统的质量管理不同，在传统的生产系统中，质量控制以事后检验为主，为防止缺陷或故障对生产的影响，在各环节备有额外的材料和零部件。JIT 生产环境下的 TQM 是以零缺陷为目标，以生产过程的质量检测为核心，在生产操作过程中进行质量控制，将缺陷消灭在产品生产过程之中，制造单元内的生产工人同时也是质量检验和检测人员，在生产加工的过程中进行连续的自我质量监控，一旦发现缺陷，便在生产线上及时解决和纠正，杜绝任何残次品或缺陷从上一道工序转入下一道工序。

(4) 减少机器设备的调整和准备时间。JIT 生产要求大大减少机器设备的调整和准备时间。调整准备时间的减少对于小批量多批次的生产是极为重要的，因为小批量多批次将增加调整和准备次数，如果不能大幅度降低调整准备时间，生产等待时间就难以消除。

(5) 防护性的设备维护。JIT 生产系统实行无存货控制，要求机器设备必须处于良好的状态，不允许生产设备在生产过程中出现故障。因此，实施 JIT 生产，机器设备的维护和保养是防护性的、预防性的、超前的，维护和保养贯穿于生产过程之中，从而使机器设备处于良好的使用状态,获得最佳使用效率。

(6) 与供应商建立良好的伙伴关系。JIT 生产系统必须采用 JIT 采购与供应系统,即要求原材料、外购零部件在生产需用时保质保量准时到达现场,直接使用。采购的关键问题在于选择供应商,需要考虑价格、质量、交货期等问题。传统的采购方式最为关心的是价格,往往忽视质量和交货期,而在 JIT 运营模式下,尽管价格仍然是一个很重要的因素,但质量和供货的可靠性却成为越来越重要的因素。因此,实施 JIT 生产的企业必须选择少量质量过硬、供货及时和信誉可靠的供应商,并与它们建立长期合作伙伴关系。

2. 物料需求计划(MRP)

物料需求计划(Material Requirements Planning,MRP)是"制造企业内的物料计划管理模式。根据产品结构各层次物品的从属和数量关系,以每个物品为计划对象,以完工日期为时间基准倒排计划,按提前期长短区别各个物品下达计划时间先后顺序的管理方法"(见国家标准《物流术语》GB/T 18354—2006)。MRP 既是一种管理模式,又是一个基于计算机的信息系统,是一种解决既不出现短缺,又不出现库存过多的物料管理信息系统。

MRP 可用于安排非独立需求库存的订货与时间进度。从预定日期开始,把产成品特定数量的生产计划转换成组合零件与原材料需求,用生产提前期及其他信息决定订货时间及订货量。因此,对最终产品的需求产生了对被计划期分解开来的底层组件的需求,使订货、制作与装配过程都以确定的时间安排,及时完成最终产品的生产,并使存货保持在合理的水平上。MRP 按照其发展阶段又可分为时段式 MRP 和闭环式 MRP。

时段式 MRP 的主要输入内容是一份物料清单,它表示一个成品的主要组成部分,指明成品所需数量和时间的主计划;一种库存记录文件,表明有多少存货和需要订购多少货物。规划人员处理这些信息,以确定规划期间每个时间点的净需求。该过程的输出包括订单进度表、订单豁免、变更、绩效控制报告、计划报告、异常报告等。

与时段式 MRP 相比,闭环式 MRP 具有以下特点。

(1) 闭环式 MRP 将产能计划、车间计划和采购计划纳入 MRP 系统。

(2) 在计划实施过程中,闭环式 MRP 必须有来自车间、供应商和计划者的反馈信息,并利用这些反馈信息调整计划达到平衡,从而使其工作过程成为计划—实施—评价—反馈—计划的循环优化过程。

3. 制造资源计划

1) 制造资源计划(MRPⅡ)

MRP 虽然是一个完整的计划与控制系统,但是,它并未清楚地说明执行计划以后将给企业带来什么效益;这效益又是否实现了企业的总体目标。企业的经营状况和效益最终是要用货币形式来表达的。20 世纪 70 年代末,MRP 系统已推行将近 10 年,一些企业又提出了新的课题,要求系统在处理物料计划信息的同时,能同步地处理财务信息。也就是说,把产品销售计划用货币表示以说明销售收入;对物料赋予货币属性以计算成本并方便报价;用货币表示能力、采购以编制预算;用货币表示库存量以反映资金占用情况。总之,要求财务会计系统能同步地从生产系统获得资金信息,随时控制和指导生产经营活动,使之符合企业的整体战略目标。因此,制造资源计划应运而生。制造资源计划(Manufacturing Resource Planning,MRPⅡ)是"在物料需求计划(MRP)的基础上,增加营销、财务和采购功能，对企业制造资源和生产经营各环节实行合理有效的计划、组织、协调与控制，达到既能连续均衡生产，又能最大限度地降低各种物品的库存量，进而提高企业经济效益的管理方法"(见国家标准《物流术语》(GB/T 18354—2006)。

MRPⅡ由闭环式MRP系统发展而来，在技术上，它与闭环式MRP并无太大区别，但它具有财务管理和模拟功能，因而它们之间有本质上的不同。对于已经应用了闭环式MRP系统的企业，建立MRPⅡ只是一个系统扩展的问题。而对于初建计算机辅助管理系统的企业来说，则是一项工作量大、难度较高的工作。

2) MRPⅡ的特点

① MRPⅡ把企业中的各子系统有机地结合起来，形成一个面向整个企业的一体化的系统。其中，生产和财务两个子系统的关系尤为密切。

② MRPⅡ的所有数据来源于企业的中央数据库。各子系统在统一的数据环境下工作。

③ MRPⅡ具有模拟功能，能根据不同的决策方针模拟出各种未来将会得到的结果。因此，它也是企业高层领导的决策工具。

9.3.6 供应链环境下生产计划与控制的总体模型以及特点

与传统的生产计划与控制计划相比，供应链生产计划与控制计划的制订非常复杂。传统的企业生产计划是以企业的物质需求为基础的，缺乏与供应商的协调。在企业规划中没有考虑供应商和经销商的实际情况。不确定性对库存和服务水平有很大的影响，库存控制策略很难发挥作用。在供应链环境中，一个企业的生产计划和控制计划涉及供应链中的许多企业。既要考虑企业内部，又要从整个供应链的角度进行全面优化控制，从而改变以企业物质需求为中心的生产管理方式，充分了解用户需求，协调供应商运作，实现信息共享与整合，使以客户需求驱动、以客户为导向的生产计划，获得灵活敏捷的市场响应能力。

由于企业之间的协调比企业内部的协调更加困难，传统的信息模型无法用于计划与实施控制的集成。在考虑整个供应链企业特点的基础上，根据客户的需求进行信息集成是十分必要的。同时，为了保证生产的同步性和实时性，应建立一套生产协调机制和控制系统，以便对供应链中的企业进行实时跟踪和信息反馈。因此，制订一体化的生产计划与建立控制整体模型，是全球制造环境下全球供应链管理企业生产管理模式的要求，供应链环境下集成生产计划与控制总体模型如图9-2所示。

在生产控制模式方面，该模型也有一定的特色。

1) 订货决策与订单分解控制

在对用户订货与订单分解控制决策方面，该模型设立了订单控制系统，用户订单进入该系统后，要进行三个决策过程：价格/成本比较分析；交货期比较分析；能力比较分析。最后进行订单的分解决策，分解产生出两种订单(如在管理软件中用不同的项目号表示)，即外包订单和自制订单。如图9-3所示为订单决策与订单分解流程的示意图。

2) 面向对象、分布式、协调的生产作业控制模式

从宏观上看，企业既是信息流、物流、资金流的起点，又是三者的终点。对生产型企业客体的进一步分析表明，企业客体由产品、设备、材料、人员、订单、发票、合同等客体构成。企业之间最重要的环节是"订单"。企业内部和企业之间的一切经营活动都是围

绕着订单进行的,其他的企业活动都是由订单驱动的。例如,采购部围绕采购订单进行操作,制造部围绕生产订单进行操作,装配部围绕装配订单进行操作。这就是供应链的订单驱动原则。

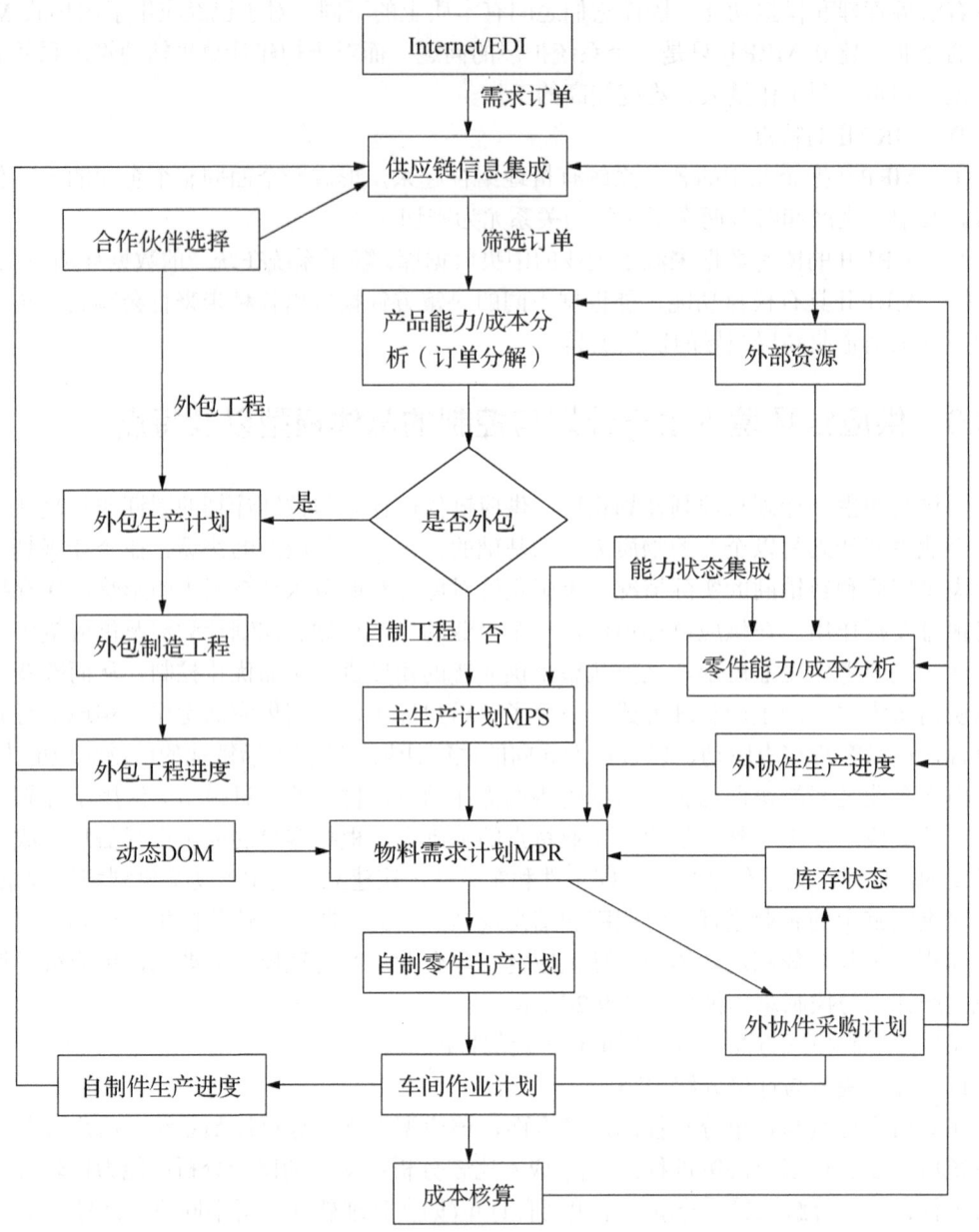

图 9-2　供应链环境下集成生产计划与控制总体模型

(资料来源:马士华,林勇. 供应链管理. 北京:高等教育出版社,2006.)

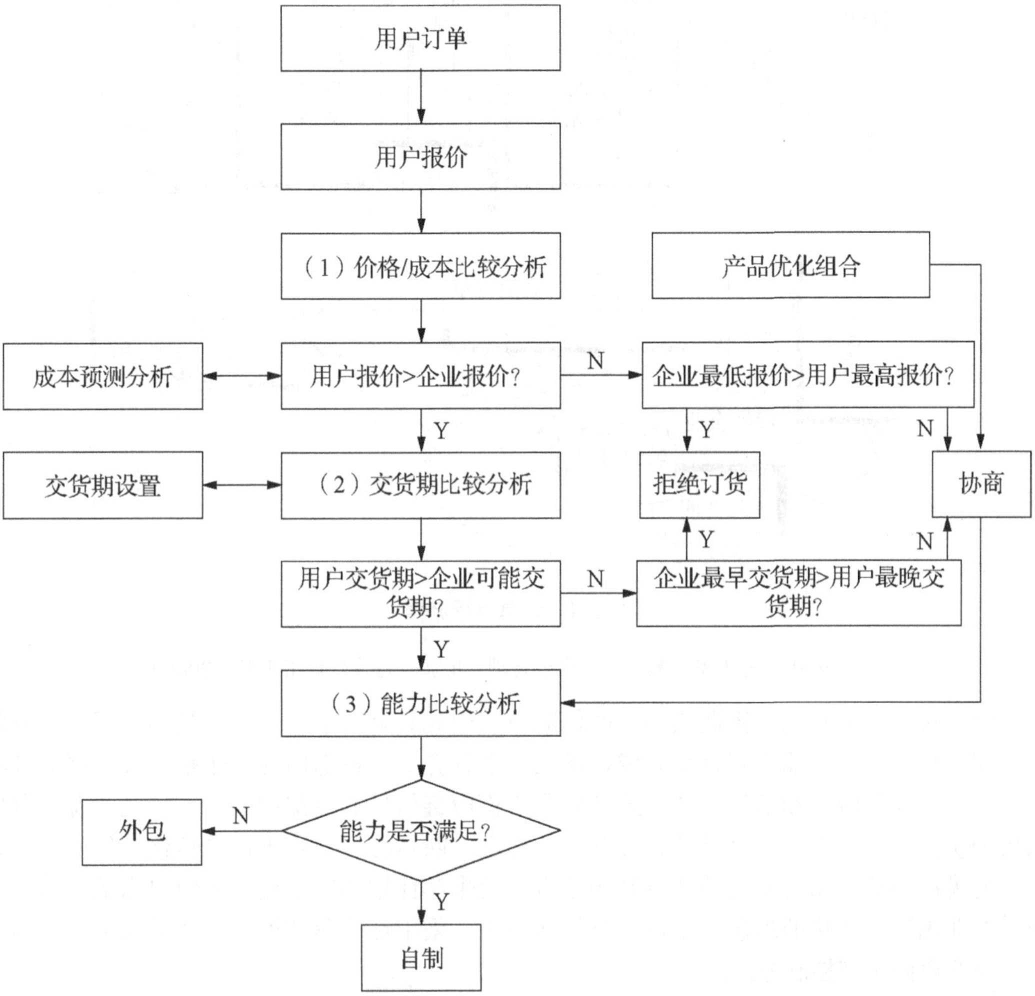

图 9-3 订货决策与订单分解流程

(资料来源：马士华，林勇. 供应链管理. 北京：高等教育出版社，2006.)

从订单概念的形成开始，面向服务对象的生产控制模式就考虑了物流系统目标之间的关系，形成了面向服务对象的订单控制系统。在订单控制过程中，主要的功能和任务是：①面向订单的对整个供应链所有业务流程的监督和协调检查；②计划订单项目的计划完成日期和完成度量，跟踪和监控订单工程对象的运行状态；③分析订单项目完成情况，并与计划进行比较；④根据用户需求的变化和订单项目的完成情况，提出切实可行的改进措施。顺序控制过程可通过顺序图进行简要描述，如图 9-4 所示。

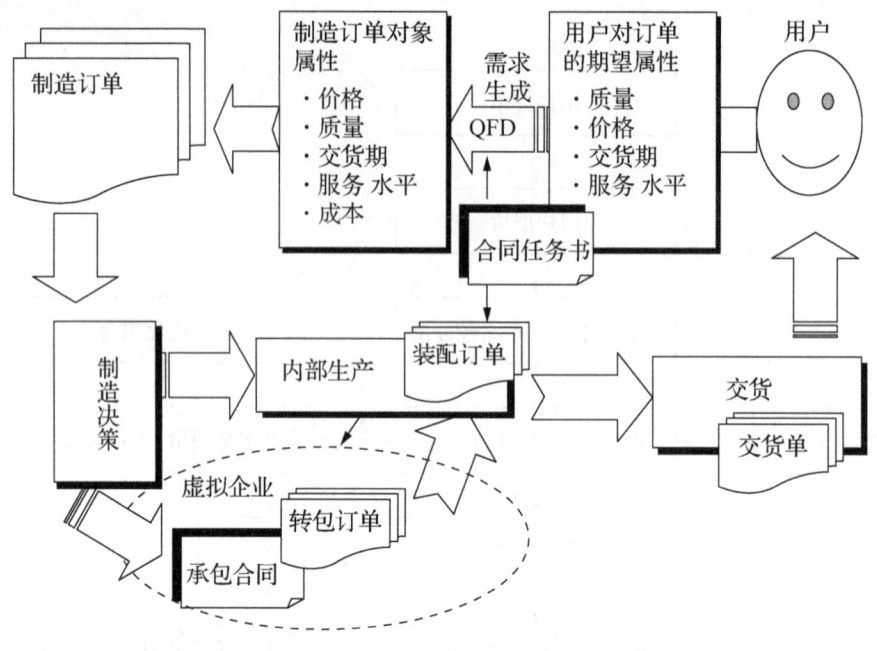

图 9-4　订单运行流程

(资料来源：马士华，林勇. 供应链管理. 北京：高等教育出版社，2006.)

面向对象、分布式、协调式的生产作业控制模式具有以下特点：一是体现了供应链的整体观。从用户订单输入到订单完成，供应链中各企业、各部门的工作都紧紧围绕着订单展开。二是业务流程和信息流的一致性有利于供应链信息的跟踪和维护。三是资源配置原则更加明确统一，有利于资源的合理利用和管理。四是将用户需求订单转化为生产计划订单，将模糊预测理论与质量功能展开相结合，使生产计划的实施更贴近用户需求。四是体现了企业纵横一体化的理念。在供应链的横向上，采用订单驱动模式；在纵向上，采用基于资源约束的生产控制方法。

供应链环境下这种分布式、面向对象、协调式的生产作业控制模式，最主要的特点是信息的相互沟通与共享。建立供应链信息集成平台(协调信息的发布与接收)，及时反馈生产进度有关数据，修正生产计划，以保证供应链各企业都能同步执行。

自 测 题

1. 供应链环境下生产管理的特点是什么？
2. 供应链管理模式下的生产策略有哪些？
3. 你如何理解延迟制造？
4. 供应链环境下的生产计划和控制是如何运行的？
5. 简述供应链环境下生产计划和控制的总体模型。

案例分析

徐工巴西制造有限公司精益生产应用研究

1. 徐工巴西制造公司基本情况

近年来,随着国内工程机械制造市场竞争的加剧,对徐工巴西制造有限公司的生存与发展提出了严峻的挑战,现阶段徐工巴西制造存在成本高、浪费严重、供应商配送效率低、物流水平低等现实问题,尤其是公司的生产管理经验不足,而精益管理可能是解决上述问题的有效途径。

结合公司实际情况并对其进行 SWOT 分析可知徐工巴西制造实施精益生产的优势、劣势、机会与威胁。从徐工巴西制造本身而言,公司依托于徐工集团,具有较为成熟的产品和生产技术,且在多年的经营过程中,对客户群具有清晰的了解和认识,可以根据市场需求进行创新,制定符合市场需求和公司发展的战略。同时,政府文件明确鼓励、支持生产能力较大、竞争优势较强的企业到境外投资,建设境外产业合作集聚区,因此徐工巴西制造所处的工程机械市场需求及经营环境产生较大变动的概率较小,这为徐工巴西制造的长远发展和可持续发展奠定了基础。但是徐工巴西制造在生产管理、物流管理、供应链管理以及人员管理方面存在比较明显的问题,而精益生产不仅可以精简生产流程,解决公司在生产和管理方面存在的浪费问题,同时还可以提升员工素质,帮助员工改善绩效,提高生产效率,符合徐工巴西制造在发展过程中的现实需求,尤其是满足公司在激烈的市场竞争中获取核心竞争优势、扩大市场份额的需求。

从公司实施精益生产的外部环境看,市场的需求量较大,但竞争也比较激烈,客户需求也越来越丰富,因此需要企业提升创新能力快速响应市场需求,及时将正确的产品及时送到客户手中。虽然徐工巴西制造已经意识到精益生产的重要性,但是企业精益基础较为薄弱,缺乏经验,且开始时间落后于同行业中其他竞争者,不过好处在于可以借鉴同行业较为成功的经验,提高精益生产方案实施的成功率。

因此,实施精益生产是解决徐工巴西制造生产问题的关键,是徐工巴西制造提升市场核心竞争力的关键,关乎企业的生存和长远发展。

2. 徐工巴西制造公司精益生产方案实施的保障措施

1) 构建徐工巴西制造精益生产运行组织

为保障精益生产方案的顺利实施,徐工巴西成立了精益生产项目组,总经理直接负责。项目组主要负责计划的制订、实施、管控并对实施效果进行考核、对人员工作情况进行考评、对表现优异者予以奖励。同时成立项目办公室,辅助项目组日常工作的展开,包括会议召开、工作协调、制度的建立、实施情况汇报等,对精益生产方案实施效果进行定期总结上报。同时为了对生产现场进行改善,特此设立目视化管理小组、浪费识别小组及作业标准化、节拍化、物流管理精益化等小组,全方位保障精益生产方案的顺利实施。

2) 建立徐工巴西制造精益生产长效保障机制

(1) 建立并不断完善公司统一的精益评价标准。建立精益绩效评估体系,实现运营绩效目标科学策划、分解、量测及评估,并通过三级动态绩效管理看板推动绩效责任分解、监控与落实的模式化管理。建立流程诊断评估机制，通过流程体系验证、现场实地核查，实施分析各系统流程运营水平，进行有针对性立项改进，持续改善精益运营流程效率。

（2）开展职能部门精益工作评价工作。职能部门融合度作为系统推进阶段的一项标志性工作得到公司各部门的高度重视，为保证各部门能够真正将精益理念和本部门日常工作有机融合，公司制订了详细的工作计划和分工方案，组织各职能部门根据部门职责梳理迫切需求融合或有融合条件的职责和对应流程，形成各部门的具体推进计划，推进职能部门精益融合度。

（3）跟踪改善进展、落实难点工作。在持续改善过程中，定期寻找致开展精益生产过程中的困难之处，并针对难点，组织相关人员对标其他榜样或者其他部门，制定进一步改进思路和改进措施。并通过项目组沟通各个小组的工作进展和开展方向，保证各个小组所进行的工作方向一致，有效提高改善效率。

3）培育全员精益能力

以全员改善机制为引领，"平等思考，群策群力"，促进全方位系统变革。目前，徐工巴西在实施精益生产培训方面已经取得初步进展，成立精益领导和推进委员会，建立支持性改善制度流程13项，开发培训课程24项，累计发放改善奖金48万元，评选改善明星80余人，累计改善提案22 444条，小组改善138项，全员参与度达95%。

（资料来源：https://kns.cnki.net/kns8/defaultresult/index.）

讨论：徐工巴西制造有限公司如何进行精益生产？

第 10 章

供应链环境下的库存管理

【学习要点及目标】

- 了解库存概念及分类;
- 了解库存管理的作用、意义及方法;
- 掌握供应链环境下库存管理的概念、特点、方法及其意义。

【核心概念】

库存　库存管理　供应链环境下的库存管理　供应商管理库存　联合库存管理

【引导案例】

2020 年，突如其来的一场疫情使世界经济遭受重创，服装行业同样在劫难逃。服装业老大难问题主要是供应链库存问题。服装从生产到销售的全过程都是由供应链上的企业共同完成的，由这些企业共同承担着供给的责任，只要供应链中任何一个环节出了问题，产品的供应就会受到影响。疫情下，企业有序复工，但是发现能做的事情并不多，纱线、印染、面料、裁剪、平车、后道等多个供应链环节，一个环节没复工，这条线就卡住了。

10.1 库存概述

10.1.1 库存的概念

国家标准《物流术语》(GB/T 18354—2021)中将库存定义为：储存作为今后按预定的目的使用而处于备用或非生产状态的物品。广义的库存还包括处于制造加工状态和运输状态的物品。其作用在于防止生产中断，稳定生产，节省订货费用，改善服务质量，防止短缺。库存也带有一定弊端：占用大量资金，产生一定的库存成本，掩盖了企业生产经营中存在的问题。

10.1.2 库存的分类

库存的分类方法有很多，可以从库存资源存在的形式、库存的目的、客户对库存的需求特性三个方面进行分类。

1. 按照库存资源存在的形式分类

1) 原材料库存

原材料库存是指由于企业采购用于制造产品并构成产品实体的物品而形成的库存。它的作用是用来支持企业内部的制造或装配。

2) 在制品库存

在制品库存是指已经经过一定的生产过程、尚未完工、需要进一步加工的中间产品形成的库存。由于生产产品需要一定的时间，就形成了在制品库存。

3) 维护、维修库存

该项库存是指用于维护和维修设备而储存的配件、零件等。由于维护和维修的时间是不确定的，因此有必要持有维护、维修库存，以备不时之需。

4) 包装物及低值易耗品库存

该项库存是指企业为了包装产品，通常需要储备各种包装容器、包装材料，从而形成的库存。另外，企业还随时需要一些价值低、易损耗、不能作为固定资产的各种物资。

5) 产成品库存

该项库存是指由于产成品不可能在生产出来的第一时间被消费，企业又无法准确预测出消费者的需求量，从而产生的库存。这就决定了企业必须保有一定量的产成品库存来满足不断变动的消费者需求。

2. 按照持有库存的目的分类

1) 周转库存

周转库存通常又被称为周期库存，是企业为了维持正常的经营活动、满足日常的需要而必须持有的库存。这种库存需要不断补充，当低于某一个订货点时，就要进行及时补充。

2) 安全库存

安全库存是指为了应对超出预期部分的需求而持有的库存。如为防止需求波动或订货周期不确定而持有的库存。安全库存与市场需求特性、订货周期的稳定性密切相关。市场需求波动越小或需求预测准确，订货周期确定，所需的安全库存越少。如果企业能对市场作出完全准确的预测、订货周期固定，就可以不必保有这部分库存。

3) 季节性库存

季节性库存是指为满足具有季节性特性的需要而建立的库存，如水果等农产品、空调等季节性产品。

4) 促销库存

在企业促销活动期间，一般会出现销量增长的现象，为满足这类预期需求而建立的库存，被称为促销库存。

3. 按客户对库存的需求特性分类

1) 独立需求库存

独立需求库存是指客户对某种库存物品的需求与其他种类的需求无关，表现出这种库存需求的独立性。从库存管理的角度来说，独立需求库存是指那些随机的、企业自身不能控制而是由市场所决定的需求而形成的库存。如客户对轿车的需求即为独立需求，轿车制造厂的代售轿车就是独立需求库存。

2) 相关需求库存

相关需求库存是指与其他需求有内在相关性而形成的库存。如轿车制造厂的零部件是相关需求库存，对零部件的需求可根据轿车的产量来确定。根据这种相关性，企业可以精准地计算出它的需求量和需求时间，是一种确定型需求。

10.2 库存管理概述

10.2.1 库存管理的概念

库存管理就是为保障供给，使库存商品数量最少所进行的预测、计划、组织、协调、控制等有效补充库存的一系列工作。库存管理的重点是确定如何订货、订购多少、何时订货。

库存管理的内容包括仓库管理和库存控制两个部分。仓库管理的内容是指库存物料的科学保管，以减少损耗，方便存取；库存控制则是要求控制合理的库存水平，即用最少的投资和最少的库存管理费用，维持合理的库存，以满足使用部门的需求和减少缺货损失。

库存管理的内容包括物料的出入库，物料的移动管理，库存盘点，库存物料信息分析。

不同的企业对于库存管理，历来有不同的认识。概括起来主要有以下三种。

(1) 持有库存。一般而言，在库存上有更大的投入可以带来更高水平的客户服务。长期以来，库存作为企业生产和销售的物资保障服务环节，在企业的经营中占有重要地位。企业持有一定的库存，有助于保证生产正常、连续、稳定进行，也有助于保质、保量地满足客户需求，维护企业声誉，巩固市场的占有率。

(2) 库存控制保持合理库存。库存管理的目的是保持合适的库存量，既不能过度积压也不能短缺。让企业管理者困惑的是：库存控制的标准是什么？库存控制到什么量才能达到要求？如何配置库存是合理的？这些都是库存管理的风险计划问题。

(3) "零库存"。主要代表是准时生产方式。他们认为，库存即是浪费，零库存就是其中的一项高效库存管理的改进措施，并得到了企业广泛的应用。

10.2.2 库存的作用

由于库存费用在企业成本中占有相当大的比重，其水平的稍微下降就能带来利润的大幅上升，所以企业缩减库存的意愿都是十分强烈的。但是要想做到这一点并不简单，有时甚至会面对来自企业内外的巨大压力。库存对于许多企业都具有十分重要的作用。库存的作用主要有以下几点。

1. 获得规模经济效益

随着产量的提高，生产中的固定成本可以得到更好的分摊，因而产品的平均生产成本可以得到降低，为取得这种规模经济效益，企业倾向于采用大批量生产方式，从而形成了大量库存。此外，企业为获得批量购买和大批运输的折扣，也会导致库存的堆积。

2. 平衡供需

由于竞争的压力，企业要想保持市场占有率，就必须保证充足的产品供应，创造产品的时间效用和地点效用，即在市场需要的时间和地点及时提供产品，这就要求产品必须在需求发生之前就提前被生产出来并运送到市场上。而市场需求又是瞬息万变的，一旦库存不足，就会造成销售的损失和客户的流失，使企业遭受损失。因此，许多企业为以防万一，都会在预测基础上追加一个安全库存量，这进一步导致了库存的增加。

3. 防止需求和订货的不确定性

市场供求情况瞬息万变，保持合理的库存就可以应付不时之需，使企业得以适应市场的变动。此外，由于某些原料或产品的季节性(如食品厂用来制造果汁的水果和用于供应圣诞市场的礼品等)，也会导致必要的库存积累。更有一些企业出于投机的动机，进行"囤积居奇"式的库存储备。

10.2.3 库存管理的意义

1. 有利于实施科学管理，防止物资短缺

库存的重要目标之一就是在需要之时，将必需的物资按需要量供应。例如企业生产急

需的物资不能及时供应,管理就会混乱;医院没有一定数量的床位库存,病人就无法住院治疗;银行没有现金库存,存户就可能取不到钱。

2. 有利于提高资金的利用效果,缩短订货提前期

当制造商维持一定量的成品库存时,顾客就可以很容易地采购到他们所需的物品,由此缩短了顾客的订货提前期,使得企业的经营活动更为灵活。

3. 有利于有效地开展仓库管理工作

通过库存管理,可将原来零散放置的物料整理得井然有序,废旧物料堆放整齐,工厂空地整洁干净,从而实现文明生产。

在企业经营各个环节中,在采购、生产、销售过程中,库存使各个环节上相对独立的经济活动成为可能。同时库存可以调节各个环节之间由于供需品种及数据之间的差别,把采购、生产和经营的各个环节连接起来并起到润滑剂的作用。对于库存在企业中的作用,不同的部门存在不同的看法。库存管理部门和其他部门的目标存在矛盾,为了实现最佳库存管理,需要协调各个部门,使每个部门不仅是以有效实现本部门的功能为目标,更要以实现企业的整体效益为目标。

10.2.4　基本库存控制方法

下面针对独立需求库存控制问题的特点,简要介绍几种经典的库存控制策略与方法。

1. 库存补给策略

因为独立需求库存控制多采用订货点控制策略,所以我们首先介绍一下几种常见的库存补给策略。

订货点法库存管理的策略很多,最基本的策略有 4 种:①连续性检查的固定订货量、固定订货点策略,即(Q,R)策略;②连续性检查的固定订货点、最大库存策略,即(R,S)策略;③周期性检查策略,即(t,S)策略;④综合库存策略,即(t,R,S)策略。

在这 4 种基本的库存策略基础上,又延伸出很多种库存策略,我们重点介绍 4 种基本的库存策略。

1) (Q,R)策略

该策略的基本思想是对库存进行连续性检查,当库存降低到订货点水平 R 时,即发出订货信号,每次的订货量保持不变,都为固定值 Q,如图 10-1 所示。该策略适用于需求量大、缺货费用较高、需求波动性很大的情形。

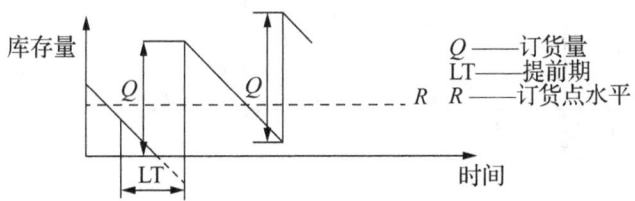

图 10-1　连续性检查(Q,R)策略

2) (R,S)策略

该策略和(Q,R)策略一样,都是连续性检查类型的策略,也就是说要随时检查库存状态,当发现库存降低到订货点水平R时,开始订货,订货后使最大库存保持不变,即为常量S,若发出订单时库存量为I,则其订货量为$(S-I)$。该策略和(Q,R)策略的不同之处在于其订货量是按实际库存而定,因而订货量是可变的。

3) (t,S)策略

该策略是每隔一定时期检查一次库存,并发出一次订货,把现有库存补充到最大库存水平S,如果检查时库存量为I,则订货量为$(S-I)$。经过固定的检查期t,发出订货信号,这时,库存量为I_1,订货量为$(S-I_1)$。经过一定的时间(LT),库存补充$(S-I)$,库存到达A点。再经过一个固定的检查时期t,又发出一次订货信号,订货量为$(S-I_2)$,经过一定的时间(LT为订货提前期,可以为随机变量),库存又达到新的高度B。如此周期性检查库存,不断补给,如图10-2所示。

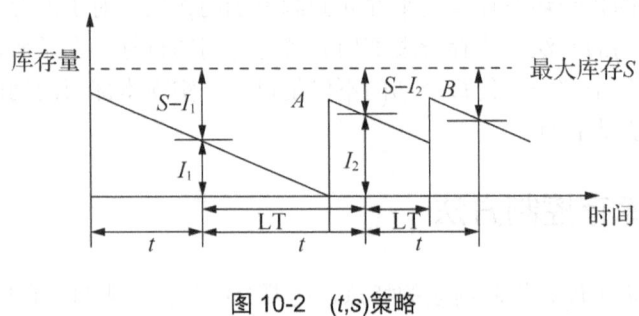

图10-2 (t,s)策略

该策略不设订货点,只设固定检查周期和最大库存量。该策略适用于一些不很重要或使用量不大的物资。

4) (t,R,S)策略

该策略是策略(t,S)和策略(R,S)的综合。这种补给策略有一个固定的检查周期t、最大库存量S、固定订货点水平R。当经过一定的检查周期t后,若库存低于订货点,则开始订货;否则,不订货。订货量的大小等于最大库存量减去检查时的库存量。当经过固定的检查时期到达A点时,此时库存已降低到订货点水平线R之下,因而应发出一次订货信号,订货量等于最大库存量S与当时的库存量的差$(S-I_1)$。经过一定的订货提前期后在B点订货到达,库存补充到C点;在第二个检查期到来时,此时库存位置在D,比订货点水平位置高,无须订货;第三个检查期到来时,库存点在E,等于订货点,又发出一次订货信号,订货量为$(S-I_3)$,如此循环地进行下去,实现周期性库存补给,如图10-3所示。

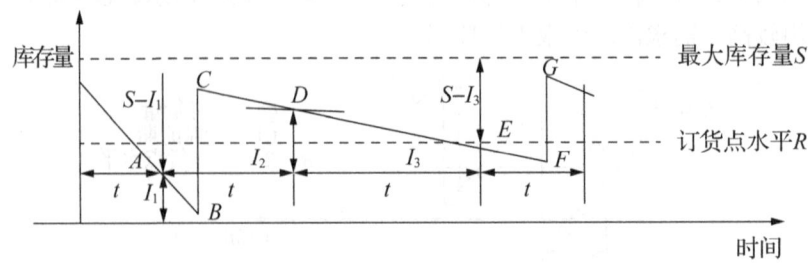

图10-3 (t,R,S)策略

2. 常见库存控制模型

常见的独立需求库存控制模型根据其主要的参数，如需求量与提前期是否为确定，可分为确定型库存模型和随机型库存模型。

1) 确定型库存模型

该库存模型主要包括周期性检查模型、连续性检查模型。

(1) 周期性检查模型(Periodic Inspection Model)。此类模型有 6 种，分不允许缺货、允许缺货、实行补货三种情况。每种情况又分瞬时到货、非瞬时到货两种情形。

最常用的模型是不允许缺货、瞬时到货型。

其最佳订货周期为

$$T^* = \sqrt{\frac{2C_R}{HD}}$$

式中：C_R——每次订货的费用(元)；
　　　H——单位产品库存维持费(元/件·年)；
　　　D——需求率(年需求量)(件/年)。

最大库存量：$S = T^* D$

(2) 连续性检查模型(Continuous Review Model)。连续性检查模型需要确定订货点和订货量两个参数，也就是解决(Q, R)策略的两个参数的设定问题。

连续性库存检查模型可分为 6 种：不允许缺货、瞬时到货型；不允许缺货、非瞬时到货型；允许缺货、瞬时到货型；允许缺货、非瞬时到货型；补货、瞬时到货型；补货、非瞬时到货型。

最常见的连续性检查模型是不允许缺货、瞬时到货型。最经典的经济订货批量模型(EOQ)就是这种模型。

最佳订货批量为

$$Q^* = \sqrt{\frac{2DC_R}{H}}$$

订货点：$R = LT \times D$

式中：C_R——每次订货的费用(元)；
　　　H——单位库存维持费(元/件·年)；
　　　D——需求率(年需求量)(件/年)；
　　　LT——订货提前期。

2) 随机性库存模型

随机型库存模型要解决的问题是确定经济订货批量或经济订货期；确定安全库存量；确定订货点和订货后最大库存量。

10.3 供应链环境下的库存管理概述

由于信息技术和交通运输技术的发展，以及整个消费市场由卖方向买方的转变，企业所面临的竞争压力越来越大。企业也由原来的产量竞争、质量竞争、成本竞争发展到时间竞争、服务竞争。而供应链管理作为一种新的管理理念在企业的竞争发挥着不可替代的重要作用。如何建立有效的库存控制方法体现供应链管理的思想，是供应链环境下库存管理的重要内容。通过树立供应链管理的整体观念、提高供应链企业之间信息的共享、优化库存控制的实施方法、构建和谐的合作关系等措施，推动供应链环境下的库存管理思想和方法的优化，达到提高供应链环境下的库存管理效益的目的。

10.3.1 供应链环境下的库存管理的概念及特点

供应链库存管理是指将库存管理置于供应链之中，以降低库存成本和提高企业市场反应能力为目的，从点到链、从链到面的库存管理方法。

供应链库存管理的特点。供应链库存管理的目标服从于整条供应链的目标，通过对整条供应链上的库存进行计划、组织、控制和协调，将各阶段库存控制在最小限度，可以削减库存管理成本，减少资源闲置与浪费，使供应链上的整体库存成本降至最低。与传统库存管理相比，供应链库存管理不再是作为维持生产和销售的措施，而是作为一种供应链的平衡机制。通过供应链管理，消除企业管理中的薄弱环节，实现供应链的总体平衡。供应链管理理论是在企业管理相关理论的基础上升级改进后形成的相关理论，其特点主要表现在以下方面。

1. 管理集成化

供应链管理将供应链上的所有节点看成一个有机的整体，以供应链流程为基础，物流、信息流、价值流、资金流、工作流贯穿于供应链的全过程。因此，供应链管理是一种集成化管理。

2. 资源范围扩大

在传统库存管理模式下，管理者只需考虑企业内部资源的有效利用。供应链管理模式导入后，企业资源管理的范围扩大，要求管理者将整条供应链上各节点企业的资源全部纳入考虑范围，使供应链上的资源得到最佳利用。

3. 企业间关系伙伴化

供应链管理以最终客户为中心，将客户服务、客户满意与客户成功作为管理的出发点，并贯穿于供应链管理的全过程。由于企业主动关注整条供应链的管理，供应链上各成员企业间的伙伴关系得到加强，企业间由原先的竞争关系转变为"双赢"关系。供应链的形成使供应链上各企业间建立起战略合作关系，通过对市场的快速反应，共同致力于供应链总体库存的降低。因此，库存管理不再是保证企业正常生产经营的措施，而是使供应链管理平衡的机制。

10.3.2 供应链环境下的库存管理与传统库存管理的区别

1. 主体不同

传统库存管理技术是以单个企业为对象，而供应链的管理方式不是孤立地、分割地研究库存，而是从系统角度，使各个经营者之间形成"链"的关系，环环紧扣，以实现供应链整体效益的提高。

2. 库存管理的目的不同

传统库存管理的主要目的是对企业库存进行分类及重点管理，同时确定订货时间以及订货数量，使该企业库存总成本最小。而供应链环境下的库存管理的目的是减少或消除不确定性因素的影响，使库存管理与顾客需求保持一致，对经营过程中的库存数量进行控制，从而降低库存成本，提高物流系统的效率，提高客户服务水平，强化企业的竞争力。

3. 库存管理的方法不同

传统库存管理是谋求保证供应而又保持较小的储存量，要求不缺货，而供应链库存管理的任务是通过适量的库存来达到合理的供应，实现总成本最低。供应链环境下的库存管理不再是作为维持生产和销售的措施，而是作为一种供应链的平衡机制。通过供应链管理，消除企业管理中的薄弱环节，实现供应链的总体平衡。

10.3.3 供应链环境下库存管理存在的问题

1. 缺乏供应链的整体观念

企业持有一定的库存可以降低库存成本，获取规模经济效益，平衡供给与需求，为不确定需求提供保证，提高客户服务水平。因此，供应商、生产商、分销商、零售商各自必须持有自己的库存。也就是说整条供应链各个节点都独立持有自己的库存。这种各行其道的山头主义行为必然导致供应链的整体效率低下。

2. 存在信息曲解现象

供应链的各个经营者与各自的客户需求方之间交换的信息准确度不高，为了保守起见，各个经营者都有自己的安全库存，这样容易产生库存过剩的现象。这种下游企业的需求信息在向上游企业传递时发生的放大现象，对于离最终客户最远的企业成员影响最大，这种现象被称为信息曲解现象，也称为牛鞭效应。

3. 缺乏合理的库存控制策略

当前供应链中库存成本过高，其根本原因是供应链企业采取了过于简单的库存策略。供应链上存在着各种不确定因素形成的库存，因此，供应链管理中库存策略需要随着这些不确定性因素做出调整。许多公司对所有的物品采用统一的库存控制策略，物品的分类没有反映供应与需求中的不确定性。

4. 缺乏合作与协调

当前，供应链的各个节点企业为了应付不确定性，都设有一定的安全库存，再加上相互之间的信息透明度不高。在这样的情况下，企业不得不维持较高的安全库存，并为此付出较高的代价。

10.3.4 解决供应链环境下库存管理问题的途径

1. 树立供应链整体观念

要在保证供应链整体绩效的前提下，实现供应链各成员企业间的库存管理合作，需要对各种直接或间接影响因素进行分析，如供应链企业的共同目标、共同利益、价值追求等。要在信息充分共享的条件下，通过协调各企业的效益指标和评价方式，使供应链各成员企业达成共识，从大局出发，树立共赢的经营理念，自觉协调相互需求，进而建立一套供应链环境下的库存管理体系，使供应链环境下库存管理的所有参与者在绩效评价内容和方法上取得一致，充分共享库存管理信息。

2. 精简供应链结构

供应链结构对供应链环境下的库存管理有着重要影响。供应链过长，各个点之间关系过于复杂，是造成信息在供应链传递不畅、供应链环境下的库存成本过高的主要原因之一。优化供应链结构，是保证供应链各节点信息传递协调顺利的关键，是搞好供应链环境下库存管理的基础。因此，应尽量使供应链结构朝扁平化方向发展，精简供应链的节点数，简化供应链上各节点之间的关系。

3. 将供应链上各环节有效集成

集成供应链各环节，就是在共同目标的基础上，将各环节组成一个虚拟组织，通过使组织内成员信息共享、资金和物质相互调剂，优化组织目标和整体绩效。通过将供应链上各环节集成，可以在一定程度上克服供应链环境下的库存管理系统复杂性对供应链环境下的库存管理效率的影响，使供应链环境下的库存管理数据能够实时、快速地传递到各个节点，从而大大降低供应链管理成本，对顾客需求作出快速的响应，提高供应链环境下的库存管理的整体绩效。

10.4 供应链环境下库存管理的方法

目前，供应链环境下的库存管理方法主要有供应商管理库存、协同式管理库存、联合库存管理、多级库存优化与控制、战略库存控制等，下文做简单介绍。

10.4.1 供应商管理库存

1. 供应商管理库存的概念

所谓供应商管理库存(Vendor Managed Inventory，VMI)是一种以用户和供应商双方都获得最低成本为目的，在一个共同的协议下由供应商管理库存，并不断监督协议执行情况和修正协议内容，使库存管理得到持续地改进的合作性策略。这种库存管理策略打破了传统的各自为政的库存管理模式，体现了供应链的集成化管理思想，适应市场变化的要求，是一种新的、有代表性的库存管理思想。目前供应商管理库存在分销链中的作用十分重要，因此便被越来越多的人所重视。

对于供应商管理的库存，因为有最低与最高库存点，按时交货可通过相对库存水平来衡量。例如库存为零，风险很高；库存低于最低点，风险相当高；库存高于最高点，断货风险很小，但过期库存风险升高。这样，统计上述各种情况可以衡量供应商的交货表现。根据未来物料需求和供应商的供货计划，还可以预测库存点在未来的走势，从而确定具体时期的具体库存指标。

VMI 的基本思想。VMI 的基本思想是供应商在用户的允许下设立库存，确定库存水平和补给策略，拥有库存控制权。因此，该项策略主要体现了以下原则：合作性原则、互惠性原则、目标一致性原则、连续改进型原则。

2. VMI 的特点

1) 信息共享

零售商帮助供应商更有效地制订计划，供应商从零售商处获得销售点数据并使用该数据来协调其生产、库存活动以及零售商的实际销售活动。

2) 供应商完全拥有和管理库存

供应商完全管理和拥有库存，直到零售商将其售出为止，但是零售商对库存有看管义务，并对库存物品的损伤或损坏负责。实施 VMI 有很多优点。首先，供应商拥有库存，对于零售商来说，可以省去多余的订货部门，使人工订货转变为自动化订货，可以从过程中去除不必要的控制步骤，使库存成本更低，服务水平更高。其次，供应商拥有库存，供应商会对库存考虑更多，并尽可能进行更为有效的管理，通过协调多个零售生产与配送环节，进一步降低总成本。

3) 需求准确预测

供应商能按照销售时点的数据，对需求作出预测，能更准确地确定订货批量，减少预测的不确定性，从而减少安全库存量，使存储与供货成本更小。同时，供应商能更快速响应用户需求，提高服务水平，使用户的库存水平也降低。

3. VMI 需要注意的问题

1) 信任问题

这种合作需要一定的信任，否则就会失败。零售商要信任供应商，不要干预供应商对发货的监控，供应商也要多做工作，使零售商相信他们不仅能管好自己的库存，也能管好零售商的库存。只有相互信任，通过交流和合作才能解决存在的问题。

2) 技术问题

只有采用先进的信息技术，才能保证数据传递的及时性和准确性，而这些技术往往价格昂贵，利用 VMI 将销售点信息和配送信息分别传输给供应商和零售商，利用条码技术和扫描技术来确保数据的准确性，并且库存与产品的控制和计划系统都必须是在线的、准确的。

3) 存货所有权问题

作出由谁来进行补充库存的决策以前，零售商收到货物时，所有权也同时转移了，现在变为寄售关系，供应商拥有库存直到货物被售出。同时，由于供应商管理责任增大，成本增高，双方要对条款进行洽谈，使零售商与供应商共享系统整体库存下降的收益。

4) 资金支付问题

过去，零售商通常在收到货物 1～3 个月以后才支付货款，而现在可能不得不在货物售出后就要支付货款，付款期限缩短了，零售商要适应这种变化。

4. VMI 的步骤

1) 洽谈并达成合作协议

供应商与零售商一起协商，确定契约性条款，包括所有权的转移时间、信用条件、订货责任、信息传递方式、绩效评价指标。

2) 建立一体化的信息系统

要有效地管理用户库存，供应商必须能够及时获得用户的真实需求信息。为此，必须通过接口将零售商的 POS(销售时点信息)系统与供应商的信息系统相连接，采用系统集成技术实现信息的实时共享。因此，当零售商销售商品时，通过手持扫描终端将条码所代表的商品信息输入信息管理系统，供应商便可以及时得到相关商品的市场需求信息。

3) 确定订单处理流程和库存控制有关参数

双方一起确定供应商在订单处理过程中所需的信息和库存控制参数(再订货点、最低库存水平等)，建立订单处理的标准模式，将订货、交货以及票据处理等业务功能集中于供应商一方。

4) 持续改进

在 VMI 实施过程中，双方应共同合作一起寻找可以改进的地方，不断对目标框架进行修正，以获得持续改进的效果。

5. 实施 VMI 的原则

1) 合作性原则

在实施 VMI 策略时，企业之间的相互信任和信息透明是很重要的，供应商和零售商或客户之间都要有良好的合作精神才能建立战略合作伙伴关系。

2) 互惠原则

VMI 不是成本在供应商和客户之间如何分配的问题，而是关于如何减少成本的问题。通过实施 VMI 策略，可使双方的成本都减少，实现总成本最小化。

3) 目标一致原则

实施 VMI 时，供应商和客户都要明确各自的职责，要达成一致的目标。然后在此基础上签订框架协议，制订具体实施计划。

4) 连续改进原则

VMI 的主要思想是供应商在用户的同意下设立库存，确定库存水平和补给策略，拥有库存的控制权。VMI 系统不仅可以降低供应链的库存水平，客户还可以获得高水平的服务，改善资金流，与供应商共享信息，使供需双方可以共享收益和消除浪费。

6. 实施 VMI 的几种的形式

1) "制造商—零售商"的 VMI 模式

这种模式通常存在于制造商作为供应链的上游企业情形中，制造商对它的客户实施

VMI，如图 10-4 所示。制造商是 VMI 的主导者，负责对零售商的供货系统进行检查和补充，这种模式多出现在制造商是一个比较大的产品制造者的情况下，制造商具有相当的规模和实力，完全能够承担其管理 VMI 的责任。如宝洁就发起并主导了国内大型零售商的 VMI 管理模式的实施。

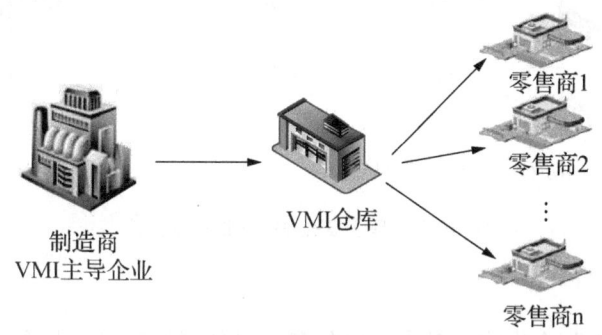

图 10-4　"制造商—零售商"的 VMI 模式

2)　"供应商—制造商"的 VMI 模式

这种模式通常存在于制造商是供应链上实施 VMI 的上游企业的情况中，制造商要求其供应商按照 VMI 的方式向其补充库存，如图 10-5 所示。此时，VMI 的主导者可能还是制造商，但它是 VMI 的接受者，而不是管理者，此时的 VMI 管理者应该是该制造商上游的众多供应商。这种模式多见于汽车制造业，汽车制造商是这一供应链上的核心企业，为了提高竞争力，汽车制造商要求零部件供应商为其实施 VMI 的库存管理方式。但很多零部件供应商规模较小、实力较弱，所以实施 VMI 很困难。

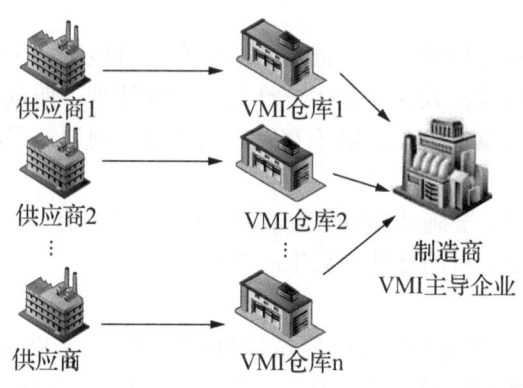

图 10-5　"供应商—制造商"的 VMI 模式

3)　"供应商—3PL—制造商"的 VMI 模式

为了克服第二种模式的弊端，"供应商—3PL—制造商"VMI 模式应运而生。这种模式引入了第三方物流企业，由其提供一个统一的物流和信息的管理平台，统一执行和管理各个供应商的零部件库存控制指令，负责完成自身生产线上配送零部件的工作，如图 10-6 所示。由第三方物流企业运作的 VMI 可以合并多个供应商交付的货物，采用物流集中管理的方式，因此形成规模效应，降低了库存管理的总成本。

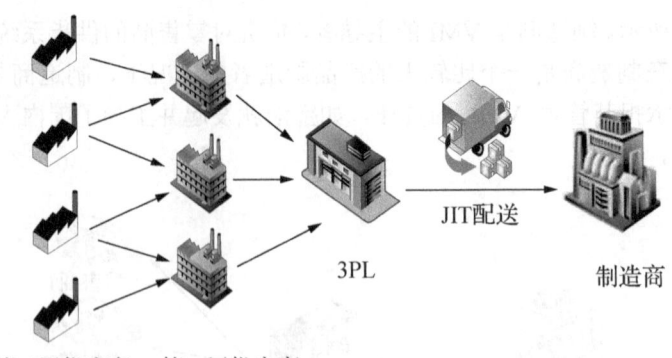

图 10-6　基于 3PL 的 VMI 实施模式

7. VMI 的优势

实施 VMI 可以为整个供应链带来一定优势，具体表现在以下几个方面。

1） 节约成本

VMI 的实施最明显的效果就是买方库存成本的降低和卖方总成本的降低。对买方而言，由于库存由卖方来管理，甚至由卖方来承担其库存的经济责任，其因库存成本降低而带来的效果立竿见影。对卖方来说，由于承担了买方库存的经济和管理责任，在 VMI 实施的初期会导致其库存成本和管理成本的上升，但随着该体系的正常运转，由于以下几方面的原因，卖方最终会获得总体成本的降低。

(1) 由于共享了买方的销售信息，采用了整合供应链的优化库存策略，供应链的"牛鞭效应"将大幅降低，供应链的库存水平也比实施前的水平大大降低，使卖方总体库存成本即使增加也是有限的。

(2) 供应商是商品的供应者，它掌握用户的库存具有很大的主动性和灵活性。供应商可以根据市场需求量的变化，及时调整生产计划和采购计划，所以既不会造成大量的库存积压，又可以灵活适应市场的变化；既不存在占用资金的问题，又不存在增加费用、造成浪费的问题。

(3) 由于卖方能及时、准确地获取买方的销售信息，因此可以更合理地安排生产计划，消减其零部件的库存成本，进而使其产品生产成本降低。

2） 提高服务水平

在实施 VMI 模式下，卖方有充分的信息来判断哪一项配送更紧急，能够协调多个卖方之间的库存补充订单和配送任务，从而具备了平衡所有伙伴需求的能力，能够在不耽误任何单个客户的条件下提高系统的运作能力，提升自己的服务水平。

3） 集中精力于核心业务

供应商掌握库存，就可以把用户从库存陷阱中解放出来。用户不需要占用库存资金，不需要增加采购、进货、检验、入库、出库、保管等一系列的工作，能够集中更多的资金、人力、物力于其核心竞争力的提高上，从而给整个供应链、包括供应商企业营造一个更有利的运营环境。

4） 形成更具竞争力的供应链

实施 VMI 后，由于卖方能够在第一时间了解买方的销售和消耗信息，了解客户的消费水平和消费倾向，有利于卖方改善需求预测计划、改进产品结构和设计、开发适销对路的新产品，对市场作出更快更准确地反应，从而可以大大缩短供货周期，使供应链更敏捷、更柔性、更具竞争力。

10.4.2 协同式库存管理

协同式管理库存又称协同规划、预测与补货(Collaborative Planning Forecasting and Replenishment，CPFR)，是一种协同式供应链库存管理模式。该模式的核心思想就是协同，为了实现共同的目标，供应链上下游企业必须保证长期的沟通与信息共享，以此来进行需求信息的预测与补货策略的沟通。此外，协同式管理库存也强调供应链上下游企业需共同参与需求预测的模型的制定和相关反馈信息的处理。该模式的目标是实现供应链上下游企业的共赢，即通过共同协商，基于客户需求预测技术，合理调整补货策略，降低供应链企业的库存量，增加产品的销售量，最终使得供应链上各企业的收益与协同运行效率得到有效提升。

1. CPFR 的产生

CPFR(Collaborative Planning Forecasting and Replenishment，协同规划、预测与补贸)的形成始于沃尔玛所推动的 CFAR，CFAR(Collaborative Forecast And Replenishment，协同预测与补贸)是利用 Internet 通过零售企业与生产企业的合作，共同进行商品预测，并在此基础上实行连续补货的系统。后来，在沃尔玛的不断推动之下，基于信息共享的 CFAR 系统又正在向 CPFR 发展。

该系统是在 1995 年，由沃尔玛与其供应商 Warner-Lambert、管理信息系统供应商 SAP、供应链软件商 Manugistics、美国咨询公司 Benchmarking Partners 等 5 家公司联合成立了工作小组，进行 CPFR 的研究和探索，1998 年美国召开零售系统大会时又加以倡导。目前，实验的零售企业有沃尔玛、凯马特和威克曼斯，生产企业有 P&G、金佰利、HP 等 7 家企业，可以说，这是目前供应链管理在信息共享方面的最新发展。从 CPFR 实施后的绩效看，Warner-Lambert 公司零售商品满足率从 87%提高到 98%，新增销售收入 800 万美元。在 CPFR 取得初步成功后，组成了由零售商、制造商和方案提供商等 30 多个实体参加的 CPFR 委员会，与产业共同商务标准协会(Voluntary Interindustry Commerce Standards Association，VICS)一起致力于 CPFR 的研究、标准制定、软件开发和推广应用工作。美国商业部的资料表明，1997 年美国零售商品供应链中的库存约 1 万亿美元，CPFR 理事会估计，通过全面成功实施 CPFR 可以减少这些库存的 15%～25%，即 1 500 亿～2 500 亿美元。由于 CPFR 巨大的潜在效益和市场前景，一些著名的企业软件商如 SAP、Manugistics、i2 等正在开发 CPFR 软件系统和从事相关服务。

2. CPFR 的特点

1) 协同

从 CPFR 的基本思想看，供应链上下游企业只有确立起共同的目标，才能使双方的绩效都得到提升，取得综合性的效益。CPFR 这种新型的合作关系要求双方长期承诺公开沟通、信息分享,从而确立其协同性的经营战略,尽管这种战略的实施必须建立在信任和承诺的基础上,但是这是买卖双方取得长远发展和良好绩效的唯一途径。正是因为如此,所以协同的第一步就是保密协议的签署、纠纷机制的建立、供应链计分卡的确立以及共同激励目标的形成(例如不仅包括销量,也同时确立双方的盈利率)。应当注意的是,在确立这种协同性目标时,不仅要建立起双方的效益目标,更要确立协同的盈利驱动性目标,只有这样,才能使协同性能体现在流程控制和价值创造的基础之上。

2) 规划

1995年沃尔玛与Warner-Lambert的CFAR为消费品行业推动双赢的供应链管理奠定了基础。此后,当VICS定义项目公布标准时,认为需要在已有的结构上增加"P",即合作规划(品类、品牌、分类、关键品种等)以及合作财务(销量、订单满足率、定价、库存、安全库存、毛利等)。此外,为了实现共同的目标,还需要双方协同制订促销计划、库存政策变化计划、产品导入和终止计划以及仓储分类计划。

3) 预测

任何一个企业或双方都能作出预测,但是CPFR强调买卖双方必须作出最终的协同预测,像季节因素和趋势管理信息等无论是对服装或相关品类的供应方还是销售方都是十分重要的,基于这类信息的共同预测能大大减少整个价值链体系的低效率、死库存,促进更好的产品销售、节约使用整个供应链的资源。与此同时,最终实现协同促销计划是实现预测精度提高的关键。CPFR所推动的协同预测还有一个特点是它不仅关注供应链双方共同作出最终预测,同时也强调双方应参与预测反馈信息的处理和预测模型的制订和修正,特别是如何处理预测数据的波动等问题,只有把数据集成、预测和处理的所有方面都考虑清楚,才有可能真正实现共同的目标,使协同预测落在实处。

4) 补货

销售预测必须利用时间序列预测和需求规划系统转化为订单预测,并且供应方约束条件,如订单处理周期、前置时间、订单最小量、商品单元以及零售方长期形成的购买习惯等都需要供应链双方加以协商解决。根据VICS的CPFR指导原则,协同运输计划也被认为是补货的主要因素。此外,补货若出现特殊情况,需要关注存货的百分比、预测精度、安全库存水准、订单实现的比例、前置时间以及订单批准的比例,所有这些都需要在双方公认的计分卡基础上定期协同审核。潜在的分歧,如基本供应量、过度承诺等问题双方事先应及时加以解决。

3. CPFR供应链的实施

1) 识别可比较的机遇

CPFR有赖于数据间的比较,这既包括企业间计划的比较,又包括一个组织内部新计划与旧计划、以及计划与实际绩效之间的比较,这种比较越详细,CPFR的潜在收益越大。在识别可比较的机遇方面,关键在于以下两点。

(1) 订单预测的整合:CPFR为补货订单预测和促销订单提供了整合、比较的平台,CPFR参与者应该收集所有的数据资源和拥有者,寻求一对一的比较。

(2) 销售预测的协同:CPFR要求企业在周计划促销的基础上再作出客户销售预测,这样将这种预测与零售商的销售预测相对照,就可以有效地避免销售预测中没有考虑促销、季节因素等产生的差错。

2) 数据资源的整合运用

(1) 不同层面的预测比较。不同类型的企业由于自身的利益所驱使，计划的关注点各不相同，造成信息的来源不同，而不同来源的信息常常产生不一致现象。CPFR 要求协同团队寻求不同层面的信息，并确定可比较的层次。例如，一个供应商提供 4 种不同水果香味的香水，但是零售商不可能对每一种香味的香水进行预测，这时供应商可以输入每种香味的预测数据，CPFR 解决方案可将这些数据收集起来，并与零售商的品类预测相比较。

(2) 商品展示与促销包装的计划。CPFR 系统在数据整合运用方面一个最大的优势在于它可以对每一种产品进行追踪，直到店铺，并且销售报告以包含展示信息的形式反映出来，这样预测和订单的形式不再是需要多少产品，而且包含了不同品类、颜色及形状等特定展示信息的东西，这样数据之间的比较不再是预测与实际绩效的比较，而是建立在单品基础上、包含商品展示信息的比较。

(3) 时间段的规定。CPFR 在整合利用数据资源时，非常强调时间段的统一。由于预测、计划等行为都是建立在一定时间段的基础上，所以，如果交易双方对时间段的规定不统一，就必然造成交易双方的计划和预测很难协调。供应链参与者需要就管理时间段的规定进行协商统一，诸如预测周期、计划起始时间、补货周期等。

3) 组织评判

一旦供应链参与方有了可比较的数据资源，他们必须建立一个企业特定的组织框架体系以反映产品和地点层次、分销地区以及其他品类计划的特征。

通常企业往往在现实中采用多种组织管理方法，CPFR 能在企业清楚界定组织管理框架后，支持多体系的并存，体现不同框架的映射关系。

4) 商业规则界定

当所有的业务规范和下游资源的整合以及组织框架确立后，最后在实施 CPFR 的过程中需要决定的是供应链参与方的商业行为规则，这种规则主要表现在例外情况的界定和判断。

4. 基于 CPFR 的合作伙伴关系

基于 CPFR 的合作伙伴关系，可分为三个职责层。

第一层为决策层，主要职责是零售商和供应商领导层的关系管理，包括企业联盟的目标和战略的制定、跨企业的业务过程的建立、共享的领导层和执行、企业联盟的信息交换和共同决策。

第二层为运作层，主要职责是 CPFR 的实施和运作，包括制订联合业务计划，建立单一共享需求预测，共担风险和平衡合作企业能力。

第三层为内部管理层，主要职责是负责企业内部的运作和管理，在零售环境中，主要包括商品或分类管理、库存管理、商店运作和后勤管理等；在供应链环境中，主要包括顾客服务、市场营销、制造、销售和分销等。

实施 CPFR 需要合作企业转变对自己、对顾客和供应商的观点。面向 CPFR 的合作企业价值观要素有以下几点。

1) 以双赢的态度看待合作伙伴和价值链的相互作用

在传统的价值链中，许多合作伙伴存在着"赢/损"的观点，即一个企业的盈利需要向合作企业产生同样多或更多的成本转移。在 CPFR 方法下，企业必须了解整个价值链过程以发现自己的信息和能力在何处有助于价值链,进而有益于最终消费者和价值链合作伙伴。换句话说, CPFR 成功的一个关键是从"赢/损"到"赢/赢"价值链合作关系的转变。

   2) 为价值链成功运作提供持续保证和共同承担责任

   这是 CPFR 成功所必需的企业价值观。每个合作伙伴对价值链成功运作的保证、权限和能力有差别,在实施 CPFR 时,合作伙伴应能够调整其业务活动以适应这些差别。无论在哪个职责层,合作伙伴坚持其保证和责任将是决定 CPFR 实施过程成功的关键。

   3) 承诺抵制转向的机会

   由于产品转向会较大地抑制合作伙伴协调需求和供应计划的能力,因此它不能与 CPFR 共存。抵制转向机会的一个关键是了解其短期效益和建立一个良好计划、低库存价值链的长期效益之间的差别。这也是对 CPFR 必要的信心和承诺的检验。

   4) 承诺实现跨企业、面向团队的价值链

   实施 CPFR 需要跨企业、面向团队的价值链。团队不是一个新概念,建立跨企业的团队出现一个新问题:团队成员可能参与其他团队,并与他们合作伙伴的竞争对手合作,如一个制造商可以与多个零售商合作,一个零售商也可能与多个竞争的制造商合作。这些竞争团队互相有"赢、损"关系。这种多重关系并非初次出现,而团队联合的深度和交换信息的类型可能造成多个 CPFR 团队中人员的冲突。在这种情况下,必须有效地构建支持完整团队和个体关系的公司价值系统。

   5) 承诺制定和维护行业标准

   公司价值系统的另一个重要组成部分是对行业标准的支持。每个公司都有自身的企业目标,企业间目标各不相同,这会影响公司与合作伙伴的联合。制定行业标准既利于统一实行,又允许公司间有差别,这样才能被有效应用。开发和评价这些标准,有利于合作伙伴的信息共享和合作。

10.4.3 联合库存管理

1. 联合库存管理的基本思想

联合库存是一种新的供应链环境下的库存管理方法。联合库存管理是针对供应链管理不足进一步完善而形成的,强调双方同时参与,共同制订库存计划,使供应链相邻的两个节点之间的库存管理者对需求的预期保持一致,消除需求放大效应和不确定性,并体现资源共享和风险共担的原则,从而实现供应链的共赢。联合库存管理是解决供应链系统中独立库存模式导致的需求放大现象,大大改善供应链的供应水平和运作效率,提高供应链同步化程度的一种有效方法。实行联合库存管理,建立适应新形势的物资供应运行机制,应是供应链环境下库存管理今后几年的发展方向。当然,联合库存管理中企业间的系统集成目前还比较困难,亟需进一步改进和完善。

联合库存管理的基本思想是 JMI 把供应链系统管理进一步集成为上游和下游两个协调管理中心,库存连接的供需双方以供应链整体的观念为出发点,同时参与,共同制订库存计划,实现供应链的同步化运作,从而部分消除由于供应链环节之间的不确定性和需求信息扭曲现象导致的供应链的库存波动。JMI 在供应链中实施合理的风险、成本与效益平衡机制,建立合理的库存管理风险的预防和分担机制、合理的库存成本与运输成本分担机制和与风险成本相对应的利益分配机制,在进行有效激励的同时,避免供需双方的短视行为及供应链局部最优现象的出现。通过协调管理中心,供需双方共享需求信息,因而起到了提高供应链运作稳定性的作用。

联合库存管理是建立在经销商一体化基础之上的一种风险分担的库存管理模式。它与VMI不同,它强调双方同时参与,共同制订库存控制计划,使供需双方能相互协调,使库存管理成为供需双方连接的桥梁和纽带。

传统的经销方法是每个经销商根据市场需求预测直接向制造商订货,由于存在提前期,需要经过一段时间产品才能送到经销商手中,而顾客不愿意等这么久。因此,各个经销商不得不以库存来应付。同时,制造商为了缩短提前期也不得不保存库存来尽快满足客户要求。

无论是经销商还是制造商,对于一个突然到来的订单只有通过增加库存和人员来满足客户需求。但是,由于有些产品的配件价格昂贵,费用较大,库存过多,会使经销商负担不起,同时,对制造商也是不经济的,所以,不能通过增加库存的方法来满足每一个客户的需求,必须寻找一种新的解决办法。

借助现代信息系统技术,通过建立经销商一体化的战略联盟,把各个经销商的库存联合在一起,实现联合库存管理,可以很好地解决这一问题。联合库存管理是由制造商安装一套基于计算机的信息系统,把各个经销商的库存通过该系统连接起来,每个经销商可以通过该系统查看其他经销商的库存,寻找配件并进行交换。同时,经销商们在制造商的协调下可以达成协议,承诺在一定条件下交换配件并支付一定报酬。这样,就可以使每个经销商的库存降低,服务水平提高。

2. 联合库存管理的优势

实行联合库存管理有很多优点,对于经销商来说,可以建立覆盖整个经销网络的库存池,一体化的物流系统,不仅能使经销商的库存更低,使整个供应链的库存更低,而且还能快速响应用户需求,更有效快速地运输配件,以降低因缺货而使经销商失去销售机会的概率,提高服务水平。

对于制造商来说,经销商比制造商更接近客户,能更好地对客户的要求快速响应,并为购买产品安排融资和提供良好的售后服务,使制造商能集中精力,搞好生产,提高产品质量。

3. 联合库存管理的实施策略

实施联合库存管理要做好以下几方面的工作。
1) 要建立供需协调的管理机制

为了发挥联合库存管理的作用,供需双方应从合作的角度出发,建立供需协调管理机制,明确各自的目标和责任,拓展合作沟通的渠道,为供应链的联合库存管理建立有效的机制。建立供需协调管理机制,要从以下几个方面入手。

(1) 树立共同合作目标。要建立联合库存管理模式,首先供需双方必须本着互惠互利的原则,树立共同的合作目标。要了解供需双方在市场目标中的共同之处和冲突点,通过协商形成共同的目标,如用户满意度、利润的共同增长和风险的减少等。

(2) 制定联合库存的协调控制策略。联合库存管理中心担负着协调供需双方利益的职责，起着协调控制器的作用。因此需要制定库存优化的策略，这些策略包括库存如何在多个需求商之间调节与分配，库存的最大量和最低库存水平、安全库存的确定、需求的预测等。

(3) 建立一种信息沟通的渠道或系统。信息共享是供应链管理的特色之一。为了提高整个供应链需求信息的一致性和稳定性，减少由于多重预测导致的需求信息扭曲问题，应增强供应链各方对需求信息获得的及时性和透明性。为此应建立一种信息沟通的渠道或系统，以保证需求信息在供应链中的通畅和准确性。要将条码技术、扫描技术、POS(销售点信息系统)系统和 EDI 集成起来，并且要充分利用 Internet 的优势，在供需双方之间建立一条畅通的信息沟通桥梁和联系纽带。

(4) 建立利益的分配、激励机制。要有效运行基于协调中心的库存管理，必须建立一种公平的利益分配制度，并对参与协调库存管理中心的各个企业进行有效的激励，防止机会主义行为，增加协作性和协调性。

2) 发挥两种资源计划系统的作用

为了发挥联合库存管理的作用，在供应链环境下的库存管理中应充分利用目前比较成熟的两种资源管理系统 MRP Ⅱ 和 DRP。原材料库存协调管理中心则应采用物资资源配送计划 DRP。这样在供应链系统中可把两种资源计划系统很好地结合起来。

3) 建立快速响应系统

快速响应系统需要供需双方密切合作，因此协调库存管理中心的建立为快速响应系统发挥更大的作用创造了有利的条件。

4) 发挥第三方物流系统的作用

第三方物流(TPL)系统是供应链集成的一种技术手段。TPL 也叫作物流服务提供者，它为用户提供各种服务，如产品运输、订单选择、库存管理等。第三方物流系统的产生是由一些大的公共仓储公司通过提供更多附加服务演变而来的，另一种产生形式是由一些制造企业的运输和分销部门演变而来的。

把库存管理的部分功能交给第三方物流系统管理，可以使企业更集中精力于自己的核心业务。第三方物流系统起到了供应商和用户之间联系的桥梁作用，有利于企业获得诸多好处。

10.4.4 多级库存优化与控制

多级库存优化与控制是一种对供应链资源全局优化的库存管理模式，一般至少包括供应—生产—分销 3 个层次。多级库存优化与控制主要有两种库存控制策略。

1. 分布式策略

分布式策略，即把供应链环境下的库存控制分为 3 个成本中心，包括制造商成本中心、分销商成本中心和零售商成本中心。各中心可以根据其库存成本制定优化控制的策略。

2. 集中式策略

集中式策略，即将控制中心放在核心企业，由核心企业对供应链系统的库存进行控制，协调上游企业和下游企业的库存活动。围绕大规模生产组装型企业建立多级库存优化系统的方法，就是采用集中式策略将核心企业作为供应链上库存管理的数据中心，担负数据集成和协调功能。多级库存控制的方法有以下两种。

1) 中心化策略

中心化库存控制策略是将库存中心放在核心企业,由核心企业对供应链系统进行控制,协调上游企业与下游企业的库存活动,这样,核心企业也同时成了供应链上的数据交换中心,担负着数据的集成与协调功能。在多级库存控制策略中,可采用"级库存"取代"点库存"来解决需求放大现象这个问题。

2) 非中心化策略

非中心化控制策略是各个库存点独立地制定各自的库存策略。它把供应链的库存控制分为三个成本归结中心,即制造商成本中心、分销商成本中心和零售商成本中心。各个中心可以根据自己的库存成本最优化原则制订库存控制策略,订货点的确定可完全按照单点库存的订货策略进行。非中心化库存控制策略在管理上比较简单,能够使企业根据自己的情况独立地作出决策,这样有利于发挥企业的自主性和灵活性。供应链的多级库存控制应考虑以下几个问题。

(1) 库存优化的目标。传统的库存优化问题无一例外是进行库存成本优化,在强调敏捷制造、基于时间的竞争的条件下,这种成本优化策略是否适宜?供应链管理的两个基本策略——ECR 和 QR,都集中体现了顾客响应能力的基本要求,因此在实施供应链环境下的库存优化时要明确库存优化的目标是什么,成本还是时间?当然,成本是库存控制中必须考虑的因素。但是,在现代市场竞争的环境下,仅优化成本这样一个参数显然是不够的,应该把时间(库存周转时间)的优化也作为库存优化的主要目标来考虑。

(2) 明确库存优化的边界。供应链环境下库存管理的边界即供应链的范围。在库存优化中,一定要明确所优化的库存范围是什么。供应链的结构有各种各样的形式,有全局的供应链,包括供应商、制造商、分销商和零售商各个部门;有局部的供应链,其中又可分为上游供应链和下游供应链。在传统的所谓多级库存优化模型中,绝大多数的库存优化模型是下游供应链,即关于制造商(产品供应商)—分销中心(批发商)—零售商的三级库存优化。很少有关于零部件供应商—制造商之间的库存优化模型,在上游供应链中,主要考虑的问题是关于供应商的选择问题。

(3) 多级库存优化的效率问题。从理论上讲,如果所有的相关信息都可获得,并把所有的管理策略都考虑到目标函数中,中心化的多级库存优化要比基于单级库存优化的策略(非中心化策略)要好。但是,现实情况未必如此,当把组织与管理问题考虑进去时,现实的情况是管理控制的幅度常常是下放给各个供应链的部门独立界定,因此多级库存控制策略的好处也许会被组织与管理的考虑所抵消。因此,简单的多级库存优化并不能真正获得优化的效果,需要对供应链的组织、管理进行优化,否则,多级库存优化策略效率是低下的。

(4) 明确采用的库存控制策略。在单库存点的控制策略中,一般采用的是周期性检查与连续性检查策略。在周期性检查库存策略中主要有 (nQ,s,R)、(S,R)、(s,S,R) 等策略,连续库存控制策略主要有 (s,Q) 和 (s,S) 两种策略。这些库存控制策略对于多级库存控制仍然适用。但是,到目前为止,关于多级库存控制,都是基于无限能力假设的单一产品的多级库存,对于有限能力的多产品的库存控制是供应链多级库存控制的难点和有待解决的问题。

战略库存是指企业为整个供应链系统的稳定运行(如在淡季仍然安排供应商继续生产,以使供应商保持技术工人,维持生产线的生产能力和技术水平),而持有的库存。战略库存虽然从库存持有成本单方面来看会有较大幅度的增长,但从整个供应链的运作成本来看却是经济可行的。

10.4.5 战略库存控制

战略库存是指企业为整个供应链系统的稳定运行(如在淡季仍然安排供应商继续生产,以使供应商保持技术工人,维持生产线的生产能力和技术水平),而持有的库存。战略库存虽然从库存持有成本单方面来看会有较大幅度的增长,但从整个供应链的运作成本来看却是经济可行的。

从传统的以物流控制为目的的库存管理向以过程控制为目的的库存管理转变是库存管理思维的变革。基于过程控制的库存管理将是全面质量管理、业务流程再造、工作流技术、物流技术的集成。这种新的库存管理思想对企业的组织行为已经产生了重要的影响,组织结构将更加面向过程。供应链是多个组织的联合,通过有效的过程管理可以减少乃至消除库存。

在供应链环境下的库存管理中,组织障碍是库存增加的一个重要因素。不管是企业内部还是企业之间,相互的合作与协调是实现供应链无缝连接的关键。在供应链环境下,库存控制不再是一种运作问题,而是企业的战略性问题。要实现供应链管理的高效运行,必须增加企业的协作,建立有效的合作机制,不断进行流程革命。因而,库存管理并不是简单的物流过程管理,而是企业之间工作流的管理。

基于工作流的库存控制策略把供应链的集成推上一个新的战略高度——企业间的协作与合作。

自 测 题

1. 简述库存的定义以及作用。
2. 如何理解供应链环境下的库存管理与传统库存管理的区别?
3. 供应链环境下库存管理的方法有哪些?

案 例 分 析

新冠疫情下京东的供应链管理经验

一场突如其来的新型冠状病毒肺炎疫情,给全国人民的生活带来了很大困难。疫情初期,京东迎难而上,保障了全国近 300 个城市的照常下单和配送服务,向全国消费者提供了近2.2亿件、超过29万吨的米面粮油、肉、蛋、菜、奶等生活用品。

京东智能供应链首席科学家申作军教授表示，疫情突发主要给京东供应链带来 4 个方面的挑战：一是商品需求的突然变化导致供需结构的失衡；二是疫情正值春节期间，复工人员少，加上交通限制给物流产业带来的巨大压力；三是在面临口罩等疫情物资涨价的情况下，如何保证商家的信誉；四是未来一定周期内经济压力及产业产能不足带来的挑战。

1. 平衡需求

通常情况下，京东会根据历史数据对销量进行预测并准备库存，以便有足够的库存满足消费者的需求。但是非疫情防控期间口罩和其他疫情类商品(例如消毒剂和洗手液)的需求通常较低，因此仓库中的库存也较低。疫情突发以后这类商品需求迅速增长，人们处于抢购囤货状态，如果放任大家抢购，这些物资就无法得到充分地利用。例如，如果放任感染病例较少省份的消费者大量购买并囤积市场上仅有的口罩，那么这些口罩很可能仅是被闲置在家，而疫情严重的地区却无法获得急需的抗疫物资。

因此京东智能供应链的科学家们基于 SEIR 流行病传播模型预测了疫情物资需求，避免非疫情严重地区出现疫情用品囤积的情形。SEIR 模型基于人们在恢复后对疾病具有终生免疫力的假设上，对各区域的患者人数、疑似人数、传播路径进行预测，并进一步结合区域人口规模预测疫情物资需求，并控制需求以确保将有限的物资分配到最需要的区域。在负责采购的同时发动上游厂商增加产能，加速供应。

2. 全渠道供应

此外，对于米、面、粮、油等民生商品的需求，平时更多在线下，疫情发生后，人们在家隔离，这些商品的需求迅速转移到了线上，仅靠京东仓库的库存是远远不够的。如果以前北京的消费者订购两瓶 5 升的食用油和一袋米，那么产品需要先从京东仅依赖京东仓库的库存，而是通过算法匹配距离顾客最近的实体店，然后从那里调用库存配送。疫情防控期间，上百个城市的上万家线下门店与京东一起，通过全渠道供应链平台向广大用户配送商品，日均配送量约为疫情暴发前的 5 倍。

3. 仓网优化

这次疫情刚好发生在春节期间，许多物流工作人员还在放假。加上部分交通线路被封锁，物流运输及配送变得非常困难。这将导致部分仓库无法正常供应其原来辐射范围内的城市，延误大量配送时效。在人力资源吃紧的情况下，将货物从京东的区域物流中心运输到下级仓库，比如前置仓，也十分具有挑战性。京东 Y 事业部的智能仓网优化平台解决了这个问题。"多级网络分层优化"根据最新疫情信息实时分析京东仓网状态，从而计算省市之间仓网中的库存分布并重新规划运输。该平台还使京东的供应商可以直接向京东的前置仓交货。疫情防控期间，数百种供应商品绕过了原有的区域运输系统，直接供应到了京东的前置仓。经过京东的努力，京东平台的全国现货率稳定在 95%以上。

4. 早期预警模型

随着疫情防控期间人们对口罩、酒精等疫情物资需求的暴涨，个别商家趁机大幅度地调高商品价格，还有个别商家提供虚假的库存数量导致用户购买后没有商品发货，影响了用户体验，同时也影响到整个平台商家的信誉。在这种情况下，通过人工方式从数十万条信息中找到这些投机行为异常困难，京东的供应链科学家们基于智能预测、异常数据检测等算法技术，建立了风险预警模型，识别出两百多条疑似不合理涨价的操作行为，规范商家运营。

(资料来源：https://baijiahao.baidu.com/s?id=1665028277013599595&wfr=spider&for=pc.)

讨论：京东是如何在疫情下实现供应链管理的？

第 11 章

供应链环境下的物流管理

【学习要点及目标】

- 了解供应链物流管理的基本知识;
- 理解物流专业化进程与物流外包的层次;
- 掌握供应链环境下物流管理的特征。

【核心概念】

物流管理　物流外包　供应链物流管理的概念　供应链物流管理的原则

【引导案例】

供应链物流给海尔带来了"三个零"的目标的实现，即零库存、零距离、零营运资本。零库存，就是 JIT 采购、JIT 送料、JIT 配送，配送中心只是为了下道工序配送而暂存在制品的一个地方，这使得海尔能实现零库存。零距离，就是根据用户的需求，海尔拿到用户的订单，再以最快的速度满足用户的需求。海尔在全国设有 42 个配送中心，这些配送中心可以及时地将产品送到用户手中。零营运资本，就是零流动资金占用。因为根据用户的订单来制造，加上"零库存""零距离"就可以做到现款现货，实现零营运资本占用。

11.1　物流管理概述

过去，物流与供应链管理一直都是独自在各自的产业界讨论和应用。直到最近几年，随着世界经济、信息技术和物流实践的迅速发展，业界人士才开始从整体上认识物流，将内外部物流结合，将物流的若干要素有机地联系在一起，追求物流网络的总体效果。现代物流管理强调用户与供应商的接口之间协调运行，强调把供应商和用户更多地融入企业策略和管理决策中，以强化联系和整合供应链。供应链与物流网络的有效集成整合是未来的发展趋势，供应链物流管理强调的就是物流网络中内外物流元素的结合。

11.1.1　物流管理的概念

国家标准《物流术语》(GB/T 18354—2021)中将物流管理定义为：为达到既定的目标，从物流全过程出发，对相关物流活动进行的计划、组织、协调与控制。

2003 年美国物流管理协会(CLM)对物流管理的定义包括：内涵和外延。

内涵：物流管理是供应链管理的一部分，是对货物、服务及相关信息从起源地到消费地的有效率、有效益的正向和反向流动和储存进行的计划、执行和控制，以满足顾客要求。

外延：物流活动一般包括进向和出向运输管理、车队管理、仓储、物料搬运、订单履行、物流网络设计、库存管理、供应/需求规划、第三方物流服务商管理。在不同程度上，物流功能也包括采购、生产计划与日程、包装与配送、客户服务等，此外还涉及战略、战术与运作各个层面的计划与执行。物流管理是一个集成的功能，它除了要将物流与营销、销售、制造、金融、信息技术整合之外，还要协调和优化所有的物流活动。

11.1.2　物流管理的发展

物流活动从货物运输开始，扩展到整个流通领域，然后深入企业内部，最后上升到企业外部的配送，形成物流行业。根据物流活动的扩大与升级，物流管理发展经历了三个阶段。

1. 产品物流阶段，又称产品配送阶段

这个阶段的时间起止为 20 世纪 60 年代初期至 70 年代后期，属于企业物流的早期发展阶段。在第二次世界大战之后,"二战"中军队输送物资装备所发展出来的储运模式和技术被广泛应用于企业,并极大地提高了企业的运作效率,为企业赢得了更多客户。在该阶段中,物流的主要功能大多围绕在对产品从企业工厂生产出来到如何到达消费者手中这一过程的运作上。在当时,企业重视产品物流的目的是希望能以最低的成本把产品有效地送达给顾客。产品物流阶段物流管理的特征是注重产品到消费者的物流环节。

这个阶段,实体分销管理(Physical Distribution Management,PDM)的概念开始形成并受到重视。之前,物流活动是分散在组织不同职能中的一系列互不协调的、零散的活动。实体分销管理第一次将企业内部的运输、仓储、库存控制、物料搬运和订货处理等活动集成起来,相互联系、相互协调。实体分销管理(PDM)主要针对企业的配送,即在成品生产出来后,如何快速而高效地经过配送中心把产品送达客户,并尽可能维持最低的库存量。在这个阶段,物流管理只是通过对运输管理、仓储与库存的控制,节省产品在配送过程中的总成本。准确地说,这个阶段物流管理并未真正出现,有的只是运输管理、仓储管理和库存管理。物流经理的职位在当时也不存在,有的只是运输经理或仓库经理。

2. 一体化物流阶段

这个阶段的时间起止为20世纪70年代中后期至80年代后期,在这个阶段,企业物流集中表现为原材料物流和产品物流的融合。

PDM只涉及产成品的分销物流活动。事实上,物流贯穿于整个企业的运作流程中,不仅包括分销物流,而且还包括采购物流和生产物流。传统的职能分割管理导致物流功能效益悖反,横向的一体化职能管理可以综合管理每一个流程的不同职位,以取得整体最优化的协同效应,这就是集成物流的一体化管理,它的核心是把企业的采购物流、生产物流和分销物流集成起来,形成了企业内部的一体化物流管理模式,它能最大限度地降低企业内部物流的总成本,增加企业系统中物流的作用,提高服务能力。在这个阶段,物流管理的范围扩展到产品运输配送外的需求预测、采购、生产计划、存货管理、配送与客户服务等,以一体化管理企业的运作,达到整体效益的最大化。发达国家的许多企业都设立了"物流部",全面负责生产经营过程中的采购、物料控制、制造、装配、仓储、分销等所有环节的物流活动。

3. 供应链管理阶段

这个阶段开始于20世纪90年代初期,在这个阶段,信息技术飞速发展,由于市场竞争的加剧和市场一体化发展,企业开始关注物流活动的整个过程,包括原材料的供应商和产成品的分销商,由此形成将供应商、制造商、分销商、最终客户连接在一起的供应链关系。

供应链超出单一企业的管理范围,它要求制造商与各级供应商、分销商建立紧密的合作伙伴关系,共享信息,紧密配合,形成跨企业的商业流程,保证供应链的顺畅运行。供应链管理采用计算机网络技术全面规划供应链中的商流、物流、信息流、资金流等,并进行计划、组织、协调与控制。供应链管理使企业从内部一体化转向企业外部一体化,通过降低供应链整体成本提高供应链的整体竞争力。企业已经将单纯的个体企业之间的竞争上升到企业群、产品群或产业链条上不同企业所形成的供应链之间的竞争这个高度。在这一阶段,物流管理成为供应链管理的一部分,被称为供应链过程一体化下的物流管理。

11.1.3 物流管理模式的选择

企业物流管理模式主要有自营物流和外包物流两种类型。企业在进行物流管理模式决策时,应根据自己的需要和资源条件,综合考虑各种因素慎重选择,以提高企业的市场竞争力。

1. 物流对企业成功的影响度和企业对物流的管理能力

物流对企业成功的影响度和企业对物流的管理能力,是影响企业物流采取自营模式还是外包模式的最重要的因素,其决策状态如图 11-1 所示。

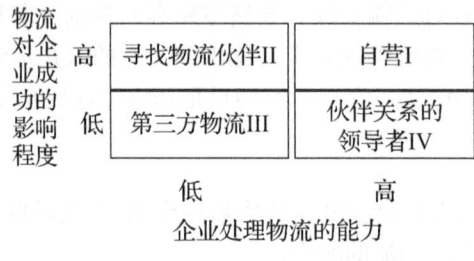

图 11-1 决策状态

如果物流在企业战略中起关键作用,但自身物流管理水平却较低,对这类企业(处于 II 区间)来说,组建物流联盟将会在物流设施、运输能力、专业管理技巧上收益极大。对于物流尚在其战略中不占关键地位,但其物流水平很高的企业(处于 II 区间)来说,可以寻找伙伴共享物流资源,通过增大物流量获得规模效应,降低成本,处于 I、IV 区间的企业可以建立物流联署。

如果企业有很高的顾客服务需求标准,物流成本占总成本的比重极大,且自身物流管理能力强,即处于 I 区间的企业,这类企业一般不会选择外包物流服务,而是采取自营的方式;对于那些物流在其战略中地位并不很重要,自身物流管理能力也比较欠缺的企业(处于 III 区间)来说,采用第三方物流是最佳选择,因为这样能大幅度降低物流成本,提高服务水平。

2. 企业对物流控制力的要求

越是竞争激烈的行业,企业越要强化对供应和分销渠道的控制,此时企业应该自营物流。一般来说,主机厂或最终产品制造商对渠道或供应链过程的控制力比较强,往往选择自营物流,即作为龙头企业来组织全过程的物流活动和制定物流服务标准。

3. 企业产品自身的物流特点

对于大宗工业原料的回运或鲜活产品的分销,则应利用相对固定的专业物流服务供应商和短渠道物流;对于全球市场的分销,宜请求地区性的专业物流企业提供支援;对于产品线单一成为主机厂配套生产的企业,则应在龙头企业的统一领导下自营物流;对于技术性较强的物流服务如口岸物流服务,企业应采用委托代理的方式;对于非标准设备的制造商来说,虽然企业自营有利可图,但还是应该交给专业物流服务企业去做。

第 11 章 供应链环境下的物流管理

4. 企业规模和实力

一般说来，大中型企业由于实力较雄厚，有能力建立自己的物流系统，制订合适的物流需求计划，保证物流服务的质量。另外还可以利用过剩的物流网络资源拓展外部业务，为其他企业提供物流服务，而小企业则受人员、资金和管理资源的限制，物流管理效率难以提高。此时，企业为把资源用于主要的核心业务，适宜把物流管理交给专业第三方物流代理公司。

5. 物流系统的总成本

在选择是自营还是外包物流时，必须弄清两种模式下物流系统的总成本，其表达公式为

$$D = T + S + L + F + V + P + C$$

式中：D 为物流系统总成本；T 为该系统的运输成本；S 为库存维持费用，包括库存管理费用、包装费用以及返工费用；L 为批量成本，包括物料加工费和采购费；F 为该系统的总固定仓储费用；V 为该系统的总变动仓储费用；P 为订单处理和信息费用，指订单处理和物流活动中的广泛交流等所发生的费用；C 为顾客服务费用，包括缺货损失费用，降价损失费用和丧失潜在顾客的机会成本。

这些成本之间存在着效益背反现象，减少仓库数量时，可以降低保管费用，但会带来运输距离和次数的增加，从而导致运输费用增加。如果运输费用的增加部分超过了保管费用的减少部分，总的物流成本反而会增大。所以，在选择和设计物流系统时，要对物流系统的总成本加以论证，最后选择成本最小的物流系统。

6. 第三方物流企业的客户服务能力

在选择物流模式时，考虑成本尽管很重要，但第三方物流企业为本企业及企业顾客提供服务的能力也是至关重要的。也就是说，第三方物流企业在满足企业对原材料及时需求的能力和可靠性，对企业的零售商和最终顾客不断变化的需求的反应能力等方面，应该作为首要的因素来考虑。

7. 自拥资产和非自拥资产第三方物流企业的选择

自拥资产第三方物流企业，是指有自己的运输工具和仓库，从事实实在在的物流操作的专业物流企业。他们有较大的规模、雄厚的客户基础、到位的系统，物流专业化程度较高，但灵活性受到一定限制。非自拥资产第三方物流企业，是指不拥有硬件设施或只租赁运输工具等少量资产，主要从事物流系统设计、库存管理和物流信息管理等职能，而货物运输和仓储保管等具体作业活动由其他物流企业承担，但对系统运营承担责任的物流管理企业。这类企业运作灵活，能制定服务内容，可以自由混合、调配供应商，管理费用较低。企业应根据自己的要求对两种模式加以选择和利用。

企业在进行物流模式选择的具体决策时应从物流在企业中的战略地位出发，在考虑企业物流能力的基础上，充分比较各方面的约束因素，进行成本评价。物流模式的决策程序如图 11-2 所示。

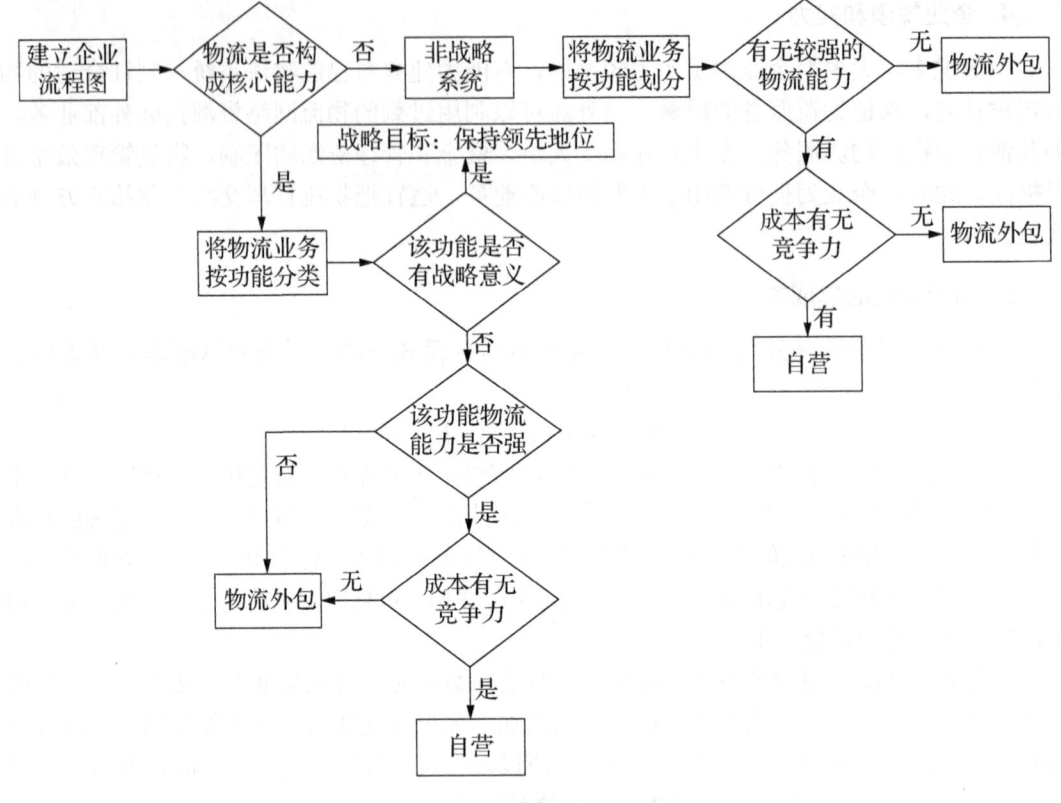

图 11-2 物流模式的决策程序

11.1.4 物流外包

1. 外包

外包是指企业等组织把某内部功能或业务委托给专业的第三方来运营的经营模式。当某企业认为有必要进行某种活动时，该活动是由自己完成还是通过付费的方式委托别的企业来帮助完成，企业必须在两者之间作出抉择，这就是企业业务外包的原始初衷。外包最先应用于计算机信息系统领域，后来才被引进物流领域。

2. 物流外包

物流外包的概念产生于 20 世纪 70 年代的西方，经过几十年的发展，物流服务商的类型逐步从基础的物流功能服务商向第三方物流服务商、领导型物流服务商进而向第四方物流服务商演变，服务内容逐步从物流功能服务到一体化物流服务、领导型物流服务进而向供应链集成服务发展，服务层次逐步从执行层向协调层进而向计划层延伸，如图 11-3 所示。

3. 物流的一般性外包与战略性外包

物流外包可以分为一般性外包和战略性外包。一般性外包是指企业物流业务的功能性(如运输、仓储等)外包，主要是以削减成本为目的。比如，企业业务繁忙时的临时外包；为转移物流成本，把物流业务外包给自己的物流子公司；等等。

第 11 章 供应链环境下的物流管理

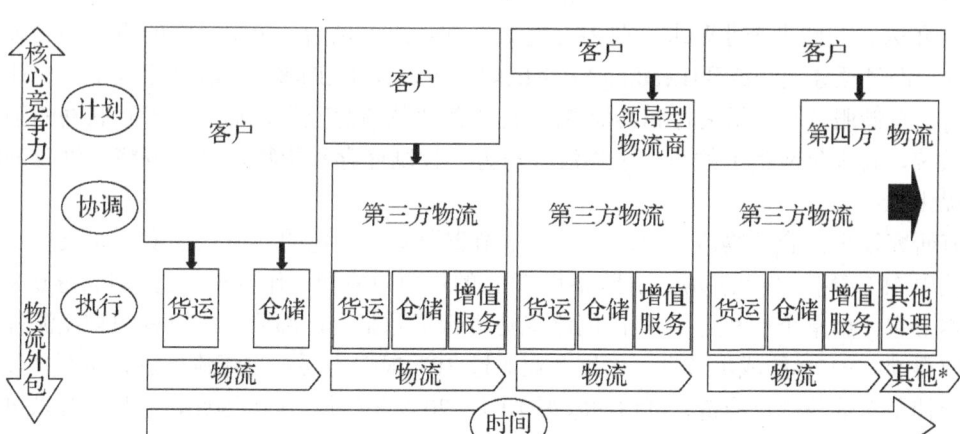

*采购、生产、设计

图 11-3 物流外包的演变

物流的战略性外包是指企业以把经营资源集中于核心业务，确保专业性以及降低成本为战略目标，把其内部物流管理及业务从设计到运营全部委托给专业的第三方来完成的运营模式。这种企业物流的战略性外包才是我们所说的第三方物流。具体来讲，就是货主企业把以信息技术为基础的物流信息提供能力、物流系统的构建能力、物流系统的运营能力和对整体业务的管理全部外包给第三方物流企业，以求实现物流的合理化、效率化和差异化。简单讲，战略性外包就是物流管理与作业的外包。

4. 物流外包的内容

企业要充分发挥物流外包的作用，需要在运输、仓储等功能性服务基础上不断增加外包内容，最终寻求 3PL 的差异化、个性化物流服务，为企业取得竞争优势。同时，3PL 也要不断挖掘企业的物流服务需求，创新服务模式和产品。

1) 由物流基本服务向增值服务延伸

通过运输、仓储、配送等功能实现物品空间与时间的转移，是许多物流功能服务商都能提供的基本服务，难以体现不同服务商之间的差异，也不容易体现一体化物流服务的价值。因此，3PL 应根据企业的生产经营活动需要，在基本服务基础上延伸出增值服务，以个性化的服务内容表现出与市场竞争者的差异性。比如，运输的延伸服务主要有运输方式与承运人选择、运输路线与计划安排、货物配载与货运招标等，仓储的延伸服务主要有集货、包装、组配、条码生成、贴标签、退货处理等，配送的增值服务主要有 JIT 工位配送、配送物品的安装、调试、维修等销售支持等。增值服务实际上是将企业物流外包的领域由非核心业务不断向核心业务延伸。一般来说，企业确定物流外包领域时，首先应选择运输、仓储、配送等非核心业务，然后逐步延伸到订单处理、组配、采购等介于核心与非核心之间的业务，最后可能涉及售后支持等核心业务。随着与 3PL 合作关系的深入，企业会不断扩大外包范围，最终只专注于研究与开发、生产、销售等最核心的环节。

2) 由物流功能服务向管理服务延伸

企业进行一体化物流外包，不是希望 3PL 在企业的管理下完成多个物流功能，而是要求其通过参与企业的物流管理，将各个物流功能有机衔接起来，实现高效的一体化物流运作。近年来,一些大企业要求大型 3PL 对其全部物流外包活动承担更大的责任和实施更好的控制,提供领导型物流商(Leading Logistics Pro-vider,LLP)服务。LLP 相当于替企业管理承运人、仓储服务商、报关行和其他 3PL 运作的"物流总监",通过基于互联网的强大的信息系统,管理供应链上的每一个物流参与方,控制库存和货物,以取得整个供应链的成本最优化。

有研究发现,企业物流外包产生的成本节省取决于外包的一体化程度。如果企业只是简单地由 3PL 替代自营的物流功能,借助 3PL 的规模效应和运作专长,可预期取得 0%～5% 的成本节省;如果企业利用 3PL 的网络优势进行资源整合,部分改进原有的物流流程,可预期取得 5%～10% 的成本节省;如果企业通过 3PL 根据需要对物流流程进行重组,使 3PL 服务延伸至企业整个供应链,可预期取得 10%～20% 的成本节省。因此,企业只有以更多的进取心和冒险精神看待物流外包,才能发现其真正的价值。

企业预期从物流外包中得到的关键增值利益来自供应链创新。20 世纪末,出现了提供供应链管理服务的第四方物流服务商(The Fourth Party Logistics Provider,4PL)。4PL 是供应链的集成商(Integrator),通过整合和管理自身的和其他服务提供商补充的资源、能力和技术,提供有影响的、突破性的、全面的供应链解决方案,远远超出 3PL 的外包领域,涉及预测与需求计划、库存管理、成套服务、采购、订单管理和客户服务管理等,以实现跨越供应链的优化与整合。4PL 的典型例子是 Vector 供应链管理公司。作为通用汽车的 4PL,长期为通用汽车提供零部件入厂和整车发运的供应链管理服务。每年管理近 60 亿美元的物流支出,负责管理为通用汽车公司提供物流服务的几十家 3PL 公司。Vector 公司的核心竞争力是战略和运营流程设计,包括和供应商建立合作网络,创新多种方式管理合作伙伴等。Vector 的收入来源主要为利益共享,盈利能力 30%以上。

3) 由实物流服务向信息流、资金流服务延伸。

物流管理的基础是物流信息,是用信息流来控制实物流;物流合理化的一个重要途径,就是"用信息替代库存"。因此,一体化物流服务必须在提供实物流服务的同时,提供信息流服务,否则还是物流功能承担者,而不是物流管理者。物流信息服务包括预先发货通知、送达签收反馈、订单跟踪查询、库存状态查询、货物在途跟踪、运行绩效(KPI)监测、管理报告等内容。比如,K&N 物流公司为 SUN 提供服务器服务零配件物流信息平台,使 SUN 及其 50 多个供应链伙伴实时共享订单、送货和库存信息,取得消除中间环节、降低库存、缩短交货期、提高客户服务水平的效果,被称之为第三方信息提供商(3PI)。

近年来,领先的 3PL 在外包企业的财务、库存、技术和数据管理方面开始承担越来越大的责任,从而在企业供应链管理中发挥战略性作用。实际上,物流外包影响供应链管理的最大因素是数据管理,因为用户企业及其供应链伙伴广泛接受的格式维护与提取数据以实现供应链的可视化是一个巨大的挑战,3PL 不仅需要在技术方面进行较大投入,而且还需要具备持续改进、例外管理和流程再造能力。所以对技术、人才和信息基础设施的投入已成为企业选择 3PL 的重要依据。

与此同时,3PL 还通过提供资金流服务,参与外包企业的供应链管理。如中邮物流在承担从戴尔向其经销商配送产品的基础上,与邮储银行合作,为戴尔认可的中小经销商垫付货款,直至产品送达后再收回货款,加快了戴尔及其经销商的资金周转,形成了实物流、信息流与资金流"三流合一"的完整的供应链服务模式。

5. 物流外包的方式

与物流功能外包单一的交易服务方式相比，一体化物流外包方式更具灵活性、长期性和交互性。据调查，美国企业与 3PL 合作 30%左右采用风险共担与利益共享方式，20%左右采用成本共担方式，20%左右采用营业收入共享方式，20%左右采用相互参股方式，10%左右采用合资方式。因此，在实施外包一体化物流项目时，要根据企业需求，结合 3PL 的优势，共同寻求最佳外包方式。

1) 从短期交易服务到长期合同服务

物流功能外包通常采用"一单一结"的交易服务方式，企业与物流服务商之间是短期的买卖关系。而一体化物流外包企业与 3PL 之间建立的是长期合作关系，双方需要签订一定期限的服务合同，因而 3PL 又称为合同物流(Contract Logistics)服务商。

物流合同是合作的基础，双方要特别重视并一起详细拟订合同内容，包括服务性质、期限和范围，建立 KPI，确定服务方式等。合同谈判中一些关键问题如 KPI 基准、服务费率、问题解决机制、保险与责任等，要有明确约定，否则容易引起纠纷，甚至断送双方的合作。企业寻求的是与 3PL 长期合作，因而合同的签订只是合作的开始，要特别注意外包关系的维护，不断深化双方的合作。

一般来说，双方合作要经历一个从战术配合到战略交互的发展过程，包括如下方面：①满足需求：合作开始时，3PL 要做到对外包企业的服务要求具有良好的响应性，使企业感到容易合作，并保持物流服务质量。②超出期望值：随着合作的深入，3PL 要加强与企业的沟通，增强服务的主动性，特别要提高信息系统能力，努力使物流服务超出企业的期望值。③参与需求：在熟悉企业物流运作后，3PL 应主动了解企业新的物流需求，参与发掘企业物流改进机会，实现从战术配合向战略交互的转变。④赢得信任：3PL 应努力与企业共同创造价值，最终赢得企业信任，双方建立起长期战略合作伙伴关系。

2) 从完成企业指令到实行协同运作

作业层面的物流功能外包，通常只需要物流服务商单纯地按照企业指令完成服务。而一体化物流外包由于要求 3PL 参与企业的物流管理，运作与企业共同制定的物流解决方案，因而 3PL 需要自始至终与企业建立有效的沟通渠道，按照项目管理模式协同完成物流运作。据调查，企业不满意 3PL 的主要原因是其不能兑现服务与技术承诺，不能实现成本降低目标和缺少战略改进；人们一般把这些不足归结于合作伙伴的选择过程，但实际上，更多情况下问题出在没有管理好项目的实施。

因此，在签订合同后，双方在互信的基础上，协同完成项目的实施至关重要。双方要各自设立项目经理，并在相关岗位上配备相应人员；3PL 要详细了解企业的销售、财务、IT、人力资源、制造和采购等各个部门的需求，与企业共同制定详细的实施方案；双方实施小组要共同拟定绩效衡量指标以及奖惩办法，商讨项目运作细节，特别是对意外事件的处理。在项目正式运行前，还应进行试运行，以发现和解决存在的问题。为保障项目的顺利运行，3PL 应当建立与企业双方物流人员联合办公制度，或成立由双方物流人员联合组成的运作团队，以及时处理日常运作中出现的各种问题。为了保证物流服务的质量，双方应共同建立绩效监测与评估制度，使合作关系透明化。通常应保持运作层每天的交流，管理层每月的绩效评估，以及不定期的检查与季度、年度回顾。

3) 从外包物流服务到开展物流合作

物流功能外包,企业主要寻求物流服务商基于自己的仓储设施、运输设备等资产提供物流功能服务;而一体化物流外包,企业寻求的是 3PL 基于自己的专业技能、信息技术等提供的一体化物流服务。因而除了常规的物流服务方式外,还可以根据双方的战略意图,共同探讨在物流资产、资金和技术方面开展合作,以取得双赢的效果。具体可采用以下几种方式:①3PL 系统接管企业物流资产。②3PL 与企业签订物流管理合同。③3PL 与企业合资成立物流公司。

6. 物流外包的优势分析

随着社会分工的进一步细化和物流服务业的快速发展,物流业务外包(Logistics Out Sourcing)逐渐被供需双方(物流服务供应商和需求方)所认可。所谓物流外包,即生产或销售等企业为集中精力增强核心竞争能力,而将其物流业务以合同的方式委托给专业的第三方物流企业运作。业务外包是一种长期的、战略的、相互渗透的、互利互惠的业务委托和合约执行方式。据统计,第三方物流占总物流服务份额的比例德国为 23.33%,法国为 26.9%,英国为 34.4%,意大利为 12.77%,西班牙为 18%,欧盟国家平均为 20%左右,目前其需求仍呈增长之势。相比之下,中国第一方和第二方物流的比重比西方发达国家大得多,随着生产、流通领域的竞争加剧,第一方和第二方选择第三方承担物流服务的现象将会更加普遍,这也说明国内物流外包市场有较大的发展空间。

在当今竞争日趋激烈和社会分工日益细化的大背景下,将物流外包给专业的第三方物流供应商,可以有效降低物流成本,提高企业的核心竞争力。具体来说,将物流业务外包能够带来以下优势。

1) 解决资源有限的问题,使企业更专注于核心业务的发展

企业的主要资源,包括资金、技术、人力资本、生产设备、销售网络、配套设施等要素。往往是制约企业发展的主要"瓶颈",特别是在当今时代,技术和需求的变化十分复杂,一个企业的资源配置不可能局限于本组织的范围之内。即使对于一个实力非常强大、有着多年经验积累的跨国企业集团来说,仅仅依靠自身的力量也是不经济的。为此,企业应把自己的主要资源集中于自己擅长的主业,而把物流等辅助功能留给物流企业。利用物流外包策略,企业可以集中资源建立自己的核心能力,并使其不断得到提升,从而确保企业能够长期获得较高的利润,并引导行业朝着有利于企业自身的方向发展。

2) 灵活运用新技术,实现以信息换库存,降低成本

随着科学技术日益进步,将物流业务外包给专业的第三方物流企业,可以充分利用第三方物流企业不断更新的信息技术和设备。而普通的单个制造企业通常一时间难以更新自己的资源或技能。不同的企业有可能有不同的、不断变化的配送和信息技术需要,此时,第三方物流企业能以一种快速、更具成本优势的方式满足这些需求,而这些服务通常都是单独一家难以做到的。同样,第三方物流供应商还具备满足企业潜在顾客需求的能力,从而使企业能够接洽到零售商。

3) 减少固定资产投资,加速资本周转

企业自建物流需要投入大量的资金购买物流设备,建设仓库和信息网络等专业物流设施。这些资源对于缺乏资金的企业特别是中小企业是一个沉重的负担。而如果将物流外包,

不仅可以减少设施的投资,还消除了仓库和车队方面的资金占用,加速了资金周转。

4) 企业得到更加专业化的服务,从而可以降低营运成本,提高服务质量

当企业的核心业务迅猛发展时,也需要企业的物流系统跟上核心业务发展的步伐,但这时企业原来的自营物流系统往往因为技术和信息系统的局限而相对滞后。与企业自营物流相比,将物流外包给在组织企业的物流活动方面更有经验、更专业化的专业的第三方物流企业,可以通过集成小批量送货的要求来获得规模经济效应,从而降低企业的营运成本。改进服务,提高企业运作的灵活性。

对于委托企业而言,它不可能获得所需要的各方面人才。通过将物流外包给第三方物流企业,委托企业不但可以引入资金和技术,还可以根据自己的需要引入"外脑"。物流方面的专家或专门人才不一定属于该委托企业,却可以成为企业所使用的一部分有效的外部资源。特别是对于那些财力,物力有限的小企业而言,通过将物流外包,更容易获得企业所需要的智力资本。

5) 降低风险,并同合作伙伴分担风险

首先,在迅速变化的市场和技术环境下,通过物流业务外包,委托企业可以与合作企业建立起战略联盟,利用其战略伙伴的优势资源,缩短产品从开发,设计、生产到销售的时间,减少由于技术和市场需求的变化而造成的产品风险;其次,由于战略联盟的各方都发挥了各自的优势,有利于提高新产品和服务的质量,提高新产品开拓市场的成功率;最后,采用物流外包策略的企业在与其战略伙伴共同开发新产品时共担风险,可以降低由于新产品开发失败给企业造成巨大损失的可能性。

6) 可以提高企业的运作柔性

企业选择物流外包的重要原因之一是提高运作柔性。企业可以更好地控制其经营活动,并在经营活动和物流之间找到一种平衡,保持两者的连续性,提高其柔性,使实行物流外包的委托企业由于业务的精简而具有更大的应变空间。

由于大量的非特长业务都由合作伙伴来完成,委托企业可以精简机构,中层经理传统上的监督和协调功能被计算机网络所取代,金字塔状的总公司、子公司的组织结构让位于更加灵活地对信息流有高度应变性的扁平式结构,这种组织结构将随着知识经济的发展而越来越具有生命力。

当然,与自营物流相比较,物流外包在为企业提供上述便利的同时,也会给企业带来诸多的不利。这种主要包括企业不能直接控制物流职能;不能保证供货的准确性和及时性;不能保证顾客服务的质量和维护与顾客的长期关系;企业将放弃对物流专业技术的开发等。

11.2 供应链环境下的物流管理概述

11.2.1 供应链环境下物流管理的概念

供应链管理的核心是供应链的物流管理,物流是供应链中的实体流,而信息流、资金流具有观念流的性质。根据美国物流管理协会提出的定义:物流管理是供应链活动的一部分,是为满足顾客需要,对商品、服务及相关信息从产地到消费地高效、低成本地正向、

逆向流动和储存而进行的规划、实施和控制的过程。

供应链环境下的物流管理，是指以供应链核心产品或者核心业务为中心的物流管理。前者主要是指以核心产品的制造、分销和原材料供应为体系而组织起来的供应链的物流管理。例如，汽车制造、分销和原材料的供应其物流管理就是以汽车产品为中心的物流管理体系。后者主要是指以核心物流业务为体系而组织起来的供应链物流管理。例如，第三方物流或者配送或者仓储或者运输供应链的物流管理。

11.2.2 供应链环境下物流管理的原则

供应链环境下物流管理的原理就是要结合供应链的特点，综合采用各种物流手段，实现物资实体的有效移动，既保障供应链正常运行所需的物资需要，又保障整个供应链的总物流费用最低、整体效益最高。供应链环境下物流管理的基本原则包括以下五个方面。

1. 整体观念

供应链环境下的物流是一个单向、连续的过程，链中各环节不是彼此分割的，而是通过某种联系(如契约、合同等)，在物流、资本、信息等方面形成一个有效整体。供应链内成员企业不能孤立地优化自身的物流活动，而应通过协作、协调和协同，提高供应链物流的整体效率。

2. 全过程管理

供应链环境下的物流管理是全过程的战略管理，它可以连接供应链的各节点企业，是企业之间相互合作、联系的纽带。因此，必须依靠全过程贯通的物流信息，保证从总体上来把握供应链环境下的物流管理，如果部分信息出现信息的局限或失真，可能导致整体管理的计划失真和判断失误。

3. 协调利益

从物流角度分析，在供应链内部存在不同的利益，不同链节上的利益观不同。因此，在供应链环境下的物流管理中，必须通过合理的利益协调和有效分配，形成统一的利益观。

4. 全新的管理方法

传统的物流管理方法并不能完全适应供应链环境下的物流管理，需要采取新的管理方法。这些方法主要包括：①采用整合的方法来代替企业管理的方法；②采用总体综合的方法代替接口的方法；③采用解除最薄弱链的方法寻求总体平衡；④采用简化供应链的方法来增强信息的有效性，防止信号的堆叠放大；⑤采用经济控制论的方法实现系统控制。

5. 有效利用社会力量

供应链环境下的物流管理虽然倡导从企业战略角度来管理全部供应链，但并不是只能依靠企业内部力量进行运作，也可利用社会力量来执行。例如，利用一个或者多个第三方物流企业进行物流的运作，而由第四方物流去进行总体的物流资源整合。

11.2.3　供应链环境下物流管理的特征

1. 供应链环境下物流的特征

由于供应链管理观念的引入,直接影响了物流的应用环境,使之产生了新变化,其特征主要体现在以下几方面。

1) 物流和物流业大大扩展

供应链管理实质上是一种扩展模式,表现为建立战略联盟,提高企业核心能力;扩大资源的利用和共享;合作竞争,创造群体价值;同步运作,实现快速反应;用户驱动,满足市场需求。这些特点深入影响到物流管理,最重要的变化是物流的范围和业务量大大扩展,进一步超越时间、空间的局限。例如建立跨行业、跨国界物流,物流专业产销分工的扩大化、精细化,建立多种形式的运输网络和配送中心,提高物流系统的重组相适应能力等。

2) 信息量大大增加,透明度提高

在传统条件下,物流过程的信息传递是纵向一体化的。无论是需求信息还是供给信息,都是从顾客到供应商或者从供应商到顾客这样一层层单向传递的,中间环节多,容易发生歪曲和阻滞。而在供应链环境中,成员之间的横向联盟使信息的传递也是网络式的,因而信息量大大增加,任何一个企业都可以通过联网形式掌握供应链上不同环节的供求信息和市场信息。

信息流增加主要表现为共享信息的增加。通过信息共享,供应链上任何节点的企业都能及时地掌握市场的需求动态和整个供应链的运行态势,每个环节的物流信息都能与其他环节进行交流与沟通,从而减少了信息歪曲现象,能正确反映现实情况。共享信息的增加和透明度的提高,使供应链物流过程更加清晰化,也为实时控制物流过程提供了条件。依靠共享信息系统和信息反馈机制,许多企业有能力跟踪企业之外的物流过程,提高了企业对外界的适应性。

3) 物流网络规划能力增强,物流作业精细化

供应链环境下的物流,是一种经过统一规划的物流系统,它具有供应链的管理特征,表现出集成化优势。例如,可以设计一个专业化的、灵活多变的物流网络,建立合理的路径和节点,全面提高系统运行的能力。它可以充分利用第三方物流系统、代理运输等多种形式的运输和交货手段,降低库存的压力和安全库存水平等。供应链管理中"业务流程重组"的思想,也导致了作业流程快速重组能力的极大提高,进一步提高了物流系统的敏捷性,通过消除不增加价值的部分,为供应链物流系统的进一步降低成本和精细化运作提供了基本保障。

4) 物流过程的高度协调性

供应链是一个整体,合作性与协调性是供应链管理的一个重要特点。在这一环境中的物流系统也需要"无缝链接",使它的整体协调性得到强化。例如,运输的货物只有准时到达,顾客的需要才能及时得到满足;采购的物资不能在途中受阻,才会增强供应链的合作性。因此,供应链物流系统获得高度的协调性是保证供应链获得成功的前提条件。

2. 传统物流运作模式的主要缺陷

传统物流是围绕实现企业的自身目标进行的管理活动，主要考虑满足生产商和销售商的安全库存需要，不可避免地存在以下缺陷。

1) 企业内部物流职能被分割

官僚化层级制管理方式导致企业物流管理职能被分割，采购、生产、销售等部门往往是独立管理的。这种各自为政的分段式物流管理模式，导致企业内部运作效率低下，不能获得物流集约化效益。

2) 库存高

传统供应流程上的库存缓冲，使供应商、制造商与零售商都有库存，很难进行科学统一的物流运作规划，而这正是造成供应链中存在牛鞭效应的原因。这种缺乏整体性的物流规划，常常导致一方面库存不断增加，另一方面在需求出现时又无法及时满足，这样，企业就会因为物流系统管理不善而丧失市场机会。

3) 反应迟钝，物流服务水平不高

由于传统销售渠道的松散性、信息的封闭性、利益的分割性、区域的割据性，以及企业内部的分权、专权，在物流运作过程中缺乏对信息及时、有效的沟通，影响了物流服务速度和水平，不能有效地支持产品销售。

4) 风险大

传统物流的库存大，反应缓慢，库存不适应需要导致的毁损浪费也居高不下，企业所需要的流动资金增加，企业的经营风险加大。

3. 供应链环境下物流管理的特点

在全球供应链一体化的大趋势下，物流管理也具有新的时代特征。物流系统的特点主要表现在以下几个方面。

1) 物流运作的效率和效益取决于上下游企业

有些企业可能会认为，物流运作仅与物流服务提供商的服务效率有关。实际上，在供应链环境下要想使物流对市场需求作出快速反应，离不开供应链节点上的企业同步采取行动，加强彼此间的协调与合作。具体来说，就是要求供应链的上下游企业根据最终市场需求的信息，制订统一有序的采购生产和分销配送计划，使物流有序地在上下游企业间流转。

2) 物流运作强调稳定性与弹性的平衡

供应链管理特别强调对客户要求的快速响应。客户的要求是千差万别的，面对不同的客户，物流体系必须具有足够的弹性，以尽快响应不同的需求；同时，还要维持相对稳定的运营系统，以保证较高的服务质量和服务水平。

3) 物流运作离不开信息技术的支撑

信息技术是供应链管理的重要支撑，信息共享是实现供应链业务流程一体化的重要手段。物流运作本身离不开信息技术的支撑，供应链环境下的物流管理更是如此。通过信息技术，生产企业可以有效地沟通供应链上下游企业之间的物流订单信息，并在信息系统的支撑下，完成订货、生产、运输、仓储、流通加工等功能一体化，使物流管理更加统一，响应更敏捷。

4) 物流活动的不可控性和变异性较高

在供应链环境下，物流活动的不可控性和变异性较高的原因有三个：第一，由于物流经常直接面对终端顾客，而顾客具有分布不均匀、消费时间随意等特点，因此存在着多种不确定性；第二，顾客的需求日益呈现多样化、个性化趋势，导致变异性较高，给物流标准化运作带来了一定的难度；第三，在许多供应链特别是全球供应链的物流运作中，物流的过程较长，运作过程中存在许多不确定因素，导致物流活动具有不可控性。

11.2.4 供应链环境下物流管理的方法

1. 联合库存管理

所谓"联合库存管理"(JMI)是指供应链成员企业共同制订库存计划，并实施库存控制的供应链库存管理方法。

按照联合库存分布特征，实际工作中联合库存可分为两种模式。第一种模式是集中库存模式，是变各个供应商的分散库存为核心企业的集中库存。各个供应商的货物都直接存入核心企业的原材料库；第二种模式是无库存模式，核心企业不设原材料库存，实行无库存生产。在无库存模式下，供应商的成品库和核心企业的原材料库存都取消，供应商与核心企业实行同步生产、同步供货，直接将供应商的产成品送上核心企业的生产线。

2. 供应商管理库存

供应商管理库存(VMI)是供应链管理理论出现以后提出来的一种新的库存管理方式。按照双方达成的协议，由供应链的上游企业根据下游企业的物料需求计划、销售信息和库存量，主动对下游企业的库存进行管理和控制的供应链库存管理方式。

供应商管理库存有很大的优势。供应商是商品的生产者，它掌握核心企业的库存具有很大的主动性和机动灵活性；供应商管理库存就可以把核心企业从库存管理的烦琐事务中解救出来；供应商管理库存就是及时掌握自己商品的市场需求。

3. 供应链运输管理

除库存管理外，供应链物流管理的另一个方面就是运输管理。运输管理相对来说要求没有那么严格。因为现在运力资源很丰富，市场很大。只要规划好了运输任务，就很容易找到运输承包商来完成它。因此，运输管理的重点就是三个，一是设计规划运输任务，二是找合适的运输承包商，三是运输组织和控制。

4. 连续补充货物

连续补充货物(CRP)是利用及时准确的销售时点信息，确定已销售的商品数量，根据零售商或批发商的库存信息和预先规定的库存补充程序，确定发货补充数量和配送时间的计划方法。CRP将传统的零售商制作订单的补货程序改变为供应商与零售商建立伙伴关系。它是由供应商根据顾客库存量和销售数据决定补充货物的数量。为了适应客户快速反应、经营者降低库存的要求，供应商与零售商缔结伙伴关系，双方进行库存报告、销售预测报告和订单报告等有关商业信息的最新数据交换，使供应商从过去单纯地满足零售商的订购需求转向主动为零售商分担补充存货的责任、主动向零售商频繁补充销售点或仓库的商品，并缩短从订货到交货的时间间隔。

5. 分销资源计划

DRP 是分销资源计划的简称，是一种既保证有效地满足市场需求，又使物流资源配置费用最省的计划方法，是 MRP 原理与方法在物品配送中的应用。该技术主要解决分销物资的供应和调度问题。基本目标是合理进行分销物资和资源的配置，以达到既有效地满足市场需求又使配置费用最省的目的。

6. 快速反应方法

快速反应(QR)是供应链成员企业之间建立战略合作伙伴关系，利用 EDI 等信息技术进行信息交换与信息共享，用高频率、小批量的配送方式补货以达到缩短交货周期、减少库存、提高顾客服务水平和企业竞争力为目的的一种供应链管理策略。在快速反应供货方式下，物流企业面对多品种、小批量的买方市场，不是储备了"产品"，而是准备了各种"要素"。在用户提出要求时能以最快速度抽取"要素"、及时"组装"，快速提供所需服务或产品。

7. 有效客户反应方法

有效客户反应方法是以满足顾客要求和最大限度降低物流过程费用为目的，能及时作出准确反应，使提供的物品供应或服务流程最佳化的一种供应链管理策略。主要思想是组织由生产厂家、批发商和零售商等构成的供应链系统在店铺空间安排、商品补充、促销活动和新产品开发与市场投入 4 个方面相互协调和合作，是更好、更快并以更低的成本满足消费者需要为目的的供应链管理系统。

8. 准时化技术

准时化技术(Just in Time，JIT)，包括准时化生产、准时化运输、准时化采购、准时化供货等一整套准时化技术。这些在供应链中基本上可以全部用上。它们的原理都是 4 个"合适"，即在合适的时间、将合适的货物、按合适的数量、送到合适的地点。它们的管理控制系统一般采用看板系统。基本模式都是多频次小批量连续送货。

9. 协同式供应链库存管理

协同式供应链库存管理(Collaborative Planning Forecasting and Replenishment，CPFR)合作、计划、预测与补货模型是近年来供应链研究与实践的热点。它的形成始于沃尔玛所推动的连续补货系统(Collaborative Forecasting and Replenishment，CFAR)，CFAR 是通过零售企业与生产企业的合作，共同进行商品预测，并在此基础上实行连续补货的系统。后来在沃尔玛的不断推动下，基于信息共享的 CAR 系统又开始向 CPFR 系统发展。

11.2.5 供应链环境下物流管理的功能

在供应链环境下，物流管理的功能可以细分为库存管理、订购管理、配销管理、仓库管理、信息处理和集成等。

1. 库存管理

库存管理是指通过库存管理，缩短订货—运输—支付的周期，促进整个供应商的协调和运转。加速库存周转，减少及消除缺货现象。

2. 订购管理

订购管理是给供应商发出订单的过程，主要包括供应商管理、订购合同管理及订购单管理。通过供应商管理，企业可利用配销单据等对整个网络制订计划，并向供应商自动发出订货单；通过合同管理在供需双方建立长期关系，通过检查订购数量将订购单送达供应商并对已接收货物进行支付。

3. 配销管理

配销管理是指对进入分销中心的物资，实施配销需求管理、实物库存管理、运输车队管理、劳动管理等。

4. 仓库管理

仓库管理除了入库货物的接运、验收、编码、保管及出库货物的分拣、发货、配送等一般业务外，还包括代办购销、委托运输、流通加工、库存控制等业务。

11.2.6 供应链环境下物流管理的目标与实现策略

1. 供应链环境下物流管理的目标

供应链环境下物流管理的目标是通过调和总成本最小化，客户服务最优化，总库存最少化、总周期时间最短化及物流质量最优化等目标之间的冲突，实现供应链绩效最大化。

1) 总成本最小化

众所周知，采购成本、运输成本、库存成本、制造成本及供应链物流的其他成本费用都是相互联系的。因此，为了实现有效的供应链物流管理，必须将供应链各成员企业作为一个有机整体来考虑，并使实体供应物流、制造装配物流与实体分销物流之间达到高度均衡。从这一意义出发，总成本最小化目标并不是单指运输费用或库存成本，或其他任何供应链物流运作与管理活动的成本最小，而是整个供应链物流运作与管理的所有成本的总和最小化。

2) 客户服务最优化

物流的本质就是服务，供应链物流的本质也是为整个供应链的有效运作提供高水平的服务。而由于物流服务水平与成本费用之间的二律背反关系，要建立一个效率高、效果好的供应链物流网络结构系统，就必须考虑总成本费用与客户服务水平的均衡。供应链环境下的物流管理以最终客户为中心，客户的成功是供应链赖以生存与发展的关键前提。因此，供应链环境下物流管理的主要目标就是要以最低化的总成本实现整个供应链客户服务的最优化。

3) 总库存最少化

传统的管理思想认为，库存是维系生产与销售的必要措施，因而企业与其上下游企业之间在不同的市场环境下只是实现了库存的转移,整个社会库存总量并未减少。按照JIT管理思想,库存是不确定性的产物,任何库存都是浪费。因此,在实现供应链环境下物流管理目标的同时,要使整个供应链的库存控制在最低的程度,"零库存"反映的即是这一目标的理想状态。所以,总库存最小化目标的达成,有赖于实现对整个供应链的库存水平与库存变化的最优控制,而不只是单个成员企业库存水平的最低。

4) 总周期时间最短化

在当今的市场竞争中,时间已成为竞争成功最重要的因素之一。按照马丁·克里斯托弗的观点,当今的市场竞争不再是单个企业之间的竞争,而是供应链与供应链之间的竞争。从某种意义上说,供应链之间的竞争实质上是基于时间的竞争(Time-based Competition),必须实现有效客户反应(ECR),最大限度地缩短从客户发出订单到获取满意服务的整个供应链环境下物流的总周期时间。

5) 物流质量最优化

在市场经济条件下,企业产品或服务质量的好坏直接关系到企业运营的成败。同样,供应链环境下物流服务质量的好坏直接关系到供应链的存亡。如果在所有业务过程完成以后,发现提供给最终客户的产品或服务存在质量缺陷,就意味着所有成本的付出将不会得到任何价值补偿,供应链环境下物流的所有业务活动都会变为非增值活动,从而导致整个供应链的价值无法实现。因此,达到与保持物流服务质量的高水平,也是供应链物流环境下物流管理的重要目标。而这一目标的实现,必须从原材料、零部件供应避免零缺陷开始,直至供应链环境下物流管理全过程、全人员、全方位质量的最优化。

应该说明的是,从传统的管理思想出发,上述目标相互之间呈现出互斥性:客户服务水平的提高、总周期时间的缩短、交货品质的改善必然以库存、成本的增加为前提,因而无法同时达到最优。而运用集成化管理思想,从系统的观点出发,改进服务、缩短时间、提高品质与减少库存、降低成本是可以兼得的。因为只要供应链环境下物流的基本工作流程得到改进,就能够提高工作效率,消除重复与浪费,缩减工作人员,减少客户抱怨,提高客户忠诚度,降低库存总水平,减少总成本支出。

2. 供应链环境下物流管理的实现策略

供应链企业物流成功的关键是物流内部和外部的一体化。由于物流管理不仅贯穿于企业采购、生产和销售的全过程,还贯穿于企业与上下游企业之间形成的供应链,因而,实现供应链物流的有效管理,绝对不是企业局部的"小改造",而是对整个供应链环境下物流的"大改造",必须选择合适的物流运作策略。

1) 从相互对立转向战略协作

要有效实现供应链环境下的物流管理,就应促进市场交易机制向战略协作机制的快速转变,即在供应链中各成员企业间建立一种长期的战略合作伙伴关系,以消除供应链物流管理过程中的各种浪费现象,提高对客户与市场需求的反应能力。

2) 从功能整合转向流程集成

供应链上的各级物流主管及线上员工,都必须把供应链环境下物流的所有管理活动视为一个整体流程,集中力量去满足甚至超越客户的需要,致力于客户价值的增值。同时,在一个流程框架中完成的工作应该有利于各种物流功能的整合。随着系统功能的整合,就能以最小的投入取得最大的组织效益,并使供应链环境下的物流组织富有弹性。

3) 从信息封闭转向信息共享

有效的供应链环境下的物流管理需要准确的、实时的需求信息、供应信息、控制信息等，信息交互与信息共享是供应链环境下物流高效运行的前提保证。随着市场竞争的不断加剧，企业越来越意识到信息共享的重要性，供应链成员企业间只有做到信息共享，才能使信息得到充分利用，从而有效降低供应链环境下物流的总成本，实质性地提高物流服务水平。

4) 从客户服务转向客户关系管理

核心企业越来越认识到成功引来关键客户、建立紧密的合作关系对供应链环境下物流管理的重要性。而要获得最佳的客户关系，就必须使企业物流资源与特定客户的物流需求匹配，并充分利用整个供应链的物流能力和资源，实现竞争对手不能提供或者不能以合理成本提供的客户价值增值。因此，核心企业必须认真分析客户购买行为的驱动因素，以客户关系为基础进行供应链物流管理，充分发挥潜能，提供独特的物流解决方案。

11.2.7 供应链环境下的物流组织

1. 组织结构

1) 供应链环境下物流组织的长度

供应链长度是指构成供应链的链节企业层级。类似的，供应链物流组织长度是指构成供应链物流组织的横向企业层级，即水平结构。后者更侧重于强调物流相关企业在组织中的地位与作用，如制造商的物流部门、仓储服务提供商、运输服务提供商等。同一物流服务提供商可能处于供应链物流组织的不同层级。供应链物流组织的长度受到众多因素的影响，包括供应链自身的长度、供应链成员企业的经营策略(如外包、物流服务提供商实力部分物流服务提供商可提供门到门服务)、国家政策法规等。

2) 供应链物流组织的宽度

供应链物流组织的宽度是指供应链物流组织每一层级所出现的企业数量，即垂直结构，其分析与供应链物流组织长度的分析类似。

2. 组织管理

1) 集成

由于一般情况下供应链成员都具有独立的法人资格，相互之间不存在行政上的隶属关系，过高程度的松散势必会对物流组织结构产生不良的影响。因此，在供应链物流组织内必须利用集成思想协调管理。供应链物流集成包括企业内部物流集成和企业间物流集成两部分。把跨越单个企业内部物流功能边界的集成称为内部物流集成，外部物流集成是指跨越企业边界的物流活动的集成。

2) 规范

这种规范包括供应链成员企业内部物流业务流程和企业之间的相互协作流程的规范，涉及规章制度的制定、业务流程的标准化、成员间的协调和约束机制的建立等内容。

3) 专业化

专业化程度越高，分工就越细，从而增加供应链物流组织成员的数量，增大组织的管理跨度。如实行业务外包、产品零部件的分工等。成员企业间在物流领域的互动(Interaction)体现在战略层、战术层和作业层三个层次。

3. 供应链环境下物流组织绩效的影响因素

影响供应链物流组织绩效的因素颇多，主要有以下几个方面。

1) 组织特征

结构和技术是供应链物流组织特征的主要构成因素，合理的组织结构和先进技术手段的应用能有效地提高组织绩效。结构是指不同成员企业之间的关系及成员企业自身构成。"科学技术是第一生产力"，各种技术在现代物流管理中的作用越来越大，应用的范围也越来越广。

2) 成员特征

有效组织的关键是构成组织的各个成员企业，每个成员的运作能力最终决定了整个组织的最终效果。成员特征是指成员企业的经营战略、管理水平、企业文化、技术水平等要素。

3) 环境特征

环境特征一般指不可控因素，包括经济环境、文化和社会环境、政治和法律环境及竞争环境。

11.2.8 供应链环境下的物流战略

供应链环境下的物流组织成员企业多、跨越幅度大，所处的市场竞争环境复杂多变，因而供应链物流战略在供应链管理战略中有着举足轻重的意义和作用。供应链管理的战略思想就是要通过成员间的有效合作，建立低成本、高效率、响应性好、敏捷度高的经营机制，从而获得竞争优势。这种战略思想的实现需要供应链物流系统从供应链战略的高度去规划与运筹，并把供应链管理战略通过物流战略的贯彻实施得以落实。

供应链环境下的物流战略从涉及设施、信息系统的基础性战略到实现客户服务的全局性战略共分为 4 个层次，各个层次又有不同的战略规划内容。在制订物流战略时，要充分认识各成员企业在供应链中所起的作用、认定各成员企业的劣势和核心优势、确定整个供应链所处的竞争环境，并制订多个供选择的战略方案，最后综合比较选择其中的最优战略。无论其结果好坏，战略决策对供应链物流组织成员企业都具有长远影响，它决定了整个供应链的竞争力，进而影响各成员企业的经营绩效。

在制订供应链环境下的物流战略过程中，需要注意以下问题。

1. 目标性

二八法则说明整个供应链超过 80%的销售额来源于不到 20%的产品和客户。因此，在制订供应链环境下的物流战略时，要对客户细分，对不同类型的客户确定相应的客户服务水平，如订货周期、运输方式、库存水平等。此外，还应根据销售情况，对产品分组或分类，针对每一类别的产品，可以采取不同的策略。

2. 简化业务流程

订单录入、订单执行及交货作业处理在物流活动中占很大比例，因而需要通过技术和管理使整个供应链的物流流程更有效率和效果，特别是成员企业之间的接口部位，通过集成能剔除和减少多余工作流，提高物流效益和效率。

3. 减少不确定性因素

供应链环境下的物流组织包括多个成员，各成员内部及组织外部环境的波动和变化都会增加整个供应链的不确定性，"牛鞭效应"又会进一步放大这种波动。因此，各个成员企业通过改善合作关系，使用现代管理手段和技术来实现准确预测、信息共享，可以减少不确定性因素带来的负面影响。

11.2.9　供应链环境下的物流模式

供应链环境下的物流模式管理是指供应链对物流管理所采取的基本战略与方法。对于一条供应链来说，其物流管理模式主要包括完全集中管理模式、部分集中管理模式和分散管理模式等。

1. 完全集中管理模式

1）完全集中管理模式的内涵

完全集中管理模式是指供应链对于物流活动采取完全统一的管理模式，即对供应链物流活动实行统一的计划、组织、指挥、协调、控制以及监督。完全集中管理模式的主要优点表现在三个方面：一是可以在较大范围内实现供应链物流资源的配置，有利于提高供应链物流资源的利用效率；二是可以在较大范围内实现供应链物流活动的一体性与协调性，有利于解决物流活动所存在的背反现象，实现供应链物流活动整体效益最佳的目标；三是可以实现成本的降低，比如分散管理的库存量之和一般是大于集中管理库存量的。

完全集中管理模式实现的最大难度在于供应链成员的思想、意识与观念以及收益分配机制的合理性。此外，如何组织与使用供应链成员企业的物流资源也是一个需要解决的问题。比如实行集中管理，对于多余的物流资源如何来使用，是用 A 成员企业的物流资源，还是用 B 成员企业的物流资源。同时，如何进行供应链资源使用的收益分配也是需要解决的一个问题。

2）完全集中管理物流模式的选择

完全集中管理，物流模式也有三种方式，一种模式是实行完全外包的模式，即将供应链的物流业务全部实行外包；一种模式是部分外包的模式，即一部分外包，而另一部分由供应链自身来进行运作与管理；第三种模式是自营模式，即供应链自己来进行运作与管理的物流模式。

在实际过程中，究竟采取哪种模式，既要考虑供应链的业务类型与特点等内部因素，也要考虑用户的需求，同时还要考虑社会第三方物流服务商的服务水平与费用等因素。

2. 部分集中管理模式

部分集中管理模式是指供应链对于物流活动中的一部分业务采取集中管理，而对于其他业务采取分散管理的模式。在该种模式下，采取集中管理的物流业务主要是对整个供应链运行有较大影响的物流业务，大多数情况下是对运输和储存的管理。部分集中管理的优点是抓住了物流活动的重点，既有利于在较大范围内实现物流资源的配置，也有利于实现物流活动的一致性与协调性。

与完全集中管理模式相同，对于要实行集中管理的物流业务，其资源如何配置、收益如何分配、成员是否能够保持一致性是要解决的关键问题。

3. 分散管理模式

分散管理模式是指供应链对物流业务由各个成员企业自行处理与管理的一种模式。在该种管理模式下，虽然各个成员企业在物流活动方面具有很大的自主权，企业也可以根据自身的实际情况选择自身的物流模式与管理方法。但在实际运作过程中，可能出现的问题是：第一，物流在局部可能实现了合理化，而未能在全局实现合理化；第二，从整个供应链角度来考虑，加大了实现物流活动一致性与协调性的难度。

自 测 题

1. 阐述物流在供应链中的地位。
2. 阐述供应链环境下物流网络的特点。
3. 供应链环境下的物流战略包括哪些？在制定物流战略时需要考虑哪些因素？
4. 物流外包的阻力和风险是什么？

案 例 分 析

宜家——站在供应链上的人

当电子商务横扫传统卖场之际，宜家却一枝独秀，甚至宜家尚未在国内开展电商业务，却成了O2O的重点学习对象。

在宜家集团发布的2021财年年报显示，实现销售总额419亿欧元，按目前汇率换算，相当于人民币3 128亿元，比2020财年总销售额的396亿欧元，同比增长了6%。根据年报，宜家披露了部分国家市场在本财年的具体销售情况。宜家分法国整个财年的总销售额增长了4%，达到28.8亿欧元。宜家西班牙分公司整个财年的总销售额增长了16%，达到16.82亿欧元。宜家葡萄牙分公司整个财年的总销售额增长5%，达到4.62亿欧元。另外，宜家特许经营商Ikano Retail报告宜家新加坡、马来西亚、泰国和墨西哥分公司整个财年的总销售额增长了3.3%，达到约10亿欧元。其中贡献最大的是马来西亚分公司，2021财年的总销售额达3.5亿欧元。微妙的是，宜家逐年增长的高收益下却是单品逐年的价格下调。以一款Klippan沙发为例，10年前的价格是人民币2 999元，目前却是人民币999元。

低成本、高收益几乎是所有企业梦想的理想模式，关键在于如何控制供应链，让整个商业链条的价值释放出来。

(1)"绑"定供应商。如何把控上游是宜家进入中国最重要的课题。可以说，宜家进入中国的历史，也是不断寻找匹配的供应商，不断与其博弈，以求降低成本的过程。在此过程中，有一些供应商和宜家分道扬镳，也有一些与宜家绑定在一起。江苏瀚隆家纺是一家和宜家合作了18年的纺织品供应商，总经理陈利民和记者交流的过程中，表示在宜家的体系中，共生才能共荣。陈利民认为，宜家拥有比较独特的商业模式，就是宜家经典的 cycle(闭环)——以更大的采购量获取更低的价格，赢得更多的销售，倒推回去是赢得更大的采购量。循环量越大，宜家拥有了更高的市场占有率，对我们来说也意味着拥有了更多的订单。虽然陈利民知道鸡蛋不能全部放在一个篮子里，但现实却是目前100%的产品直接或间接都销售给了宜家，已完全与宜家绑定。

宜家的生态体系恰似"近我者生"，其把供货商分成不同的等级，等级越高，意味着生存能力越强。等级越低，意味着在宜家的生态体系中越不稳定，因为宜家有淘汰机制。陈利民的生存哲学是尽最大可能跟上宜家的步调，逼自己成长，其告知记者，宜家对供应商有一个非常严格的KPI考核指标，涉及到价格、交货、质量以及社会责任等。"我们每个月都会收到一个KPI的报表，尤其是价格，我们每年都有降价指标。"这就促使供货商不断推出新品。即便这样还要面临同类供应商的竞争。陈利民指出，中国国内和其同样做沙发套的有两家，土耳其有两家，印度还有，现在宜家正在培养一个东南亚的供应商，而且宜家每过几年就搞一次全球大报价。

目前，在总的报价上来看中国供应商更有优势。不过，在宜家的体系下，这个优势也只是阶段性的，因为宜家会把一些供应商的技术优势给其他供应商共享，这也逼迫供应商只能不断推陈出新。陈利民也承认宜家对供应商是极为苛刻的。他举例指出，厂子所做的沙发套如果发现中间有细小的漏缝，如三次被逮到的话，理论上说就会被中止业务关系。不过与这些不利相比，宜家的好处在于付款及时。陈利民比较，宜家是发货30天就付款，沃尔玛是发货后90天，国内某个服装连锁品牌是卖场销售完才回款。同时，会从管理、技术、环保、供应链等体系给予指导。陈利民说："宜家现在觉得供应商的能力是无限的，我们现在也这样看自己。"

(2) 完全自营。从供应商这个环节开始，宜家把中国越来越多地纳入全球供应链体系。宜家是全球化采购模式，其在全球设立了16个采购贸易区域，其中有3个在中国内地，分别为：华南区、华中区和华北区。宜家在中国的采购量已占到总量的25%，在宜家采购国家中排名第一。

另一方面，宜家近几年在中国悄然布局了一个完整的供应链体系。比如在上海奉贤建立了亚太区最大的 DC(Distribution Center，分拨中心)。宜家奉贤分拨中心经理张浩瀚说："这个 DC 的战略意义非常重大，可以依托洋山深水港大量的吞吐来确保及时地发货和卸货，尤其是作为区域 DC，不仅可以供货给上海和中国的其他商场，更多还能辐射全亚太区的47家商场。"

同时，被认为是宜家核心竞争力之一的设计中心也在上海扩大了规模。上海还设立了瑞典以外唯一的产品检测培训中心。这也保证了宜家独特的商业模式，宜家是完全的自营，商品自采自销，依靠商品差价来获取收益。而国内红星美凯龙、居然之家等家居卖场，则采取代销+经销方式，将销售区域分租给不同的家居厂商，从中收取租金，并提取厂家销售额的一定比例赚取利润，由厂家派驻促销员在卖场销售。这是两种本质上不同的商业模式。国内家居卖场这种普遍采用的招商模式，最大的弊端就是很难实现对顾客需求的深入研究和综合服务。而宜家，因为卖场建立在自有供应链体系的基础上，整个卖场就形成了一个有机整体，这种模式的难点在于如何控制好整个价值链条。

(资料来源：http://www.chinawuliu.com.cn/xsyj/201509/06/304905.shtml/.)

讨论：
1. 为何宜家可以不受任何人的干扰，专心经营其供应链？
2. 宜家是如何进行采购和销售的？
3. 宜家有哪些独特的经营模式？

参 考 文 献

[1] 马世华，林勇. 供应链管理[M]. 5 版. 北京：机械工业出版社，2016.
[2] 马世华，黄爽，赵婷婷. 供应链物流管理[M]. 北京：机械工业出版社，2007.
[3] 马世华，林勇，陈志祥. 供应链管理[M]. 北京：机械工业出版社，2005.
[4] 杨国荣. 供应链管理[M]. 4 版. 北京：北京理工大学出版社，2019.
[5] 刘伟. 供应链管理[M]. 成都：四川人民出版社，2002.
[6] 查先进. 物流与供应链管理[M]. 武汉：武汉大学出版社，2003.
[7] 吴晓波，耿帅. 供应链与物流管理[M]. 杭州：浙江大学出版社，2003.
[8] 宋建阳. 企业物流管理[M]. 北京：电子工业出版社，2005.
[9] 于戈斯. 供应链管理精要[M]. 左莉，译. 北京：中国人民大学出版社，2005.
[10] 王能民，孙林岩，汪应洛. 绿色供应链管理[M]. 北京：清华大学出版社，2005.
[11] 林玲玲. 供应链管理[M]. 北京：清华大学出版社，2008.
[12] 刘刚. 供应链管理[M]. 北京：化学工业出版社，2004.
[13] 王昭凤. 供应链管理[M]. 北京：电子工业出版社，2006.
[14] 徒君，黄敏，薄桂，等. 物流系统工程[M]. 北京：高等教育出版社，2016.
[15] 王长琼. 供应链管理[M]. 北京：北京交通大学出版社，2013.
[16] 颜波，叶兵，张永旺. 物联网环境下生鲜农产品三级供应链协调[J]. 系统工程，2014，32(01)：48-52.
[17] 周永强. 分散式供应链协调理论与方法[M]. 北京：首都经济贸易大学出版社，2008.
[18] 邹辉霞. 供应链管理[M]. 北京：清华大学出版社，2009.
[19] 赵林度，王海燕. 供应链与物流管理[M]. 北京：科学出版社，2011.
[20] 张存禄，黄培清. 供应链风险管理[M]. 北京：清华大学出版社，2007.
[21] 冯耕中. 物流信息系统[M]. 北京：机械工业出版社，2009.
[22] 谭建中. 物流信息技术[M]. 北京：中国地质出版社，2007.
[23] 王淑荣. 物流信息技术[M]. 北京：机械工业出版社，2007.
[24] 翁兆波. 物流信息技术[M]. 北京：化学工业出版社，2007.
[25] 李忠国，蔡海鹏. 物流信息技术[M]. 北京：化学工业出版社，2007.
[26] 李永飞. 供应链质量管理前沿和体系研究[M]. 北京：机械工业出版社，2016.
[27] 李永飞. 服务供应链质量协调理论和模型研究[M]. 北京：科学出版社，2018.
[28] 李永飞. 中国农村电子商务精准扶贫模式和路径研究[M]. 武汉：武汉大学出版社，2020.
[29] 李永飞. 中国电子商务与物流精准扶贫理论和模式研究[M]. 西安：西北工业大学出版社，2021.
[30] 严余松. 物流信息与技术[M]. 成都：西南交通大学出版社，2006.
[31] 刘浩，吴祖强. 物流信息技术[M]. 北京：中国商业出版社，2007.
[32] 刘明德. 地理信息系统 GIS 理论与实务[M]. 北京：清华大学出版社，2006.
[33] 陈子侠. 基于 GIS 物流配送线路优化与仿真[M]. 北京：经济科学出版社，2007.
[34] 赵文. 办公自动化基础教程[M]. 北京：北京大学出版社，2007.
[35] 王鑫，史纪元，孟凡楼，等. EDI 实务与操作[M]. 北京：对外经贸大学出版社，2007.

[36] 刘红军. 电子商务技术[M]. 北京：机械工业出版社，2007.

[37] 宋文官，徐继红. 电子商务概论[M]. 大连：东北财经大学出版社，2007.

[38] 周晓光，王晓华. 射频识别技术原理与应用实例[M]. 北京：人民邮电出版社，2006.

[39] 慈新新，王苏滨，王硕. 无线射频识别系统技术与应用[M]. 北京：人民邮电出版社，2007.

[40] ROBERT A KLEIST 等. RFID 贴标技术——智能贴标在产品供应链中的概念与应用[M]. 北京：机械工业出版社，2007.

[41] 董丽华. "十一五"国家重点图书出版规划项目·先进制造新技术丛书：RFID 技术与应用[M]. 北京：电子工业出版社，2008.

[42] Jiawei Han，MichelineKamber. 数据挖掘概念与技术[M]. 北京：机械工业出版社，2007.

[43] 贝利，法摩尔，杰塞，等. 采购原理与管理[M]. 10 版，北京：电子工业出版社，2009.

[44] 曹翠珍，汤晓丹，陈金来. 供应链管理[M]. 北京：北京大学出版社，2010.

[45] 大卫·辛奇-利维，菲利普·卡明斯基，伊迪斯·辛奇-利维，等. 供应链设计与管理：概念、战略与案例研究[M]. 北京：中国人民大学出版社，2013.

[46] 保罗·卡曾斯，李查德·拉明，本·劳森，等. 战略供应管理原则、理论与实践[M]. 李玉民，刘令新，译. 北京：电子工业出版社，2009.

[47] 李丽君，黄小原，庄新田. 双边道德风险条件下供应链的质量控制策略[J]. 管理科学学报，2005，8(1)：42-47.

[48] 李敏，张彤. 西方劳资关系冲突管理研究综述[J]. 华南理工大学学报(社会科学版)，2002，4(3)：45-49.

[49] 李乾文. 服务设计与质量功能展开[J]. 价值工程，2004，23(4)：5-7.

[50] 李少蓉，赵启兰. 基于熵权—双基点的物流服务能力评价[J]. 北京交通大学学报(社会科学版)，2010，9(2)：37-41.

[51] 李义华，苗惠玲，汪红慧. 基于 TOPSIS-AHP 方法的仓储企业物流能力评价研究[J]. 金融经济，2006，(14)：129-131.

[52] 李永飞，苏秦. 考虑随机需求及返回策略的供应链协调分析[J]. 软科学，2013，27(2)：50-54.

[53] 李永飞，苏秦，刘强. 合作环境及 Shapley 讨价还价下的供应链质量双边谈判[J]. 系统管理学报，2014，23(2)：159-165.

[54] 李永飞，苏秦，童键. 基于客户质量需求的供应链协调研究[J]. 软科学，2012，26(8)：136-140.

[55] 李永飞，苏秦，郑婧. 考虑来料质量缺陷的供应链最优订购协调[J]. 系统管理学报，2015，24(6)：904-911.

[56] 李永飞，苏秦，郑婧. 考虑质量改进的双渠道供应链协调研究[J]. 软科学，2015，29(7)：35-39.

[57] 李永飞，许银行. 服务外包供应链质量监管博弈研究[J]. 现代制造工程，2015，(6)：53-59.

[58] 梁雅丽，吴清烈. 基于能力的供应链物流优化途径研究[J]. 科技情报开发与经济，2007，17(3)：136-138.

[59] 林远明，卓建仙，杨凯. 基于多层次灰色评价方法的应急物流能力评价研究[J]. 物流科技，2010，33(10)：57-60.

[60] 牟宁，余开朝. 面向制造业的第三方物流企业服务能力评价研究[J]. 现代制造工程，2010，(2)：32-35.

[61] 牟小俐，徐毅，陈汉林. 考虑质量水平影响的供应链利润模型[J]. 工业工程，2008(03)：41-45.

[62] 蒲国利，苏秦，刘强. 一个新的学科方向：供应链质量管理研究综述[J]. 科学学与科学技术管理，2011，32(10)：70-79.

[63] 浦徐进，金德龙. 公平偏好、参照点效应和三级供应链的运作[J]. 控制与决策，2015，30(5)：859-864.

[64] 浦徐进，朱秋鹰，曹文彬. 供应商公平偏好对零售商主导型供应链均衡策略的影响[J]. 系统管理学报，2014，23(6)：876-882.

[65] 沙勇忠，王义，刘海娟. 政府绩效管理研究的知识图谱与热点主题[J]. 公共管理学报，2009，6(3)：102-110.

[66] 单福彬. 基于灰色层次分析法的第三方物流企业服务能力评价研究[J]. 廊坊师范学院学报(自然科学版)，2011，11(4)：77-80.

[67] 石永强，宋薛峰，张智勇. 电子商务环境下供应链物流能力的评价[J]. 企业经济，2009，(4)：161-163.

[68] 舒辉. 论现代物流的资源整合[J]. 郑州航空工业管理学院学报，2004，22(4)：86-88.

[69] 苏秦，李永飞. 基于内部质量故障及返回策略的供应链协调及风险分担[J]. 运筹与管理，2012，21(5)：8-14.

[70] 苏秦，李永飞，李慰祖. 随机需求及来料质量缺陷下的制造商 EOQ[J]. 工业工程与管理，2011，16(1)：53-58.

[71] 苏秦，刘强. 单买方多供应商多边谈判中的买方策略选择[J]. 系统工程理论与实践，2010，30(6)：1002-1009.

[72] 陶茂华，张仲义，单丽辉. 个性化服务能力测评[J]. 物流技术，2011，30(5)：85-88.

[73] 田宇. 物流服务供应链构建中的供应商选择研究[J]. 系统工程理论与实践，2003，23(5)：49-53.

[74] 杨德仁. 第三方物流服务研究[J]. 物流科技，2011，(7)：45-46.

[75] 张翠华，鲁丽丽. 基于质量风险的易逝品供应链协同质量控制[J]. 东北大学学报(自然科学版)，2011，32(1)：145-148.

[76] 张克勇，2015. 互惠偏好下的闭环供应链系统定价决策分析[J]. 控制与决策，30(9)：1717-1722.

[77] Li Y F. Coordination and risk sharing with considering supply chain external quality fault[J]. Computer Modelling and New Technologies, 2014, 18(12C): 445-450.

[78] Li Y, Su Q, Ou Y. Supply chain coordination and risk sharing with considering internal and external quality fault and return policy[C]. 2011 IEEE 18th International Conference on Industrial Engineering and Engineering Management. IEEE, 2011: 1539-1543.

[79] LI Y F, SU Q, Zheng J. Supply chain coordination based on sensitive customer quality demand[J]. Advances In Information Sciences and Service Sciences, 2012, 4(19): 264-269.

[80] Li Y, Su Q, Ou Y. Supply chain coordination and risk sharing with considering internal and external quality fault and return policy[C]. 2011 IEEE 18th International Conference on Industrial Engineering and Engineering Management. IEEE, 2011: 1539-1543.

[81] Li Y F, SU Q. Risk Sharing in a coordinated Supply Chain under Considering Quality Fault[C]. INFORMS, 2012, October 13-17, Phoenix , USA.

[82] Li Y, Su Q, Li T. The optimization and integration of the transportation and inventory cost based on time in supply chain logistics system[C]. 2010 International Conference on Logistics Engineering and Intelligent Transportation Systems. IEEE, 2010: 1-4.

[83] Li Y, Wang B, Yang D. Research on supply chain coordination based on block chain technology and customer random demand[J]. Discrete Dynamics in Nature and Society, 2019.

[84] Adebanjo D, Michaelides R. Analysis of Web 2.0 enabled e-clusters: A case study[J]. Technovation, 2010, 30(4): 238-248.

[85] Adiano C, Roth A V. Beyond the house of quality: dynamic QFD[J]. Benchmarking for Quality Management & Technology, 1994.

[86] Baiman S, Fischer P E, Rajan M V. Performance measurement and design in supply chains[J]. Management science, 2001, 47(1): 173-188.

[87] Baki B, Basfirinci C S, AR I M, et al. An application of integrating SERVQUAL and Kano's model into QFD for logistics services: a case study from Turkey[J]. Asia Pacific Journal of Marketing and Logistics, 2009.

[88] Balachandran K R, Radhakrishnan S. Quality implications of warranties in a supply chain[J]. Management science, 2005, 51(8): 1266-1277.

[89] Balakrishnan K, Mohan U, Seshadri S. Outsourcing of front-end business processes: quality, information, and customer contact[J]. Journal of Operations Management, 2008, 26(2): 288-302.

[90] Baltacioglu T, Ada E, Kaplan M D, et al. A new framework for service supply chains[J]. The Service Industries Journal, 2007, 27(2): 105-124.

[91] Bandyopadhyay J K, Jenicke L O. Six Sigma approach to quality assurance in global supply chains: a study of United States automakers[J]. International Journal of Management, 2007, 24(1): 101.

[92] Bardhan I, Whitaker J, Mithas S. Information technology, production process outsourcing, and manufacturing plant performance[J]. Journal of Management Information Systems, 2006, 23(2): 13-40.

[93] Baron O, Milner J. Staffing to maximize profit for call centers with alternate service-level agreements[J]. Operations Research, 2009, 57(3): 685-700.

[94] Barthélemy J. The hard and soft sides of IT outsourcing management[J]. European Management Journal, 2003, 21(5): 539-548.

[95] Bask A H. Relationships among TPL providers and members of supply chains–a strategic perspective[J]. Journal of Business & Industrial Marketing, 2001.

[96] Bellantuono N, Giannoccaro I, Pontrandolfo P, et al. The implications of joint adoption of revenue sharing and advance booking discount programs[J]. International Journal of Production Economics, 2009, 121(2): 383-394.

[97] Berg L, Kjaernes U, Ganskau E, et al. Trust in food safety in Russia, Denmark and Norway[J]. European Societies, 2005, 7(1): 103-129.

[98] Bitran G R, Gurumurthi S, Sam S L. The need for third-party coordination in supply chain governance[J]. MIT Sloan Management Review, 2007, 48(3): 30.

[99] Bliss R R, Flannery M J. Market discipline in the governance of US bank holding companies: Monitoring vs. influencing[J]. Review of Finance, 2002, 6(3): 361-396.

[100] Bolton C, Ockenfels A. ERC: A theory of equity, reciprocity, and cooperation[J]. Forthcoming in Econometrica, 1999.